사대부와 중국 고대 사회

사대부와 중국 고대 사회

사대부의 등장과 정치적 각성에 대한 연구

홍 승 현

혜안

책머리에

필자가 대학에 들어가던 해에 돌아가신 필자의 조모는 그 시대 여인네들이 그랬던 것처럼 평생을 무학으로 살다 가셨다. 자신의 이름 석 자를 읽지도, 쓰지도 못한 것에 대한 보상이었는지 모두가 혀를 내두르는 짱짱한 기억력의 소유자이셨다. 소싯적 원각사를 드나들며 보셨던 판소리 몇 마당의 사설을 재연하는 것이 일상의 낙이었다. 조모와 한 방을 썼던 덕에 필자는 매일 변주되던 조모의 판소리 사설을 들으며 자랐다. 지금 기억에도 필자의 조모는 타고난 이야기꾼이셨다. 같은 이야기건만 매번 새로운 형용들은 어린 필자를 사로잡았다. 이야기를 좋아하면 커서 가난하게 산다는 걱정을 하시면서도 조모는 어린 청중에 대해 최선을 다하셨다. 처음 한글을 깨치고 제일 먼저 읽었던 것은 조모에 성화에 못 이겨 집어든 심청전이었다. 덕분에 필자의 독서 편력은 소년 장수 조자룡의 이야기에서 백선군과 숙영의 애틋한 사랑 이야기까지 제 또래 아이들과 달리 화려했다. 조모의 고쟁이 주머니에서 나오는 십 원짜리 동전을 받는 재미에 같은 책들을 소리 내어 반복해서 읽었다. 읽으면서 필자의 이야기도 날개를 달았다. 처음에는 의성어를 실감나게 표현하는 것뿐이었지만, 차츰 다른 책에서 읽었던 대목과 영화에서 들었던 문장들을 섞어 새로운 이야기를 만들어 냈다. 조모의 손녀답게 필자에게도 이야기꾼의 소질이 있었던 것일까.

대학시절 애꿎은 전공만 탓하며 강의실이나 도서관보다는 학생회실과 동아리방을 전전하였다. 어떠한 것에도 흥미를 갖지 못했지만 2학년 때부터 시작한 부전공 역사만은 재미있었다. 어린 시절 조모에 의해 발굴된 이야기꾼의 기질과 맞았던 것일까, 좋은 성적을 내지는 못했지만 그래도 재미있게 수업을 듣고 부전공을 이수할 수 있었다. 대학을 졸업할 때까지도 역사 공부를 계속할 것인가에 대해서는 확신이 없었다. 다만 필자가 학교를 다녔던 시기가 시기이니 만큼 사회와 역사에 대해 관심이 있었다. 특히 사회를 움직이고 변화를 만들어 내는 원동력이 무엇인지 알고 싶었다. 변화의 처음을 알고 싶었다. 사람과 사람이 살아온 이야기를 듣는 것도, 하는 것도 즐거울 것이라고 생각했다. 이 막연하고도 건방진 생각이 필자를 역사학의 길로 이끌었던 것 같다.

대학원 생활은 생각과는 달랐다. 체계적인 훈련을 받지 못한 필자는 실수를 연발하였고, 엉성하기 그지없는 보고서를 작성하면서 좌절도 많이 했던 것 같다. 그러나 새로운 사실들을 알아 가는 일은 여전히 즐겁기만 했다. 박사 과정은 어려움의 연속이었다. 매주 700쪽이 넘는 사료들을 읽고 한 가지 주제를 선정하여 발표문을 작성하는 고된 작업이 학위 과정 내내 지속되었다. 기간 중 필자의 무능력에 대해 좌절하기도 하였고, 선생님의 요구가 지나치다고 불만스러워 하기도 하였다. 그러나 그 작업들은 필자에게 가장 중요한 자산이 되었다. 모든 것은 사료 속에 있다는, 평범하면서도 귀중한 진리를 확인한 시간이기도 하였다. 어려워 쩔쩔매기도 하였지만 사료를 읽으며 수많은 인간 군상들이 엮어 내는 이야기 속에 빠져들어 갔다. 그럴수록 처음 역사 공부를 시작하며 가졌던 사회를 움직이고 변화를 만들어 내는 원동력의 실체, 변화의 처음을 확인할 수도 있지 않을까 하는 생각이 머릿속에서 떠나지 않았다. 중국 고대 사회 속에 등장한 변화의 욕구들과 변화의 내용,

그 목적을 확인할 수 있다면 한 시대의 성격을 가늠할 수 있는 단서를 찾을 수 있지 않을까 하는 생각을 했다. 그렇게 해서 선택된 작업 도구가 '이풍역속移風易俗'이었다. 한 시대가 변화시키고자 했던 풍속은 무엇일까? 새롭게 만들고자 했던 풍속은 무엇일까? 막연하기는 했지만 그만큼 다양한 내용을 포함할 수 있다고 생각했다. 그 결과 「중국 고대의 이풍역속—황제와 사대부와의 관계를 중심으로—」란 제목으로 고대 중국의 두 지배자인 황제와 사대부의 정치적 각성과 활동에 관한 비교적 긴 시기를 포괄하는 박사 학위 논문을 쓸 수 있었다. 이 책은 필자의 학위 논문 중 일부를 수정하고 새로운 내용을 첨가하여 정리한 것이다.

부끄럽고도 보잘것없는 필자의 지난 시기를 굳이 이야기한 것은 그 때마다 여러 선생님들의 보살핌으로 포기하지 않을 수 있었고, 그래서 오늘의 필자가 있을 수 있었기 때문이다. 우선 숙명여대 목은균 선생님은 역사에 대해 막연한 호기심만을 가지고 있던 필자가 부전공을 포기하지 않고 중국사로의 새로운 길을 가도록 언제나 자상하게 격려해 주셨다. 공부보다는 다른 것에 정신이 팔려 있던 필자였지만 변함없이 신뢰해 주셨고, 대학원으로 이끌어 주셨다. 선생님이 아니었다면 아마도 동양사를 공부하는 지금의 필자는 없었을 것이다. 주 하나도 제대로 달려 있지 않았던 필자의 석사 학위 논문을 글자 하나, 쪽수 하나하나까지 꼼꼼히 고쳐 주셨던 임중혁 선생님은 중국 고대사의 세계로 필자를 이끌어 주셨다. 특히 선생님께서는 고대사 전공자가 가져야 하는 세심함과 꼼꼼함을 필자에게 가르쳐 주셨다. 난삽하기 그지없는 필자의 석사 학위 논문을 몇 번씩 읽어 주셨던 임 선생님의 자상함에 감사드린다. 박사 과정 지도 교수이신 김한규 선생님은 필자에게 공부하는 즐거움과 학문하는 태도를 가르쳐 주셨다. 엉뚱하여 허황되기조차한 필자의 의문마저도 역사학도의 미덕으로 이해해 주시며 격려해 주셨다. 역사가의 작은 의문 하나도, 작은 사실 하나도, 전체를 볼 수 있는 단서가 될 수 있음을 가르쳐 주셨다. 선생님은 스스로 공부하고, 판단하며, 세계를 조망할 수 있는 눈을 갖기 위해 노력해야 함을 한결같은 모습으로 보여 주셨다. 필자가 이나마 역사학도로서의 모습을 갖춘 것은 모두 선생님 덕분이다.

서강에 와서 많은 선생님들께 가르침을 받았다. 박사 학위 논문 심사 과정에서 필자의 긴 글을 한장 한장 접어 가며 읽어 주셨던 조병한 선생님은 역사 연구가 깊음과 두터움, 그리고 동시에 넓음을 지향해야 함을 가르쳐 주셨다. 윤병남 선생님은 역사는 역사가 개인의 고답적 취미가 아닌 일반인들에게 쉽게 다가갈 때 생명력을 갖는다는 것을 가르쳐 주셨다. 한국사의 이종욱 선생님께는 진리에 대한 진지하면서도 치열한 태도를 배웠다. 학위 논문 심사 과정에서 김종완 선생님은 침착함과 성실함을 가르쳐 주셨다.

서강의 선배님들과 동기, 후배들에게도 감사의 마음을 전한다. 타교에서 온 필자를 따뜻하게 식구로 품어 주었고, 세심하게 배려해 주었다. 필자가 학위 논문을 작성하는 과정에서 많은 도움을 주었고, 필자의 긴 학위 논문을 불평 없이 읽어 주고 토론해 주었다. 특히 논문 작성 중에 보여 준 황지영의 성의와 방향숙 선배에게서 받은 관심에 대해 감사를 전한다. 박사 학위 논문에 이어 기꺼이 초록을 다시 맡아 준 총명한 벗 문영이와 몇 번이고 원고를 읽어 주며 조언을 아끼지 않은 지혜로운 후배 경미에게는 말로 할 수 없는 고마움을 느낀다.

어려운 시기에도 인문학 발전을 위해 필자와 같은 초학자에게도 출판의 기회를 주신 도서출판 혜안의 오일주 사장님과 김현숙 편집장님, 필자의 거친 원고를 다듬어 주신 김태규 선생님께 감사를 드린다. 여전히 보이는 어색한 문장들은 모두 필자의 부족함이다. 끝으로 이 책을 있게 해 주신, 당신의 딸이 '중중상中中上'은 된다고 언제나 겸연쩍게 웃으시며 자랑하시는 아버지와 그런 아버지에게 고운 눈을 흘기시면서도 부족한 맏딸을 위해 늘 기도하시는 어머니께 감사드린다.

벚꽃이 피고 지는 4월 중순에
홍 승 현

목 차

서 론

1

중국 고대 국가의 성격과 관련하여 일반적으로 진한시기秦漢時期는 강력한 황제 지배체제의 기초가 형성되고 완비된 시기로 이해되고 있으며, 위진魏晋 이후 남북조시기南北朝時期는 귀족제貴族制 사회로 설명되고 있다. 그러나 이러한 이해와 설명이 특정 시기의 성격을 온전히 보여 주는 것인가에 대해서는 여전히 논쟁 중이다. 그것은 아래의 문제들 때문이다.

> 분열과 동란이 극심했던 남조시대南朝時代 국가들도 왕조 국가의 형태를 띠었다. 거시적으로나 이념적으로, 또한 제도적으로 황제가 유일 최고의 지배자로서 군림하고 있었던 사실은 부정할 수 없다. 다른 한편 그 시기는 귀족제 시대로, 중앙 관계官界에 있어서는 특정 문벌門閥 귀족들이 독점적으로 활약하고 있었으며, 지방 사회에서도 호족豪族·토호층土豪層을 중심으로 확고한 호족 지배체제가 자율적으로 형성·확립되어 있었다. 그들은 정치·사회·경제·문화 등의 각 방면에서 지도층이고 지배층이었다.[1]

---

1) 安田二郎,「南朝の皇帝と貴族と豪族・土豪層-梁武帝の革命を手がかりに-」,『中國中世史硏究』(東京：東海大, 1970), pp.203～204.

정연한 관위官位 질서와 한조漢朝의 삼공구경三公九卿 체제로부터 탈피해 상서尙書를 중심으로 조직된 정치 기구는 표면상 고도의 중앙집권적 관료제의 외모를 보여 주고 있다. 한편 지방 행정 조직의 경우 지역 지배의 권한을 가진 도독부都督府가 대구획화된 지역을 독립적으로 통치하고 있는 독특한 분권적 체제를 가지고 있었다. 남조 국가의 외각은 이 양자에 의해 구성되어 있었다.2)

이것은 남북조시대가 비록 귀족제 사회로 이해되고 있지만 그 외형이 황제를 중심으로 하는 왕조 국가의 형태를 띠고 있는 한, 그 사회를 완전한 귀족제 사회로 이해할 수 없다는 것을 말해 준다. 또한 강력한 황제권의 구현 체제로서 상서를 중심으로 하는 정치 질서가 완비되어 있다 해도, 지방에 독자적인 정치 세력이 존재하는 한 그 시대를 황제의 일원적一元的 지배의 시대로 설명할 수 없다는 것이다. 그러나 이러한 이중성 문제가 오직 남조 국가의 문제만은 아닌 듯하다.

한대漢代의 특성을 보여 주면서 한편으로는 그 전후 시대와의 연속성을 보여 줄 수 있는 고리는 어디에서 발견할 수 있는가. 황제의 일원적 지배를 실현한다는 이십등작제二十等爵制와 같은 정치 제도에서 발견할 수 있을까. 그러나 이십등작제는 전국시대戰國時代와 진・한초秦・漢初에 그 본연의 역할을 수행하였을 뿐, 후한대後漢代 이후에는 그 형해形骸만이 잔존하였던 것으로 보인다. 위진남북조시대에도 이십등작제의 형식이 살아남았지만, 아무도 그 기능에 관심을 두지 않는다. 그러면 황제권력과 모순된다는 호족의 대토지 소유에서 그 논단을 찾을 수 있을 것인가. 그러나 무제시대武帝時代에도 대토지 소유제가 진행되었을 뿐 아니라, 무제시대 이후에도 제국은 분해되지 않은 채 계속 유지되

---

2) 中村圭爾, 「南朝國家論」, 『岩波講座 世界歷史 9-中華と分裂と再生』(東京 : 岩波書店, 1999), p.218.

었다. 그렇다면 황제권력의 일원적 지배가 실현되었다는 무제시대가 종식된 뒤부터 제국이 외형적으로나 내면적으로 통일성을 상실하게 된 한말漢末에 이르는 기간 동안, 한의 지배체제는 어떠한 것이었는가?[3)]

위에서 제기한 한 사회 내에 존재하는 서로 다른 특성들은 특정 시기를 하나의 성격으로 규정하는 것이 과연 타당할 것인가라는 의문을 던지고 있다. 그리고 이러한 성격 규정의 어려움은 시대의 연속성 여부와 시대 구분이라는 커다란 문제와 직결되어 한층 그 복잡함을 더하고 있다.

일본의 위진남북조시기를 둘러싼 귀족제 논쟁이 그 구체적인 사례가 될 것이다. 귀족제를 이해하는 두 가지 입장은 그것을 시대 전체의 특수한 성격을 상징화한 것으로 이해하는가,[4)] 아니면 다른 여타의 제도들과 함께 병존하는 하나의 제도로 보는가의[5)] 시각 차이에서 기인한다. 전자는 위진남북조시기 귀족제라는 것이 황제권력을 포함한 모든 사회 현상에서 관철되었다고 여겼으며, 후자는 군주권이 귀족제를 붕괴시켜 관료제로 변형시키려 하였다고 보았다. 그러나 귀족제를 시대 전체의 특수한 성격으로 보는 논자들도 중국의 귀족들이 교양을 가진 문인文人으로서 관료 기구를 형성하고 그것 안에서만 자신들의 존재를 유지할 수 있었다고 인정하였다.[6)] 이렇듯 두 입장 모두가 위진남북조시기를 귀족제 사회라고 하지만 또 다른 권력 주체로서 황제의 존

3) 金翰奎, 『中國東亞細亞幕府體制硏究』(서울 : 一潮閣, 1997), p.5.

4) 谷川道雄, 「六朝貴族制社會の史的性格と律令體制への展開」, 『社會經濟史學』 31-1～5(1966) ; 川勝義雄, 『六朝貴族制社會の硏究』(東京 : 岩波書店, 1982).

5) 宮崎市定, 『九品官人法の硏究-科擧前史』(京都 : 同朋舍, 1956 : 1977) ; 越智重明, 「魏西晉貴族制論」, 『東洋學報』 45-1(1962).

6) 川勝義雄, 위의 책, pp. v ～ vi.

재를 인정하고 있다.

한편 한국에서는 최근 보정輔政이라는 제도적 표현에 주목하여 한무제시기부터 수隋의 건국시기까지의 정치체제를 보정막부체제輔政幕府體制로 규정한 연구가 발표되었다.7) 연구에 의하면 이 시기는 국가권력이 황제권력과 일치하지 않고, 보정체제가 출현하여 황제권력을 공동화하고 기존의 권력 기관들을 형해화하였다고 한다. 대신 국가권력이 장군에게 이동하여 장군의 군사적 기능이 변질되고 장군의 막부와 막료가 기존의 정부 조직과 관료의 기능을 대신하게 되었다고 분석하였다. 이 연구는 황제가 존재하면서도 동시에 복수의 정치권력이 존재하고 있던 한대 이후의 중국 사회를 제도적인 장치를 통해 설명하였다는 의미를 갖는다. 또한 중국 고대사의 분열 시기의 특수성과 중국을 중심으로 복수의 정치체가 공존하였던 고대 동아시아의 세계 질서를 설명하는 데도 유효하다.

그런데 그 제도적인 장치는 어떻게 그렇게 장시간 존재할 수 있었을까? 황제가 독점적·일원적 지배의 정점으로 존재하면서도, 중앙 관계에는 특정 문벌 귀족들이 활약하고 지방 사회에서는 호족을 중심으로 확고한 호족 체제가 자율적으로 형성·확립될 수 있었던 상태는 무엇에 의해 지탱되었던 것일까? 황제라는 독점적 권력의 원천과 지방에서의 독립적 지배의 원천이 동시에 존립한다고 했을 때 양자의 권력의 정당성은 어디서 구할 수 있을까? 양 주체들은 서로를 어떻게 이해하고 있었을까? 또한 스스로를 어떻게 규정하고 있었을까? 이들은 어떻게 대립하며 공존하였을까?

---

7) 金翰奎, 앞의 책.

2

이러한 문제들에 대해 학계는 꾸준히 답을 제출하고 있다. 우선 일본 학계에서 제출된 '공동체론共同體論'은 중국 고대 사회가 가진 이중 구조에 대한 하나의 답이라 할 수 있을 것이다. 이 견해에 의하면 진한 제국 내부의 이중성은 전국시대 이래의 종족적 질서, 혹은 그 이후에 성립한 가부장적 소가족을 기초로 하는 향리 사회의 자율성과 인민 한 사람 한 사람에 대한 개별적인 지배를 관철하려고 하는 황제권력에 의해 발생하였다.[8] 이후 소공동체 안에서 발생하고 성장해 온 호족의 봉건적 경영은 황제의 전제專制 지배에 의존하는 측면을 가져, 결국 이러한 이중성은 사라지지 않고 당대唐代까지 지속된다는 것이다.[9]

그러나 이러한 공동체론을 통해서는 왜 호족이 전제 지배에 의존하는 측면을 갖는지를 명확하게 파악하기 힘들다. 위의 입장에 따르면 위진남북조시기 호족들은 공동체를 지향하는 소농민과 대립하면서 지역 사회 내에서 사적私的인 질서를 관철하고자 하였다. 그러나 사적 질서를 수립하는 것이 힘들자 이들은 백성들의 기대와 지지를 얻기 위해 관료가 되었던 것이다.[10] 요컨대 호족이 지역 사회에서 자율적이고 독자적인 권력을 유지하기 위해 황제권력으로부터 공식적인 인가가 필요했다고 해석한 것이다.

그런데 과연 중국 고대의 호족들이 관료가 되고자 했던 것이 지역 사회에서의 지배권을 장악하기 위해서만이었을까? 또 관료가 되는 것을 단지 황제권력으로부터 인가를 받기 위함으로만 이해할 수 있을까?

---

8) 好並隆司, 「前漢共同體の二重構造と時代規定」, 『歷史學硏究』 357(1971).
9) 多田狷介, 「『後漢ないし魏晉期以降中國中世』說をめぐって」, 『歷史學硏究』 422(1975).
10) 川勝義雄, 「貴族制社會の成立」, 『岩波講座 世界歷史 5-東アジア世界の形成 II』(東京 : 岩波書店, 1970).

그렇다면 호족은 지역에서의 권력 유지를 위해 황제권력을 인정했던 것이며, 황제는 호족들의 향리 지배를 보장해 주는 수동적인 존재였던 것일까? 황제는 자신의 전제적 권력 행사를 위해서 어떠한 노력도 하지 않았던 것일까?

확실히 공동체론은 통시대적으로 중국 고대 사회의 상을 복원할 수 있게 하는 개념이기는 하지만, 관료가 되고자 했던 사대부들의 정치적 목적과 행동의 동기 등을 공동체라는 문제로 국한시켰다는 인상이 강하다. 또한 중국 고대의 사대부=호족이라는 도식에서도 벗어나지 못하였다. 더불어 황제를 지나치게 수동적인 존재로 만들었다는 인상도 지울 수 없으며, 특히 정치적으로 존재하였던 양자의 대립이나 공존의 제양상도 설명해 주지 못하고 있다.

본서는 이러한 문제의식으로부터 시작하여 중국 고대의 두 정치 주체인 황제와 사대부의 정치적 대립과 공존을 고찰하고자 하는 목적을 가지고 있다. 필자는 중국 고대 사회가 이들 양 주체의 정치적 각성과 권력 행사라는 운동을 통해 존속해 왔다고 상정하였다. 그래서 이들 두 주체의 대립과 공존을 살펴본다면 중국 고대 사회의 정치적 통합과 분열, 그리고 재통합이라는 국면이 어떻게 가능했는가를 확인할 수 있을 것이라고 생각한다.

물론 지금까지 이 두 주체에 관한 연구가 없었던 것은 아니다. 특히 황제권력에 대해서는 중국 측의 제도사적인 접근에 의한 황제 제도 그 자체에 대한 분석으로부터[11] 황제의 권력 행사 문제,[12] 황제 칭호稱號의 변천 문제,[13] 황제관皇帝觀과 황제 제도의 성립에 대한 문제[14] 등 다

11) 중국 측의 황제 제도에 대한 연구 상황은 劉紹春, 「中國古代皇帝制度研究綜述」, 『中國史研究動態』 1992-1을 참조.

12) 霍存福, 「論皇帝行使權力的類型與皇權・相權問題」, 『吉林大學學報』 1990-2・3・4.

13) 李月虹, 「皇帝稱謂的演變過程」, 『學術論壇』 1982-6.

양한 측면에서 많은 연구들이 축적되어 있다. 일본의 경우는 더욱 중요한 연구 성과들이 축적되어 있는데, 대표적으로 니시지마 사다오(西嶋定生)는 황제권력과 소농민과의 관계를 중심으로 진한제국의 성격을 파악하고자 하였다. 특히 그는 이십등작제를 통해 황제의 인민에 대한 개별인신적지배個別人臣的支配가 어떻게 가능했는지를 규명하고자 하였다.[15] 이것은 필자가 궁금해 하였던 황제의 적극적인 권력 행사를 보여 주는 연구라고 할 수 있다. 그러나 이십등작제의 경우 너무 단기간에 한해서만 영향력을 발휘했다는 점에서 장기적인 황제의 권력 행사를 고찰하기 어렵다.

사대부에 관한 연구는 일본과 대만 학계의 연구 성과가 비교적 많이 축적되어 있는데, 특히 여영시余英時는 사士 계층의 출현에서 위진시기에 이르는 비교적 장기간에 걸쳐 사 계층의 정치적 각성과 권력 행사를 고찰하였다.[16] 특정 시기 사대부들의 의식과 행동에 관한 연구는 비교적 많다고 할 수 있는데, 위진남북조시기에 대해서는 일본 측의 연구가 두드러진다.[17] 그러나 이들 연구들은 모두 귀족제론에 의해 사대부들을 분석하였기에 황제와의 관계가 소홀하게 다뤄진 느낌이 강하고, 특정 시기만을 대상으로 삼아 아쉬움이 있다.

그렇다고 필자가 지금까지의 연구와 전혀 다른 논리나 결론을 가지고 있는 것은 아니다. 다만 지금까지의 연구들은 특정 시기에 국한되

---

14) 郝鐵川, 「帝的觀念的演變與皇帝制度的産生」, 『歷史敎育』 1986-5 ; 劉澤華, 「秦始皇神聖至上的皇帝觀念」, 『天津社會科學』 1994-6.

15) 西嶋定生, 『中國古代帝國の形成と構造-二十等爵制の硏究-』(東京 : 東京大, 1961).

16) 余英時, 『中國知識階層史論』(臺北 : 聯經, 1980)과 『士與中國文化』(上海 : 上海人民, 1989)를 참조.

17) 이와 관련된 저작들은 谷川道雄 編著/鄭台燮・朴鍾玄 外譯, 『日本의 中國史論爭』(서울 : 신서원, 1996) 제3장 「六朝貴族論」을 참조.

어 있어 필자가 가지고 있는 장기적으로 지속되어 온 제도나 구조의 내면에 존재하는 원동력에 대한 의문을 해결하는 데 적절하지 않다고 여긴 것뿐이다. 아무래도 이러한 문제는 단대적斷代的인 접근에 의해서 해결되기 힘든 특징을 가지고 있기 때문이다. 그래서 필자는 지금까지의 연구들을 토대로 통시대적인 고찰을 통해 그 의문들을 풀어 가고자 한다.

중국 고대의 절대적인 지배자인 황제와 실질적 지배층인 사대부는 황제 지배체제가 성립된 이래 지속적인 대립과 공존을 모색하였다. 그것은 황제의 경우 그 권력이 관료 기구를 통해서만 집행되기 때문이며, 사대부는 관료로서의 공적公的 지위를 갖지 않고서는 실질적인 사회의 지배층으로 존재할 수 없었기 때문이다. 즉 양자 모두는 상대적인 권한만을 가지고 있었고, 이로 인해 양자는 서로의 권력 행사에 있어 불가분의 관계를 가질 수밖에 없었다. 황제는 통치 영역의 확대·행정 사무의 복잡화와 전문화·군주의 판단력과 능력의 한계 등을 해결하고 극복하기 위해 관료가 필요하였다.[18] 그러나 이러한 관료의 지속적인 필요는 사대부들의 정치적 진출과 세력화를 가능하게 한 원인으로 작용하였다. 한편 지방에서 자율적이고도 독자적인 세력을 가지고 있는 호족은 그 권력이 제도적·법제적인 권력이 아니라는 한계를 극복할 필요가 있었다. 지역에서 누대에 걸쳐 이룩한 권력을 제도적으로 보장받기 위해 그들은 관료가 되어야 했던 것이다.

그렇다고 사대부들의 모든 욕망을 지역 사회에서의 지배권을 장악하는 것으로 한정하는 것은 적절하지 않을 것이다. 그들은 '수기안인修己安人'을 존재의 목적으로 삼았고,[19] 학문의 성숙에 따라 정치적으로

18) 李成九, 「戰國時代 官僚論의 展開」, 『東洋史學硏究』 25(1987), p.11.

19) 자신의 몸을 닦음으로써 백성을 편안히 할 수 있다는 『論語』의 '修己以安人'(『論語』, 「憲問」, p.204)은 宋代 朱熹에 의해 '學者修己治人之方'(『大學』, 「序」,

각성하여 하나의 정치 세력으로 변화하였다. 더 나아가 황제권력과는 별개로 자신들의 문화 전통을 수립하고자 하였다. 이들은 천하의 질서를 정치·사회·경제·문화적인 시각으로 파악하였으며, 모든 방면에서 사대부가 중심이 되어야 한다고 생각했다. 이것은 사대부와 황제를 종종 대립하게 하였다. 따라서 황제 지배체제 하에서의 사대부들의 존재 양태와 역할을 파악하는 것은 중국 고대 사회의 발전과 성격 규명에 매우 중요한 작업이 될 것이다.

3

사대부란 일반적으로 사士와 대부大夫 두 단어의 합성어로 알려져 있다.[20] 이들은 모두 주대周代 봉건제封建制 하에서 출현한 이들로[21] 흔히 제후諸侯의 봉토를 관리하던 행정 관료를 의미하였다. 그러나 초기 엄격한 신분제 하에서 대부와 사는 역할이 엄밀히 구분되어 있었기 때문에,[22] 두 단어를 합성한 사대부라는 용어는 출현할 수 없었다. 실제로 춘추시기春秋時期까지의 상황을 전하는 문헌 안에서는 사대부라는 용어를 찾아볼 수 없다. 그러나 전국시기 저작 안에서 사대부라는 용어가 등장하여, 이 용어가 봉건제의 와해와 더불어 등장하였음을 알 수 있다.

전국시기 사대부라는 용어가 등장하게 된 원인으로는 다음의 세 가지를 들 수 있을 것이다. ① 주대 신분제의 붕괴, ② 새로운 지식 계층

p.10)으로 표현된다.

20) 宮川尙志, 『六朝史硏究 政治·社會篇』(東京 : 日本學術振興會, 1956), p.175.

21) "公卿大夫者何謂也? 內爵稱也……士者, 事也. 任事之稱也"(『白虎通』, 「爵」, pp.16, 18).

22) "王臣公, 公臣大夫, 大夫臣士"(『左傳』, 「昭公七年」, p.1287).

의 등장, ③ 이들의 강렬한 정치 참여의식이다. 즉 개인의 능력을 기반으로 등장한 지식 계층들은 자신들을 국가의 운영을 담당하는 관료 계층으로 규정하고자 하였고, 이러한 의식은 종래 정치를 담당했던 대부와 사라는 존재에 자신을 비견하고자 하였던 것으로 생각된다. 이렇듯 사대부라는 용어가 출현할 당시에 그것은 출신 성분의 중요성이 소멸한 사회에서 새롭게 정치적 지배 계급으로 등장한 관료 집단을 지칭하는 용어였다.[23] 여기에 관료에 대한 전통적인 관념, 즉 경제적 우월성에 기초한 지식과 교양의 소유자가 관료가 되어야 한다는 인식은 사대부의 범주에 지식인・교양인을 모두 포함하게 하였다. 이후 위진남북조시기 들어 관료들이 세습에 의해 권력과 위신을 유지하게 되면서, 사대부는 특정 사회 계층을 나타내는 용어로 일반화된다.[24] 따라서 이러한 과정을 통해 사대부라는 말은 정치적・사회적・문화적인 지배층을 의미하는 용어로 정착되었음을 알 수 있다.

현재 사대부라면 흔히 송대宋代 과거제科擧制 정착 이후 형성된 지배층을 의미하곤 한다. 그로 인해 송대 이전 시기의 경우 송대 사대부와 구분하기 위해 의도적으로 사인士人이라는 용어를 사용하기도 한다. 물론 송대 사대부의 경우 과거라는 제도적 보장 하에 지식과 교양을 갖추며 점차 지배층을 형성하게 되었다는 점에서 분명 국가의 후원과는 별개로 등장한 이전의 지식인과 차이를 갖는다. 또한 경제적 지위에 있어서도 송대 이전과 이후는 분명 차이가 있다. 그러나 전근대 시기 중국 사회에서 지식인과 교양인은 언제나 자신을 문화의 담당자임과 동시에 사회 전반에 대한 책임자로서 규정하였기에, 양자가 근본적으로 큰 차이를 갖는다고 생각하지는 않는다. 특히 선진시기先秦時期 문헌

---

23) 梁鍾國, 『宋代士大夫社會硏究』(서울 : 三知院, 1996), p.53.
24) 고지마 쓰요시 지음/신현승 옮김, 『사대부의 시대』(서울 : 동아시아, 2004), p.28.

에서 주로 관료를 의미하기는 하지만 사회적 지위와 명성을 가진 지식인·교양인을 모두 사대부라는 용어로 표현하고 있어,[25] 사대부라는 용어를 송대 이후의 관료층과 그 예비군으로 국한시켜 이해할 필요는 없을 것이다. 그래서 본서에는 사대부라는 범주에 관료를 비롯하여 관료를 지향하는 관료 예비군·지식인·교양인 모두를 포함하고자 한다.

그러나 관료·관료 예비군·지식인·교양인이라 해서 일괄적으로 사대부로 부를 수는 없을 듯하다. 이것은 등장 초부터 사대부라는 용어 안에는 법가계法家系 관리와는 다른 내용이 포함되어 있었기 때문이다. 법가적 입장에서 관리는 황제의 이목耳目이며 수족手足으로 법령의 시행을 담당하는 실무 담당자에 불과하였다.[26] 따라서 한비자韓非子가 말한 것처럼 이들에게는 '요순堯舜 임금의 현명함이나 탕왕湯王과 무왕武王의 군사적 능력, 열사烈士의 고매함' 따위는 필요치 않았다.[27] 그들은 단지 '법을 준수하고 직임을 다할(守法守職)' 뿐 자율성이나 능동성을 갖지 못한, 일반민과 같이 법에 의해 통제·지배당하는 대상이었다. 그러나 『순자荀子』에 등장하는 사대부는 이들 법가계 관리와는 다르다. 그들은 지혜와 능력을 갖추었을 뿐 아니라, 단순 사무가 아닌 정무政務를 처리하는 치자治者였다.[28]

이와 관련하여 여영시는 사대부의 정치적 의식이나 성격이 전한前漢 무제시기를 전후로 형성·규정되었다고 보았다.[29] 물론 그의 지적처럼 무제시기 유학儒學의 제창提唱이 유가형儒家形 순리循吏의 출현을 촉발한

---

25) 사대부라는 용어의 등장과 그 의미에 대해서는 宮川尙志, 앞의 글, pp.174~180을 참조.

26) 于振派, 「秦漢時期的'文法吏'」, 『中國社會科學院研究生院學報』 1999-2, p.64.

27) "故人臣毋稱堯·舜之賢, 毋譽湯·武之伐, 毋言烈士之高, 盡力守法, 專心於事主者爲忠臣"(『韓非子』, 「忠孝」, p.2210).

28) "士大夫分職而聽"(『荀子』, 「王霸」, p.214).

29) 余英時, 앞의 책(1989) 1장 참조.

것을 부정할 수는 없을 것이다. 무제의 유학 제창이 무제의 의도와는 별개로 자신을 치자로 인식하는 새로운 관료상의 출현을 가능하게 했음은 분명하다. 그러나 사대부라는 용어가 이미 선진시기 문헌에서 보이고, 이들에게 초보적이나마 자신을 치자로 규정하는 의식이 확인되는 이상[30] 무제시기를 기점으로 사대부의 출현과 정체성 확립을 설정하는 것은 적절하지 않을 것이다. 그들은 전국시기에 이미 자신들이 학문을 탐구하는 것을 도道를 닦는 것으로 이해했고,[31] 관료가 되는 것을 천하에 의義를 실현하는 것으로 보았다.[32] 요컨대 전국시기 사대부들은 이미 천하天下는 군주만의 것이 아닌 군주와 사대부 모두의 공적公的 세계라는 공천하公天下 사상을 가지고 있었던 것이다.

그렇기 때문에 이들 행동의 원칙은 황제의 법이 아니라 도에 있었다. 그래서 이들은 황제의 법과는 별개로 자신들의 행동을 제어하는 문화적 전통을 만들고자 했다. 특히 그것은 사대부들의 독립적인 지위를 유지할 수 있는 것이어야 했다. 다시 말해 황제의 의지만을 수동적으로 실현하고, 황제권 강화를 위해 황제의 의지에 의해 타율적으로 조직되고 배치되는 지배의 대상이 아니라 치자로 자신들을 존재시킬 수 있는 문화적 전통이 필요하였다. 그것은 사대부의 독자성을 옹호하는 유학이었고, 그 결과 사대부라는 용어는 유가계儒家系 관료에 국한되게 된 것이다.

---

30) 예를 들어 『孟子』, 「梁惠王下」에 보이는 "今有璞玉於此, 雖萬鎰, 必使玉人彫琢之. 至於治國家, 則曰姑舍女所學而從我, 則何以異於教玉人彫琢玉哉"(p.54)라는 기사는 이미 사대부들이 군주는 정치를 사대부들에게 맡겨야 한다고 인식하고 있음을 보여 준다.

31) "子曰, 士志於道, 而恥惡衣惡食者,未足與議也"(『論語』, 「里仁」, p.50).

32) "子路曰, 不仕無義, 長幼之節, 不可廢也. 君臣之義, 如之何其廢之. 欲絜其身, 而亂大倫. 君子之仕也, 行其義也"(『論語』, 「微子」 p.251).

4

그러나 군주권 팽창이 하나의 시대정신으로 받아들여지던 전국시기, 사대부들의 공천하 사상은 실현되기 어려웠다. 강력한 황제권이 발현되었던 진秦 역시 공치共治의 사상을 가지고 있던 유가계 관료들을 필요로 하지 않았다.[33] 그리고 이러한 상황은 한초漢初까지도 지속되었다. 중앙은 자연법을 근간으로 하는 황노술黃老術에 경도된 무뢰 출신의 공신功臣 집단이 장악하고 있었으며,[34] 지방은 진대 이후 법가계 관리인 도필리刀筆吏들이 법률 문서에 근거한 행정적 실무를 담당하고 있었다. 문제시기文帝時期 등장한 지식인 집단인 문학지사文學之士들은 자신들을 도필리와는 다른 존재로 구별했지만, 아직까지 명확하게 하나의 정치 세력으로 성장하지 못하였다. 부정기적으로 행해지던 인재 선발[구현求賢]은 이들 사대부들을 하나의 집단으로 형성시키지 못했던 것이다.

이후 무제시기부터 정기적으로 선거[향거리선제鄕擧里選制]가 실행되면서 안정적으로 관계에 진출할 수 있는 통로를 확보한 사대부들은 점차 하나의 정치 세력으로 성장하게 된다. 무제 사후 염철회의鹽鐵會議에서 승상丞相·어사대부御史大夫에 맞서 무제의 흉노匈奴 정벌과 신경제 정책을 비판했던 문학文學들이 바로 그들이다. 비록 그 시기 유학이 단순히 법 집행의 당위성을 제공하는 등 법술法術을 꾸미고 보좌하는 역할만을 담당하여[35] 유학의 이념 전체를 실현시키지는 못했지만, 공식

---

33) 湯淺邦弘는 秦簡에서 관리의 덕목으로 때때로 유가적 덕목이 등장하기는 하나 이것은 관료 사회 내에서 상사나 조직에 대한 충성의 필요로부터 요구되었던 것 뿐이고, 실제로 관리들에게는 철저히 실무 능력만이 요구되었다고 보았다. 湯淺邦弘, 「秦帝國の吏觀念」, 『日本中國學會報』 47(1995), p.2.

34) 淺野裕一, 「黃老道の政治思想-法術思想との對比」, 『日本中國學會報』 36(1984), pp.41～43.

적으로 독존유술獨尊儒術이 표방된 결과 박사제자博士弟子가 설치되면서 유학을 사유의 근간으로 하는 지식인들은 지역 사회를 넘어 경사京師로 모여들었다.

이러한 유가 채용의 원인으로 우선 법술이 가지고 있는 한계가 지적되어야 할 것이다. 법가계 관리들은 단순 사무를 처리하는 데는 능했지만 제도의 본질을 합리적으로 이해하고 설명하지는 못했다. 이들은 법조문을 익히고 적용하는 것에는 능통했지만, 융통성을 가지고 사안을 처리하지는 못하였다. 협소한 일국一國을 운영하는 데는 효율적이었으나, 지역별 차이가 현격한 광대한 제국을 운영하기에는 부적합하였던 것이다. 무엇보다 법술은 권력자의 통치 근거와 정당성을 구조적으로 보장해 주지 못하였다.

유학이 황제에게 선택되고 용인된 이유는 그것이 현실의 제국 문제를 해결하고 백성에 대한 체계적 통치를 가능하게 했기 때문일 것이다. 그러나 보다 궁극적인 원인은 유학이 군君과 민民 사이의 관계를 정합적으로 설명할 수 있었기 때문이라고 생각한다. 이상적인 통치 세계에서 천자는 백성들이 합리적으로 생존할 수 있도록 천하를 유지·보호하며, 백성은 천자가 안정시킨 천하 질서 안에서 맡은 바 역할을 수행하며 삶을 영위해 간다.[36] 바로 이러한 역학 관계를 합리적으로 설명할 준비가 되어 있는 이들이 유가라고 할 수 있다. 유가에게 있어 군민의 관계는 흔히 우주적 질서에 비견된다. 요컨대 백성을 통치하는 군주의 역할을 만물을 키우는 하늘(天)의 행위로 소급시켜 군주의 행위에 절대적 권위를 만들어 냈던 것이다.[37]

---

35) 유학에 대한 武帝의 입장은 "以經術潤飾吏事"(『漢書』 卷89, 「循吏傳」, pp.3623~3624)라는 기사에 잘 나타나 있다.

36) 甘懷眞, 「秦漢的「天下」政體-以郊祀禮改革爲中心」, 『新史學』 16-4(2005), p.14.

37) 대표적으로 董仲舒는 하늘과 땅이 만물을 생성시키고 양육시키는 것과 같이 군주는 인민에 대해 그와 같은 우주적 책임을 져야 한다고 강조하였다. "天

5

그렇다고 해서 유가가 황제의 권력을 절대화하고, 황제를 신격화한 것은 아니다. 오히려 황제는 모든 것의 본성을 드러나게 하는 우주적 원리의 체현자로 규정된다.[38] 다시 말해 황제는 신성한 존재이나 그 신성한 존재가 되기 위해서는 모든 사사로운 욕망을 버리고, 오직 인민의 양육과 계발을 위해 노력해야 한다고 생각되었다. 따라서 유가들이 말하는 군주가 하늘의 기능을 본받아야 한다는 것은 하늘과 땅이 만물을 생성시키고 양육시키는 것과 같이, 황제 또한 백성에 대해 그러한 '우주적 책임'을 져야 한다는 것을 강조하는 것이다. 그렇다면 오히려 유가가 황제를 하늘에 비견한 것은 그를 신격화하기 위한 것이 아니라, 황제권력의 사권화私權化를 막고 그를 공천하의 영역으로 견인하기 위한 방법이라고 할 수 있을 것이다.

유가는 황제 스스로 '주도하지 않고 위임하는 자리에 서지만 분야별로 갖추어진 관료에게 의존'함으로써[39] 우주의 본질을 실현할 수 있다고 주장한다. 즉, 황제가 권력을 행사할 수 있는 것은 모든 권한을 황제에게 집중시킴으로써 가능한 것이 아니라 '안으로 공公・경卿・대부大夫・사士가 있고, 밖으로 공公・후侯・백伯・자子・남男이 있으며 관사官師・소리小吏가 있기 때문'이라는 것이다.[40] 이들은 황제의 권위에 우선하여 유가 경전經典에 근거한 국가 구조를 수립하고자 하였다. 이

積衆精以自剛, 聖人積衆賢以自强；天序日月星辰以自光, 聖人序爵祿以自明"(『春秋繁露』, 「立元神」, p.309).

38) "故爲人主者, 法天之行"(『春秋繁露』, 「離合根」, p.297).

39) "立無爲之位, 而乘備具之官, 足不自動, 而相者導進, 口不自言, 而擯者贊辭, 心不自慮, 而群臣效當, 故莫見其爲之, 而功成矣, 此人主所以法天之行也"(『春秋繁露』, 「離合根」, p.297).

40) "故古者聖王制爲列等, 內有公卿大夫士, 外有公侯伯子男, 然後有官師小吏, 施及庶人, 等級分明, 天子加焉, 其尊不可及也"(『新書』, 「階級」, p.213).

러한 유가들의 노력은 종종 유일 절대 군주로서의 황제의 지위를 상대화하고자 하는 것으로 이해되었다.[41)]

실제로 유가들은 전국시기 이래 군주의 사속私屬 기구처럼 변화한 관료제를 비판하고,[42)] 공적 기구인 관官의 기능을 회복하고자 하였다. 이것은 후한後漢 사대부의 반환관反宦官 태도에서 살펴볼 수 있다. 후한 말 환관에 의한 선거 농단에 대해 사대부들은 반환관의 태도를 분명히 하였다. 그런데 환관이 관료 기구의 존재가 아닌 비제도적 존재라고 한다면, 결국 환관의 권력은 황제권력의 연장일 수밖에 없을 것이다. 그러므로 반환관의 태도는 자칫 반황권反皇權을 의미하여 대역죄로 처벌받을 수 있다. 하지만 사대부들은 선거에 개입하는 환관의 권력 행사가 결국에는 황제가 공적인 기구를 무시하고 국가를 사적으로 운영하는 모습이라고 인식하였고, 황제라 할지라도 공적 세계인 관계官界를 사물화私物化할 수는 없다고 생각하였다. 그 결과 사대부들은 유가 관료에 의한 환관의 대체를 주장하는 극단적인 건의를 하기도 하였고,[43)] 황제의 근시관近侍官의 수를 법적으로 규정하여 황제가 자의적으로 근시관을 증가시키는 것을 차단하기도 하였다.[44)] 이것은 분명 사대부에

---

41) 대표적인 연구자로는 西嶋定生와 板野長八를 들 수 있다. 西嶋定生, 「皇帝支配の成立」, 『岩波講座 世界歷史 4-東アジア世界の形成』(東京 : 岩波書店, 1970) ; 西嶋定生, 『中國の歷史 秦漢帝國』(東京 : 講談社, 1974) ; 板野長八, 「孝經の成立 1・2」, 『史學雜誌』 64-3・4(1955) ; 板野長八, 「儒教の成立」, 『岩波講座 世界歷史 4-東アジア世界の形成』(東京 : 岩波書店, 1970) ; 板野長八, 「前漢末」における宗廟・郊祀の改革運動」, 『中國古代における人間觀の展開』(東京 : 岩波書店, 1972) 참조.

42) 李成九, 『中國古代의 呪術的 思惟와 帝王統治』(서울 : 一潮閣, 1997), p.288.

43) "自此以來, 權傾人主, 窮困天下. 宜皆罷遣, 博選耆儒宿德, 與參政事"(『後漢書』 卷43, 「朱穆傳」, p.1472).

44) "帝初卽位, 初置侍中・給事黃門侍郞, 員各六人, 出入禁中, 近侍帷幄, 省尙書事. 改給事黃門侍郞爲侍中侍郞, 去給事黃門之號, 旋復復故. 舊侍中・黃門侍郞以在中宮者, 不與近密交政. 誅黃門後, 侍中・侍郞出入禁闥, 機事頗

의한 황제권력의 상대화일 것이다.

아마도 이러한 문제가 발생한 것은 황제와 사대부가 바라보는 제국의 질서가 상이했던 것에서 기인할 것이다. 사대부들은 제국 운영의 주체로서 사대부를 위치시키고, 사대부들의 정치적 활동이 구조적으로 보장되는, 그래서 사대부 계층을 안정적으로 재생산하는 구조를 고정화하고자 하였다. 그들은 점차 확대되는 자신들의 정치적 지위에 대해 존엄성을 부여해 줄 수 있는 분권적인 '유교국가儒教國家'를 건설하는 것이 목적이었다. 그들의 유교국가 안에서 황제는 모든 것의 본성이 드러나고 조화될 수 있도록 조절하는 완성된 인격체로서 현자를 발탁하여 천하의 운영을 위임하는[존현尊賢] 존재로 그려진다. 그러나 '인주人主가 되어 뜻대로 행동하지 못하는 것을 천하의 질곡桎梏'[45]이라고 생각한 황제는 '천하의 크고 작은 모든 일을 자신이 처리하는'[46] 독점적인 지위와 권력 행사를 이상으로 하였다. 그는 단지 군림하는 자가 아닌 지위와 위엄에 의해 천하를 다스리는 자가 되고자 하였다. 이러한 제국 질서에 대한 인식의 차이로 흔히 사대부와 황제의 관계는 길항拮抗 혹은 힐항詰抗으로 표현되었다.

6

그러나 유가들이 수립하려고 했던 유교국가 안에서 황제가 항상 그 정점에 서 있었다는 것은 유가들의 세계관을 관통하는 주된 구도가 사대부와 황제의 대립 혹은 황제권력의 상대화라고만 설명될 수 없음을

露, 由是王允乃奏比尚書, 不得出入, 不通賓客, 自此始也"(『後漢書』 卷志26, 「百官志三」, p.3594).

45) "爲人主而不恣睢, 命之曰天下桎梏"(『三國志·魏書』 卷25, 「高堂隆傳」, p.715).

46) "天下之事無小大皆決於上"(『史記』 卷6, 「秦始皇本紀」, p.258).

말해 준다. 중국 고대 사회의 특징을 황권皇權과 신권臣權의 대립으로 파악하는 것이 일면 설득력을 가지면서도 문제점을 갖는 것은 유가의 이념이 황제권과 항상 길항했던 것만은 아니기 때문이다.

왕망王莽이 강력한 황제권의 수립을 위해 선택한 것은 유가 경전인 『주례周禮』였다. 왕망은 유가 이념에 근거한 예제 개혁을 통해 비로소 황제의 특수한 권위를 확립할 수 있었다. 이상적 국가체제가 완성될 때 황제는 유가의 예교적禮敎的 세계의 중심으로서, 현실 세계의 유일한 지배자로서 지위와 권위를 획득할 수 있기 때문이다. 왕망은 유가의 예제를 수용함으로써 보편화되고 추상화된 '하늘로부터 명을 받은 수명천자受命天子'로 변화하며, 황제를 중심으로 하는 세계에서 오직 유일한 통치자로서 존재하게 되었다. 이것은 유학이 천자라고 하는 지위의 특수한 권위를 중시하는 특징을 가지고 있는 것에서 기인한다.[47]

유학은 군주를 정점으로 모든 이들이 사회적으로 할당된 자신의 직분에 만족하고 자신의 역할을 온전히 수행하는 국가체제를 이상으로 삼는다. 이것을 유가의 '예적禮的 세계'라 부를 수 있을 것이다. 전한 황제들이 한의 제도를 '한가漢家의 제도'라고 하여 자신의 권위를 사적인 권위에 국한시켰던 것과는 달리, 유가들은 황제를 '일가一家'의 사적인 권위에서 벗어난 유가의 예적 세계 속에서 지고至高의 존재로 위치 짓고자 하였다. 유가는 황제를 특정 집안의 수장이라는 사적 권위로부터 탈출시켜, 하늘로부터 명을 받은 유덕有德 군주로서의 모습을 갖추게 하였던 것이다. 이렇듯 유가의 이데올로기는 황제에게 권력의 정당성과 정통성의 근거를 마련해 주었다. 이것이 유학이 황제에게 채택된 이유다.

---

47) 保科季子, 「前漢後半期における儒家禮制の受容-漢的傳統との對立と皇帝觀の變貌」, 『歷史と方法-方法としての丸山眞男』(東京 : 靑木書店, 1998)을 참조.

한편 그들은 격상된 군주를 도와 우주적 질서를 체현하는 존재로서 관료의 위치를 설정한다. 동중서董仲舒에 의하면 군주가 하늘의 운행을 체현하는 존재라면 신하는 대지의 운행을 체현하는 존재다.[48] 그래서 군주는 천도天道와 지리地理를 관통한 보필자인 관료의 도움에 의해 비로소 우주적 원리의 체현자가 된다. 『시경詩經』에 등장하는 "많고 많은 사들이여, 문왕文王께서 이들 때문에 편안하시도다"라는[49] 구절은 유가들이 이상적으로 생각하는 통치의 모습을 함축적으로 보여 준다.

그렇다고 해서 관료가 황제와 비등한 권위를 가졌다는 것은 아니다. 사대부들은 모름지기 관료란 사직社稷의 존망存亡을 사전에 예측하고 득실得失의 요체를 알아 군주를 영화롭게 하며 이름을 높이게 해야 한다고 하였으며(성신聖臣), 도에 통하며 군주를 예의禮誼로 면려하고 국가를 위해 장책長策을 세워야 한다고 하였다(양신良臣). 또한 겸손하고 성실하며 현자를 추천할 줄 알아야 하고(충신忠臣), 드러나지 않는 부분을 살피고 이간을 막아야 하며(지신智臣), 법을 잘 지키고 맡은 일에 충실하며 검소해야 한다고 주장하였다(정신貞臣). 그리고 죽음을 각오하고 군주의 과실을 지적할 줄도 알아야 한다고 하였다(직신直臣).[50] 신하로서 마땅히 황제에게 간諫·쟁諍·보輔·필弼해야 하는 것은 두말할 나위도 없다.[51] 그리고 무엇보다 신하된 자는 관직을 받는 그날부터 군주를 어버이로 여겨 그 군주가 덕을 이루는 것을 도와야 한다고도 주장한다.[52]

---

48) "爲人臣者, 法地之道……爲人臣者比地貴信, 而悉見其情於主, 主亦得而財之, 故王道威而不失"(『春秋繁露』, 「離合根」, p.299).

49) "濟濟多士, 文王以寧"(『詩經』, 『大雅·文王之什」, p.960).

50) 『說苑』, 「臣術」, pp.18下~19上.

51) 『說苑』, 「臣術」, p.24上.

52) "賢臣之事君也, 受官之日, 以主爲父……故其君亦有助之以遂其德"(『說苑』, 「建本」, p.36上).

이러한 조건이 갖추어질 때 군주는 비로소 존귀함과 위엄을 갖출 수 있게 된다. 그렇다면 유가가 말한 우주의 본질이란 하늘과 땅이 각기 그 직분을 다해 만물을 기르는 것이니, 군주와 신하가 각기 정해진 자리에서 정해진 직분을 다하여 그 백성을 바로 하는 것을 의미할 것이다. 이렇듯 황제와 사대부가 공존할 수 있었던 것은 제국 운영에 관료라는 실질적인 운영 보좌가 필요하다는 현실적・제도적 요인도 있었지만, 양자는 서로로 인하여 비로소 존엄과 권력을 보장받을 수 있었기 때문이다.

7

한대 이후를 귀족제 사회라고 부르며 황제에 대한 사대부들의 자율권을 강조하는 것은 중국사 시대 구분에 있어 일반적인 논법이다. 그러나 살펴본 것처럼 황제에 대한 사대부의 자율성은 사대부가 처음 등장하는 전국시대부터의 그들의 정체성이라 할 수 있다. 다만 이들은 시대에 따라 다양한 모습으로 역사에 등장하였다. 전국시기~진・한시기의 경우 이들은 경제적 특징이 강조되며 호족으로 표현되었고, 위진남북조시기에 이들은 정치적 세습 체계가 강조되며 문벌 귀족이라고 불렸다. 그러나 이들은 언제나 중앙 정부에서는 관료였으며, 경제적으로는 폐쇄적 지역 공동체에서 대토지를 소유하며 지역 질서의 지배자로 존재하였다. 또한 사회적으로 그들은 지식인이었으며 교양인으로 향론鄕論을 주도하였다. 따라서 이들을 개별적・단절적으로 이해하는 것은 중국 고대 사회의 성격을 파악하는 데 도움을 주지 못할 것이다.

오히려 이들의 정치적 자각과 그 자각을 기반으로 한 정치 세력화의 과정은 고대 중국 사회의 발전과 밀접하게 연관되어 있어, 이들의 활동을 통시대적으로 복원하는 것이 중요한 연구 과제라 할 수 있을 것이다. 물론 지금까지 행해지고 있는 사대부 관련 연구들은 모두 그러한 지향을 가지고 있다. 그러나 때로는 지나치게 사대부들의 자율성을 강조하여 황제와의 관계를 대립적으로 설명하거나, 혹은 서로가 서로를 상대화하려는 모습을 강조한 것도 사실이다. 필자 역시 양자의 세계관을 극단적으로 대비시키며 제국의 속성과 동아시아 세계의 질서를 설명하고자 하기도 하였다. 황제의 이상이 실현된 상태가 황제 지배체제의 온전한 실현일까, 아니면 실제로 황제 지배체제를 운영하는 사대부들의 이상이 실현된 상태를 황제 지배체제의 온전한 실현이라고 해야 할까를 두고 고민하기도 하였다. 그 결과 특정 집단의 정치적 입장이 강조되어, 양자는 서로에게 최소한의 정치적 공간만을 보장해 주는 대립적인 존재들로 파악되었고, 이들의 대립은 종종 지나치게 적대적으로 과장되었다.

그러나 중국 고대 사회가 상당히 발달된 관료제에 의해 운영되었다고 했을 때, 그 사회의 존속은 황제와 사대부를 통해서만 가능했을 것이다. 황제는 사대부가 없이는 권력을 행사할 수 없다는, 사대부는 비록 자신들이 황제의 권위로부터 독립적인 사회적 질서를 가지고 있다 해도 그것이 구체적인 정치의 장에 근거해야만 한다는 한계를 가지고 있었다. 따라서 황제는 사대부의 정치적 자각을 촉구하는 기풍을 만들어 내게 되었고, 사대부 역시 스스로의 정치적 각성을 위한 기풍을 만들어 내려고 하였다. 이들은 서로가 공존할 수 있는 질서를 만들어 내고자 하였던 것이다.

어쩔 수 없이 제국 질서의 담당자는 사대부가 될 것이다. 새로운 왕조가 개창되면 황제는 새로운 원리에 근거한 권위를 창출하고 그 권위 위에서 국가의 안정화를 꾀한다. 그리고 그것을 체계적으로 보장받기 위해 일련의 제도를 수립하게 된다. 이때 유가계 사대부들은 이러한 황제의 필요를 가장 체계적으로 보장해 줄 수 있었다. 그러나 한편으로 이들은 자신들을 제국 운영의 주체로서 위치지으며 점차 확대되는 자신들의 정치적 지위에 대해 존엄성을 부여하였다. 이러한 사대부들의 제국 운영 주체로서의 역할과 노력에 대해서는 앞으로 보다 다양한 각도에서 면밀한 고찰과 연구가 필요할 것이다.

황제 지배체제의 본질을 탐구하는 작업은 중국 고대 사회의 성격을 규명하는 데 매우 근본적이고도 중요한 작업일 것이다. 그런 의미에서 중국 고대에 있었던 정치적 통합과 분열, 그리고 재통일의 국면이 어떻게 가능하였는가를 사대부라는 중국 고대의 정치 주체의 정체성 확립과 권력 행사라는 측면을 통해 살펴보는 작업은 중국 사회를 이끌어갔던 기본 동력이 무엇인가를 규명하는 데 다소나마 도움이 될 것이라고 여긴다. 그러나 지금까지의 대다수 연구들은 그 다루는 대상이 특정 시기에 국한되어 있어, 중국 고대 사회의 성격을 규명하는 데 부족한 점이 있었다. 따라서 본서에서는 사대부들이 등장하는 전한시기부터 사대부들의 재각성 시기인 남북조시기까지를 연구의 대상으로 삼고자 한다.

진한제국이라는 표현과 함께 사용되는 위진남북조 귀족제 사회라는 표현은 양한 삼국의 단절을 그 전제로 한다. 그러나 위진 이후 남조 사대부들의 폐쇄적이며 자율적인 질서가 후한말後漢末 삼국초三國初에 비로소 만들어졌는가 하는 점에는 의문이 든다. 많은 연구자들이 후한말부터 새로운 시대의 새로운 지배층이 형성되었다고 이해하고 있는 것을 염두에 두면, 오히려 후한말 이전 사회 안에서 새로운 시대에 대한 요구가 있었음을 설정하는 것이 자연스러울 것이다. 즉, 중국 고대 사회의 특징을 파악하기 위해서는 후한 삼국 단절론에서 벗어나 이들 시대를 연속성이라는 관점에서 파악하는 새로운 시각이 필요할 것이다. 따라서 전한 사대부의 등장과 후한 사대부의 자율적 질서 수립, 그리고 위진남북조시기 사대부의 정치적 좌절과 재각성을 연속적으로 파악하는 본서의 시도는 위진시기 정치적 자율성을 가진 사대부들의 등장이 결코 단순한 후한말의 산물이 아니라 전한 사대부와 연결된 후한 사대부의 필연적인 시대적 모습임을 설명해 낼 수 있을 것이다.

언급한 것처럼 한대 이후 중국 사회는 귀족제 사회로 일컬어졌다. 구품중정제九品中正制가 특정 사대부가의 가격家格을 고정하여 문벌이 된 이들은 중요 관직을 독점하여 점차 부패하고 무능력해졌다고 설명되었다. 그러나 그들은 획득한 고위 관직을 몇 대 동안 계속 유지해야 했으며, 관위官位와 가격의 상관관계를 확립해야만 했다. 그 결과 위진남북조 사대부들 역시 관료가 되어 천하의 일을 경영하는 것을 사대부의 본질적인 역할이라고 여기게 되었다. 실제로 남북조 사대부들을 정치적으로 무능력하고, 무책임하다고만 본다면 그들이 황제에 대하여 독자적 세계를 보유하고 있었다는 문제에 답할 수 없을 것이다. 또한 남북조시기를 무능한 귀족의 시대로만 바라본다면 전통적인 사대부들의 존재의 근거를 설명할 수 없을뿐더러 이후 수당시기隋唐時期의 정치적 변화도 설명하기 힘들 것이다. 현재 당대唐代 정치사 연구의 가장 중심적인 기조는 '황제일통皇帝一統'으로 보인다. 그러나 어떤 과정을 통해 갑자기 위진남북조 귀족의 시기에서 '황제일통'의 시기가 되었는지는 잘 알려져 있지 않다. 우리는 황제의 권위보다 가문의 권위만을 생각하고, 국가에 대한 충성보다는 개인의 보신保身만을 생각했던 남북조 사대부들로부터 강력한 황제권을 보위하는 수당 사대부들이 어떻게 출현할 수 있었는가에 대해 답해야 할 것이다. 이것이 결국 남북조 안에서 배태된 것이라면 우리는 남북조 사대부들을 다른 시각으로 바라볼 필요가 있을 것이다. 남북조 사대부의 정치적 재각성까지를 다루고 있는 본서는 이러한 질문에 답을 하는 데 얼마간 도움을 줄 것으로 생각된다.

8

이와 같은 필자의 설정들을 확인하기 위해서 본문에서는 다음과 같은 내용들이 고찰될 것이다. 제1부 제1장에서는 중국 고대의 사대부들이 어떠한 과정을 통해 치자로서 각성하게 되었는가를 전한시기 사대부들 사이에서 행해졌던 풍속에 대한 비판을 통해 확인해 보고자 한다. 전한의 경우 유달리 풍속에 대한 위정자爲政者의 관심이 지대하였는데, 그것은 당시 사대부들이 풍속이 정치적 의도에 의해 형성된다고 생각했기 때문이다. 또한 이것은 당시 사회가 새로운 정치적 기풍을 확립하는 것을 요구했기 때문이기도 하다. 따라서 당시 사대부들이 비판한 풍속과 새롭게 만들고자 하는 풍속을 분석한다면 그들의 정치의식을 파악할 수 있을 것이다. 제2장에서는 후한 사대부들이 선거에 대해 가지고 있던 태도를 분석하여 그들이 가지고 있던 공적 세계에 대한 관점과 선거의 독점을 통해 구현하고자 했던 자율적이며 독자적인 사대부 사회의 성격을 파악해 보고자 한다. 이를 통해 후한말 사대부만의 독자적인 정치의 장, 즉 사대부 사회가 형성되는 과정을 확인할 수 있을 것이다.

제2부에서는 사대부 사회가 가진 독자성과 자율성이 황제의 독점적 권력 행사와 어떻게 대치하였는가를 확인해 보고자 한다. 이는 조위시기曹魏時期 부화浮華 사건의 구체적 내용을 분석하고, 황제권력이 미치는 세계와 그 세계 통치에 대한 황제와 사대부의 서로 다른 인식을 비교하는 두 가지 작업을 통해 수행될 것이다. 우선 제1장에는 황제권 강화를 위해 특정 사대부 집단의 수장을 제거하는 극단적인 방법이 동원되었던 조위 초기의 정치적 상황을 고찰해 보고자 한다. 이러한 조위 초의 상황은 황제와 사대부의 갈등의 원인과 양상을 가장 극적으로 보여 줄 것이다. 사대부들은 자율적이고 독립적인 자신들의 질서를 보호

받을 수 있는 유교국가를 건설하고자 하였으나, 이것은 황제의 중앙집권과 배치될 수밖에 없었다. 결국 이 대립 속에서 황제는 대표적인 사대부 집단의 수장을 제거하는 폭력적인 방법을 사용하였고, 그것은 흔히 부화 사건으로 칭해졌다. 제2장에서는 황제와 사대부의 또 다른 갈등의 중요 지점이었던 대외 관계에 대한 서로 다른 입장을 비교하고자 한다. 이 과정을 통해서 황제와 사대부의 중요한 갈등이 근본적으로 세계관과 황제권력이 미치는 범위에 대한 인식의 차이로부터 발생했음을 확인할 수 있을 것이다. 황제는 이적夷狄이 포함된 극대로 확대된 세계 관념을 갖고 있었고, 나아가 실현하고자 하였다. 그러나 사대부들은 화이華夷를 분리하는 전통적인 분리주의적 세계관을 가지고 있었다. 이렇게 각기 다른 세계관은 대외 정책에 반영되어, 동아시아 세계 질서에 대한 극명한 차이점을 노정하게 된다.

마지막 제3부에서는 그럼에도 불구하고 황제와 사대부가 긴 시간 동안 공존하며 왕조체제를 유지할 수 있었던 원인을 분석해 보고자 한다. 일반적으로 위진남북조시기는 지역의 대성大姓들이 구품중정제를 이용하여, 정부의 고위직을 독점하며 정치적 특권을 세습한 시기로 해석되었다. 그 결과 고정되고 안정된 관직의 세습은 지역의 대성들을 문벌로 성장시켰고, 자연히 이들 문벌들은 정치적으로 안정되어 특별히 정치적 능력을 배양할 필요를 갖지 못했다고 설명되었다. 이것이 흔히 말하는 남북조시기 귀족의 무능화다. 그러나 명교名敎의 압박으로부터 이탈하여 세무世務에 전력하지 않고 보신에만 힘쓴다고 이해된 이 시기 사대부들도 본질적으로 한대 사대부와 같이 정치적 참여의식을 버릴 수 없었다. 유학의 체득이 사대부들의 근본적인 행위로 표현되었고, 학문의 필요를 역설하는 계자서誡子書가 작성되었다. 또한 이 시기 사대부 안에서 국가에 대한 보은報恩과 순국殉國의 태도가 나타난 것과 철저히 배타적으로 행해지던 교유交游가 사회적으로 자제되었던 것도 지적되어야 할 것이다. 이러한 사대부의 정치적 책임의식의 회복이 바로 이후 수당이라는 새 시대를 준비하는 원동력이 되었던 것으로 보인다.

이러한 사대부의 재각성이 사대부의 노력만으로 가능했던 것은 아니다. 지금까지 황제들이 사대부들의 세력을 억압하기 위해 정책을 입안하고 개혁을 추진한 것과 달리 양무제梁武帝의 개혁은 '현재주의賢才主義', '신귀족주의' 또는 '귀족제와 관료주의의 조화'라고 평가된다. 양무제는 귀족주의의 원형을 부정하지는 않았지만, 문벌에 의한 귀족주의가 아닌 재능에 의한 귀족주의를 표방하였다. 이것은 어떤 의미에서 황제가 귀족에게 귀족 본연의 존재 방식으로 돌아갈 것을 요구한 것으로 해석할 수 있는데, 궁극적으로는 천하에 대해 정치적 책임감을 갖는 사대부 본연의 자세를 회복할 것을 황제가 사대부에게 촉구한 것이라고 생각한다. 아마도 양무제는 누적되었던 정치 기구의 무능력과 부패에 대한 해결을 관료 기구의 정상화로 보고, 그것을 위해 사대부들의 정치 참여의식이 회복되어야 한다고 여겼던 것 같다. 그러므로 우리는 양무제의 개혁을 통해 황제와 사대부의 공존을 위한 두 주체의 노력을 확인할 수 있을 것이다.

북조 사대부의 정치적 책임의식, 그리고 현재주의를 가장 잘 보여주는 인물은 최호崔浩다. 지금까지 최호의 죽음은 문벌주의에 대한 탁발계拓跋系 귀족들의 공격 때문으로 보거나, 최호의 문벌주의 부활 기도를 우려한 태무제太武帝의 숙청의 결과로 이해했다. 그러나 당시 북위北魏 사회가 봉건적인 분권주의에 의해 유지되고 있었고, 당시 한인漢人 사대부의 숫자가 문벌주의를 제창할 만큼 많지 않았다는 점은 최호의 죽음을 문벌주의와 연관하여 해석하기 어렵게 한다. 따라서 제3부 제3장에서는 최호의 죽음을 새롭게 조망하며, 그를 통해 북조 사대부들이 가지고 있었던 사대부 책임 정치의 이상의 실체를 파악해 보고자 한다. 이를 통해 당시 남북조 사대부 모두가 정도의 차이는 있었으나 근본적으로 사대부의 정치적 각성과 책임의식의 회복을 중요한 과제로 삼았다는 것을 확인할 수 있을 것이다.

이상과 같이 중국 사대부의 정체성 수립과 권력의 행사, 존재의 실현 등을 황제와의 대립과 공존이라는 측면을 통해 살펴보고자 한다. 이를 효과적으로 살펴보기 위해서는 전국시기 형성·전개되었던 관료론에 대해 살피는 것이 필요할 것인데 필자의 능력상 거론하지 못하였다. 그래서 이 글의 시대 범위는 사대부가 등장하여 정치적으로 각성되었던 한으로부터 시작하여 황제와 사대부가 대립하였던 위진시기를 거쳐 황제와 사대부가 공히 공존의 구조를 찾아가는 남북조시기까지로 국한하였다. 필자의 소견으로는 사대부들이 한대 정치 세력으로 부상하기는 했으나 그 정치적인 각성에 따른 실천과 자율적인 질서의 운영이 위진남북조시기에 행해졌기 때문에 이들 시기가 연속적으로 파악되어야 한다고 본다.

다만 아쉬운 것은 본서의 목적 중 하나인 황제와 사대부의 대립과 공존이라는 것을 파악하기 위해서는 최소한 그 결과로 등장한 수왕조가 연구의 대상이 되어야 함에도 불구하고, 필자의 능력상 다루지 못한 것이다. 또한 이러한 구조의 실질적인 운영 상태를 확인하기 위해서는 당왕조라는 장기적인 시간이 분석되었어야 하는데 역시 필자의 능력상 이 문제는 이후의 연구 과제로 남겨 놓을 수밖에 없었다.

다시 한번 강조하자면 필자가 의도하는 것은 이상의 과정을 통해 황제와 사대부라는 고대 중국 사회의 정치적 두 주체의 자기 규정과 상호성이 다소나마 파악되는 것이다. 중국 고대 사회가 발달된 관료제에 의해 운영되었기에 그 사회의 존속은 황제와 사대부를 통해서만 가능했을 것이다. 그러므로 양자의 자기 규정과 상호성에 대한 고찰은 고대 중국 사회를 이끌어 갔던 기본 동력이 무엇인가를 규명하는 데 다소나마 도움이 될 것이라고 생각한다. 마지막으로 언급하고자 하는 것은 사대부라는 표현에 관한 것이다. 한대 이래 호족이라는 사회적 신분이 존재하기도 했지만 이것은 경제적 주체를 표현할 뿐 사회·정치·문화의 주체를 설명하지는 못한다. 따라서 본 글에서는 관료와 관료 지향의 모든 지식인을 사대부라고 표현하여 황제의 대립 축으로 삼았다.

제1부

사대부의 등장과 사대부 사회의 형성

제1장 사대부의 등장과 전한시기 사치론의 전개

머리말

시대정신에 부응하여 진秦이 중국을 통일하였지만[1] 그 제국은 16년밖에는 존속하지 못하였다. 다양한 측면에서 그 원인이 분석되고 있지만 대체로 진시황秦始皇이 행한 통일 정책의 급진성과 추진의 과격함이 진의 단명을 초래한 주원인으로 평가되었다.[2] 실제로 우리는 한대漢代 저술된 일련의 과진론過秦論을 통해 진왕조가 행정적인 작업 이외의 사

---

1) 李成珪,「戰國時代 統一論의 形成과 그 背景」,『東洋史學硏究』8·9合集(1975) ; 周谷城,「秦漢帝國的統一運動」,『周谷城學術論著自選集』(北京 : 北京師範學院, 1992) ; 侯家駒,「從經濟發展觀點看由封建制度到秦漢大統一的演變與特色」,『大陸雜誌』79-4(1989). 위의 글 중 周谷城과 侯家駒의 글이 주로 경제적 필요에 의해 통일이 요구되었다는 점에 국한된 것에 비해 李成珪의 글은 전란에 의한 평화의 희구, 각 국의 통치 영역을 초월한 경제적 상호 의존 관계에서 발생하게 되는 경제 질서의 통일 요구, 공동의 역사적 전통과 문화의 공유를 바탕으로 형성된 諸夏意識의 발전에 의한 통일 요구에 의해 통일론이 제시되었다고 하며 경제적 이유와 더불어 사회적, 문화적인 분야를 총괄하는 광범위한 원인을 제시하고 있다.

2) 任仲爀,「漢帝國의 성격과 高祖 功臣集團」,『淑大史論』18(1996), p.20. 이 글에선 특히 지역 통합의 성격을 갖는 정책들은 불가피한 조처였으나 그 지나친 성급함으로 인해 진의 단명이 초래되었다고 하였다.

회 통합을 위한 문화적인 약속, 혹은 기풍이라고 이름할 만한 특정한 이데올로기를 수립하는 데 실패했음을 알 수 있다. 이것은 한편으로 사회적 기풍의 창조자, 문화적 전통의 전파자, 정치적 이념의 수립자가 존재하지 않았음을 의미하기도 한다. 진의 통치를 표현하는 "관리로써 스승을 삼는다(以吏爲師)"는 표현[3] 역시 당시 진 사회를 책임지는 사회적 지배층이 형성되지 못했음을 알려 준다. 진과 같이 모든 원칙이 법으로부터 나오고, 관리의 역할이 단지 법질서에 백성을 순응시키는 것에만 국한되어 있는 국가에서[4] 문화 창조자이며 전파자, 실천자인 사대부는 등장할 수 없었을 것이다. 그래서 한초漢初 사대부들은 통일 이후에도 이러한 전국시기와 같은 통치 방법을 고수한 진에 대해 "그 도道를 바꾸지 않고, 그 정치를 고치지 않았다"며 비판하였다.[5]

한의 사대부들은 자신들을 단순히 황제의 의지를 집행하는 자로 규정하기를 거부하였다. 그들은 진대 도필리刀筆吏와 자신을 구분하였고, 스스로를 치자治者로 인식하였다. 그러나 그들이 어떤 자각 과정과 정치적 각성을 거쳐 사대부로서의 정체성을 획득하였는지에 대해서는 구체적으로 알려진 바가 없다. 한의 사대부가 진의 관리들과 다르다는 것은 인식되었지만 이들의 성격에 대한 문제와 더 나아가 후한後漢 사대부와의 연관 문제도 막연한 연속성 정도로만 이해되었다. 따라서 우선은 전한前漢 사대부들의 정체성 수립에 관한 과정을 살펴보면서 그들이 고대 중국의 정치 주체로 자리 잡아 가는 모습을 고찰해 보고자 한다. 이를 위해 필자는 전한 사대부들이 전 시기에 걸쳐 풍속에 대한

3) 『史記』 卷6, 「秦始皇本紀」, p.255.

4) 文法吏라고 불리는 刀筆吏에게 가장 중요한 능력으로 평가되었던 것은 법률 규정에 근거하여 구체적인 사무를 처리하고 공문서를 효과적으로 처리하는 것이었다. 于振派, 「秦漢時期的'文法吏'」, 『中國社會科學院研究生院學報』 1999-2, p.64.

5) "其道不易, 其政不改"(『新書』, 「過秦中」, p.11).

지대한 관심을 표명하였다는 점에 주목하였다.

고대의 제왕은 민간의 시가詩歌를 신하들에게 채록하게 하고 그 채록한 시가의 내용을 보고하게 했다.[6] 제왕의 정치적 행위를 흔히 '청정聽政'이라고 표현한 것은 이렇게 채록한 시가를 듣는 일련의 행위에서 기인하는데,[7] 이것은 민간의 여론, 즉 풍속을 파악하는 것이라고 할 수 있다.[8] 특히 "고대의 제왕 중 예禮로써 노인을 공경하고 풍속을 채취하며, 자신을 낮춰 마음을 기울여 인재를 초빙하지 않는 이가 없었다"[9]는 기사는 고대 제왕의 역할 중 풍속 채취가 중요한 내용이었음을 말해 준다. 그러나 풍속을 다스리고 교정하는 것을 정치의 요체로 인식하고 있었던 것이[10] 제왕만은 아니었다. "유자儒者가 조정에 있을 때는 정치를 아름답게 하고, 물러나 있을 때는 풍속을 아름답게 한다"는 기사에서[11] 알 수 있는 것처럼 사대부들 역시 풍속 교정의 주체로서 자신들을 설정하였다. 이것은 그들이 스스로를 사회적 기풍의 창조자, 문화적 전통의 전파자, 정치적 이념의 수립자로 설정했다는 것을 의미한다. 그러므로 우리는 한대 사대부들이 관심을 가졌던 풍속이 구체적으로 무엇을 의미하는지, 또한 그들이 제거하고자 하는 풍속과 수립하고자 하는 풍속은 무엇이었는지를 확인하는 작업을 통해 그들의 정치적 각성 과정과 그에 따라 수립된 한대 사대부의 정체성을 파악할 수

---

6) "故古有采詩之官, 王者所以觀風俗, 知得失, 自考正也"(『漢書』 卷30, 「藝文志」, p.1708).

7) "故天子聽政, 使公卿至於列士獻詩"(『國語』, 「周語上」, p.9).

8) "見諸侯, 問百年, 太師陳詩, 以觀民風俗"(『白虎通』, 「巡狩」, p.289)이라는 기사는 시가를 채록하여 보고하게 하는 것이 민간의 풍속을 고찰하는 행위라는 것을 알려 준다.

9) "古之王者, 莫不賓禮故老, 存問風俗, 虛己傾心, 以招俊乂"(『晉書』 卷65, 「王導傳」, p.1746).

10) "爲政之要, 辯風正俗最其上也"(『風俗通義』, 「序」, p.2).

11) "儒者在本朝則美政, 在下位則美俗"(『荀子』, 「儒效」, p.120).

있을 것이다.

따라서 이 장은 한대 사대부들이 관심을 가졌던 풍속과 그들이 만들려고 했던 풍속이 무엇인가를 고찰하는 것으로부터 시작하고자 한다. 이를 위해 필자는 『한서漢書』에 자주 등장하는 풍속 관련 기사들을 검토하던 중 '사치奢侈'라는 표현이 유난히 많이 등장하는 것에 주목해 보았다. 그것은 흥미롭게도 물질적인 사치에 국한된 것은 아니었고 특정한 정치적 행위에 대해, 혹은 정치적인 성향에 대해서 사용되고 있었다. 그래서 사료에 등장하는 사치의 의미를 통해 당시 사대부들이 변화시키고자 했던 풍속이 무엇인가를 살펴보고자 한다. 이를 통해 그들이 수립하고자 했던 새로운 사회·문화적 기풍이 무엇인가도 자연스럽게 확인할 수 있을 것이다.

1. 한대 사대부들의 풍속에 대한 관심

한대 사대부들이 풍속 교정을 정치의 중요한 관건으로 이해한 이유는 무엇이었을까? 우선 풍속의 개념부터 살펴보자.

> 무릇 민에게는 다섯 가지 항상적인 성질이 있는데 그 강함과 부드러움, 완만함과 급함, 음성音聲이 같지 않은 것은 수토水土의 풍기에 관계되어 있는 것으로, 고로 그것을 풍風이라 한다. 좋고 나쁨, 취하고 버리는 것과 움직임과 고요함에 일정한 법도가 없는 것은 군주의 욕정에 따르는 것이니, 고로 속俗이라 한다.[12]

『한서』「지리지地理志」에 등장하는 위의 기사에 의하면 '풍風'은 자연

12) "凡民函五常之性, 而其剛柔緩急, 音聲不同, 繫水土之風氣, 故謂之風 ; 好惡取舍, 動靜亡常, 隨君上之情欲, 故謂之俗"(『漢書』 卷28下, 「地理志下」, p.1640).

환경에 의해, '속俗'은 군주의 의도에 의해 형성된다. 그러나 문헌에 따라 '속'은 자연 환경의 산물로 해석되기도 하고,[13] 때로는 혈족의 특징에 의해 규정되는 것으로 설명되어[14] '풍'을 반드시 자연 환경에 종속된 것으로, '속'을 인문·사회 환경에 종속된 것으로 보기는 힘들다. 오히려 기록에 의하면 각각은 이 두 가지 요소 모두에 의해 규정된다고 보는 것이 타당할 것이다.[15]

실제로 문헌 안에서 풍속은 자연·지리적 요소가 강조되어 타 지역과 구별되는 각종의 외적이고 유형적인 현상,[16] 혹은 그 지역만의 재래의 민간 질서 등으로 해석되기도 하고,[17] 인문·사회적 요소가 강조되어 사회의 기강, 풍기, 문화 전통으로 해석되기도 한다.[18] 특히 사료 안에서는 풍속이 사회의 기풍이나 풍기, 문화 전통을 의미하는 경우가 압도적인데, 이것은 아마도 중국 고대인들이 풍속 형성에 있어 인문·사회적 요소를 자연적 요소보다 더 중요한 요소로 보았기 때문일 것이다.[19] 그렇다고 해서 풍속이 사회적 풍기나 기풍만으로 해석되는 것

---

13) "俗謂土地所生習也"(『周禮』, 「地官·大司徒」, p.248).

14) "俗者, 含血之類, 像之而生"(『風俗通義』, 「序」, p.1).

15) 葛承雍, 「略論隋代地方風俗中的社會心理」, 『西北大學學報』 1986-4 ; 景以恩, 「中國古代的民俗與政治」, 『民俗研究』 19(1991).

16) "弁辰與辰韓雜居, 城郭衣服皆同, 言語風俗有異. 其人形皆長大, 美髮, 衣服絜淸"(『後漢書』 卷85, 「東夷 三韓傳」, p.2820).

17) "其俗多妖忌, 凡二月·五月産子及與父母同月生者, 悉殺之. (張)奐示以義方, 嚴加賞罰, 風俗遂改, 百姓生爲立祠"(『後漢書』 卷65, 「張奐傳」, p.2139).

18) "被竊觀朝廷之政, 君臣之義, 父子之親, 夫婦之別, 長幼之序, 皆得其理, 上之擧錯遵古之道, 風俗紀綱未有所缺也"(『史記』 卷118, 「淮南王傳」, p.3088).

19) 예를 들어 다음의 기사들은 모두 자연 환경보다 인문 환경이 풍속에 미치는 영향이 지대함을 설명하고 있다. "羌·氐·僰·翟, 嬰兒生皆同聲, 及其長也, 雖重象狄騠, 不能通其言, 教俗殊也"(『淮南子』, 「齊俗訓」, pp.1131~1132) ; "干·越·夷·貉之子, 生而同聲, 長而異俗, 教使之然也"(『荀子』, 「勸學」, p.2) ; "夫胡越之人, 生而同聲, 嗜慾不異, 及具長而成俗也, 累數譯而不能相通, 行有雖死而不相爲者, 則教習然也"(『新書』, 「保傅」, p.195).

은 아니다. "모든 율律과 도량형度量衡에 동銅을 이용하는 것은 그 스스로의 명칭을 규정하는 것이며, 천하를 같게 하고 풍속을 가지런하게 하기 위해서다"[20]와 같은 기사는 풍속이 사회의 규범과 원칙, 혹은 기준으로도 해석될 수 있음을 보여 준다. 이외에도 "왕망王莽이 국가를 찬탈한 후 오위장수五衛將帥를 보내 천하의 풍속을 살피게 하였다"[21]는 기사는 풍속이 민간의 생활상, 혹은 여론 또는 민심 등으로 해석될 수 있음을 알려 준다.[22]

이와 같이 풍속이 다양한 의미로 해석되기에 이것은 위정자들의 정치적 행위의 기준이 되기도 하였다. 아래 기사는 풍속이 위정자의 정치 행위의 기준이 되었음을 보여 준다.

> 혹자가 "고대 천하가 태평했을 때, 만민이 화목하고 기뻐했으며 상서로운 길조가 군주의 덕행에 감응하여 끊이지 않고 나타났으니 이에 풍속을 채취하여 예제禮制를 제정했습니다" 하였다. 황제께서 그 말을 들으시고 어사御史에게 제조制詔를 내려 말씀하셨다. "대개 천명을 받아 왕 노릇하는 경우 각기 말미암아 홍성하게 된 원인이 있어 그 길은 다르지만 귀결점은 같을 것이니, 백성의 뜻에 따라 (정책을) 결정하고 풍속에 따라 예를 제정하라……"[23]

즉 어떠한 풍속이 존재하는가에 따라 위정자의 정치적 조치가 달라

---

20) "凡律度量衡用銅者, 名自名也, 所以同天下, 齊風俗也"(『漢書』 卷21上, 「律曆志上」, p.972).

21) "莽旣簒國, 遣五威將帥行天下風俗"(『漢書』 卷72, 「龔勝龔舍傳」, p.3084).

22) "遣大中大夫彊等十二人循行天下, 存問鰥寡, 覽觀風俗, 察吏治得失, 擧茂材異倫之士"(『漢書』 卷8, 「宣帝紀」, p.258).

23) "或言古者太平, 萬民和喜, 瑞應辨至, 乃采風俗, 定制作. 上聞之, 制詔御史曰 :「蓋受命而王, 各有所由興, 殊路而同歸, 謂因民而作, 追俗爲制也……」"(『史記』 卷23, 「禮書」, pp.1160~1161).

질 수 있음이다. 그렇기 때문에 위정자들은 자신들의 정치적 목적에 맞는 풍속을 조성하기 위해 노력하였다. 결국 이러한 점은 풍속이 다른 지역과 구별되는 각종의 외적이고 유형적인 현상·재래의 민간 질서·사회의 기강·풍기·문화적 전통·사회의 기준·규범·원칙·여론·민심·민간의 생활상 등의 다양한 의미로 사용되었다 해도 그것이 결국에는 위정자爲政者의 정치적 의도에 대한 인민의 총체적 반응이라는 점에서 공통점을 갖는다는 것을 알려 준다. 그래서 당시 위정자들은 풍속의 관찰과 교정을 국가 정치 활동의 가장 중요한 행위로 인식하였던 것이다.

이러한 위정자들의 노력을 이르는 용어가 바로 '이풍역속移風易俗'이다. 풍속을 교정함을 이르는 이풍역속은 일반적으로 지역적으로 존재하고 있는 문화적 차이를 제거하는 중앙의 노력으로 이해되었다.[24] 그래서 이 이풍역속은 종종 중앙 집권 국가 건설과 관련하여 논의되었고, 그 시기도 주로 제국 성립기에 국한되었다.[25] 그러나 지금까지 살펴본 것처럼 풍속의 의미가 다양하기에 이풍역속을 지역적 차이를 중앙의 법률로 제거하는 것으로만 국한하여 이해할 필요는 없을 것이다. 특히 한대의 사정을 전하는 사료 안에서 풍속이 주로 사회의 기풍이나 풍기·기상 등으로 설명되는 점을 고려하면,[26] 이풍역속은 민간의 재

24) 金秉駿, 『中國古代地域文化와 郡縣支配』(서울 : 一潮閣, 1997), p.5.

25) 이풍역속을 전국시기 전제주의 통치체제의 확립을 목적으로 하는 變法의 최종 목표로 설명한 대표적 학자로 黃中業을 들 수 있다. 그는 강력한 중앙 집권을 위해 지방별로 존재하는 상이한 풍속을 제거하는 것을 이풍역속으로 보았다. 黃中業, 「移風易俗是戰國社會改革的重要內容」, 『學術月刊』 1991-1 ; 黃中業, 『戰國盛世』(鄭州 : 河南人民, 1998).

26) 丁毅華, 「'習俗薄惡'之憂 '化成俗定'之求-西漢有識之士對社會風氣問題的憂憤和對策」, 『華中師範大學學報』 1987-4, p.28. 이 글에서 논자는 한대의 경우 남아 있는 관문서와 저작·언론 등에 등장하는 풍속은 대다수가 사회적 풍기를 의미한다고 주장하였다.

래 습속을 교정하는 것뿐만 아니라 특정한 사회적 풍기를 만들어 내는 것, 혹은 문화적 전통을 창조하거나 정치적 이념을 수립하는 것 등의 복합적인 의미를 가지고 있다고 할 수 있다.[27] 모든 시대 모든 왕조의 위정자들이 이풍역속에 지대한 관심을 가진 것은 이 때문일 것이다.

『사기史記』「화식전貨殖傳」을 필두로 하여 『한서』「지리지」에는 전국 시기 각 국의 풍속이 서술되어 있으며, 전한 중기 집필된 『회남자淮南子』에도 풍속에 대한 기사가 다수 등장한다. 또한 후한後漢에 들어서면 후한의 사회 습속과 풍물에 관한 『풍속통의風俗通義』가 저술된다. 이외에도 풍속에 대한 전론專論은 아니라고 해도 육가陸賈의 『신어新語』나 가의賈誼의 『신서新書』 안에도 풍속에 관한 내용이 빈번히 등장하며, 후한 말 『창언昌言』이나 『잠부론潛夫論』, 『정론政論』 등에서도 당시 세풍世風에 대한 지대한 관심을 볼 수 있다.

특히 그 중에서도 한대 사대부의 풍속에 대한 관심을 가장 잘 보여주는 문헌은 『사기』「화식전」과 『한서』「지리지」로, 두 사서 안에는 전국시기 육국六國의 지역적 특성과 독특한 풍습들이 소개되어 있다.

① 진晉이 나누어지기 전부터 본래 그 (백성의 기질이) 날래고 사나운 것이 근심이었다. 이후 무령왕武靈王이 (오랑캐 복색[호복胡服]을 착용하여 그 기질을) 더욱 심하게 만드니, 그것이 조국趙國의 풍습이

27) 宮崎市定는 이와 관련하여 다음과 같이 언급하고 있다. "중국에 전해져 오는 풍속이란 어휘는 보편적으로 衣服器用의 의미에 국한되는 것이 아니라, 특히 정신적인 심오한 의미를 포함하고 있다. 미풍양속이라고 할 경우의 풍속이 그것으로 '士風'이라고 번역하는 것이 한층 적절하다. 대개 사회의 지도자는 통상적으로 士 계급으로 사풍의 美惡에 의해 국가의 성쇠가 결정되었기 때문이다." 이렇듯 그는 풍속을 사풍으로 보아, 풍속을 민간 질서와는 다른 문화적 전통으로 해석하는 것이 적절함을 주장하였다. 宮崎市定, 「漢末風俗」, 『中國古代史論』(東京 : 平凡社, 1988), p.272(原載 『日本諸學振興委員會研究報告 特輯四篇・歷史學』 1942年).

되었다.[28]

② 추鄒・노魯 지역 부근의 주洙・사泗는 여전히 주공周公의 유풍遺風이 존재하여, 그 풍습이 유술儒術을 좋아하고, 예의禮義를 중히 여기는 고로 그 민이 신중하다.[29]

③ (계薊 지역에서) 처음에 태자 단丹이 용사들을 빈객賓客으로 삼아 키우고, 후궁과 미녀들을 총애하지 않으니 민이 교화되어 (그 기풍이) 풍속이 되어 지금까지 그러하다.[30]

④ 처음에 태공太公이 제齊를 다스림에 도술道術을 닦고 능력 있고 지혜로운 자를 존중하며 공이 있으면 상을 내리니, 지금까지 그 땅의 많은 이들이 경술經術을 좋아하고 공명功名을 존숭하며 느긋하고 활달하며 족히 지혜롭다.[31]

『사기』와 『한서』의 기사 몇 개를 추려 보았는데 이외에도 일일이 거론할 수는 없으나 대부분 위정자의 정치적 의도에 영향 받은, 즉 인문・사회적 특성에 의해 만들어진 풍속들이 서술되어 있다.[32] 이 때문에 『사기』 「화식전」의 내용을 사풍士風의 기록으로 이해하는 견해도

---

28) "自全晉之時固已患其慓悍, 而武靈王益厲之, 其謠俗猶有趙之風也"(『史記』 卷129, 「貨殖傳」, p.3263).

29) "鄒・魯濱洙・泗, 猶有周公遺風, 俗好儒, 備於禮, 故其民齪齪"(『史記』 卷129, 「貨殖傳」, p.3266).

30) "初太子丹賓養勇士, 不愛後宮美女, 民化以爲俗, 至今猶然"(『漢書』 卷28下, 「地理志下」, p.1657).

31) "(齊地……)初太公治齊, 修道術, 尊賢智, 賞有功, 故至今其土多好經術, 矜功名, 舒緩闊達而足智"(『漢書』 卷28下, 「地理志下」, p.1661).

32) "而公劉適邠, 大王・王季在岐, 文王作豐, 武王治鎬, 故其民猶有先王之遺風, 好稼穡, 殖五穀, 地重, 重爲邪"(『史記』 卷129, 「貨殖傳」, p.3261) ; "(魯地……)孔子閔王道將廢, 乃修六經, 以述唐虞三代之道, 弟子受業而通者七十有七人. 是以其民好學, 上禮義, 重廉恥"(『漢書』 卷28下, 「地理志下」, p.1662) ; "吳・粵之君皆好勇, 故其民至今好勇劍, 輕死易發"(『漢書』 卷28下, 「地理志下」, p.1667).

존재하는데,[33] 확실히 당시인들은 풍속을 다른 어떤 요소보다도 위정자의 정치적 성향과 의도의 결과물로 이해하고 있었던 것 같다. 그렇다면 한대 사대부들이 이렇듯 사회적 기풍에 관심을 가졌던 이유는 무엇일까? 필자는 그것이 어느 정도는 진의 속망速亡으로부터 기인했을 것이라고 생각한다.

기원전 221년 중국을 최초로 통일한 진은 다른 중국의 제도와 문화처럼 발명과 동시에 완성된 형태의 황제 지배체제를 만들었다. 봉건封建으로 말미암았던 모든 것이 황제라는 유일무이한 존재의 등장으로 폐기되었다. 유일한 권력이 지배하는 영역은 하나로 통합되었으며, 군현郡縣이 설치되어 직접 통치되었다. 법령과 도량형을 통일하였으며, 문자를 통일하여 하나의 기준을 만들어 냈다. 세계에 대한 일원적 지배를 위한 장치들이 고안되었던 것이다. 그러나 이념적으로 완전했던 이 제국은 단지 16년이라는 짧은 시간밖에는 존속하지 못하였다. 따라서 진 멸망 직후부터 지금에 이르기까지도 진의 단명 원인은 역사가들에게 흥미로운 주제의 하나가 되었고, 역사가들마다 여러 요인들을 지적하고 있다. 그 중에서도 통일 정책의 급진성과 과격성은 가장 빈번히 원인으로 거론되었다. 그러나 사료를 살펴보면 진의 통일 정책이 혁명적이었던 것만은 아니라는 것을 알 수 있다. 예컨대 『사기』「예서禮書」의 "진이 천하를 장악하고 육국의 예의를 모두 받아들여 그 중 좋은 것을 채택하였다"란 기사는[34] 진의 통일 사업이 단절이나 혁명이 아닌 오히려 전통의 계승이라는 점을 보여 준다.[35]

---

33) 盧雲, 「中國知識階層的地域性格與政治衝突」, 『復旦學報』 1990-3, p.36.

34) "至秦有天下, 悉內六國禮儀, 采擇其善"(『史記』 卷23, 「禮書」, p.1159).

35) 진시황의 통일 정책을 단절이나 혁명이 아닌 육국의 제도들을 채용하는 시대적 수요와 형세에 따른 변화·발전의 모습으로 보는 대표적 연구자로는 鶴間和幸를 들 수 있으며, 한국의 鄭夏賢과 중국의 黃宛峰 역시 동일한 입장에 서 있다. 鶴間和幸, 「秦帝國による道路網の統一と交通法」, 『中國禮法と日

한초 사상계의 하나의 특징은 '과진過秦'이라 할 수 있다. 그러나 그것의 내용이 진을 전면 부정한 것은 아니었다.[36] 유명한 「과진론」을 저술한 가의를 비롯하여 동시대의 사상가인 가산賈山은 진 통일의 업적을 인정하였으며, 경제기景帝期의 조조鼂錯 역시 진의 역사적 의미를 인정하였다.[37] 실제로 진은 지난 시기 전통적인 제하諸夏의 것들을 통합하여 통치를 공고히 해 나갈 수 있는 제반의 기구들을 완비해 놓았다.[38] 그렇다면 진은 왜 단명한 것일까?

진의 단명과 관련하여 많은 원인이 있을 수 있겠으나 전한의 사대부들은 국가를 위한 장기적인 방책, 즉 '장구지술長久之術'이 없었던 것을 들었다.[39] 이것은 장구지술을 담당할 지배층이 없었다는 것으로도 해석할 수 있을 것이다. 장석지張釋之가 말한 것처럼 진은 도필리가 통치를 담당하여 각박한 법 집행만을 행하고, 인민을 대함에 '측은해 하는 마음'이 없이 그저 신속함만을 따져 망하게 된 것이었다.[40] 이러한 진의 정치에 대한 반성이 한대 지식인층에게 체제 건설에 대한 노력과 더불어 사회적으로 문화 전통의 수립에도 노력을 기울이게 했던 것으

本律令制」(東京 : 東方書店, 1992) ; 鄭夏賢, 「秦始皇의 巡行에 대한 一檢討」, 『邊太燮博士華甲紀念史學論叢』(서울 : 혜인, 1985) ; 黃宛峰, 「從東巡看秦始皇對統治思想的探索」, 『南都學壇』 15(1995-4).

36) 張文立, 「漢代人的始皇觀」, 『秦文化論叢 2輯』(西安 : 西北大, 1993), pp.288~305.

37) 鶴間和幸는 가의를 비롯한 이 시기의 文學之士들이 진의 부국강병 성공, 지형의 편리함, 山澤의 利의 독점, 제왕의 자질 등을 인정하였다고 하였다. 鶴間和幸, 「漢代における秦王朝史觀の變遷-賈誼「過秦論」, 司馬遷「秦始皇本紀」を中心として」, 『茨城大學教養部紀要』 29(1995), p.12.

38) 閻步克, 「文吏政治與秦帝國的興亡」, 『士大夫政治演生史稿』(北京 : 北京大, 1996), p.254.

39) 『漢書』 卷43, 「陸賈傳」, p.2113.

40) "秦以任刀筆之吏, 吏爭以亟疾苛察相高, 然其敝徒文具耳, 無惻隱之實. 以故不聞其過, 陵遲而至於二世, 天下土崩"(『史記』 卷102, 「張釋之傳」, p.2752).

로 보인다.[41] 요컨대 한대 사대부들이 사회적으로 문화적 전통을 만드는 것에 관심을 갖게 되면서 사회의 풍속에 대한 관심이 높아진 것이다.

그러나 이러한 문제들은 무엇보다도 사대부들의 정체성 수립과 연관되어 상승효과를 가졌을 것이다. 사대부들은 정치에 참여함으로써 자신의 존재를 실현할 수 있는 이들이었으나 전국시기와 진시기 팽창하던 군주권은 사대부들의 정치적 참여를 차단했고, 한漢·초楚 전쟁기의 혼란함을 거쳐 한초에는 공신功臣 집단의 정치 독점으로 인해 이들의 정치 참여는 사실상 불가능하였다. 즉 사대부들의 일반적인 특성으로 꼽을 수 있는 정치 참여와 사회적 문화 창조의 책임을 실현할 수 있는 기반이 마련되어 있지 않았던 것이다.[42] 따라서 한대의 사대부들은 자신들로 하여금 문화적인 스승 역할을 발휘할 수 없게 하고 정치 참여도 보장하지 못하는 사회적 풍기에 대해 비판할 수밖에 없었으며, 이것이 세풍에 대한 관심으로 표현되었을 것이다.

2. 사치에 대한 사대부의 비판

앞에서 한대 문화의 한 특징이라고 할 수 있는 풍속에 대한 사대부들의 지대한 관심을 살펴보았다. 그 결과 그것은 지난 시기 문화적 전통으로 불릴 특정한 사회적 풍기가 없었다는 것과 새로운 시대에 맞는 자신들의 존재 근거를 수립하고자 하는 노력에서 기인하였음을 알 수

41) 閻步克은 法家는 본질적으로는 지식분자로 분류할 수 있으나 그들은 문화 발전에 전력을 다하고 그것을 위해 계통적 이론을 제출하기보다는 군주와 관료 체제의 건설에 전력을 다했다고 보았다. 閻步克, 「秦政·漢政與文吏·儒生」, 『閻步克自選集』(桂林 : 廣西師大, 1997), p.137.

42) 閻步克, 「中國古代知識分子的特質」, 위의 책, p.156.

있었다. 그런데 사회적 풍기를 수립한다는 것은 특정한 풍속을 새롭게 만들거나 아니면 전대前代에 존재하였던 것을 회복시켜야 함을 말한다. 그렇다면 그것은 현재 존재하고 있는 것에 대한 부정으로부터 출발한다. 전한 사대부들이 부정하고자 했던 풍기는 무엇이었을까?

한대 들어 법가에 대한 비판과 더불어 사회 안의 문화적 전통을 수립하려는 노력이 시작되며 흥미로운 상황이 등장한다. 그것은 바로 사치 풍조에 대한 비판과 자성의 목소리였다. 최초의 사치에 대한 비판이 공신이었던 육가에 의해 표출된 후 문학지사文學之士에 의해 왕성히 제기되고, 이후 전한시기를 관통하여 대표적인 사회 비판의 주제가 된다. 앞서서 말한다면 이 풍속을 둘러싼 논쟁은 단순한 미풍양속의 확립을 위한 노력의 일환이 아니라, 한대 전 시기를 관통하여 치러지는 이데올로기 전쟁이라고까지 할 수 있다. 우선 전한시기를 관통하여 제기되었던 사치 풍조에 대한 비판을 확인해 보자.

⑤ 진시황이 교만하고 사치스러워 화려함을 좇아, 높은 누대를 세우는 것과 궁실을 넓히는 것을 좋아하였다. 이로 인해 천하의 호부豪富들이 집을 지음에 따르지 않은 자가 없어, 방과 문을 만들고 마긋간과 창고를 갖춤에 화려한 조각과 그림을 그리고, 기묘한 보석을 널리 구하여 제도를 어지럽혔다.[43]

⑥ 지금 세상이 서로 사치함을 다투나 조정에는 (그를 규제할) 법령과 예속禮俗이 없어, (사람들이) 예의를 버리고 염치와 부끄러움을 모르는 것이 날로 심해졌다.[44]

⑦ 무제武帝가 비록 사이四夷를 물리쳐 영토의 경계를 넓힌 공이 있다

43) "秦始皇驕奢靡麗, 好作高臺榭, 廣宮室, 則天下豪富制屋宅者, 莫不倣之, 設房闥, 備廐庫, 繕雕琢刻畫之好, 博玄黃琦瑋之色, 以亂制度"(『新語』, 「無爲」, p.67).

44) "今世以侈靡相競, 而上無制度, 棄禮義・捐廉醜日甚"(『新書』, 「俗激」, p.87).

고 하나 많은 병사를 죽게 하였으며 백성의 재력을 고갈시켜 사치함이 큰 것이 도를 넘었다. 천하가 텅 비게 되었고 백성들은 흩어져 떠돌게 되었고 사망자가 반이나 되었다.[45]

⑧ 이때 선제宣帝가 자못 무제의 고사故事를 따라 궁실과 수레·의복이 소제시기昭帝時期보다 호화로워졌다. 이 시기 외척 허許·사史·왕씨王氏가 총애를 받았으나, 황제가 친히 정사를 행하여 능리能吏를 임용하였다.[46]

이밖에도 무제시기의 엄안嚴安[47]이나 동방삭東方朔의 사치에 대한 비판을 들 수 있으며,[48] 성제成帝의 조서詔書에도 당시 사회적으로 만연하고 있던 사치 풍조가 지적되고 있다.[49] 또한 원제시기元帝時期에도 광형匡衡이 당시의 사치에 대해 비판하고 있음을 볼 수 있다.[50] 이렇듯 한초부터 중기에 이르는 시기에 사회적 풍조로서 사치가 꾸준히 비판되었다. 실제로 이러한 비판과 염려가 필요할 정도로 전한 사회에 사치가 극심했었는가는 좀 더 면밀한 검토가 진행되어야 하겠지만 위의 사치 비판이 모두 물질적 부패를 지적하는 것은 아니라는 점을 주목해야 할 것 같다. 물론 순수하게 사회적인 물질적 사치에 대해 비판하는 경우가 없는 것은 아니나 위에 서술한 기사들은 물질적 사치의 비판을 통해 궁극적으로는 특정한 정치적 입장을 표명하고 있다는 점에서 좀

45) "武帝雖有攘四夷廣土斥境之功, 然多殺士衆, 竭民財力, 奢泰亡度, 天下虛耗, 百姓流離, 物故者半"(『漢書』 卷75, 「夏侯勝傳」, p.3156).

46) "是時宣帝頗修武帝故事, 宮室車服盛於昭帝. 時外戚許·史·王氏貴寵, 而上躬親政事, 任用能吏"(『漢書』 卷72, 「王吉傳」, p.3062).

47) 『漢書』 卷64下, 「嚴安傳」, p.2809.

48) 『漢書』 卷65, 「東方朔傳」, pp.2856, 2858.

49) 『漢書』 卷10, 「成帝紀」, pp.324~325.

50) "今天下俗貪財賤義, 好聲色, 上侈靡, 廉恥之節薄, 淫辟之意縱, 綱紀失序"(『漢書』 卷81, 「匡衡傳」, p.3333).

더 분석이 필요하다.[51)]

기존 연구 중에는 전한의 사치 풍조가 춘추·전국시기 이래의 사회 문제가 누적된 것이라고 하면서, 한대 들어 발전하게 된 상공업의 영향으로 그 정도가 심해졌다고 보는 견해가 존재한다.[52)] 여기다 후장厚葬의 성행으로 인해 사회적 사치는 다른 시기에 비해 그 정도가 심각하였던 것으로 알려져 있다.[53)] 이 때문에 『염철론鹽鐵論』과 『잠부론潛夫

51) 역시 당시 사회에 만연한 사치 풍조를 비판한 貢禹와 관련하여 黃紹梅는 공우가 전한의 사치 원인으로 ①皇權의 확대와 남용, ②선거 부실과 結黨, ③관료의 재물 숭상을 지적하였다고 분석하였다. 이에 따르면 공우 역시 정치적으로 황제권력의 팽창을 사치로 보았다고 할 수 있을 것인데, 이러한 점이 전한 사치 비판을 단순한 물질적 사치에 대한 비판으로 보기 힘들게 한다. 黃紹梅, 「漢代奢靡風氣的根源問題-以『漢書·貢禹傳』爲中心的分析」, 『國立僑生大學先修班學報』 12(2004)를 참조.

52) 이 연구에서는 전한의 사치 풍조의 원인을 다섯 가지로 분류하고 있다. ①춘추·전국시기 이래로 통치계급의 사치와 부패가 지속적으로 증가한 점, ②전한초 禮制와 윤리 강령이 불완전했던 점, ③상공업의 발전으로 지주 경제가 팽창하고 그에 따른 사회의 재부가 소수인에게 집중된 점, ④지주계급의 사치와 부패하고 타락한 생활 방식, ⑤통치 집단의 부패 등으로 나누고 있다. 蔡鋒, 「西漢奢侈風習滋盛原因及其影響平議」, 『青海社會科學』 1994-5. 그러나 위의 다섯 가지의 원인이 직접적인 한초 사치 풍조의 원인인지를 증명하기는 매우 힘들다. 우선 전국말의 혼란과 진의 통일전쟁, 곧 이어진 한·초전쟁의 와중에서 위의 원인들이 지속성을 가질 수 있었겠는가 하는 문제가 지적될 수 있다. 또한 위의 원인들은 전한뿐만 아니라 다른 여타 시대에도 통용될 수 있는 보편적인 것들이어서 한대 사대부들이 유달리 적극적으로 풍속과 사치 풍조에 대한 관심이 있었던 것을 적절하게 설명하지 못하고 있다.

53) 실제로 발굴된 漢墓 안에서는 陶器·銅器·鐵器·銅錢은 기본이고 玉·水晶 등의 사치품과 의복 등과 같은 다채로운 부장품들이 나왔다. 특히 1990년대 발굴된 樓山漢墓, 韓山漢墓, 米山漢墓에서는 모두 다량의 玉 제품이 나왔으며(徐州博物館, 「徐州後樓山西漢墓發掘報告」, 『文物』 1993-4 ; 徐州博物館, 「徐州韓山西漢墓」, 『文物』 1997-2), 1970년대 발굴된 西漢 中山 靖王 劉勝과 그의 왕비의 묘인 滿城漢墓에서는 다량의 金·銀·銅器를 비롯해 약 3000여 점의 부장품이 나왔으며, 2000여 편이 넘는 玉片으로 만들어진 玉衣가 나왔다(中國科學院考古研究所滿城發掘隊, 「滿城漢墓發掘紀要」, 『考古』

論』 등에서는 후장 풍습에 대한 비판이 행해졌고,[54] 근래의 연구자들 역시 이들의 관점을 계승하여 한대 사치를 분석하였다.[55] 그러나 사치 풍조라고 지적되는 것 중 기사 ⑦에서 거론하는 무제의 흉노匈奴 정벌과 같은 것은 문학文學의 입장으로서는 '사치스러운 군사 작전(奢侈之師旅)'으로 파악할 수 있겠으나, 대부大夫에게는 황제의 일원적 세계 지배를 실현할 수 있는 위대한 물리적 방법으로 인식되기 때문에[56] 한대에 비판된 사치를 물질적 사치로 액면 그대로 받아들이기는 힘들다. 그러므로 한대에 일관되게 제기된 사치 풍조의 본래 의미를 확인하기 위해서는 그 비판의 대상을 먼저 확인하는 것이 필요하리라고 생각한다.

1) 육가의 진시황 비판

육가는 그의 저작『신어』에서 모두 네 차례에 걸쳐 진의 멸망 원인을 제시하였다. 그 중 하나가 앞에서 인용한 기사 ⑤인데, 나머지 세 기사는 모두 진의 멸망 원인으로 엄형주의嚴刑主義를 들고 있다.[57] 그렇다면 육가는 왜 진 단명의 이유로 사치를 지적했을까? 우리는 여기서

1972-1).

54)『鹽鐵論』,「散不足」, pp.353～354 ;『潛夫論』,「浮侈」, p.134.

55) 楊靜婉,「漢代的奢侈之風及其社會影響」,『社會科學家』1987-6 ; 仝晰綱,「漢代的奢侈之風」,『民俗研究』18(1991) ; 王永平,「論東漢中後期的奢侈風氣」,『南都學壇』12-4(1992).

56) 金翰奎,「漢代 中國的 世界秩序의 理論的基礎에 대한 一考察」,『東亞研究』1(1982), pp.88～89.

57) 나머지 기사는 다음과 같다.
"齊桓公尚德以霸, 秦二世尚刑而亡"(『新語』,「道基」, p.29) ; "秦以刑罰爲巢, 故有覆巢破卵之患以李斯・趙高爲杖"(「輔政」, p.51) ; "秦始皇設刑罰, 爲車裂之誅, 以斂姦邪, 築長城於戎境, 以備胡・越, 征大呑小, 威震天下, 將帥橫行, 以服外國, 蒙恬討亂於外, 李斯治法於內, 事逾煩天下逾亂, 法逾滋而天下逾熾, 兵馬益設而敵人逾多. 秦非不欲治也, 然失之者, 乃舉措太衆・刑罰太極故也"(「無爲」, p.62).

진의 사치가 언급된 곳이 「무위無爲」편이라는 점에 주목할 필요가 있다. 임협任俠 출신의 공신이[58] 「무위」편에서 전대 왕조의 사치를 논했다는 것은 무엇을 의미하는가? "도 중에서 무위보다 큰 것이 없다(道莫大於無爲)"[59]고 하면서 강력한 법가적 전통의 진을 사치스럽다고 비판한 의도는 무엇이었을까?

이러한 문제를 해결하기 위해서는 우선 육가의 사상적 성향을 분석해야 할 것이다. 일반적으로 육가의 성향이 유가라고 이해되고 있지만[60] 정확하게 유가라고 하기는 힘들다.[61] 특히 "도 중에 무위보다 큰 것은 없으며, 행동함에 삼가고 공경하는 것보다 큰 것이 없다"[62]거나

---

58) 육가의 저서인 『新語』가 『漢書』 「藝文志」에서 유가로 분류되고(『漢書』 卷30, 「藝文志」, p.1726) 그가 항상 『詩』·『書』를 이용하여 말의 시작을 삼은 점(『漢書』 卷43, 「陸賈傳」, p.2113), 그리고 班固의 論贊에서 그가 '縉紳之徒'로 표현된다는 점(『漢書』 卷43, 「陸賈傳」, p.2131) 등에 의해서 그는 일반적으로 유가로 표현된다. 그러나 같은 책 「刑法志」 중 高祖 공신 집단의 능력을 서술하는 과정에서 그는 '酈陸·酈之辯'으로 묘사되고 있으며(p.1090), 『史記』 본전의 太史公의 論贊에서도 그는 '辯士'로 표현된다(卷97 「陸賈傳」, p.2705). 또한 漢·楚戰爭 중 그가 太公과 呂后의 구출을 위하여 項羽와의 협상을 위해 최초의 교섭자로 파견되었다는 점, 그리고 한 건국 이후 南越國에 파견되었던 사례 등은 모두 그를 유가로 분류하는 것에 대해 의문을 갖게 한다. 오히려 이상의 사료들은 육가를 유가라고 하기보다는 유가적 성향과 소양을 갖춘 任俠的 辯說者로 보게 한다.

59) 『新語』, 「無爲」, p.59.

60) 金谷治의 경우는 육가를 한초의 정치사상을 정립한 이로 이해하여 한 유가의 宗儒로 평가되는 叔孫通보다도 높이 평가하고 있다. 金谷治, 「秦漢儒生の活動」, 『秦漢思想史硏究』(東京 : 平樂寺書店, 1960), p.259.

61) 原富男는 한초의 유생들을 齊魯의 유생, 叔孫通 등의 유생, 육가와 酈生과 같은 유생 등 세 종류로 분류한다. 이때 육가나 여생을 다른 한 종류로 분류한 근거는 '政客的'이라는 측면인데, 당시 육가의 성격을 규정하는 것 중 가장 중요한 것이 그의 정객적인 성격, 즉 任俠的인 성격이라고 보았다. 原富男, 『中國思想源流の考察』(東京 : 朝日, 1979), pp.138～139.

62) "道莫大於無爲, 行莫大於謹敬"(『新語』, 「無爲」, p.59).

"군자의 다스림은 편안하기가 마치 일이 없는 것 같으며, 고요하기가 마치 소리가 없는 듯하다. 관부官府에는 관리가 없는 듯하며 정亭과 취락聚落에는 사람이 없는 듯하다"[63] 등의 기사는 분명 도가道家의 입장을 잘 보여 주고 있다. 또한 "군자가 아래를 다스림에 백성 중에 사치스러운 자가 있다면 검소함으로써 대해야 하며 교만하고 음란한 자가 있다면 도리로써 통솔해야 한다"[64]는 풍속 교정의 방법에도 역시 도가식 방법인 절약이 거론되고 있다. 그러나 무엇보다도 그가 유가이기보다는 황노술黃老術에 경도된 전국시기의 지모지사智謀之士를 원형으로 한다는 것을 보여 주는 것은 배타적으로 특정 학파의 내용을 주장하지 않았다는 점인데 "『서書』는 반드시 공자孔子의 문하에서 나올 필요가 없으며 약藥도 반드시 편작扁鵲의 처방에서만 나올 필요는 없다. (필요한 것에) 합하여 좋으면 족히 모범으로 따를 수 있으니 그 시대에 따라 방편으로 행할 수 있다"는[65] 그의 주장은 그를 유가로 보는 것이 적절하지 않음을 말해 준다.[66]

이렇듯 도가적인 성향이 강했던 육가가 진 멸망의 원인으로 사치 풍조를 지적한 것은 사치가 단순히 도가적인 검약에 반대되는 행태이기 때문이기도 하지만 작은 정부를 이상으로 하는 도가에게 진대에 발명

63) "是以君子之爲治也, 塊然若無事, 寂然若無聲, 官府若無吏, 亭落若無民"(『新語』, 「至德」, p.118).

64) "故君子之御下也, 民奢應之以儉, 驕淫者統之以理"(『新語』, 「無爲」, p.67).

65) "書不必起仲尼之門, 藥不必出扁鵲之方, 合之者善, 可以爲法, 因世而權行"(『新語』, 「術事」, p.44).

66) 그러나 鄭日童의 경우는 육가에게 도가의 무위란 유가의 도덕적 이상주의를 위한 수단이었다고 하여 육가가 유가이었음을 주장하였고, 劉修明 역시 육가의 무위 정치를 민의와 대세를 따르는 爲民政治의 한 방편으로 이해하여 유가인 육가가 당시 유행하던 황노술을 정치에 이용했다고 보았다. 鄭日童, 「漢初의 政治와 黃老思想 硏究」, 고려대 박사학위논문(1992), p.67 ; 劉修明, 「漢代統治思想選擇的重要環節」, 『湖南師院學報』 1984-2, p.1.

된 황제 칭호와 그 권력은 사치 중에서도 가장 큰 사치가 될 수 있기 때문이다. 그가 추구하던 황노술이 자연법적 질서에 의해 인위적 지배를 규제하는 정치사상이라는 점에서[67] 이러한 해석이 억측만은 아닐 것이다. 그렇기에 그가 진시황에 의해 추구되었던 강력한 황제권의 실현을 "교만하고 사치스러우며 화려하다"고 했던 것은 당연하다.

또 하나 우리는 육가가 한고조漢高祖 유방劉邦의 공신 집단 중 한 사람이었음을 기억해야 할 것이다. 새로운 국가가 만들어지기는 했지만 고조의 공신들은 제국을 운영할 수 있는 질서, 즉 제국 체제를 만들어 낼 수 없었다.[68] 그들은 고조와 천하를 공유하는 객客으로서 정치적으로는 수직적 군신 관계를 만들어 낼 수 없었으며, 제국 운영의 방안을 마련할 문화적 능력도 없었다.[69] 하지만 유방 역시 진시황시기에 비해 불완전하기는 했지만 황제의 칭호를 포기하지 않았다. 이성異姓 제후諸侯를 숙청하고 공신과 호족豪族을 수도 장안長安으로 강제 이주시키는 등 황제권을 강화하려고 하였다. 이를 위해 진의 법률과 법술 위주의 문화를 계승하였다. 이것은 현실적인 필요와 당시 새로운 지배 질서를 만들어 내지 못하는 지배층의 한계로부터 기인한 것도 있겠으나, 당시 고조가 바라는 국가의 운영 원리가 법술주의라는 점과 부합하였을 것이다. 예컨대 숙손통叔孫通이 만든 예제禮制에 의해 "군신의 지위를 바로 하니", "비로소 천자의 귀함을 알았다"는 고조의 감탄은 고조가 바

67) 淺野裕一, 「黃老道の政治思想-法術思想との對比」, 『日本中國學會報』 36(1984), pp.41~43.

68) 金翰奎는 이들 공신 집단이 '스스로를 황제권력으로 상승시킬 수 있는 권력도 소지하지 못하였을 뿐 아니라, 자기 집단을 황제권력 자체로 인식하지도 않았음이 분명'하다고 분석하였다. 金翰奎, 「賈誼의 政治思想-漢帝國秩序確立의 思想史的 一科程-」, 『歷史學報』 63(1975), p.93.

69) "降城則以侯其將, 得賂則以分其士, 與天下同其利"(『漢書』 卷97, 「酈生傳」, p.2695).

라고 있었던 질서가 무엇인지를 말해 준다.[70)]

그러나 한고조는 이러한 법가적 전통에 입각한 강력한 황제권을 보장받을 수 없었다. 그것은 바로 천하를 나눈 임협적任俠的 질서로 연결된 그의 공신 집단 때문이었다. 따라서 그 중 한 사람인 육가가 진시황의 사치를 비판한 것은 한고조 유방에 의해 추진되는 법술주의 정책에 기반한 강력한 황제권 실현에 대한 비판이며 경계일 것이다.

또 한 가지 육가가 비판한 것이 다름 아닌 진시황의 궁실 축조라는 점을 고려해야 할 것이다. 궁실 축조는 어느 시대를 막론하고 황제의 권력을 보여 주는 상징적인 권력 행사의 하나였다. 이 때문에 유방도 소하蕭何가 궁실을 축조하는 것을 허가했으며, 위魏의 명제明帝는 관료들의 비판을 들으면서도 궁실을 축조했던 것이다.[71)] 그러므로 궁실 축조에 대해 사치라고 이해하여 그것을 「무위」편에서 다뤘다는 것은 결국 법술에 기초한 강력한 황제 전제 정치를 사치로 보았다는 단적인 증거인 것이다. 이것은 당시 사상계의 한 단면을 보여 주는 상징적인 모습일 것이다. 여기서 공신 집단의 일원이었던 육가의 사상적인 근저를 언급한 것은 한초 정치 집단의 사치 비판의 대상이 진대의 법가주의에 입각한 강력한 황제권의 실현이었다는 것과 그가 이상으로 삼았

---

70) 숙손통의 禮制가 전통적인 유가의 예제가 아닌 것은 이후 유가들의 평가에 잘 나타나 있다. 范曄은 그의 禮를 시대적 편의에 따른 임시방편으로 여겨 "당시의 崩敝를 救濟하기도 했으나, 그것은 결코 선왕의 도가 아니고 부족한 것이 많다(叔孫通頗採經禮, 參酌秦法, 雖適物觀時, 有救崩敝, 然先王之容典蓋多闕矣)"(『後漢書』 卷35, 「曹褒傳」 論讚, p.1205)고 하였으며, 司馬遷도 그의 禮를 "군주를 높이고 신하를 억누르는(至秦有天下, 悉內六國禮儀, 采擇其善, 雖不合聖制, 其尊君抑臣)"(『史記』 卷23, 「禮書」, p.1159) 성격만을 가진 "대개 진의 옛 것을 따른 것(大抵皆襲秦故)"(『史記』 卷23, 「禮書」, p.1159)이라고 하였다.

71) 『漢書』 卷1下, 「高祖紀下」, p.64 ; 『三國志 · 魏書』 卷22, 「陳羣傳」, pp.636~637 ; 『三國志 · 魏書』 卷25, 「辛毗傳」, p.698.

던 것이 황제권을 압박하는 공신 집단의 황노술의 세계였음을 밝히고자 함이었다.

2) 가의의 공신 비판

두 번째 기사 ⑥은 가의가 행한 사치 비판이다. 흔히 한초의 반문화주의反文化主義와 임협적 질서의 전위 공격수로 알려져 있는[72] 가의는 당시 가장 큰 사회적 문제를 사치 풍조로 보았다. 그는 당시의 물질적 사치가 도를 넘어 심각한 지경임을 경계하였는데[73] 궁극적으로 그가 말하고자 한 것이 단순히 물질적 사치가 아님은 아래의 기사를 보면 분명해진다. 가의는 앞의 기사 ⑥ 바로 다음에서

> 무릇 백 사람이 일을 하여도 능히 한 사람을 입히지 못하니 천하의 추위를 없애고자 해도 어찌 없앨 수 있겠습니까? 한 사람이 경작을 해도 열 사람이 모여 그것을 먹으니 천하의 배고픔을 없애려 해도 없앨 수 없습니다.……그러나 계책을 올리는 자들은 '무동無動'만을 말하며 (그것을) 상책으로 여기고 있을 뿐입니다. 무릇 풍속이 더할 나위 없이 불경하고, 존비尊卑의 등급 질서가 어지러워지고, 군주를 범犯하는 데까지 이르렀으나 계책을 내놓는 이들은 오직 '무위無爲'만을 말하니, 장탄식하는 것은 이것 때문입니다.[74]

---

72) 金翰奎는 가의를 한대 賢良·文學之士의 前衛이며 그들의 정치적 견해의 대변자로 파악하여 그가 새로운 士人지배 시대의 문을 열고 있다고 하였다. 金翰奎, 앞의 글(1975), pp.89～131.

73) "是古天子之服, 今富人大賈嘉會召客者以被牆……今庶人屋壁得爲帝服, 倡優下賤得爲后飾……且帝之身自衣皁綈, 而富民牆屋被文繡 : 天子之后以緣其領, 庶人孽妾緣其履"(『漢書』 卷48, 「賈誼傳」, p.2242).

74) "夫百人作之不能衣一人, 欲天下亡寒, 胡可得也? 一人耕之, 十人聚而食之, 欲天下亡飢, 不可得也……然而獻計者曰「毋動」, 爲大耳. 夫俗至大不敬也, 至亡等也, 至冒上也, 進計者猶曰「毋爲」, 可爲長太息者此也"(『漢書』 卷48,

라고 하고 있다. 이 글이야말로 가의가 직접적으로 공격했던 대상이 누구인가를 분명하게 말해 주고 있다. 바로 '무위'와 '무동'을 사상적 기반으로 했던 공신 집단이다.

가의에 의하면 이들은 사치를 일삼고 참람僭濫하여 사회의 풍기를 불경스럽게 만들며 등급 질서를 파괴하였다. 공신들에 대한 비판은 『신서』「속격俗激」에서 더욱더 적나라하게 표현된다. "대신들의 습속이라는 것이 오직 문서를 읽기만 하고 황제에게 보고하지 않으며, 소규모의 정기적인 회의에는 참여하지 않는다"[75]고 하여 대신들의 참람과 불성실을 비판하고 있다. 이것은 결국 황노술을 비판하는 것인데, 황제의 권력을 최대한 억제하고 자의적인 정무 처리를 원칙으로 하는 황노술은 황제권의 정상적인 집행에 문제를 일으키기 때문이다.[76] 가의는 공신들의 이러한 행동으로 인해 "(아름다운) 풍속이 유실되고, 세간의 풍기가 무너졌다"고 한탄하였다.[77] 그러나 가의가 궁극적으로 비판하고자 한 것은 공신들이 문학지사로 표현되는 새로운 관료군의 정치적 등장을 제약하고 있었다는 점이다.[78] 요컨대 가의는 공신들의 사치를 새로

「賈誼傳」, p.2243).

75) "大臣之俗, 特以牘書不報, 小期會不答耳, 以爲大故, 不可矣"(『新書』, 「俗激」, p.86).

76) 대표적으로 東越의 분쟁 때문에 사신으로 파견된 汲黯이 越人이 서로 공격하는 것은 그들의 습성이므로 천자의 사신을 번거롭게 할 필요가 없다고 여겨 월 지역에 가지 않은 것이나, 河內의 화재 구휼을 위해 파견했음에도 河南의 재해가 더 심하다고 여겨 便宜로써 하남의 倉穀을 풀어 빈민을 구제한 사례는 황노적 사고가 황제의 권력행사를 어떻게 차단하는지 잘 보여 준다. 『史記』 卷120, 「汲黯傳」, p.3105.

77) "俗流失, 世壞敗"(『新書』, 「俗激」, p.86).

78) 文帝가 문학지사들을 등용하여 공신 집단을 견제하려고 했던 것은 金翰奎, 앞의 글(1975)과 「西漢의 '求賢'과 '文學之士'」, 『歷史學報』 75・76合輯(1977) ; 南英珠, 「前漢初 皇帝權의 定立과 文帝의 역할」, 『大邱史學』 65(2001)를 참조.

운 관료층의 필요를 느끼고 있던 황제권력에 대한 반대로 읽었던 것이다.

그렇다고 가의의 비판이 공신 집단에만 국한된 것은 아니었다. 그는 속리俗吏에 대한 비판도 동시에 수행한다. “무릇 이풍역속이라는 것이 천하로 하여금 마음을 돌아오게 하여 도道로 향하게 하는 것이니 이것은 속리가 능히 할 수 있는 일이 아니다”[79]는 표현은 당시 법가 그 중에서도 도필리로 지칭되는 속리 다수가 요직을 맡고 있는 전한 사회의 풍기를 전면에서 비판한 것이다. 즉, 그에 따르면 새로운 풍기는 오직 유가만이 만들 수 있는 것이다. 이것은 이제 한에 새로운 정치 집단이 만들어지고 있음을 말해 주는 것이다. 이들은 육가와는 달리 자신들의 정체성에 대한 초보적인 의식을 가졌다. 다시 말해 이 당시 문학지사는 한편으로는 공신 집단의 황제권 분할을 비판하면서도 한편으로는 속리를 비판하며 자신들이 단순한 황제의 의지를 집행하는 자들이 아닌 치자임을 분명히 인식하였던 것이다.

3) 문학의 무제 비판

세 번째 사치 풍조는 무제와 관련된 것이다. 앞에서 언급한 기사 ⑦은 선제시기 무제의 종묘에 묘악廟樂을 헌상獻上하려는 시도에 대하여 당시 박사였던 하후승夏侯勝이 했던 말로, 무제에 대한 한대 사대부의 평가를 대변하고 있다. 무제의 흉노 정벌은 대부 측과 황제 측에서 본다면 한제국의 판도를 결정짓고 황제의 일원적 세계 지배를 실현할 수 있는 위대한 물리적 방법이었다. 그러나 그것은 염철회의鹽鐵會議에 참석한 문학들에 의해서는 ‘사치스러운 군사 작전’으로 표현되었고,[80] 이

---

79) “夫移風易俗, 使天下回心而鄕道, 類非俗吏之所能爲也”(『漢書』 卷48, 「賈誼傳」, p.2245).

후 후대 사대부들에게도 사치의 극단으로 인식되었다.[81] 그 이유는 무엇일까?

일반적으로 무제시기는 유학이 다른 여타의 사상에 대해 우월한 위치를 점한 시기로 인식된다. 그러나 실제로 무제시기는 여전히 법술에 기초한 황제권의 팽창 시기로, 비록 전시기에 비해 유학의 지위가 상승되었다고는 하나 다수의 현량賢良·문학들은 여전히 중앙 정계로의 입사가 차단되어 있었고, 중앙으로 진출했다 해도 법치를 정당화하고 꾸미는 정도의 업무만이 배당되었다. 계속된 선거로 사대부들은 초보적이나마 집단을 형성하고, 자신들만의 문화적 전통을 만들고자 했는데 사회는 여전히 이들의 쓰임새를 인정하지 않고 있었다.

그로 인해 이들은 점차 중앙 정계로의 참여를 요구하게 되었고, 그 요구를 관철시키기 위해 자신들의 정치적 진출을 막는 여타의 사회적 상황을 비판하였다. 『염철론鹽鐵論』에 등장하는 문학들이 당시의 호족豪族을 대표하여 황제권력과 대립 관계에 있었다는 연구도 있지만,[82] 그들이 겸병과 물자에 대한 독점을 반대한다는 점은[83] 문학의 요구가 호족의 요구를 대변한다는 지금까지의 견해에 의문을 품게 한다.[84] 오

---

80) 『漢書』 곳곳에서 이러한 인식을 발견할 수 있는데 특히 "承奢侈師旅之後, 海內虛耗"(『漢書』 卷89, 「循吏傳」, p.3624)와 같은 표현이 대표적이다.

81) 南朝 사대부들 역시 "皇家의 盛明이 어찌 한무제를 따르는 것이겠는가?"(『南齊書』 卷47, 「王融傳」, p.822)라고 하며 "오직 한무제만이 五世의 재물과 六合의 富로 인해 교만한 마음과 사치의 뜻을 가지고 흉노를 정벌했다"(『南齊書』 卷48, 「孔稚珪傳」, p.838)고 하여 한무제의 흉노 정벌을 사치로 보는 한대 사대부의 관점을 계승하고 있다.

82) 閔斗基, 「鹽鐵論硏究-그 背景과 思想에 對한 若干의 考察(上·下)」, 『歷史學報』 10·11(1958·1959).

83) "詩云 : 『彼有遺秉, 此有滯穗, 伊寡婦之利.』言不盡物也"(『鹽鐵論』, 「錯幣」, p.56).

84) 『鹽鐵論』에는 豪族이란 표현은 등장하지 않는다. 다만 豪民·姦猾·大家·豪强 등의 표현만이 보이는데, "幷兼之徒姦形成也"(『鹽鐵論』, 「禁耕」, p.67)라는 기사로 인해 겸병이 이미 그들의 존재 방식이라는 것을 알 수 있다. 이

히려 『염철론』 「비상앙非商鞅」부터 「우변憂邊」까지의 주된 내용이 유학의 정치적 효용성에 대한 선전과 법가에 대한 사상 투쟁의 성격을 띤다는 점에서 문학이 비판한 것은 자신들의 정치 참여를 봉쇄하고 있는 당시 사회 현실이라고 할 수 있다. 문학의 주된 관심은 유가의 실제 정치에서의 비효율성을 주장하는 법가에 맞서 그들의 패권주의적인 정치 행위에 대한 비판과 유학의 효용성을 적극적으로 선전하는 것에 있었던 것이다.[85)]

들은 아직 대토지 소유자의 모습을 명확하게 보이고 있지 않지만, 지역 사회에서 상업적 부를 상당 수준으로 축적했다는 점에 근거해 이들을 호족의 전신으로 봐도 좋을 것이다(李哲浩, 「漢代 豪族의 형성에 관한 연구」, 서강대 박사학위논문(1996), p.56). 그런데 문제는 염철회의에 참석한 문학들이 호족의 이해를 대변했다고 하려면 이들이 호족이거나 아니면 이들이 호족의 이해에 직결되어 있다는 근거가 있어야 하는데 『염철론』의 기사를 통해서는 이를 증명할 수 없다. 오히려 "居下而訕上, 處貧而非富, 大言而不從, 高厲而行卑, 誹譽訾議, 以要名采善於當世. 夫祿不過秉握者, 不足以言治, 家不滿檐石者, 不足以計事. 儒家皆貧羸, 衣冠不完, 安知國家之政, 縣官之事乎"(『鹽鐵論』, 「地廣」, p.209)라는 기사는 그들의 정치적 지위와 경제적 지위가 모두 낮았음을 설명하고 있다. 또한 이들 문학들이 호족의 이해와 직결되었다는 근거 역시 찾을 수 없다. 당시 호족들은 많은 賓客을 招致하여 鄕村에서 武斷하였고, 빈객들은 그 대가로 경제적 이익을 배당 받았다(宇都宮淸吉, 「漢代における家と豪族」, 『漢代社會經濟史硏究』(東京 : 弘文堂, 1955), pp.446~447) ; 增淵龍夫, 「漢代における民間秩序の構造と任俠習俗」, 『中國古代の社會と國家』(東京 : 弘文堂, 1960), pp.77~90). 그러나 이 경우 호족들에게 필요했던 능력이 任俠的 질서를 바탕으로 한 무력적 소양이었다는 점에서 이들 문학들이 호족의 이해와도 별 관련이 없었음을 알 수 있다. 이상과 같이 문학이 호족의 이해를 대변한다는 점은 사료 상으로 확인할 수 없다. 최근 연구에도 당시 현량・문학지사가 호족 출신이거나 호족의 이익을 의도적・조직적으로 대변하는 사회 세력이었다는 증거는 발견되지 않는다는 견해가 제출되었다(김한규・이철호 역, 『염철론』 해제(서울 : 소명, 2002), p.13).

85) 『鹽鐵論』에 등장하는 「散不足」편의 구체적인 수치들은 결국 당시 유가의 실제 실무 능력을 보여주기 위해 후에 첨가된 것이라는 角谷常子의 주장은 흥미롭다. 角谷常子, 「『鹽鐵論』の史料的性格」, 『東洋史硏究』 47-2(1988).

이러한 사실은 당시 문학들이 법가에 대하여 "사士의 진로進路를 막고 사람의 입을 막고 있다"고 분개한 대목에서 잘 알 수 있는데,[86] 이들의 가장 큰 불만은 자신들의 정치적 참여를 막고 있는 법술주의에 있었던 것이다. 따라서 법술주의에 근거해 황제권을 팽창하려고 했던 무제의 흉노 정벌이야말로 문학의 정치적 참여가 봉쇄된 당시를 가장 상징적으로 보여 주는 사례라고 할 수 있을 것이다. 무제시기의 사치란 바로 문학의 정치적 참여가 봉쇄되어 있는 황제권 팽창의 시대정신이었던 것이다.

4) 유가 관료의 선제 비판

이러한 황제에 대한 사치 비판은 선제시기에 다시 등장한다. 앞의 기사 ⑧은 법가주의적 노선을 가진 선제에 대한 당시 유가의 인식을 보여 준다. 선제는 한대 가장 사치스러운 시기였던 무제시기를 모범으로 삼아 궁실과 수레·복식에 있어 전대 황제인 소제보다 사치스러웠다고 한다. 그러나 기사 ⑧과 연결된 아래의 글을 보면 왕길王吉이 비판하고자 하는 것이 궁실과 거복車服의 화려함이 아니라 황제의 독점적인 권력 행사, 무제시기에 이은 황제 지배체제의 강화가 비판의 대상이라는 것을 알 수 있다.

> 폐하는 성스러운 자질의 몸으로 만방萬方을 총괄하십니다. 제왕의 도적圖籍을 날마다 앞에 펼쳐 놓으시고 오직 세무世務만을 생각하시니 장차 태평성대를 이루실 것입니다. 조서가 매번 내려질 때마다 백성들은 흔연히 갱생하는 듯합니다. 신이 엎드려 생각하니 지극한 은덕이라 할 수 있으나 (그것을 제왕의) 본무本務라고는 말할 수 없습니다.[87]

---

86) "塞士之塗, 壅人之口, 道諛日進而上不聞其過"(『鹽鐵論』, 「論誹」, p.299).

87) "陛下躬聖質, 總萬方, 帝王圖籍日陳于前, 惟思世務, 將興太平. 詔書每下, 民

선제가 곽씨霍氏 일가를 정권에서 축출한 후 상서尙書의 부봉제副封制를 폐지하고 직접 정사를 관장하기 시작하자 간대부諫大夫였던 왕길이 위와 같은 상소를 올려 황제의 친정親政을 비판하였다. 그에 의하면 올바른 정치란 황제가 '공경대신公卿大臣 및 유생과 더불어 옛 예법을 이어받고 왕제王制를 밝히는 것'으로,[88] 이는 황제의 자의가 아닌 천하를 책임지는 신하, 즉 유자들의 참여와 합의에 의해 이루어지는 것이었다. 이렇게 중앙의 정치가 안정되면 비로소 『춘추春秋』에서 말한 '대일통大一統'이 이루어지게 되는데, 현재 '백리의 풍風이 같지 않고, 천리의 속俗이 같지 않은' 상황은 모두 형벌과 법만을 세우고 지키기만 하는 속리에게 지방을 통치하게 하기 때문이다.[89]

그래서 그는 대일통을 이루기 위해서는 유생의 광범위한 정치 참여를 보장하고, 통치 원리로서 유학을 채택하며, 중앙에서 채택된 유학의 내용을 사회적 기풍으로 확립해야 한다고 주장한다.[90] 이제 사대부들의 건의는 유생의 정치적 진출과 유학을 정치 이념으로 채택하는 것에 그치지 않고 유학에 의해 전 사회의 풍기를 수립하는 것까지 확대된 것이다. 이것은 분명 염철회의에서 문학이 보여 주었던 모습에서 진보한 것이다. 그러나 선제는 왕길에 대해 '물정이 어둡다 여겨 중히 여기지 않아'[91] 왕길의 건의를 채택하지 않았을 뿐 아니라 오히려 유가들을 배척하며 법가계 능리能吏를 통한 독재 정치를 실행했다. 선제의 이

欣然若更生. 臣伏而思之, 可謂至恩, 未可謂本務也"(『漢書』 卷72, 「王吉傳」, p.3062).

88) "臣願陛下承天心, 發大業, 與公卿大臣延及儒生, 述舊禮, 明王制"(『漢書』 卷72, 「王吉傳」, p.3063).

89) "春秋所以大一統者, 六合同風, 九州共貫也. 今俗吏所以牧民者, 非有禮義科指可世世通行者也, 獨設刑法以守之……是以百里不同風, 千里不同俗"(『漢書』 卷72, 「王吉傳」, p.3063).

90) 『漢書』 卷72, 「王吉傳」, pp.3063~3065.

91) "上以其言迂闊, 不甚寵異也"(『漢書』 卷72, 「王吉傳」, p.3065).

러한 관리 임용은 이미 하나의 세력으로 성장한 사대부들에게 불만임과 동시에 위협이었을 것이다. 이것이 결국은 무제와 선제를 동일시하게 한 이유였을 것이다.

선제시기는 무제 이후 중앙 집권적인 군주 정치가 부활한 시기로 이해된다. 이 시기 사대부들이 황제에게 가졌던 위기의식은 생각보다 컸던 것으로 보인다. 유가의 집단적인 움직임을 보여 주는 대표적인 저작인 『염철론』이 이 시기에 저술되었다는 것은 이러한 사대부들의 위기의식과 그 위기의식의 또 다른 모습인 연대의식의 표출이라고 할 수 있을 것이다.[92]

선제시기 황제와 사대부의 대립을 상징적으로 보여 주는 사건은 개관요蓋寬饒의 자살이라고 할 수 있다. 그는 『한씨역전韓氏易傳』을 인용하여 "가家는 자식에게 물려주고, 관官은 현자賢者에게 물려주어야 한다"고 하여 황제의 정치적 생명은 사대부에게 있음을 간접적으로 표현하였다가 결국은 그 의도가 황제에게 선양禪讓을 요구하는 것이라고 무고되어 '대역부도大逆不道'에 처해져 자살을 강요받았다.[93] 현자의 등용이 황제의 가장 중요한 정치적 행위라는 인식은 『한서』 곳곳에서 발견되나 선제는 그러한 전통적인 사대부의 주장을 인정하지 않았던 것이다.

이상과 같이 전한시기 사대부에 의해 비판받았던 사치에 대해 살펴보았다. 우리는 여기서 한대 사대부들이 비판한 사치라는 것이 물질적인 사치라기보다는 정치 참여와 백성의 교화라는 사대부들의 사회적 역할을 가로막고 있는 요소를 지칭함을 알 수 있었다. 즉 전한의 사대부들은 자신들의 존재를 부정하거나 용인하지 않는 세태를 사치로 규정하고 그러한 세풍과 끊임없는 싸움을 전개하였던 것이다. 그 내용은

---

92) 角谷常子, 앞의 글, pp.18~21.

93) 『漢書』 卷77, 「蓋寬饒傳」, p.3247.

시대적 요구에 따라, 사대부들의 학문적 성향에 따라 달랐다. 다음에서는 이들이 치열한 사상 투쟁 끝에 완성하려던 이풍역속의 내용에 대해서 살펴보겠다.

3. 전한시기 이풍역속의 실현

전한 사대부들은 각 시기별로 변화시켜야 하는 풍속의 내용을 통해 자신들의 정치적 입장을 대변해 왔다. 그렇다면 이들의 노력이 성과를 거둬 이풍역속이 행해졌던 시기는 없었을까? 아래에서는 전한시기 사대부들에 의해 이풍역속이 행해졌던 것으로 이해되던 사례를 살펴보아, 그들의 정치적 이상에 접근해 보고자 한다.

1) 문·경제시기 황노술 채택과 그 의미

우선 『한서』를 살펴보면 문 · 경시기文 · 景時期에 이풍역속이 이루어졌다는 기사를 볼 수 있는데, 그 이유로는 문 · 경시기에 행해진 두 황제의 절검이 거론된다.[94] 그러나 『사기』 「평준서平準書」에서는 "종실 및 토지를 가진 공경 이하가 모두 사치를 다투어 집과 수레, 의복이 황제를 넘어설 정도로 한도가 없었다"고 전하여,[95] 두 황제의 절검은 지극히 개인적인 문제일 뿐 사회적인 기풍으로 발전하지는 못했던 것으로 보인다. 그렇다면 이 시기 이풍역속의 내용은 무엇일까?

---

94) "漢興, 掃除煩苛, 與民休息. 至于孝文, 加之以恭儉, 孝景遵業, 五六十載之間, 至於移風易俗, 黎民醇厚"(『漢書』 卷5, 「景帝紀」, p.153) ; "追觀孝文玄默躬行以移風俗, 誼之所陳略施行矣. 師古曰 : 「躬行, 謂身親儉約之行也……」"(『漢書』 卷48, 「賈誼傳」, p.2265).

95) "宗室有土公卿以下, 爭于奢侈, 室廬輿服僭于上, 無限度"(『史記』 卷30, 「平準書」, p.1420).

> 한이 건국된 초기에 진의 폐해를 돌이켜 백성과 더불어 휴식하여 모든 일은 간소하게 되고 법망도 느슨하게 되었으며, 상국相國 소하蕭何와 조참曹參이 관후寬厚함과 청정淸靜함으로써 천하의 모범이 되니 백성이 「화일畫一」이란 노래를 지었다. 혜제惠帝도 팔짱을 끼고 (무위로 일관하였고) 여후呂后도 방문을 나오지 않으니 천하가 편안해져 백성은 농사에 힘쓰고 의식은 풍족해졌다. 마침내 문·경제시기에 이르러 이풍역속되었다.[96]

위의 기사에서는 이풍역속의 원인으로 일을 간소하게 하고 법망을 느슨하게 한 것과 상국 소하와 조참의 관후·청정의 정치적 태도를 들고 있다. 이것은 결국 한초 황노술에 대한 설명으로, 결국 두 황제가 보여 준 절검은 황제의 도가적道家的 자기 수양의 표현이라고 할 수 있다.

이풍역속의 내용이 황노적이라는 것은 이 시기의 시대적 상황과 깊은 연관이 있다. 비록 문제 2년(BC178) 구현求賢의 조칙이 내려지고, 문제 15년에는 구체적인 실현을 보면서[97] 유가적인 이상에 근거한 교화의 단초가 마련되나, "효문제시기 (유가들이) 자못 등용되나 효문제가 본래 형명刑名의 학을 좋아하였다. 효경제시기에 이르면 유가가 임용되지 않았고 두태후竇太后 역시 황노술을 좋아하였다"[98]와 같은 기사는 아직까지 유가적 이데올로기가 사회의 중심된 기풍으로 받아들여지지 않았던 것을 말해 준다.

---

96) "漢興之初, 反秦之敝, 與民休息, 凡事簡易, 禁罔疏闊, 而相國蕭·曹以寬厚淸靜爲天下帥, 民作「畫一」之歌. 孝惠垂拱, 高后女主, 不出房闥, 而天下晏然, 民務稼穡, 衣食滋殖. 至於文·景, 遂移風易俗"(『漢書』 卷89, 「循吏傳」, p.3623).

97) 金翰奎, 앞의 글(1977), pp.264~266.

98) "孝文時頗登用, 然孝文本好刑名之言. 及至孝景, 不任儒, 竇太后又好黃老術"(『漢書』 卷88, 「儒林傳」, p.3592).

황노술 신봉에는 여러 이유가 있겠으나 무엇보다도 당시 정치 세력의 이해와 관련이 있다. 유방의 공신 집단들이 황제권력을 분할하기 위한 이념적 근거로 황노술을 채택한 것이 그 이유다. 다른 이유로는 진대 이래의 혹독한 형벌주의에 대한 반작용을 들 수 있을 것이다. 특히 7년간의 전쟁이 끝난 후라 한초에는 사회적인 피로감을 해소할 방법도 필요했다. 이러한 요구가 황노술의 채택으로 이어진 것으로 보인다. 이러한 정황을 종합해 보면 문·경시기에 이풍역속이 이루어졌다는 것은 한초부터 채택한 방임 정책이 어느 정도 결과를 본 것이며, 그 구체적인 결과는 진의 엄혹한 법가주의가 어느 정도 극복되었다는 것을 의미한다. 그리고 한편으로 그것은 기존 질서가 유지되어 유생의 정치적 진출이 억압되어 있음을 의미한다.

따라서 황노술에 의해 만들어진 문·경제시기의 기풍은 유가의 입장에서 본다면 이풍역속이 완성된 것은 아니었다.

> 문제가 마땅히 진이 남긴 정교政敎를 고쳐야 함에 형刑을 가볍게 하고 일을 줄여 백성과 함께 휴식을 취하고, 검약과 절제로 스스로를 지탱하셨으며 처음으로 적전籍田을 열어 친히 농상農桑을 권장하여 백성의 본에 힘썼다. 즉위 10여 년 후 때맞춰 오곡이 풍성하게 익어 백성은 풍족했으며 창고는 가득 찼고 축적이 있었다. 그러나 문제는 본래 황노의 술을 닦아 유술을 심히 좋아하지 않았고 그 다스림에 청정무위를 숭상하였다. 이로써 예악禮樂과 학교學校 제도가 마련되지 못하였고, 민속이 크게 교화되지 못하였다. 어찌 따뜻하고 배불러 모두 만족한다해서 치안지국治安之國이라 말할 수 있겠는가.[99]

---

99) "故文帝宜因修秦餘政教, 輕刑事少, 與之休息, 以儉約節欲自持, 初開籍田, 躬勸農耕桑, 務民之本. 卽位十餘年, 時五穀豐熟, 百姓足, 倉廩實, 蓄積有餘. 然文帝本修黃·老之言, 不甚好儒術, 其治尙清淨無爲, 以故禮樂庠序未修, 民俗未能大化, 苟溫飽完給, 所謂治安之國也"(『風俗通義』, 「正失」, p.72).

진시황의 강력한 황제권을 천하에 대한 사권私權으로 보았던[100] 한대 유자들에게 자연법적 질서에 의해 인위적 지배를 규제하는 황노술의 홍기는 참다운 이풍역속이 될 수 없었다. 하지만 한초에는 문·경시기에 이풍역속이 이루어진 것으로 이해했으니, 그것은 무엇보다도 이 시기가 여전히 황제의 권력을 상대화하려는 공신 집단을 주축으로 하는 이들에 의해 주도되고 있었다는 증거에 다름 아니다.

즉, 공신 집단의 경우 한고조 유방의 법술주의가 단순히 엄격한 법 집행만을 의미하는 것이 아니라 궁극적으로는 황제권의 강화와 관련 있는 것이기 때문에 황제권의 절대성을 제약할 필요가 있었다. 이를 위해 그들이 선택한 황노술은 기존 질서를 변경하지 않고,[101] 심지어는 정무를 담당하지 않는 것이 가장 바람직한 양태인 것처럼 표현되었다.[102] 공신 집단에게 기존 질서를 변경하지 않는다는 것은 자신들과 유방 사이에 존재하고 있는 수평적인 입협적 질서를 유지할 수 있다는 것을 의미하며, 정무를 담당하지 않는다는 것은 그들이 제국 체제를 건설하는 역할에서 벗어날 수 있었음을 의미한다. 그래서 공신 집단은 비록 예악과 학교 제도가 마련되지 못했다 해도 황노술에 의해 황제권의 절대성이 포기될 수 있다면 충분히 그 시기는 전국시기 이래 강력한 군주권 수립을 하나의 시대정신으로 받아들였던 사회적 기풍이 변화한, 이풍역속이 완성된 시기로 받아들일 수 있었을 것이다. 따라서 문·경제시기 황노술에 의한 황제권의 제약이 이풍역속으로 이해되었

100) "秦王懷貪鄙之心, 行自奮之智, 不信功臣, 不親士民, 廢王道, 立私權, 禁文書而酷刑法, 先詐力而後仁義, 以暴虐爲天下始"(『史記』 卷6, 「秦始皇本紀」, p.283).

101) "參爲漢相國, 出入三年. 卒, 謚懿侯. 子窋代侯. 百姓歌之曰 : 「蕭何爲法, 顜若畫一 ; 曹參代之, 守而勿失. 載其淸淨, 民以寧一.」"(『史記』 卷54, 「曹相國世家」, p.2031).

102) "慶於兄弟最爲簡易矣, 然猶如此. 出爲齊相, 齊國慕其家行, 不治而齊國大治, 爲立石相祠"(『漢書』 卷46, 「石奮傳」, p.2197).

다는 것은 여전히 한대 사회에 새로운 지배층이 형성되지 않았음을 말해 주는 것이기도 하다.

2) 무제시기 선거의 정례화

다음으로 이풍역속이 행해졌다고 평가되는 시기는 무제시기다. 무제시기에는 오경五經 중 『시詩』·『서書』·『춘추』 삼경三經에 박사가 설치되어 '여타 다른 학파를 모두 퇴출시킨 것(罷黜百家)'까지는 아니어도 유술이 사회적으로 상당한 지위에 오른 것으로 알려져 있다. 『후한서後漢書』「당고전黨錮傳」에는 "무제 이후 유학을 숭상하니 경술經術을 가슴에 품은 이가 곳곳에 구름처럼 모여들어 석거각石渠閣에서는 오경의 동이同異를 가리는 논쟁이 있었다. 뜻이 같은 이와는 당黨을 이루고, 뜻이 다른 이는 공격하는 논쟁이 이루어진 바 경문經文을 고수하려는 자가 이 시기 많았다"[103]고 하여 무제시기를 기점으로 한대의 기풍이 변화했다는 기사가 등장한다. 실제로 무제는 오경박사의 설치, 박사제자博士弟子의 설치, 태산泰山에서의 봉선封禪, 명당明堂의 설립, 정삭正朔의 개정 등 유가적 이상에 근거한 제왕의 행위를 어떤 황제보다도 충실히 실행했다. 그렇다면 위와 같은 이유들이 당시인들로 하여금 무제시기에 이풍역속이 이루어졌다고 생각하게 한 것이었을까?

이와 관련하여 여영시余英時는 무제시기 한이 유교국가로 변화했다는 견해를 부정하며, 이풍역속의 근거를 유가형儒家型 순리循吏의 존재에서 찾고자 했다. 그는 선제 이전의 순리는 황노적 성향의 지방관이거나, 혹은 개인적 신념에 의해 교화를 담당했던 이들일 뿐이며 실제로 국가적 정책으로부터 도출된 교화형 순리는 아니라고 하였다.[104]

---

103) "自武帝以後, 崇尙儒學, 懷經協術, 所在霧會, 至有石渠分爭之論, 黨同伐異之說, 守文之徒, 盛於時矣"(『後漢書』 卷67, 「黨錮傳」, pp.2184~2185).

그의 주장대로 『사기』 「순리전」에 등장하는 5인의 인물들은 모두 춘추・전국시기의 인물들로, 특히 자산子産은 형법을 새긴 정鼎을 주조한 것으로 유명한 법가 성향이 강한 인물이다.[105]

이것은 『사기』를 저술한 사마천司馬遷의 성향과도 관련이 있겠지만 무제시기까지의 유학의 성격과도 밀접한 관련이 있는 것으로 생각된다. 무제시기의 유학은 철저히 법술을 분식粉飾하는 용도로 사용되었다. 『한서』 「순리전」에 등장하는 동중서董仲舒・공손홍公孫弘・아관兒寬은 유가임에도 불구하고 「순리전」에 "세무에 통달하고 문법文法에 밝았다"고 서술되어 그들의 도필리적 소양이 높이 평가되었음을 알 수 있다.[106] 또한 당시 장탕張湯의 정위부廷尉府에서는 유가를 선발하여 기용했지만 그들의 업무는 도필리들의 업무 보조, 혹은 그들의 법 집행에 대한 경의經義를 제공하는 일에 그쳤다. 이것에 대해 장탕이 교묘하게 자신의 법술주의를 위장한 것이라고 하는 평가도 있지만,[107] 무제의 유학에 대한 입장이 학설적學說的이거나 그 이념 전체를 현실화하고자 하는 것이 아니었음은 분명하다.[108] 이밖에 『한서』 「순리전」에 입

---

104) 余英時, 『士與中國文化』(上海 : 上海人民, 1987), 第4章 「漢代循吏與文化傳播」 참조.

105) 『사기』 「순리전」에 등장하는 5인은 다음과 같다.

성명	소속 국가	관직	기타
孫叔敖	楚(處士)	莊王相	
子産	鄭(大夫)	昭君相	鑄刑書
公儀休	魯(博士)	相	
石奢	楚	昭王相	
李離	晉	文公理(獄官)	

106) "三人皆儒者, 通於世務, 明習文法, 以經術潤飾吏事, 天子器之"(『漢書』 卷89, 「循吏傳」, pp.3623～3624).

107) 鎌田重雄, 「循吏と酷吏」, 『秦漢政治史の研究』(東京 : 日本學術振興會, 1962), p.339.

108) 町田三郎, 「統一の思想」, 『秦漢思想史の研究』(東京 : 創文社, 1985), pp.145～

전된 오공吳公도 이사李斯와 함께 수학한 학문적 성향이 법가인 자이며,[109] 황패黃霸는 돈으로 입사하였는데 입사 당시 학술적 소양이라고는 어려서 율령을 학습한 것이 전부였다.[110]

이와는 달리, 『사기』「혹리전酷吏傳」의 11인이 모두 무제시기의 인물이었으며,[111] 『한서』「혹리전」의 13인 중 전연년田延年・엄연년嚴延年・윤상尹賞을 제외한 10인이 모두 경제시기를 거쳐 무제시기에 활동한 인물들이라는 점은 무제시기 법치의 정도를 잘 설명해 준다. 무제시기에 능하다고 평가받은 이들 또한 조우趙禹・장탕張湯・의종義縱・윤제尹齊・양복楊僕・왕온서王溫舒 등으로 모두 혹리들이었다.[112] 이처럼 무제시기 비록 "여타 다른 학파들을 모두 퇴출시키고, 오직 유술만을 우대했다(罷黜百家, 獨尊儒術)"고 말해지지만 여전히 사회적으로 하나의 문화가 성립, 통일된 것은 아니라고 할 수 있다.

그럼에도 불구하고 당시인들이 무제시기를 이풍역속이 행해진 시기로 이해한 것은 무엇 때문일까?

> 담당 관원이 주奏를 올려 말하였다. "……지금 조서로 선제의 성업聖業을 밝히시고 이천석二千石 관리들로 하여 효렴孝廉을 천거하게 하심은 온 백성을 교화시켜 이풍역속하게 하는 바입니다.……"[113]

146에 잘 나와 있다.

109) "孝文皇帝初立, 聞河南守吳公治平爲天下第一, 故與李斯同邑而常學事焉, 乃徵爲廷尉"(『史記』卷84, 「賈生傳」, p.2491).

110) 특히 그는 선제 때 법을 공정히 집행한다는 이유로 廷尉에 배수된다. 『漢書』卷89, 「循吏 黃霸傳」, pp.3627～3629.

111) 郅都, 寧成, 周陽由, 趙禹, 張湯, 義縱, 王溫舒, 尹齊, 楊僕, 減宣, 杜周의 11인 중에서 郅都와 寧成은 경제・무제시기의 인물이고 나머지는 무제시기의 인물이다.

112) 任仲爀, 「前漢의 法治와 法家官僚」, 고려대 석사학위논문(1984), p.36.

113) "有司奏議曰 : 「……今詔書昭先帝聖緒, 令二千石擧孝廉, 所以化元元, 移風易俗也……」"(『漢書』卷6, 「武帝紀」, p.167).

기사에 근거하여 필자는 무제시기의 이풍역속을 선거와 연관하여 이해하고자 한다. 무제가 공신 집단이라는 황노술에 경도되어 있던 종래의 기득권층을 제거하기 위해 선거를 실시했다 해도,[114] 결과는 문학지사라는 새로운 관료 예비군을 지방에서 형성시킨 것으로 나타났다.[115] 효렴孝廉·무재茂才·현량賢良·방정方正·지효至孝·유도有道 등 선거 선발에 대한 다양한 표현이 존재함에도 불구하고, 선발의 기준이 되는 것은 '위대한 선왕의 술術(先聖之術)'로[116] 표현되는 유가적 소양이었기에, 선거의 정례화로 유학의 지방 침투가 가속화되었고, 그에 따라 사대부들은 입사를 위해 유학을 체계적으로 학습하기 시작하였다. 결국 이것이 당시 사대부들이 느꼈던 이풍역속의 실체였을 것이다. 즉 사대부들은 새로운 선거가 지금까지와는 다른 사회적 분위기를 만들어 낼 수 있을 것이라고 기대했던 것이다.

3) 선제시기 지방 통치와 유학

선제시기의 경우 사서 안에서 이풍역속이 행해졌다는 기사는 찾을 수 없다. 그러나 선제시기는 『한서』·『후한서』에서 공히 유학이 사회적으로 하나의 문화 전통을 이룬 시기로 설명되고 있다. 그런데 이풍역속이라 하면 새로운 문화 전통을 수립하는 것도 포함하기에, 선제시기를 이풍역속과 관련하여 살펴보는 것이 크게 문제되지는 않을 것이다. 그렇다면 당시 유가 관리들이 선제의 법술적 통치를 비판하면서도 선제시기를 이풍역속의 시기로 이해한 이유는 무엇인가?

---

114) 鎌田重雄는 汲黯과 같은 道術的 관리는 儒術的 관리와 法術的 관리의 압박에 의해 정계에서 추방되어 전한말까지 정계에 부상하지 못했다고 하였다. 鎌田重雄, 앞의 글, p.344.

115) 余英時, 앞의 책, p.159.

116) 『漢書』 卷6, 「武帝紀」, p.164.

선제는 한대의 어느 황제보다도 법가적 성향이 강한 황제이기도 하지만 한편으로는 통치의 많은 부분에 유학을 채택하기도 하였다. 실제로 선제는 전통적인 유학의 덕목인 구현求賢을 실천하려고 노력하였다. 선제시기 많은 관료들이 유가적 소양을 갖춘 이들, 혹은 유가들로 충원되었다.[117] 또한 덕치德治의 표상인 상서로운 길조[서상瑞祥]의 잦은 출현은 선제시기를 명실상부한 중흥의 시기로 인식하게 했다.[118] 수치상으로도 선제시기의 유학의 흥기를 확인할 수 있다. 오경박사는 20인으로, 박사제자는 200인으로 증가하여 무제시기보다 4배, 소제시기보다 2배가 늘었다. 유가의 입사 등용문인 구현 역시 역대 최고인 8차례나 있었다.[119] 또한 덕치의 척도로 인식되는 대사면은 총 10차례에 걸쳐 내려졌으며, 민작民爵은 총 13차례 사여賜與되었다. 이는 평균적으로 약 2년에 한 번 꼴로 사여된 것으로 원·성제시기元·成帝時期를 합쳐 사여된 것보다도 한 차례 더 많은 수치다. 이 밖에도 지절地節 4년(BC66)에는 상좌법相坐法을 폐지하여 가족이나 혈연간의 감정적 유대를 중심으로 하는 유교 윤리를 통치 원리로 삼았다.[120]

---

117) "孝宣承統, 纂修洪業, 亦講論六藝, 招選茂異, 而蕭望之·梁丘賀·夏侯勝·韋玄成·嚴彭祖·尹更始以儒術進, 劉向·王褒以文章顯, 將相則張安世·趙充國·魏相·丙吉·于定國·杜延年, 治民則黃霸·王成·龔遂·鄭弘·召信臣·韓延壽·尹翁歸·趙廣漢·嚴延年·張敞之屬, 皆有功迹見述於世"(『漢書』卷58,「公孫弘卜式兒寬傳」, p.2634).

118) "孝宣帝每有嘉瑞, 輒以改元, 神爵·五鳳·甘露·黃龍, 列爲年紀, 蓋以感致神祇, 表彰德信. 是以化致升平, 稱爲中興"(『後漢書』卷1下,「光武帝紀下」, pp.82～83).

119) 재위 기간 25년 중 8회는 평균 3년 2개월여 만에 求賢이 이루어진 것인데 이것은 전한을 통틀어 가장 유학이 흥성했다고 여겨지는 원제·성제시기의 평균 3년, 4년 3개월에 비해 전혀 낮지 않은 비율이라고 할 수 있다.

120) 町田三郎,「前漢末期の思想」, 앞의 책, pp.234～235.

<표 1> 수치로 본 선제시기 유학의 흥성[121)]

	博士弟子數	求賢	大赦	民爵	符瑞	在位期間
宣 帝	200명	8회	10회	13회	14회	25년
武 帝	50명	4회	18회	4회	7회	55년
昭 帝	100명	2회	7회	1회	2회	13년
元 帝	1,000명	5회	10회	6회		15년
成 帝	최대 3,000명 최소 1,000명	6회	9회	6회	2회	26년

그렇다면 이러한 유학의 사회적인 이용이 사대부로 하여금 선제시기를 이풍역속의 시기로 이해하게 한 것일까? 그러나 왕길은 능리를 이용한 선제의 독단적인 정치 행위를 비판하였고, 원제 역시 선제의 유생을 기용하지 않는 인사와 각박한 법 집행에 대해 비판하였다.[122)] 그 뿐 아니라 한연수韓延壽는 순리라면 당연히 할 수 있었던 '군대를 사열하고 훈련시킨 도식강무都試講武'의 예를 행한 것과 관부의 돈과 비단을 유용하여 요역徭役에 종사하던 관리와 백성에게 대부한 일로 인해 고발되어 참람히 군주를 범한 '참상부도僭上不道'의 죄명으로 기시棄市 당했다.[123)] 이 문제를 순리의 교화와 조정의 법령 간에 존재하던 내부 모순의 표출로 이해하는 견해도 있듯이,[124)] 선제시기는 유학이 사회의

121) 표는 金翰奎, 앞의 글(1977)의 <표 1> 歷代求賢一覽表(求賢 횟수) ;『漢書』, 「儒林傳」(博士弟子 수) ;『西漢會要』(北京 : 中華書局, 1998), 「刑法三-大赦」, pp.627~628(大赦 횟수) ;『漢書』 각 황제의 本紀(民爵 賜與 횟수) ;『冊府元龜』(北京 : 中華書局, 1994), 「帝王部(一)-符瑞一」, pp.234上~237下(符瑞의 횟수)를 참조하여 작성하였음.

122) "見宣帝所用多文法吏, 以刑名繩下, 大臣楊惲·蓋寬饒等坐刺譏辭語爲罪而誅, 嘗侍燕從容言 :「陛下持刑太深, 宜用儒生.」宣帝作色曰 :「漢家自有制度, 本以霸王道雜之, 奈何純任德敎, 用周政乎! 且俗儒不達時宜, 好是古非今, 使人眩於名實, 不知所守, 何足委任!」"(『漢書』 卷9, 「元帝紀」, p.277).

123)『漢書』 卷76, 「韓延壽傳」, p.3214.

124) 余英時, 앞의 책, p.166.

기풍으로 자리 잡았다고 하기에는 다소 문제가 있다. 즉 수치와는 달리 근본적으로 선제의 정치는 황제의 독점적인 권력 행사의 표출이었다. 그럼에도 불구하고 선제시기를 이풍역속의 시기로 볼 수밖에 없는 또 다른 현상에 주목하지 않을 수 없는데 바로 지방 통치의 변화가 그것이다.

한연수의 통치를 살펴보자. 그가 영천군潁川郡에 부임했을 시기, 영천군은 전 군수郡守 조광한趙廣漢의 투서와 고발 장려 정책으로 인해 고질적인 붕당朋黨의 문제는 사라졌으나 지역 내의 반목이 심각한 지경이었다.[125] 그래서 그는 우선 이러한 상호 고발·감시의 풍조를 없애기 위해 그 지역 사회의 실질적인 통치 계층인 장로長老들을 위해 주연을 베풀며 그들에게 영천군의 통치 방법에 대해 자문을 구한다. 조광한이 종래 영천군의 실질적인 통치 계급을 주살誅殺하고 서로 고발하게 한 것과는 달리 한연수는 그 지역의 통치 계급을 우대하고 그들로부터 영천군 통치의 협조를 구한 것이다.[126] 우리는 여기서 교화라고 하는 것이 단순히 유가적인 덕목인 예양禮讓에 의해서 지역 사회를 통치하는 것만을 말하는 것이 아니라 지방 사회에 존재하는 자체적인 권력 구조를 인정하는 것도 포함되어 있음을 알 수 있다.

이것은 황패의 경우를 통해서도 알 수 있다. 황패가 부임한 후 그 뛰어난 업적으로 인해, 영천군에는 봉황·신작神爵과 같은 신물의 등장이 타군에 비해 현저하였다.[127] 그런데 그 황패의 뛰어난 업적이란 기존의 통치 구조를 인정함과 동시에 부로父老·사수師帥·오장伍長이라는

---

125) "先是, 趙廣漢爲太守, 患其俗多朋黨, 故構會吏民, 令相告訐, 一切以爲聰明, 潁川由是以爲俗, 民多怨讐"(『漢書』 卷76, 「韓延壽傳」, p.3210).

126) "延壽欲更改之, 教以禮讓, 恐百姓不從, 乃歷召郡中長老爲鄕里所信向者數十人, 設酒具食, 親與相對, 接以禮意, 人人問以謠俗, 民所疾苦, 爲陳和睦親愛銷除怨咎之路"(『漢書』 卷76, 「韓延壽傳」, p.3210).

127) "是時鳳皇神爵數集郡國, 潁川尤多"(『漢書』 卷89, 「循吏 黃霸傳」, p.3631).

전통적인 지역의 통치 구조를 조직하여 민간을 교화한 것이었다.128) 즉 한연수와 황패를 교화형 순리라고 한다면, 교화의 의미 속에는 그 지역에 존재하는 권력 구조를 인정하고 이용하여 체제 내로 흡수하는 통치 내용이 포함되어 있음이다.129)

그런데 이러한 지방의 고유한 권력 구조라는 것은 황제의 일원적 통치를 방해하는 요소로 중앙 정부로서는 용납하기 어려운 것이다. 그럼에도 불구하고 한연수나 황패가 이러한 통치 방법을 사용할 수 있었던 것은 당시 사회가 이미 그러한 지역의 권력 구조를 용인하고 있었다는 것을 의미한다.130) 선제시기의 특징을 분석한 한 연구에 따르면 이 시기 유가적 소양을 가진 '문리文吏'라는 하나의 전형적인 관리상이 나타났다고 한다. 즉 법률적 지식뿐 아니라 유가적 소양을 갖춘 이들이 등장하게 된 것이다. 뿐만 아니라 선제 말기에는 법률 중심의 정치 폐해에 대한 반성으로 유생들이 지방 관계에 등장하게 되었다고 한다.131)

유가들은 지방 사회의 독자적인 권력 구조를 인정하고자 했다. 이것

---

128) "太守霸爲選擇良吏, 分部宣布詔令, 令民咸知上意. 使郵亭鄕官皆畜雞豚, 以贍鰥寡貧窮者. 然後爲條敎, 置父老師帥伍長, 班行之於民間, 勸以爲善防姦之意, 及務耕桑, 節用殖財, 種樹畜養, 去食穀馬"(『漢書』 卷89, 「循吏 黃霸傳」, p.3629). 好並隆司는 이 방법을 지방의 土豪的 성격의 호족들을 父老 혹은 師帥의 형태로 훈육하여 체제화하는 것으로 이해하였다. 好並隆司, 『秦漢帝國史硏究』(東京 : 未來社, 1984), p.412.

129) 선제의 통치와 관련하여 東晉次는 '무제기의 혹리에 의한 호족 탄압과는 달리 순리에 의한 호족 세력에 대한 회유책'을 선제시기의 특징으로 파악했다. 東晉次, 『後漢時代の政治と社會』(名古屋 : 名古屋大, 1995), p.45.

130) 重近啓樹는 이것을 국가가 지역의 호족 사회와의 타협과 지지 관계를 성립시키는 가운데 체제의 안정적 성격을 강화하려는 의도라고 보았다. 「前漢の國家と地方政治-宣帝期を中心として」, 『駿台史學』 44(1978), pp.96~103.

131) 保科季子, 「前漢後半期における儒家禮制の受容-漢的傳統との對立と皇帝觀の變貌」, 『歷史と方法-方法としての丸山眞男』(東京 : 靑木書店, 1998), pp.229, 235.

은 이후 성제시기의 자사刺史 폐지를 통해서도 분명해진다. 그런데 이에 앞서 선제시기 국가적 정책으로 지역 사회의 권력 구조가 인정되었다는 것은 확실히 사회적 분위기가 변화했다는 것을 의미한다.[132] 아마도 이 때문에 당시인들은 선제의 법가적 통치 노선에 대해 비판하면서도 그 시기를 새로운 문화 전통이 만들어진 시기로 이해했을 것이다.[133]

4) 원·성제시기 군국묘와 자사 폐지 논의

원·성제시기는 유학의 세력이 극대화되는 시기로, 한대 지방관의 유생화儒生化에 관한 한 연구에 의하면 무제시기『사기』·『한서』에 등장하는 지방관 중 12명이 유생이었던 것과는 달리 원·성제시기에는 지방관의 대부분이 유생으로 충임되었다고 한다.[134] 뿐만 아니라 이타

---

132) 근래 출토된 尹灣漢簡을 통해 전한말의 지방 통치는 지역 호족층의 유교적 독서인화 및 관료화에 맞춰 그들의 사적인 지배력을 확대할 수 있는 자율성을 보장하는 형태로 행해졌다는 것이 입증되었다. 李成珪,「秦末과 前漢末 郡屬吏의 休息과 節日-<秦始皇 34년 曆譜>와 <元延 2년 日記>의 비교·분석을 중심으로-」,『古代中國의 理解 5』(서울 : 지식산업사, 2001).

133) 保科季子 역시 선제의 유가 정책을 법술주의에 대한 단순한 粉飾으로만 파악할 수는 없다고 했다. 保科季子, 위의 글, p.228.

134) 范學輝,「論儒學對秦漢地方行政的影響」,『江海學刊』1997-2, p.107. 尹灣漢簡은 지방 長吏에 의해 기록된 것으로 일련의 上計 자료와 '神烏賦'는 墓主가 유학 經典의 가장 기초적인『論語』·『孟子』·『詩經』은 물론『淮南子』,『韓詩外傳』등 상당한 양의 雜書類를 읽은 지식인임을 알려 준다. 또한 그 부장품을 통해서도 그가 부유한 독서인임을 알 수 있다. 神烏賦에 관해서는 劉樂賢·王志平,「尹灣漢簡<神烏賦>與禽鳥奪巢故事」,『文物』1997-1 ; 裘錫圭,「<神烏賦>初探」,『文物』1997-1 ; 朱曉海,「《神烏傳》及其相關問題」,『簡帛研究 2001』(桂林 : 廣西師範), 2001-9를 참조. 부장품과 묘주의 신분에 대해서는 각각 滕昭宗,「尹灣漢墓簡牘概述」,『文物』1996-8과 李成珪,「前漢末 郡屬吏의 宿所와 旅行」,『慶北史學』21(1998)을 참조.

노 조하치(板野長八)가 말한 것처럼 '군주 이하 사회 전체가 공자의 교敎에 복종하는' 상태의[135] 실현 여부에 따라 이풍역속의 실행을 판단할 수 있다면 원·성제시기 아래의 두 가지 사건은 사회의 모든 일이 유학의 이념을 근거로 해석되게 된 것을 상징적으로 보여 주는 대표적인 사건이라 할 수 있겠다. 첫째 원제시에 있었던 군국묘郡國廟 폐지 논의가 그것이고, 둘째로는 성제시기의 자사 폐지와 교사제郊祀制 개혁 논의가 그것이다.

원제시기의 군국묘 폐지와 성제시기의 교사제 개혁 논의는 그간의 제사들이 유가의 고유한 예에 부합하지 못했다는 것에서 출발한다. 폐지의 근거는 황제권을 상징하는 군국묘의 설치가 제사의 기본 정신인 효에서 벗어나며 종족의 배타성과 폐쇄성을 파괴한다는 것이며, 또한 지난날의 교사는 순수성과 도덕성보다는 신비주의적 주술성을 바탕으로 황제권을 신비화했다는 것이다.[136] 이 시기 유가들은 현실 세계를 유가의 예제에 부합시키고자 하였는데, 이것은 유가 경전을 이용하여 현실 사회를 유가의 이상 세계로 변화시키고자 하는 시도였다. 이것은 존재하고 있던 모든 사적 권위들을 유가의 권위로 대체한 것이다. 이제 황제권력 역시 유학의 이념에 의해 구축된 세계 속에서 공적이고도 절대적인 권위를 획득할 수 있게 된 것이다. 즉 원제시기에 군국묘 제도가 일시적으로나마 폐지되었다는 것은 황제가 자신의 사적 절대성 대신 유학의 절대성을 인정하고, 그 안에서 지고의 존재로 지위를 획득하게 되었다는 것으로, 유학이 한대 모든 이의 정신세계를 지배하게 되었다는 것을 의미한다. 비로소 유학이 온 사회의 문화적 전통이며

---

135) 板野長八, 「儒教の成立」, 『岩波講座 世界歷史 4-東アジア世界の形成 I』(東京 : 岩波書店, 1970), p.333.

136) 자세한 내용은 板野長八, 위의 글과 「大學篇の格物致知」, 『史學雜誌』 71-4(1962) 참조.

사회적 규약으로 받아들여지게 된 것이다.

다음은 자사 폐지에 관한 것이다. 무제시기 설치된 자사는 질秩 육백석六百石의 말단 관리로, 호족·제후왕·2천 석 지방관을 감찰하는 역할을 담당하였다. 일반적인 관료 기구의 질서와는 다르게 하급관이 상급관을 감찰했던 자사는 황제권력이 여타의 모든 질서를 압도하고 있었던 무제시기의 상징이라고 할 수 있을 것이다. 무제 사후 소제시기에 열린 염철회의에서 유생들에 의해 무제와 무제시기가 비판되었으나, 자사의 폐지는 거론되지 않았다. 그러나 성제시기에 들어 자사 폐지가 제기된 것이다. 자사 폐지를 둘러싼 논의의 핵심은 하급관이 고급관을 통치한다는 것이 이치에 맞지 않는다는 것이다. 자사가 육백석밖에 되지 않고 자사에 의해 감시 받거나 통치 받는 대상이 이천 석 장리長吏 혹은 제후라고 했을 때 이러한 위계질서는 귀한 자가 천한 자를 다스린다는 『춘추』의 의義에 위배된다는 것이다.[137] 물론 애제시기哀帝時期에 옛 제도가 회복되어 자사가 다시 설치되기는 하지만, 일시적으로나마 자사가 폐지되었다는 것은 지방에 교화형의 순리가 등장하여 호족의 존재 기반을 이용한 통치를 했다는 것과 더불어 한대 사회가 본격적으로 새로운 사회로 이행하고 있음을 의미한다.

이와 같이 우리는 사대부에 의해 이풍역속되었다고 여겨지는 상황들을 시대별로 살펴보았다. 그리고 사치와 마찬가지로 이풍역속의 내용 역시 시대적인 차이와 사대부들의 정치적 각성의 정도에 따라 차이를 가짐을 알 수 있었다. 예를 들어, 앞서 살펴본 문·경제시기 이풍역속이 이루어졌다는 『한서』의 기사에 대해 『풍속통의』에서 그 시기를

137) "初, 何武爲大司空, 又與丞相方進共奏言 :「……今部刺史居牧伯之位, 秉一州之統, 選第大吏, 所薦位高至九卿, 所惡立退, 任重職大. 春秋之義, 用貴治賤, 不以卑臨尊. 刺史位下, 而臨二千石, 輕重不相準, 失位次之序. 臣請罷刺史, 更置州牧, 以應古制.」"(『漢書』 卷83, 「朱博傳」, p.3406).

이풍역속이 이루어진 시기로 보지 않았던 것이 대표적인 사례일 것이다. 이것은 이풍역속이란 개념이 역사적 변화를 바라보는 효과적인 창이 될 수 있음을 보여 줌과 동시에 상이한 정치적 목적을 가진 다양한 이들의 세계관을 투영하고 있음을 알려 주는 사례다.

4. 사대부의 정체성 수립과 공양학

지금까지 우리는 전한 사대부들이 정치·사회·문화의 각 방면에서 명실상부한 지배층으로 성장하는 과정을 이풍역속이라는 개념을 통해 확인하였다. 그리고 전한 사대부들이 변화시키고자 했던 것은 유학이 정치적으로나 사회적으로 주도적인 지위를 얻지 못하고 있는 사회적 풍기였음을 알 수 있었다. 그렇다면 이들은 왜 유학을 전 사회적인 풍기로 만들고 싶어 했던 것일까? 이 절에서는 마지막으로 한대 사대부들이 유학을 전 사회적 풍기로 만들고자 했던 원인을 분석하여, 한대 사대부가 설정한 이풍역속의 의의에 대해 살펴보고자 한다.

한대의 사대부들을 그들이 가지고 있는 사상에 근거하여 법가 혹은 유가로 분류하는 것은 불가능하다.[138] 염철회의에서도 드러나듯이 그들은 대부 혹은 문학들로 구분될 뿐 법가나 유가 등의 기준으로 구분되지 않았다. 그럼에도 불구하고 한대 사대부들은 자신들을 진의 단순한 법령 집행자인 도필리와 다르다고 인식하였다.[139] 가의는 "이풍역

138) 진대 이후 한에 들어서까지, 유가사상은 아직 명확하게 하나의 성격으로 규정지을 수 없는 상태였다. 전국시기 諸子百家의 통합적인 사상 체계가 여전히 잔존하고 있었기 때문이기도 했지만, 당시 한왕조의 현실적인 요구 역시 순결한 학문적 체계를 갖춘 유학은 아니었기 때문이다. 洪承賢, 「『漢書』「禮樂志」의 구성과 성격-「禮志」 부분의 분석을 중심으로-」, 『中國古中世史研究』 17(2007), pp.44~45.

속은 도필리가 할 수 있는 일이 아니다"라고 하였고, 급암汲黯은 "도필리는 공경公卿으로 삼을 수 없다"고 하였다.[140] 이것은 도필리가 실질적인 사무를 담당하는 데는 적합하지만 국가의 중요한 사안을 처리할 능력을 갖지는 못했다는 것을 주장하는 대표적인 말들이다. 즉 도필리들은 대체大體를 모르기 때문에[141] 국가의 대사를 논의하거나 결정할 수 없으며 교화를 담당할 수도 없다는 것이다. 이와 반대로, 사대부들은 대도大道에 정통하여[142] 국가의 대사를 논하며 교화를 담당할 수 있다는 것이다. 한대 사대부들이 자신과 도필리를 분리했다는 것은 이들이 종래와는 다른 관료상을 수립하고 있다는 것을 의미한다. 그들이 생각하는 도필리는 천하에 도를 실현시킴으로써 자신을 완성시키고 사회를 책임지는 전통의 생산자는 아니었다. 황제가 모든 것을 처리하는 진에서는[143] 요순堯舜의 현명함이나 탕무湯武의 군사적 능력, 열사烈士의 고매함이 필요한 것이 아니라 오직 힘을 다해 법을 지키고 전심으로 군주를 섬기는 자가 필요했지만,[144] 유학을 국가의 통치 이념이자 사회의 가치 기준으로 천명한 한에서 사대부들은 더 이상 도필리로 남아 있는 것을 거부했던 것이다. 그래서 한대 사대부들은 황제권력의 일원적 지배를 옹호하는 강력한 법술주의로부터 벗어나 복수의 권력을 인정하는 유학을 통해 자신들의 존재를 규정하려고 한 것이다.

---

139) "時張湯爲廷尉, 廷尉府盡用文史法律之吏, 而寬以儒生在其間, 見謂不習事, 不署曹"(『漢書』 卷58, 「兒寬傳」, p.2628)라는 兒寬의 사례는 유생들이 자신들을 도필리와 별개의 존재로 규정하고, 그들의 역할을 유생인 자신이 처리할 수 없다는 의지를 보여 주는 좋은 예이다.

140) "天下謂刀筆吏不可爲公卿, 果然"(『漢書』 卷50, 「汲黯傳」, p.2318).

141) "俗吏之所務, 在於刀筆筐篋, 而不知大體"(『漢書』 卷48, 「賈誼傳」, p.2245).

142) "夫儒生能說一經, 自謂通大道以驕文吏"(『論衡』, 「謝短」, p.578).

143) "天下之事無小大皆決於上"(『史記』 卷6, 「秦始皇本紀」, p.258).

144) "故人臣毋稱堯·舜之賢, 毋譽湯·武之伐, 毋言烈士之高, 盡力守法, 專心於事主者爲忠臣"(『韓非子』, 「忠孝」, p.2210).

한대 사대부들의 유학을 통한 정치적 각성은 한초 춘추학春秋學이 성행한 것과 무관하지 않다. 많은 연구가 지적하는 것처럼 한초 춘추학이 가졌던 유리함, 즉 다른 경전과 달리 훈고訓詁에 대한 제약이 적어서 일찍이 철학적 전개가 가능하였다는 점을 무시할 수는 없겠다. 그러나 무엇보다도 춘추학이 다른 어떤 경전보다 더 정치적 성향을 가졌다는 것이 한대 사대부의 정치적 각성에 영향을 미쳤을 것이다. 그렇다면 춘추학 중에서도 공양학公羊學이 가장 먼저 발달하게 된 사정은 어디에 있을까? 물론 현실적인 문제로 당시 고문학古文學인 『좌전左傳』이 발견되지 않았기 때문에 공양학과 좌전학의 단순 비교는 의미가 없을지도 모른다. 그러나 『공양전』과 함께 『곡량전穀梁傳』이 있었음에도 불구하고 공양학이 한초에 주류를 이루게 된 경위는 어디에 있었을까?

이것에 대해 히하라 도시쿠니(日原利國)는 『공양전』의 특징으로 우선 호용입협好勇任俠에 대한 예찬과 복수復讐의 인정이라는 점을 들었다. 이것은 군신관君臣觀에 절대적인 영향을 미쳐서 군신 관계를 마치 특정한 개인과 개인 사이의 정리적情理的 관계처럼 규정하게 하는데, 심정적 윤리에 기초해서 개인적 은원恩怨이나 헌신의 사적 결합을 군신 관계의 본질로 파악하게 한다고 한다. 이러한 특징은 한초 공신 집단과 한고조의 관계를 효과적으로 설명할 수 있었을 것으로 생각된다. 즉 당시 시대적인 풍기와 공양학이 지향하고 있던 군신관이 결합한 것이다.[145)]

그러나 우리가 고려해야 하는 점은 공양학이 군신 관계에서 대부大夫의 자의적인 권력 행사를 옹호한다는 것과[146)] 정치적으로 세경세록世

---

145) 日原利國의 『漢代思想の硏究』(東京 : 硏文, 1986) 1部와 『春秋公羊學の硏究』(東京 : 創文社, 1978)를 참조.

146) 무제 元鼎 원년 博士 徐偃이 지방으로 巡視 나갔다가 勅命을 사칭한 후 "大夫가 出疆時에 행한 자의적인 권력 행사는 죄가 될 것이 없다"고 하며 張湯의 법 집행을 수용하지 않으려고 한 것은 당시 사대부들의 『公羊傳』의 수용

卿世祿을 인정하지 않는다는 것이다. 이것은 세경, 즉 권신權臣들이 권력을 독단하여 군주의 의지를 파괴하고 권위를 침탈하는 것을 인정하지 않는다는 의미다. 그리고 동시에 세경이 우수한 인재의 진출을 막고 현인賢人이 재야에 버려지게 하는 것을 용납하지 않는다는 것을 의미하기도 한다. 결국 공양학이 초기 공신들의 이해에 부합했을지는 몰라도 궁극적으로 그 학문은 대부의 우수한 능력, 군주에 대한 강한 간언諫言, 혹은 군주의 독단적인 권력 행사를 견제하는 대부의 독립의식을 고취하는 것을 내용으로 하고 있었던 것이다. 이러한 이유로 공양학은 황제로서는 만족할 만한 정치 도구는 아니었을 것이다. 와타나베 요시히로(渡邊義浩)가 지적하는 것처럼 방대한 저작 활동과 더불어서 황제권력의 신비함을 만들어 낸 동중서董仲舒가 공손홍公孫弘에 비해 정치적인 이력 상에서 오히려 한직閒職만을 전전했던 것에는 이러한 문제가 존재하고 있었기 때문이다.[147)]

선제시기에 들어와 공양학이 상대화되는 것은 잘 알려진 사실이다. 선제는 공양학이 본인의 제위 계승에 사상적 기반을 제공하지 못할뿐더러 개인적인 문제와도 연관되어 석거각회의를 통하여 곡량을 선택한다. 그러나 보다 본질적인 문제는 공양학이 무제시기로 대표되는 패권주의적인 한의 팽창을 설명하지 못하며, 그러한 패권적 전제 군주의 존재를 인정하지 않는다는 데 있을 것이다. 곡량학은 공양학과는 다른 모습을 보인다. 우선 심정 윤리를 중시하는 공양학이 가족 관계를 중요하게 여기는 것과는 달리 책임 윤리를 중시하는 곡량학은 군신 관계

정도를 잘 보여 준다.

147) 渡邊義浩, 『後漢國家の支配と儒教』(東京 : 雄山閣, 1995), pp.60~64. 渡邊는 무제시기 필요했던 것은 공손홍의 유술과 같이 국가의 현실적 정치에 적응해서 얻은 정치이론, 즉 무제의 절대적인 지배에 정당성을 제공할 수 있는 변질된 유교라고 설명하였다. 즉 절대적인 황제의 지배를 粉飾하지 못하는 이념은 배척당했던 것이다.

를 중요하게 여긴다. 이러한 질서 원리가 도덕을 떠나 법으로 외연화外延化될 것을 추측하는 것은 어렵지 않은 일이다. 또한 공양학이 대부의 재량권을 승인한 것과는 달리 곡량학의 경우 대부의 재량권을 인정하지 않는데, 이것은 군신 간의 질서를 중시하기 때문이다. 이러한 성격의 곡량학은 강력한 국가를 유지하고 확장하는 데 더할 나위 없이 부합되었고, 이적관夷狄觀도 공격적이고 침략적인 성격을 가져 한 제국의 팽창을 설명하기에 적절하였다.[148]

이렇게 왕권 강화의 필요에 의해 대두된 곡량학이나 전한말기 정치적 필요에 의해 등장하게 되는 좌전학은 분명 뚜렷이 공양학 자체의 쇠퇴를 촉진하였다. 그러나 곡량학이나 좌전학 모두가 공양학의 몰락을 가져오지는 못했다. 여전히 공양학이 가지고 있는 위세는 다른 춘추학파에 비해 컸던 것으로 보인다.[149] 이렇듯 대부의 정치적 자율성을 보장하는 공양학이 전한시기에 사대부들에게 받아들여진 것은 자연스러운 일이다. 대부의 정치적 자율성을 옹호하는 공양학은 끊임없이 황제권에 대응하는 사대부들의 정체성을 규정하게 하였고, 그들만의 자율적인 세계와 연대를 모색하게 한 것이다.

이상에서 한대 사대부들이 유학을 사회적 기풍으로 만들고자 했던 이유를 살펴보았다. 그러나 이것이 어느 한순간에 만들어진 의식은 아니었다. 염철회의를 통해 이미 사회에 많은 유자들이 존재함을 알 수 있었으나 『한서』「순리전」에 등장하는 순리들은 선제시기 이전까지 여전히 완성된 유가의 모습을 가지고 있지는 못했다. 그 중에는 여전

---

148) 이상의 곡량학의 특징은 吉田篤志, 「穀梁傳の君主觀-君權强化の倫理と背景」, 『日本中國學會報』 39(1987)를 참조.

149) 富谷至는 『한서』에 등장하는 '春秋之義'의 대부분이 『공양전』의 傳義를 채용한 것이라는 점을 들어 전한의 춘추학이 공양학이라는 것에는 이견이 없을 것이라고 하였다. 富谷至, 「西漢後期の政治と春秋學-『左氏春秋』と『春秋公羊』の對立と展開-」, 『東洋史學硏究』 36-4(1978), p.66.

히 법술적인 방법에 의해 지방을 통치하려는 이도 있었다. 또한 선제 시기에는 황제의 적극적인 권력 행사와 황제의 일원적 지배를 확립하려는 노력으로 인해 지방 통치의 자율성에 타격을 받기도 하였다. 그러나 한대 사대부들은 자신들의 이풍역속의 내용을 중앙 정계에 유가가 참여하여 정치를 책임지는 사회적 분위기를 만드는 것에서 지방에 존재하는 권력 구조를 사회적으로 인정하게 만드는 것으로 변화시켰다. 그리고 그 내용은 한마디로 사대부들의 정치적 자율성의 보장이라고 할 수 있다. 이것은 전한 사대부들의 정체성이 서서히 수립되어 가고 있다는 것을 보여 주는 것이다. 그런 의미에서 전한 사대부들의 이풍역속이라는 것은 중국 고대의 관료의 성격 형성과 밀접한 관련이 있음을 알 수 있다.

맺음말

전한대 사상계의 한 특징은 그 어느 시기보다도 풍속에 관한 관심의 고조라고 할 수 있다. 정사에서 개인의 저작에 이르기까지 많은 사료 안에서 풍속에 관한 관심이 표출되고 있다. 이것은 한대 사대부들이 풍속을 해당 시기 정치적 득실을 살피는 가장 중요한 기준으로 삼았기 때문에 발생하였다. 그렇기 때문에 한대 사대부들이 풍속을 교정한다고 했을 때는 단순히 지역적으로 존재하는 상이한 현상의 차이를 제거한다는 의미만을 갖는 것은 아니다. 그것은 오히려 정치적·사회적으로 존재하고 있는 문제를 제거하고 하나의 단일한 문화적 풍기를 수립한다는 것을 의미한다.

한초부터 지속적으로 사대부들 안에서 제기된 사치에 관한 비판은 특정 풍기의 수립과 매우 밀접한 관련을 갖고 있다. 대표적으로 육가,

가의, 염철논쟁시기의 문학, 선제시기의 유가 관료들이 비판한 사치를 살펴보았는데 공통적으로 이들은 물질적 사치가 아닌 특정한 정치적 상황들을 비판하였다. 육가의 경우는 진의 강력한 황제권력의 실현을 사치로 보았으며, 가의는 문학지사의 정치적 진출을 막고 있던 공신집단의 참람을 사치로 보았다. 문학들은 황제권력의 팽창으로 이해될 수 있는 무제의 흉노 정벌을 사치로 보았고, 선제시기의 유가 관료들은 선제의 독단적인 권력 행사를 사치로 보았다. 이들이 사치라고 말하는 것은 모두 유가들의 참정과 유가 관료들의 정치적 자율성을 막는 것들이었다.

사치를 위와 같이 규정하였기 때문에 한대 사대부들이 생각한 이풍역속의 상황도 철저히 정치적인 내용을 갖는다. 사대부들은 비판하던 대상은 서로 달랐지만 공통적으로 전한 사대부의 정치적 각성과 정계로의 진출이라는 상황을 사치가 극복된 상황으로 인식하고 있다. 사서 안에서 이풍역속이 이루어졌다고 서술된 문제·무제시기와 구체적 서술은 없지만 당시인들에게 사회적 풍기가 변화된 시기로 이해된 선제시기를 차례로 살펴보면, 우선 문제시기의 이풍역속은 황노술에 의한 통치 질서의 확립이라고 할 수 있다. 즉 육가가 강력한 황제권력의 실현을 사치로 본 것에서 알 수 있는 것과 같이 당시 사대부들은 사대부들의 정치적 진출과 자율성을 차단하고 있는 진의 강력한 법가주의 노선과 그것이 옹호하고 있는 황제권력의 강화가 제거되는 것을 이풍역속의 상황으로 인식하였던 것이다. 그래서 유학의 이념에서는 벗어나 있지만 시대적 상황에 비추어 보면, 황노술의 채택이야말로 이풍역속된 상태가 아닐 수 없다. 무제시기를 이풍역속이 이루어진 시기로 이해한 것은 무제가 실시한 선거로부터 기인한다. 선거는 지역에서 유가적 성향의 사대부를 발탁하는 것이기에 유학이 사회적 기풍이 될 수 있는 중요한 계기가 된다. 선제시기를 풍기가 변화된 시기로 본 것은 수치적으로만 봐도 선제시기가 유학이 발전하고 하나의 문화적 전통을 이룬 시기였기 때문이다. 비록 선제가 법가주의적인 성향을 가진 황제이기는 했지만 실제 정치면에서는 유학의 이상을 실현한 황제이기도 했다. 또한 선제시기에는 지방 통치에서 지방 고유의 토착 질서를 국가 구조 하에 편입시키고자 하였다. 마지막으로 원·성제시기는 사료 상 이풍역속에 관한 기사가 등장하지 않음에도 본문에서 살펴보았는데, 그것은 원제시기 있었던 군국묘 폐지에 관한 논의와 성제시기 자사 폐지 논쟁이 이풍역속의 내용과 연관이 있다고 생각했기 때문이다. 군국묘 폐지 건의는 군국묘 제도가 유학의 고유한 예에 맞지 않아 폐지해야 한다는 것이었는데, 결국 군국묘라는 것이 황제의 사적 권위를 보여 주는 상징적인 것이라는 점에서 이것은 사회적으로 유학의 절대성이 황제권력의 절대성을 압도한 사례라고 할 수 있다. 그리고 자사 폐지의 문제는 지방에 존재하고 있는 호족이라는 재지권력과 그들이 만든 지역 공동체 안의 권력 구조를 정부가 공식적으로 인정했다는 것을 의미한다.

이렇듯 전한 사대부의 이풍역속은 사대부 자신들의 정체성 확립과 사회적 진출 및 유학을 전 사회의 유일한 권위로 세우는 것을 내용으로 하고 있다. 이것은 자신들을 도필리와는 다른 존재로 인식했던 사대부들이 선택할 수밖에 없는 유일한 선택이었을 것이다. 황제권력의 강화를 그 목적으로 하는 법술 속에는 공천하 사상을 가지고 있던 전한 사대부들이 있을 곳이 없었기 때문이다. 천하에 도를 실현시킴으로써 자신을 완성시키고 사회를 책임지는 전통의 생산자로서 자신을 규정한 한대 사대부들의 이풍역속은 결국 중국 고대 사회에 황제 이외의 또 다른 지배층이 등장하는 과정에 다름 아니다.

제2장 선거와 후한 사대부의 자율성

머리말

흔히 후한後漢은 '예교국가禮教國家'라고 칭해지며, 후한의 정치적 이념은 '경술주의經術主義'로 알려져 있다. 특히 최근 후한시대에는 유학이 정치 이념으로, 통치 원리로 확립되었으며 관료의 덕목이자 지방사회를 이끄는 사회적 원리로 기능하였다고 하여, 후한의 국가적 성격을 유교국가로 규정하는 연구도 발표되었다.[1] 실제 수치 면에서만 보더라도 지방관의 대부분이 유자儒者였다는 점에서 후한의 정치·사회·문화적 가치의 기준으로서 유학이 갖는 영향력은 막대하다고 할 수 있을 것이다.

전한前漢의 사대부들이 유학의 이념으로 통치 이념을 수립하고 사회·문화적 풍기를 이룩하기 위해 노력한 결과 후한 사회는 유학에 의해 지배되게 되었다. 앞 장에서 살펴본 것처럼 전한 사대부들의 가장 중요한 목적이 유자의 정치적 진출과 유학을 사회의 유일한 가치 기준

---

1) 渡邊義浩는 그의 저작 『後漢國家の支配と儒教』(東京 : 雄山閣, 1995)에서 다섯 가지 지표 ①유교 一尊體制의 확립, ②유교의 관료층에의 浸潤, ③사상내용으로서의 體制儒教의 성립, ④유교적 지배의 성립, ⑤지방 재지 세력의 유교 수용에 근거하여 후한을 유교국가라고 이름하였다. pp.11~48의 「序論」을 참조.

으로 만드는 것이었다면, 후한 사대부는 그것을 어느 정도 성취했다고 할 수 있다. 후한시기에는 유학의 소양을 갖추지 않은 이가 관료가 되는 것은 사실상 불가능했는데, 그것은 선거選擧에 있어 유학의 예와 덕행을 실천하는 것을 중요시하는 효렴孝廉 과목이 중시되었기 때문이다.

선거에 있어 유가 덕목이 선발의 근거가 되면서 사실상 선거는 사대부들에게 독점되었다. 그 결과 제일 처음 일반민이 선거로부터 소외되었다. 한편 선거가 향론鄕論에 근거한 지방관의 추천에 의해 이루어지면서 자연스럽게 지역 호족豪族들의 관계 진출이 증가하였고, 관료화된 호족들은 서로의 연대 속에서 '사대부를 추천하는 것(遷士)'을 중요한 정치적 행위의 하나로 인식하게 되었다. 선거가 이렇게 사대부 사회 전체의 공유물이 되어 감에 따라 일반민이 그랬던 것처럼 황제 역시 선거로부터 소외되었다. 황제마저도 선거에 간섭하는 것이 용납되지 않았고, 선거에 자의적으로 개입하는 황제권력은 사권私權으로 비판받았다. 이렇듯 선거를 통해 후한 사대부들은 황제권력으로부터 독립적이고 자율적인 자신들만의 세계를 구축해 나갔다.

진한제국秦漢帝國이라는 표현과 함께 사용되는 위진남북조魏晉南北朝 귀족제라는 표현은 사대부 사회의 자율성에 근거한다. 그리고 이러한 견해는 양한兩漢 삼국三國의 단절을 그 전제로 한다. 위진남북조 귀족의 실질적인 원류가 누구인가에 대해 지금까지 많은 논의가 있었지만 그들이 청류파淸流派이든,[2] 권도파權度派이든,[3] 일민적逸民的 인사이든,[4]

---

2) 川勝義雄, 「貴族制社會の成立」, 『岩波講座 世界歷史 5-東アジア世界の形成 II』(東京 : 岩波書店, 1970).

3) 吉川忠夫, 「范曄と後漢末期」, 『六朝精神史研究』(京都 : 同朋舍, 1984)(原載 『古代學』 13-3・4(1967)) ; 朴漢濟, 「後漢末・魏晉時代 士大夫의 政治的 指向과 人物評論-'魏晉人'의 形成過程과 관련하여」, 『歷史學報』 143(1994) ; 崔振默, 「漢魏交替期 經世論의 形成과 그 展開」, 『東洋史學研究』 37(1991).

4) 增淵龍夫, 「後漢黨錮事件の史評について」, 『一橋論叢』 44-6(1960) ; 東晉次,

혹은 명사名士이든[5] 모두 후한말 삼국초에 새롭게 등장했다고 공통적으로 인식되고 있기 때문이다. 그래서 한대 사대부들과 이후 사대부들을 구별하기 위한 '위진인魏晉人'이라는 표현도 등장하였다.[6] 그러나 후한 사대부가 선거를 통해 자신들만의 자율적 질서와 사회를 구축하였다면, 우리는 이들과 위진 이래 사대부를 분리하여 생각할 필요는 없을 것이다.

실제로 위진 이후 남조 사대부들의 폐쇄적이며 자율적인 질서가 한말 삼국초에 비로소 만들어졌는가 하는 점에는 의문이 든다. 이것과 관련하여 후한 멸망에 대한 진계운陳啓雲의 견해가 주목되는데, 그는 후한 멸망의 원인 중 하나로 당시 관리·지식인·지주들이 각기 분화되어 점차 사회적으로 담당하게 되는 역할이 다원화되었으나 정부는 여전히 유씨劉氏 제실帝室(황제·근친·외척) 중심의 단원적 지배 구조만을 유지하려고 했던 점을 들었다.[7] 물론 이 지적이 후한 멸망의 원인을 일괄적으로 설명하지는 못할 것이다. 그러나 후한말 새로운 시대의 새로운 지배층이 형성되었다고 이해한다면, 그 이전 사회 안에 새로운 시대에 대한 요구가 있었음을 설정하는 것 역시 자연스러운 일일 것이다. 그렇다면 사대부들의 독자적이고 자율적인 세계와 질서는 이

「後漢末の清流について」, 『東洋史硏究』 23-1(1973) ; 都築晶子, 「'逸民的人士'小論」, 『名古屋大學文學部30周年記念論文集』(1979) ; 都築晶子, 「後漢後半期の處士に關する一考察」, 『琉球大學法文學部紀要』 26(1983).

5) 渡邊義浩, 「魏漢交替期の社會」, 『歷史學硏究』 626(1991).

6) 朴漢濟, 앞의 글, p.71.

7) 陳啓雲, 「關於東漢史的幾個問題 : 淸議·黨錮·黃巾」, 『漢晉六朝文化·社會·制度-中華中古前期史硏究』(臺北 : 新文豊, 1996), p.55. 李成珪 역시 호족·문벌 사회의 특징을 일원적이고 타율적인 권력 지배를 거부하는 것으로 보아, 이들 호족들이 황제권력과 대립할 수밖에 없음을 말하고 있다. 李成珪, 「中國 古代 皇帝權의 性格」, 『東亞史上의 王權』(서울 : 한울아카데미, 1993), p.57.

미 한말 이전부터 형성되고 있었다고 볼 수도 있지 않을까?

이 장에서는 이러한 문제의식에서 출발하여 지금까지의 후한 삼국 단절론에서 벗어나 이들 시대를 연속성이라는 관점에서 파악하고, 후한 사대부들의 자율적이고 독자적인 모습이 어떻게 만들어졌는가를 고찰하고자 한다. 즉 필자는 위진남북조시기 정치적 자율성을 가진 사대부들이 후한말에 갑자기 나타난 것이 아니라 후한 전시기를 거쳐 황제권력을 상대화하는 과정 속에서 등장하였다고 설정하고자 한다. 이를 확인하기 위해 후한 사대부들의 정치의식을 살펴보고자 하는데, 그를 위해서 후한 사대부들의 정신세계를 함축적으로 보여 줄 수 있는 두 가지 사례를 선정하였다.

첫 번째는 당시 유행하고 있던 재이론災異論이다. 군주권의 신비성을 부각시켜 황제권력을 신장시키는가 하면 역으로 황제권력의 억제를 위해서도 기능한 재이론은[8] 군주가 도道에 어긋나는 정치적 행위를 하면 하늘이 재이를 내려 그 행위에 대해 경고를 한다는 것을 내용으로 한다. 이 때문에 군주는 불필요한 자신의 쓰임이나 궁중 인원을 감축하는 등 개인적인 부분에 국한된 것이라 해도 자신의 정치적 행위나 정책들을 개정해야 했다.[9] 그러나 이러한 재이 대책이 실시된 것은 재이 사상이 마련된 무제시기武帝時期로부터 한참이 지난 뒤였으며, 재이가 특정한 정치적인 사건과 결부되어 해석되는 것이 일반화된 것은 전한말 때였다.[10] 그 후 후한에 들어오면 다른 시기와는 비교되지 않을

---

8) 日原利國, 「災異と讖緯」, 『東方學』 43(1972), p.32 ; 岩本憲司, 「災異設の構造解析」, 『東洋の思想と宗教』 13(1996), p.40.

9) 影山輝國, 「漢代における災異と政治-宰相の災異責任を中心に-」, 『史學雜誌』 90-8(1981), p.46.

10) 최근에 지방의 郡屬吏마저 특정한 방식으로 風雨를 기록했다고 하며 이미 전한후기에 재이 기술에 대한 모종의 기준이 일반화되었다는 견해가 제출되었다. 李成珪, 「秦末과 前漢末 郡屬吏의 休息과 節日」, 『古代中國의 理解 5』

정도로 재이 정치가 성행하게 된다. 따라서 후한의 재이를 분석하는 것은 사대부들의 의식 세계를 살피는 데 중요한 단서를 줄 것이라고 생각한다. 특히 재이라는 것이 현재 정치의 과실을 하늘이 경계한 것이라고 인식되었지만, 대부분의 경우 정치적 목적에 의해 특정 정치 행위를 비판하는 도구로 사용되었기 때문에,[11] 재이론의 분석을 통하여 사대부들이 생각한 바람직한 정치 질서의 내용과 그들의 정치적 요구를 확인할 수 있을 것이다.

두 번째는 후한말 사대부들의 비판적 저작들에 대한 검토다. 후한말 사대부들은 다른 시대에 비해 활발한 사회 비판의 모습을 보여 주고 있다. 이것은 당시 사회 문제가 심각했기 때문이기도 했지만, 후한말 사상계의 현저한 특징인 유가들이 자기 학문에 실천성을 가지려고 했던 것에서도[12] 원인을 찾을 수 있을 것이다. 따라서 이들이 당시 어떠한 사회적 문제에 대해 민감하게 반응하였으며, 새로운 시대의 질서로 무엇을 제기하였는가를 살피는 것은 후한말 사대부들의 정치적 이상을 확인할 수 있는 방법임과 동시에 위진남북조적 현상의 근원을 이해하는 데 필수적인 작업이 될 것이다.

1. 재이에 대한 후한 사대부의 인식

전한후기부터 시작된 금·고문학파의 대립은 춘추학春秋學의 범주에서 본다면 좌전학左傳學의 약진으로 설명될 수 있을 것이다. 동중서董仲舒 이래 일존一尊의 지위에 있던 공양학公羊學은 선제시기宣帝時期에 대

(서울 : 지식산업사, 2001), pp.205～208.

11) 澤田多喜男,「前漢の災異説-その解釋の多様性の考察-」,『東海大學文學部紀要』15(1971), p.43.

12) 渡邊義浩,「「寬」治から「猛」政へ」,『東方學』102(2001), p.24.

두된 곡량학穀梁學과 전한말 왕망王莽 집단에 의해 선양宣揚된 좌전학으로 말미암아 몰락은 아니라 해도 뚜렷한 쇠퇴를 보였다. 전한말 등장한 참위설讖緯說이 후한 들어 유교 이론을 해석하는 데 사용되었던 것은 독존獨尊의 위치에서 몰락해 가던 공양학 측이 당시 지배층의 욕구에 영합해 들어간 결과라고 할 수 있다.[13] 후한시기 이러한 참위의 유행은 부명符命이나 봉선封禪 등 신비적神秘的이고 주술적呪術的인 요소를 이용하여 황제권력을 분식粉飾하였고, 이와 더불어 재이에 대한 관측과 해석도 더욱 증가시켰다.

특히 『후한서後漢書』 「오행지五行志」는 『한서漢書』 「오행지五行志」와는 달리 재이 현상을 구체적이고도 체계적으로 서술하고 있어, 후한인이 재이를 다른 어떤 시기보다도 중요하게 여기고 있었음을 알려 준다.[14]

---

13) 日原利國, 앞의 글, pp.37～38 ; 板野長八, 『儒教成立史の研究』(東京 : 岩波書店, 1995), pp.524～527.

14) 『漢書』 「五行志」의 경우도 특정한 재이를 서술하고 그 재이가 어떤 정치적 문제에 의해 발생하였는가를 설명했다는 점에서 『後漢書』 「五行志」와 구조는 동일하다. 그러나 『한서』 「오행지」의 경우 전한의 재해를 분류하고 그것과 관련한 劉向과 董仲舒의 해석을 나열하는 방식이어서 전한시기 재해 일반에 대한 원칙적인 기준을 확인하는 데는 유용하나, 그를 통해 후한 사대부들이 구체적인 재이에 대해 어떤 정치적 사건을 연관시켰는지에 대해서는 확인하기 어렵다. 반면 『후한서』 「오행지」는 후한의 정치적 사건에 대한 사대부들의 인식을 확인하는 데 많은 시사를 준다. 다만 晉代 司馬彪의 撰述이라는 점에서 한대인의 인식을 파악하기에는 적절치 못하다는 평가가 있을 수 있겠다. 그러나 우선 기사 분류 방법과 서술 방식이 『한서』 「오행지」의 체제와 동일한 체제를 갖추고 있어 班固時期의 재이 인식과 분류법을 그대로 사용했음을 알 수 있다. 또한 底本이 『東觀漢記』라는 점, 그리고 사마표의 경우 그 사료를 다루는 데 있어 진실을 상세히 考究하였다고 평가받는다는 점에서 『후한서』 「오행지」에 후한 사대부들의 재이에 대한 관점이 투영되어 있을 것으로 보고자 한다(『文心雕龍』, 「史傳」, p.136 ; 『史通』, 「書志」, p.67). 더불어 晉代의 경우 "若夫水旱之災, 自然理也"(『晉書』 卷52, 「郤詵傳」, p.1443)라고 하여 재이가 자연 현상의 하나로 인식되던 것이 일반적이었음을 고려한다면 『후한서』 「오행지」의 재이 인식을 사마표 시기의 산물로 볼 수는 없을

또한 「오행지」에 기술된 재이의 경우 당시 후한 정계에서 문제가 되었던 거의 대부분의 사건과 권력자들이 연관되어 있어, 당시 재이론이 상당한 정치적 작용을 했음을 짐작할 수 있다. 따라서 아래에서는 「오행지」를 분석하여 당시 사대부들의 의식 세계에 접근해 보고자 한다.

1) 『후한서』 「오행지」의 분석

먼저 「오행지」의 구조를 살펴보면 우선 각 항의 재이가 오행五行의 관점에서 어떻게 발생하는지를 서술한 후, 구체적인 사례들을 제시하고 있다. 그 방식은 다음의 여섯 가지 유형으로 분류할 수 있다.

○ 첫째, 발생 일시와 발생한 재이만을 서술하는 방식.
"흥평 원년 6월 정축일, 지진이 발생했다(興平元年六月丁丑, 地震)".[15]

○ 둘째, 발생 일시와 발생한 재이, 그 피해 상황을 서술하는 방식.
"영제 건녕 4년 5월 산수가 크게 분출하여 민가 500여 채가 떠내려가고 붕괴되었다(靈帝建寧四年五月, 山水大出, 漂壞廬舍五百餘家)".[16]

○ 셋째, 발생 일시와 발생한 재이, 원인을 서술하는 방식.
"광무제 건무 5년 여름, 한발이 들었다. 이때 천하의 참역자들이 아직 모두 주살되지 않아 군대가 출정하여 오랜 시일을 보냈다(世祖建武五年夏, 旱……是時天下僭逆者未盡誅, 軍多過時)".[17]

○ 넷째, 발생 일시와 발생한 재이, 그 피해 상황과 그 시기의 정치적 주체를 서술하는 방식.

것 같다. 魏晉時期 재이를 하나의 자연 현상으로 받아들이게 된 사회적 변화에 대해서는 載建平, 「試論兩漢魏晉自然觀的轉變-以政治與天象爲中心」, 『中國文化月刊』 266(2002)을 참조.

15) 『後漢書』 志16, 「五行四」, p.3332.

16) 『後漢書』 志15, 「五行三」, p.3312.

17) 『後漢書』 志13, 「五行一」, p.3277.

"연광 4년 10월 병오일, 촉군 월수의 산이 붕괴되어 400여 인이 죽었다. 병오일은 천자가 회의를 소집한 날이다. 이 시기 염태후가 섭정하고 있었다(延光四年十月丙午, 蜀郡越嶲山崩, 殺四百餘人. 丙午, 天子會日也. 是時閻太后攝政)".[18)]

○ 다섯째, 발생 일시와 발생한 재이, 그 피해 상황, 그 시기의 정치적 주체와 재이 발생의 원인을 서술하는 방식.

"환제 연희 2년 여름, 장마가 50여 일간 계속되었다. 이때 대장군 양기가 권력을 장악하고 있었는데, 황제가 총애하는 등귀인의 모친인 선을 해하려고 모의하였다. 양기는 또 의랑 병준을 멋대로 살해하였다(桓帝延熹二年夏, 霖雨五十餘日. 是時, 大將軍梁冀秉政, 謀害上所幸鄧貴人母宣, 冀又擅殺議郎邴準)".[19)]

○ 여섯째, 특정한 재이가 발생한 것을 서술하고 그 재이가 특정한 사건의 전조前兆가 되었음을 설명하는 방식.

"경시제의 장군 중 낙양을 지나간 수십 인이 모두 머리띠를 하고 부녀의 옷을 입고 반비의半臂衣를 둘렀다. 이때 지자가 이것을 보고 복색이 적합하지 않으니 몸의 재난이라고 여겨 이에 도망하여 변군에 들어가 피하였다. 이는 복요다. 이후 경시는 마침내 적미에 의해 살해되었다(更始諸將軍過雒陽者數十輩, 皆幘而衣婦人衣繡擁髲. 時智者見之, 以爲服之不中, 身之災也, 乃奔入邊郡避之. 是服妖也. 其後更始遂爲赤眉所殺)".[20)]

필자는 이러한 여섯 가지 서술 방식이 아무 의미 없이 무원칙적으로 채택된 것은 아니라고 생각한다. 당시 재이가 빈번하게 정치적인 비판에 이용되었다면, 재이에 대한 각기 다른 서술은 그때그때의 정치적 의도에 맞춰 채택되었을 가능성이 농후하기 때문이다. 이하에서는 당시 사대부들의 정치적 입장과 의도를 파악하는 데 도움이 될 수 있는

---

18) 『後漢書』 志16, 「五行四」, p.3333.

19) 『後漢書』 志13, 「五行一」, p.3270.

20) 『後漢書』 志13, 「五行一」, p.3270.

네 번째와 다섯 번째 서술 방식을 분석의 대상으로 삼아 글을 서술하고자 한다.

<표 2-1> 재이 원인에 대한 분석

재이	시기	내용	원인 제공자	쪽수
1)淫雨(霖雨)	①建光元年	是時羌反久未平, 百姓屯戍, 不解愁苦	其	3269
	②延熹二年	是時, 大將軍梁冀秉政, 謀害上所幸鄧貴人母宣, 冀又擅殺議郎邴尊	輔	3270
	③建寧元年	是時大將軍竇武謀變廢中官. 其年九月, 長樂五官史朱瑀等共與中常侍曹節起兵, 先誅武, 交兵闕下, 敗走, 追斬武兄弟, 死者數百人	宦	3270
	④熹平元年	是時中常侍曹節等, 共誣白渤海王悝謀反, 其十月誅悝	宦	3270
	⑤中平六年	是時靈帝新棄羣臣, 大行尙在梓宮, 大將軍何進與佐軍校尉袁紹等共謀欲誅廢中官. 下文陵畢, 中常侍張讓等共殺進, 兵戰京都, 死者數千	宦	3270
2)靑眚	永興二年	梁冀秉政專恣, 後四歲, 梁氏誅滅也	輔	3274
3)訛言	永初元年	時鄧太后專政. 婦人以順爲道, 故禮「夫死從子」之命. 今專主事, 此不從而僭也	太	3277
4)旱	①建武五年	是時天下僭逆者未盡誅, 軍多過時	其	3277
	②章和二年	時章帝崩後, 竇太后兄弟用事奢僭	輔	3278
	③陽嘉二年	時李固對策, 以爲奢僭所致也	輔 + 宦 *	3279
	④永熹元年	時太后及(梁)冀貪立年幼, 欲久自專, 遂立質帝, 八歲. 此不用德	輔+太	3279
	⑤元嘉元年	是時梁冀秉政, 妻子並受封, 寵踰節	輔	3280
	⑥光和六年	是時常侍・黃門僭作威福	宦	3280
	⑦興平元年	是時李傕・郭汜專權縱肆	其	3280

5)災火	①建武中	時(漁陽太守彭)寵與幽州牧朱浮有隙, 疑浮見浸譖, 故意孤疑, 其妻勸無應徵, 遂反叛攻浮, 卒誅滅	其	3292～3293
	②永元十三年	是時和帝幸鄧貴人, 陰后寵衰怨恨, 上有欲廢之意	皇	3293
	③永初二年	先是和帝崩, 有皇子二人, 皇子勝長, 鄧皇后貪殤帝少, 欲自養長立之. 延平元年, 殤帝崩, 勝有厥疾不篤, 君臣咸欲立之, 太后以前既不立勝, 遂更立清河王子, 是爲安帝. 司空周章等心不厭服, 謀欲誅鄧氏, 廢太后・安帝, 而更立勝. 元年十一月, 事覺, 章等被誅	太	3293
	④元初四年	是時羌叛, 大爲寇害, 發天下兵以攻禦之, 積十餘年未已, 天下厭苦兵役	其	3294
	⑤陽嘉元年	太尉李固以爲奢僭所致	輔+宦	3294
	⑥永和元年	先時爵號阿母宋娥爲山陽郡；后父梁商本國侯, 又多益商封；商長子冀當繼商爵, 以商生在, 復更封冀爲襄邑侯；追號后母爲開封君：皆過差非禮	皇**	3294～3295
	⑦建和二年	先時梁太后兄(梁)冀挾姦枉, 以故太尉李固・杜喬正直, 恐害其事, 令人誣奏固・喬而誅滅之	輔	3295
	⑧延熹四年	先時亳后因賤人得幸, 號貴人, 爲后. 上以后母宣爲長安君, 封其兄弟, 愛寵隆崇, 又多封無功者. 去年春, 白馬令李雲坐直諫死	皇	3295
	⑨中平二年	是時黃巾作慝, 變亂天常, 七州二十八郡同時俱發…百姓死傷已過半矣. 而靈帝曾不克己復禮, 虐侈滋甚, 尺一雨布, 騶騎電激, 官非其人, 政以賄成, 內嬖鴻都, 並受封爵	皇	3297
6)羽蟲孽	①延光三年	是時安帝信中常侍樊豐・江京・阿母王聖及外屬耿寶等讒言, 免太尉楊震, 廢太子爲濟陰王, 不悊之異也	皇	3300
	②元嘉元年	此時政治衰缺, 梁冀秉政阿枉, 上幸亳后	輔+皇	3301
	③光和四年	時靈帝不恤政事, 常侍・黃門專權	皇+宦	3301
7)羊禍	建和三年	是時梁太后攝政, 兄梁冀專權, 枉誅漢良臣故太尉李固・杜喬, 天下冤之	輔	3302

8)大水	①永元元年	是時和帝幼, 竇太后攝政, 其兄竇憲幹事, 及憲諸弟皆貴顯, 並作威虓虐, 嘗所怨恨, 輒任客殺之	輔+太	3308
	②永元十二年	是時和帝幸鄧貴人, 陰有欲廢陰后之意, 陰后亦懷恚怨	皇	3308
	③延平元年	是時帝在襁抱, 鄧太后專政	太	3309
	④永初元年	是時司空周章等以鄧太后不立皇太子勝而立清河王子, 故謀欲廢置	太	3309
	⑤延光三年	是時安帝信江京・樊豐及阿母王聖等讒言, 免太尉楊震, 廢皇太子	皇	3310
	⑥本初元年	是時帝幼, 梁太后專政	太	3310
	⑦建和二年	去年冬, 梁冀枉殺故太尉李固・杜喬	輔	3311
	⑧建和三年	是時梁太后猶專政	太	3311
	⑨永壽元年	是時梁太后兄(梁)冀秉政, 疾害忠直, 威權震主	輔	3311
	⑩永康元年	是時桓帝奢侈淫祠, 其十一月崩, 無嗣	皇	3312
9)水變色	永初六年	是時鄧太后猶專政	太	3310
10)雹	①永元五年	是時和帝用酷吏周紆爲司隷校尉, 刑誅深刻	皇	3313
	②永初元年	是時鄧太后以陰專陽政	太	3314
	③延光元年	是時安帝信讒, 無辜死者多	皇	3314
	④延熹四年	是時桓帝誅殺過差, 又寵小人	皇	3314
	⑤延熹七年	是時皇后鄧氏僭侈, 驕恣專幸	太	3314
	⑥光和四年	是時常侍・黃門用權	宦	3315

11)冬雷	①元興元年	是時皇子數不遂, 皆隱之民閒. 是歲, 宮車宴駕, 殤帝生百餘日, 立以爲君；帝兄有疾, 封爲平原王, 卒, 皆夭無嗣	太***	3315
	②延光四年	是時太后攝政, 上無所與. 太后旣崩, 阿母王聖及皇后兄閻顯兄弟更秉威權, 上遂不親萬機, 從容寬仁任臣下	太+輔	3316
	③建和三年	先時梁太后聽兄(梁)冀枉殺李固・杜喬	太+輔	3316
12)蝗	永興元年	是時梁冀秉政無謀憲, 苟貪權作虐	輔	3319
13)地震	①永元四年	是時竇太后攝政, 兄竇憲專權, 將以是受禍也	太+輔	3328
	②永元七年	是時和帝與中常侍鄭衆謀奪竇氏權, 德之, 因任用之, 及幸常侍蔡倫, 二人始並用權	皇	3328
	③永初元年	是時鄧太后攝政專事, 訖建光中, 太后崩, 安帝乃得制政, 於是陰類並勝, 西羌亂夏, 連十餘年	太	3328
	④建光元年	是時安帝不能明察, 信宮人及阿母(王)聖等讒言, 破壞鄧太后家, 於是專聽信聖及宦者, 中常侍江京・樊豐等皆得用權	皇	3329
	⑤延光三年	是時以讒免太尉楊震, 廢太子	皇	3329
	⑥延光四年	時安帝旣崩, 閻太后攝政, 兄弟閻顯等並用事, 遂斥安帝子, 更徵諸國王子, 未至, 中黃門遂誅顯兄弟	太＋輔＋宦	3330
	⑦永建三年	是時順帝阿母宋娥及中常侍張昉等用權	宦+皇	3330
	⑧陽嘉二年	是時爵號宋娥爲山陽君	皇	3330
	⑨永和二年	是時宋娥構姦誣罔, 五月事覺, 收印綬, 歸田里	其	3330
	⑩永和二年	是時太尉王龔以中常侍張昉等專弄國權, 欲奏誅之, 時龔宗親有以楊震行事諫之止云	宦	3330
	⑪建康元年	是時順帝崩, 梁太后攝政, 欲爲順帝作陵, 制度奢廣, 多壞吏民冢. 尙書欒巴諫事, 太后怒, 癸卯, 詔書收巴下獄, 欲殺之	太	3331
	⑫建和元年	是時梁太后攝政, 兄(梁)冀持權. 至和平元年, 太后崩, 然冀猶秉政專事, 至延熹二年, 乃誅滅	太+輔	3331
	⑬延熹五年	是時桓帝與中常侍單超等謀誅除梁冀, 聽之, 並使用事專權. 又鄧皇后本小人, 性行無恆, 苟有顔色, 立以爲后, 後卒坐執左道廢, 以憂死	皇+宦	3331
	⑭建寧四年	是時中常侍曹節・王甫等皆專權	宦	3331
	⑮光和元年	靈帝時宦者專恣	宦	3332

14)山崩·地裂	①永元元年	是時竇太后攝政, 兄竇憲專權	太+輔	3332
	②延平元年	是時鄧太后專政	太	3333
	③延光四年	是時閻太后攝政. 其十一月, 中黃門孫程等殺江京, 立順帝, 誅閻后兄弟, 明年, 閻后崩	太+輔	3333
	④陽嘉二年	是時宋娥及中常侍各用權分爭, 後中常侍張逵·蘧政與大將軍梁商爭權, 爲商作飛言, 欲陷之	其+宦+輔	3333
	⑤建和元年	時梁太后攝政, 兄(梁)冀枉殺李固·杜喬	太+輔	3333~3334
	⑥永壽三年	時梁皇后兄(梁)冀秉政, 桓帝欲自由, 內患之	輔	3334
	⑦延熹三年	是時上寵恣中常侍單超等	皇	3334
	⑧永康元年	是時朝臣患中常侍王甫等專恣	宦	3334
15)大風拔木	①永初元年	是時鄧太后攝政, 以清河王子年少, 號精耳, 故立之, 是爲安帝. 不立皇太子勝, 以爲安帝賢, 必當德鄧氏也；後安帝親讒, 廢免鄧氏, 令郡縣迫切, 死者八九人, 家至破壞	太	3335
	②延光二年	是時安帝親讒, 曲直不分	皇	3335
16)螟	①章帝七八年間	是時章帝用竇皇后讒, 害宋·梁二貴人, 廢皇太子	皇	3336
	②熹平四年	是時靈帝用中常侍曹節等讒言, 禁錮海內清英之士, 謂之黨人	皇	3336
17)牛疫	建初四年	是時竇皇后以宋貴人子爲太子, 寵幸, 令人求伺貴人過隙, 以讒毀之. 章帝不知竇太后不善, 厥咎霿也	太	3336
18)龍蛇孽	①延光三年	是時安帝聽讒, 免太尉楊震, 震自殺. 又帝獨有一子, 以爲太子. 信讒廢之	皇	3344
	②永康元年	桓帝時政治衰缺, 而在所多言瑞應, 皆此類也	皇	3344
	③熹平元年	是時靈帝委任宦者, 王室微弱	皇	3345
19)馬禍	①更始二年	時更始失道, 將亡	其	3345
	②延熹五年	是時桓帝政衰缺	皇	3345
20)投蜺	光和元年	其年, 宮車宴駕, 皇后攝政, 二兄秉權. 譖讓帝母永樂后, 令自殺	太	3352

21)日蝕	①建武二年	是時世祖初興, 天下賊亂未除	其	3357
	②建武三年	時世祖在雒陽, 赤眉降賊樊崇謀作亂, 其七月發覺, 皆伏誅	其	3358
	③建武十六年	時諸郡太守坐度田不實, 世祖怒, 殺十餘人, 然後深悔之	皇	3359
	④建武二十九年	於是上怒, 詔捕諸王客, 皆被以苛法, 死者甚多. 世祖不早爲明設刑禁, 一時治之過差, 故天示象	皇	3360
	⑤永平十八年	是時明帝旣崩, 馬太后制爵祿, 故陽不勝	太	3361
	⑥建初五年	是時羣臣爭經, 多相非毁者	其	3361
	⑦永初元年	是時鄧太后專政	太	3363
	⑧永初五年	是時鄧太后攝政, 安帝不得行事, 俱不得其正, 若王者位虛, 故於正月陽不克, 示象也	太	3363
	⑨元初元年	是時上甚幸閻貴人, 將立, 故示不善, 將爲繼嗣禍也	皇	3364
	⑩延光三年	是時上聽中常侍江京・樊豐及阿母王聖等讒言, 廢皇太子	皇	3365
	⑪建和元年	時梁太后攝政	太	3367
	⑫建和三年	梁太后又聽兄冀枉殺公卿, 犯天法也	太+輔	3368
	⑬熹平二年	是時中常侍曹節・王甫等專權	宦	3370
	⑭光和元年	是月, 上聽讒廢宋皇后	皇	3370
	⑮初平四年	是時李傕・郭汜專政	其	3371

皇 : 황제, 太 : 황태후, 輔 : 보정, 宦 : 환관, 其 : 기타

* 「오행지」에는 구체적인 원인이 나와 있지 않지만 본전에는 외척 양씨梁氏가 '전총권병專總權柄'하고 환관들이 '무한극無限極'해서 재이가 발생하였다고 서술되어 있다. 따라서 보정輔政과 환관을 공동의 원인으로 분류하였다.

** 이 경우 과실의 책임자가 명기되어 있지는 않지만 봉작封爵의 수여자가 황제라는 점에 근거하여 황제를 원인으로 분류하였다.

***이 경우 문제의 책임자가 명기되어 있지 않지만, 화제 사후 등태후의 상제殤帝・안제安帝 옹립과 관련된 것이기에 황태후를 원인으로 분류하였다.

『후한서』「오행지」를 분석하여 위와 같은 표를 얻었는데, 우선 수치를 살펴본다면 「오행지」에는 재이가 43항목에 걸쳐 모두 399회 등장한다. 이때 399회의 사례 중 원인이 서술되어 있는 것은 총 21개 항목 97

건으로 분류할 수 있다. 이 97건의 재이를 다시 원인 제공자별로 분류하면 황제의 문제가 32건, 황태후의 문제가 31건, 보정의 문제가 25건, 환관의 문제가 17건, 기타가 2건이다. 원인의 유형별로 나누면 구체적 원인이 기술되어 있는 유형이 전체 97건 중 81건, 구체적 원인 기술 없이 특정 집정자만을 기술한 유형이 16건이다. 아래에서는 표를 토대로 황태후와 보정에 대한 사대부들의 인식을 살펴보겠다.

2) 재이 원인으로서의 태후

우선 흥미로운 것은 황제 다음으로 가장 많이 재이의 원인이 된 정치 주체가 태후라는 점이다. 후한의 경우 3대 황제인 장제章帝 이후 계속해서 어린 황제가 제위에 올라 태후가 임조칭제臨朝稱制를 통해 정치적인 실권자가 될 수 있었던 계기가 많았다는 점에서 이 수치는 자연스럽다. 그런데 태후와 관련된 재이 서술은 다른 주체들이 관련된 재이 서술과는 차이를 보인다. 「오행지」에서 거론하고 있는 태후와 관련된 사항들은 아래와 같이 두 종류로 서술되어 있다.

① 건화建和 원년 정월 신해辛亥 초하루, 일식日食이 있었다.……이때 양태후梁太后가 섭정攝政하였다.[21)]

② 영원永元 4년 6월 병진丙辰 13개 군국郡國에 지진이 있었다.……이때 두태후竇太后가 섭정하고 (그) 형兄 두헌竇憲이 전권을 장악하고 있었는데, 장차 이로써 화禍를 입었다.[22)]

---

21) "桓帝建和元年正月辛亥朔, 日有蝕之……是時梁太后攝政"(『後漢書』 志18, 「五行六」, p.3367).

22) "是時竇太后攝政, 兄竇憲專權, 將以是受禍也"(『後漢書』 志16, 「五行四」, p.3328).

①의 사례는 재이의 내용과 더불어 그 시기가 양태후의 섭정시기라는 것만을 간략하게 기술하고 있으며, ②는 재이가 발생한 시기가 두 태후의 섭정시기라는 서술과 함께 두헌이 전권을 장악하고 있었다는 점을 추가로 설명하고 있다. 그런데 기사 ①의 경우 단순히 재이의 내용과 함께 그 시기가 누구의 통치 시기였는가만을 서술하고 있어 과연 이 서술에 원인이 제시된 것인가 의문스럽다. 그러나 ①과 같은 방식의 서술이 태후와 관련된 총 31회의 사례 중 13회에 걸쳐 등장하고 있다(3, 8-③, 8-⑥, 8-⑧, 9, 10-②, 11-②, 13-③, 14-②, 14-③, 21-⑦, 21-⑧, 21-⑪). 또한 나머지 사례들 중에서 기사 ②와 같이 특별한 이유 없이 태후의 섭정과 그 형의 권력 장악을 서술하고 있는 사례도 3회 등장한다(13-①, 13-⑫, 14-①). 즉 태후의 문제로 분류되는 31회 중 총 16회의 경우가 특별한 원인의 기술 없이 그 시기 당권자當權者만이 서술되어 있는 것이다. 그렇기 때문에 위의 기사 ①과 기사 ②가 단순히 시기만을 명시하고 있는 것은 아니라는 생각이 든다. 특히 아래의 기사는 이러한 태후의 섭정 표시가 단순한 시기 언급에 불과한 것이 아님을 말해 준다.

> 이때는 등태후鄧太后가 전정專政하였다. 부인婦人은 순종으로써 도道를 삼으니, 고로 예禮에서 말하기를 "남편이 죽으면 아들을 따른다" 했다. (그러나) 지금 전적으로 일을 주관하니, 이는 부종不從이고 참람이다.[23]

위의 기사는 태후가 재이의 원인으로 거론된 첫 번째 기사로 태후의 전정이 결코 정상적인 행위가 아님을 예의 '종자從子'의 개념을 가지고 설명하고 있다. 이 기사의 시기는 영초永初 원년(107) 안제安帝의 나이가

23) "時鄧太后專政. 婦人以順爲道, 故禮「夫死從子」之命. 今專主事, 此不從而僭也"(『後漢書』 志13, 「五行一」, p.3277).

14세밖에 되지 않았던 시기로 임조칭제에 의한 태후의 섭정은 하등 문제가 되지 않을 시기였다. 그런데 그 시기 등태후의 섭정을 부종과 참람으로 설명한 것은 태후의 정권 장악이 사대부들에게 용인되었던 일이 아니라는 것을 알려 준다. 그러므로 「오행지」에 등장하는 '시기+태후의 이름+섭정 혹은 전정[是時某太后攝(專)政]'과 같은 형식의 기술 방식은 단순히 사건 발생의 시기를 언급한 것이 아니라 태후의 권력 장악 그 자체가 재이의 원인으로 파악되었음을 알려 주는 것이라 할 수 있다.

이때, 태후의 권력 참여의 정당성을 『백호통白虎通』에 등장하는 '적처권嫡妻權'에서 구하여[24] '섭정'을 단순한 권력 대행으로, '전정'을 독단적이고 자의적인 권력 행사로 이해하여 섭정을 재이의 원인으로 보지 않을 수도 있겠다. 이것과 관련하여 우선 가장 문제가 되는 등태후부터 살펴보고자 한다.

화제和帝의 죽음으로 연평延平 원년(106)부터 섭정하기 시작한 등태후는 당시 보정이었던 등즐鄧騭을 일찌감치 무력화시키고 건광建光 원년(121)까지 16년간 섭정한다. 「오행지」에는 이런 등태후의 권력 장악이 전정(3, 8-③, 9, 14-②, 21-⑦)으로 서술되어 등태후의 권력 행사 방법에 문제가 있음을 보여 준다. 한편 등태후의 경우 섭정이라는 표현이 있는 경우도 섭정이라는 표현만으로 재이의 원인을 기술한 경우는 없고,

24) 漢代 외척정치를 황제권의 비정상적인 운영으로 파악하지 않고 하나의 제도적인 형태로 파악하고자 하는 渡邊義浩의 경우 태후의 권력 장악과 외척들의 정권 참여의 정당성을 『백호통』에서 인정한 적처권으로부터 구하고 있다. 그는 적처를 신하 삼을 수 없다고 한 『백호통』 「王者不臣」편의 기사를 근거로 白虎觀會議에서 적처권이 인정되었다고 하였다. 渡邊義浩, 앞의 책, pp.299~300. 국내의 경우도 외척정치를 하나의 제도적인 형태로 파악하지는 않지만 태후의 권력 장악의 근거를 적처 개념으로부터 구한 연구가 있다. 金慶浩, 「漢代 皇太后權의 性格에 대한 再論」, 『阜村 申延澈敎授 停年退任紀念 史學論叢』(서울 : 일월서각, 1995), pp.43~45.

섭정이라는 표현에 더하여 "여인으로서 정사를 전단하였다(以陰專陽政)"(10-②)나 "주상이 참여한 것이 없었다(上無所與)"(11-②), "안제가 권력을 행사하지 못했다(安帝不得行事)"(21-⑧)와 같은 권력 대행의 문제를 넘어선 지나친 권력 행사를 원인으로 기술하고 있다. 이렇게 본다면 등태후의 문제는 섭정 그 자체가 아닌 전정으로 원인을 설정하는 것이 타당한 것처럼 보인다.

그러나 『후한서』 등태후 본전本傳에는 "태후가 임조칭제한 후 수해와 한발이 열 차례 있었고, 밖으로는 사이四夷의 침입이 있었으며 안으로는 도적이 일어났다"는 기사가 등장한다.[25] 물론 이 기사 뒤에 등태후의 구제 활동으로 천하가 다시 평안해졌다는 내용이 나오고는 있으나, 태후의 임조칭제와 함께 재이를 비롯한 내우외환內憂外患이 일어났다는 기술은 태후의 임조칭제 자체에 대한 당시인들의 불편한 심기를 느끼게 한다. 이것은 다음의 기사에서도 확인할 수 있다. "상제殤帝께서 붕어하시니 태후가 안제를 책립하고 임조칭제하였다. 연이어 큰 우환이 있으니 백성들이 고역苦役이었다"라고 하여 태후의 임조칭제와 더불어 재이가 연달아 발생함을 말하고 있다.[26] 이것은 당시인들이 단순한 임조칭제, 즉 섭정과 전정을 큰 차이 없이 인식하고 있음을 말해 주는 것이라고 생각된다.

이러한 경우는 양태후梁太后에게서도 발견된다. 건강建康 원년(144)부터 임조한 양태후는 등태후와 마찬가지로 「오행지」에 그 정치적 행위가 섭정과 전정으로 모두 표현된다. 우선 본초本初 원년(146)과 건화建和 3년(149)에는 모두 전정이라고만 표현되어(8-⑥, 8-⑧), 양태후 역시 전

25) "自太后臨朝, 水旱十載, 四夷外侵, 盜賊內起"(『後漢書』 卷10上, 「皇后紀」, p.425).

26) "及殤帝崩, 太后定策立安帝, 猶臨朝政. 以連遭大憂, 百姓苦役"(『後漢書』 卷10上, 「皇后紀」, p.423).

정이 원인이 되었다는 것을 알 수 있다. 그러나 건화 원년의 일을 적고 있는 21-⑪의 기사에는 별 다른 원인 없이 "이때 양태후가 섭정하였다(時梁太后攝政)"라고만 나와 있다. 그렇다면 양태후는 본초 원년과 건화 3년에는 전정을, 그 사이인 건화 원년에는 전정하지 않고 섭정한 것일까? 필자는 이러한 기술이 당시인들이 황태후의 전정과 섭정을 동질의 것으로 받아들였기 때문에 발생한 것이라고 생각한다.

이 문제와 관련하여 태후에 대한 귀정歸政 요구를 살펴보고자 한다.

> ③ (두杜)근根은 안제安帝가 장성하였으므로 마땅히 친히 정사를 담당해야 한다고 여겨 이에 같은 시기 랑郎과 함께 상서를 올려 직간하였다. 태후가 대노하여 두근 등을 잡아들였다.[27]
>
> ④ 처음에 평원군平原郡 관리 성익세成翊世 역시 태후에게 귀정할 것을 간언하다 죄에 저촉되어 연루되었다. (후에) 두근 등과 함께 불러들여 발탁하여 상서랑尙書郎으로 삼으니 더불어 채용되었다.[28]

지금까지의 연구에 의하면 황제가 어려서 즉위할 경우 황제권력은 선제先帝의 유조遺詔나 황태후의 조서에 의해 보정에게 이전되는 것으로 알려져 있다.[29] 그러나 위에서 잠시 언급한 것과 같이 등태후시기 등즐에 의한 보정 기간은 불과 6년 남짓하였고, 건광 원년까지 16년간을 등태후가 섭정하였다. 위의 기사들은 바로 그 당시 등태후의 섭정을 비난하며 황제에게 귀정할 것을 요구했던 상황을 설명하고 있다.

---

27) "根以安帝年長, 宜親政事, 乃與同時郎上書直諫. 太后大怒, 收執根等"(『後漢書』 卷57, 「杜根傳」, p.1839).

28) "初, 平原郡吏成翊世亦諫太后歸政, 坐抵罪, 與根俱徵, 擢爲尙書郎, 並見納用"(『後漢書』 卷57, 「杜根傳」, p.1840).

29) 이하 輔政에 대한 모든 내용은 金翰奎, 『古代東亞細亞幕府體制硏究』(서울 : 一潮閣, 1997)를 참조하였다.

여기서 흥미로운 것은 보정이 권력을 농단하고 국권을 사권화私權化하는 것과 관련하여 사대부들의 무수한 비난이 있었지만 그 비난 안에 귀정의 요구는 단 한 차례도 없었다는 점이다. 그러나 이와는 달리 황태후에게는 귀정이 요구되고 있다.

중장통仲長統의 『창언昌言』에도 황태후의 집권에 대한 언급이 등장한다.

> 지난 시기 조관趙綰이 태후에게 주奏를 올리지 않아 '불측지죄不測之罪'를 받으니, 왕장王章이 일식의 재이가 있음을 진술하였다.[30)]

조관이 '불측지죄'를 받음으로 인해 일식이라는 재이가 발생했다고 서술한 것은 태후가 조관에게 죄를 내린 것이 잘못된 처사임을 말하고자 함이다. 이것은 결국 태후에게 상주上奏하지 않은 조관의 행위가 옳은 것이었음을 말하는 것이다.

이렇듯 후한 사대부들은 태후가 권력을 장악하는 것을 정당한 행위로 인정하지 않았던 것이다. 그렇다면 사대부들은 왜 태후의 권력 장악을 반대했던 것일까? 필자는 우선 태후의 권력 장악이라는 것이 제도적이고 일상적인 정치권력의 발현이 아니었기 때문이라고 생각한다. 태후의 권력 장악을 인정하는 근거로 자주 인용되는 기사는 『백호통』 「왕자불신王者不臣」편의 아래의 기사다.

> 왕의 신하가 아닌 존재가 세 부류이니 누구인가? 전왕조의 후손, 처의 부모, 이적夷狄이다.……처의 부모를 신하로 여기지 않는 것은 무슨 이유인가? 처는 나와 일체一體로서 함께 종묘를 받드니 환심을 얻고자 하기 때문이다. 위로는 조상을 받들고, 아래로는 만세 동안 계승하니

---

30) "昔趙綰不奏事于太后, 而受不測之罪, 王章陳日蝕之變"(『昌言』, p.952上).

그 전수함이 무궁하기 때문에 신하로 삼지 않는 것이다.[31)]

이것은 흔히 '부부일체론'으로 말해지는 것으로, 혼인에 의해 부부는 동체同體가 되고 적처인 여자는 그 남편과 동등한 지위를 갖는다고 알려져 있다.[32)] 그래서 황제는 지존至尊한 자를 배필로 맞아들여 종묘주宗廟主를 삼을 수 있다고 하였으며,[33)] 황후의 지존함은 황제와 동체로 종묘를 계승할 수 있다고 여겨졌다.[34)] 그러나 양한 황제의 재세在世 중 황후의 정사 참여를 공식적으로 인정했던 사례 및 근거는 찾을 수 없다. 또한 심지어 황제의 와병 중에도 황후의 대리 청정의 관행은 없었다. 오히려 권력은 황제 사후 일시적인 권력의 공백 상태에서 태후에게 임조칭제의 형태로 옮겨갔다.

그러나 이 임조칭제 역시 정상적이며 항상적인 정치 참여의 형태가 아니라는 것을 고려해야 할 것이다. 황제가 갑자기 사망하였을 때나 황제가 병으로 정사를 돌볼 수 없을 때, 혹은 너무 어린 황제가 등극하여 정상적인 정치 활동이 불가능할 때 태후는 임조칭제하여 황제와 동일한 권력을 행사한다. 따라서 이것은 태후의 권력 행사가 황제의 부재라는 심각한 정치 위기 상황을 즉각 종식시키기 위한 임시 조치임을 의미한다. 혹자의 경우 황제가 태후에게 칭신稱臣하는 것을 근거로 태후를 황제의 일원적 지배 질서에서 독립한 존재로 파악하고, 황후시기 황제와 '공동으로 종묘를 계승했던(共承宗廟)' 예적禮的 기능을 근거로 황

---

31) "王者所不臣者三, 何也? 爲二王之後, 妻之父母, 夷狄也……不臣妻父母何? 妻者與己一體, 恭承宗廟, 欲得其歡心, 上承先祖, 下繼萬世, 傳于無窮, 故不臣也"(『白虎通』, 「王者不臣」, pp.316~317).

32) "妻者, 齊也, 與夫齊體"(『白虎通』, 「嫁娶」, p.490).

33) "夫然後可以配至尊而爲宗廟主"(『漢書』 卷81, 「匡衡傳」, p.3342).

34) "皇后之尊, 與朕同體, 承宗廟, 母天下, 豈易哉"(『後漢書』 卷10上, 「和熹鄧皇后紀」, p.421).

제가 죽은 뒤 '함께 천하를 다스리는(共治天下)' 권한의 소유자로 변화하여 임조칭제하였다고 보기도 하였다.[35] 하지만 황제가 태후에게 칭신하는 것은 예제적 측면의 성격이 강하여 태후가 황제의 일원적 지배질서에서 독립한 존재라고 볼 결정적 근거는 될 수 없다. 그리고 무엇보다 임조칭제라는 것이 그 용어 자체에서 말해 주듯이 황제권의 대행(稱制)이라는 점은 태후의 권력 장악이 임시적일 수밖에 없음을 의미한다. 아마도 이러한 태후 권력의 임시성과 대행성이 당시 사대부들로 하여금 태후가 정치권력을 장악하는 것을 반대하게 했을 것이라고 생각한다.

두 번째는 태후의 권력 장악이 필연적으로 외척의 정치 참여로 연결되기 때문이라고 생각한다. 다시 말해 권력의 사권화라는 문제를 유발하기 때문이다. 양한시기를 특징짓는 요소의 한 가지를 '외척정치'라고 할 만큼 한대 외척의 정치 참여는 두드러진다.[36] 특히 보정의 대부분이 외척이라는 현상은 연구자들로 하여금 후한의 외척들이 황태후권이나[37] 혹은 유학의 친친주의親親主義에 의해[38] 정치 참여가 보장되었다고 보는 데 영향을 주었다. 그러나 당시 사대부들은 외척의 정치 참

35) 金慶浩, 앞의 글, pp.50, 57.

36) 東晉次는 외척이 超歷史的인 존재여서 특정한 시대의 역사 현상을 보여 주는 데 적합하지 않을뿐더러, 광범위한 사람들을 지칭하는 표현이기 때문에 한대 정치의 특징을 보여주기에 적절하지 않다고 보았다. 그래서 그는 '외척정치'란 표현 대신 '貴戚(황제의 신임과 총애를 받고 그것에 의해 정권을 장악한 주체)政治'란 표현을 써야 한다고 했다. 그러나 '외척정치'라는 표현이 현재로서는 일반적으로 사용되는 것이기에 그대로 사용하였다. 東晉次, 「漢代の貴戚に關する覺書」, 『愛媛大學教育部紀要』 14(1982), pp.9～10.

37) 渡邊義浩, 앞의 책, pp.273, 278～279. 한편 田中麻紗巳는 '母以子尊'에 의해 외척의 정권 참여가 정당성을 얻는다고 보았다. 田中麻紗巳, 『兩漢思想の研究』(東京 : 研文, 1986), 四章 「何休の思想」 중 第一節 '兩漢の外戚觀と何休の解釋'을 참조.

38) 東晉次, 『後漢時代の政治と社會』(名古屋 : 名古屋大學, 1995), p.63.

여를 인정하지 않았던 것으로 보인다.

⑤ 한가漢家의 제도는 비록 영현英賢한 인재를 임용하는 것이나 더불어 인척을 임용하였습니다. 친소親疎가 서로 섞이게 하여 간극을 막았으니 진실로 종묘를 편안히 하고 사직을 소중히 하는 조치입니다. 왕자王者는 하늘의 뜻을 받들고 땅의 뜻에 따라 작爵과 형벌을 주관함에 감히 관官을 사사로이 그 종족에게 내리지 말고, 형벌을 그 인척에게 가볍게 적용하지 말아야 합니다.……또 풍馮·위衛 양족兩族을 불러들여 하찮은 관직을 내리시어 그들로 하여금 창을 들고 스스로 숙위宿衛를 담당하게 하여 미연의 사태를 방지하게 하시고 재난의 단서를 억제하십시오.[39]

⑥ 제오륜第五倫이 상소하여 말하였다. "신이 우매하여 생각하길 귀척貴戚을 가히 봉후封侯로 삼아 부귀하게 할 수는 있으나 관직을 주어 담당하게 하는 것은 마땅하지 않습니다.……"[40]

⑦ 지금 양씨梁氏는 외척이 되어 예禮로는 신하가 아니니 고작高爵으로써 높여 줄 수는 있습니다. 그러나 그의 자제들도 영록현위榮祿顯位가 함께 더해지니 (명제明帝) 영평永平 연간과 (장제章帝) 건초建初 연간의 옛일도 아마 이와 같지는 않았을 것입니다. 마땅히 보병교위步兵校尉 양기梁冀 및 각 시중侍中들을 다시 돌아가 황문관직黃門官職에 거하게 하고 권력을 외척으로부터 몰수하여 정권이 국가로 귀속되게 하심이 어찌 아름답지 않겠습니까![41]

---

39) "且漢家之制, 雖任英賢, 猶援姻戚. 親疎相錯, 杜塞閒隙, 誠所以安宗廟, 重社稷也……王者承天順地, 典爵主刑, 不敢以天官私其宗, 不敢以天罰輕其親. 陛下宜遂聖明之德, 昭然覺悟, 遠述帝王之迹, 近遵孝文之業, 差五品之屬, 納至親之序, 亟遣使者徵中山太后, 置之別宮, 今時朝見. 又召馮·衛二族, 裁與冗職, 使得執戟. 親奉宿衛, 以防未然之符, 以抑患禍之端. 上安社稷, 下全保傅, 內和親戚, 外絶邪謀"(『後漢書』 卷29, 「申屠剛傳」, pp.1012~1013).

40) "及馬防爲車騎將軍, 當出征西羌, (第五)倫又上疏曰 : 「臣愚以爲貴戚可封侯以富之, 不當職事以任之……」"(『後漢書』 卷41, 「第五倫傳」, p.1399).

41) "夫妃后之家所以少完全者, 豈天性當然? 但以爵位尊顯, 專總權柄, 天道惡

앞의 세 기사는 후한 사대부들이 외척을 어떻게 이해하고 있는가를 보여 주고 있다. 우선 기사 ⑤에 의해 한의 외척 우대라는 것이 한 건국시기부터 존재하고 있었다는 것을 알 수 있다. 그 이유로는 종묘와 사직의 안전이 거론되고 있는데 근친인 외척을 가장 확실한 동맹군으로 삼아 국가 보전에 힘쓰는 한편, 그들을 황제의 직접적인 보위군로 삼아 조정을 보호하여, 외부적인 적은 물론이며 내부적인 적을 압도하고자 한 것이다.

그러나 이러한 정치적 안배 상 외척의 중요성이 인정됨에도 불구하고 후한의 사대부들은 외척의 정치적 실권에 대해서는 상당히 비판적인 시각을 가지고 있었음을 알 수 있다. 외척이 얻을 수 있는 관직은 하찮은 미관말직에 국한해야 하며 이들은 정치적인 권력을 가질 수 없어야 한다는 것이 사대부들의 견해였다. 제오륜 역시 귀척을 후하게 대우하여 안정시켜야 하지만, 관직을 담당하게 해서는 안 된다고 하였다. 기사 ⑦의 이고 역시 외척에게 높은 작을 주는 것은 마땅한 일이라고 하고 있으나 외척으로부터 권력을 몰수하고 국가에 귀속시켜야 한다고 하여 외척의 정치 참여를 반대하고 있다. 이러한 외척의 정치 참여 이외에도 근친의 정치 참여 역시 부정되고 있었는데, 동평왕東平王 창蒼은 황제에게 귀정을 요구하는 자리에서 그 이유로 근친에 대한 처리는 '정사를 담당하게 하지 말아야(不任以政)' 함을 들고 있다.[42]

그렇다면 사대부들이 이렇게 외척의 입사를 반대한 이유는 무엇일까? 그것과 관련된 홍미로운 사실은 후한초 광무光武・명제시기에 발

盈, 不知自損, 故至顚仆. 先帝寵遇閻氏, 位號太疾, 故其受禍, 曾不旋時. 老子曰 :「其進銳, 其退速也.」今梁氏戚爲椒房, 禮所不臣, 尊以高爵, 尙可然也. 而子弟羣從, 榮顯兼加, 永平・建初故事, 殆不如此. 宜令步兵校尉(梁)冀及諸侍中還居黃門之官, 使權去外戚, 政歸國家, 豈不休乎!"(『後漢書』卷63,「李固傳」, p.2075).

42)『後漢書』卷42,「東平憲王傳」, p.1435.

견된다. 외척의 등용에 엄격함을 보였던 두 황제마저 외척을 황제의 근시관近侍官이나 중앙 근위관近衛官에 임명했던 사례가 압도적이었던 것은[43] 황제 스스로 외척을 황실 보호와 황제권 강화에 일조할 수 있는 믿을 만한 후견인으로 생각하고 있었음을 알려 준다. 본래 근시관이나 근위관 등의 측근관은 황제가 공식적인 관료 기구에 자신의 독재적인 권력을 침투시키는 일을 담당하게 하는 수단으로 알려져 있다.[44] 그래서 외척이 황제의 측근관이 된다는 것은 외척 스스로의 정권 농단 이전에, 이미 황제가 외척을 이용하여 공적인 질서인 관료 기구에 자신의 사적인 영향력을 확대하려는 의도를 표명한 것이다. 따라서 외척과 관련한 문제는 그들이 무책임하게 권력을 남용해서 발생하는 것이 아니라[45] 태생적으로 그것이 황제권력의 사적인 확대라는 속성을 갖

43) 光武帝時期와 明帝時期 외척과 尙公主者의 황제 近侍官과 近衛官 취임은 下倉涉에 의해 이미 지적된 바 있다. 아래는 그의 논문 「後漢末における侍中・黃門侍郎の制度改革をめぐって」, 『集刊東洋學』 72(1994)의 내용을 표로 정리한 것이다.

姓名	時期	皇室과의 關係	歷官
陰識	光武	陰后의 兄	騎都尉→關都尉→侍中→守執金吾
陰興	光武	陰識의 弟	黃門侍郎守期門僕射→侍中→衛尉
馬廖	明帝	馬后의 兄	羽林左監→虎賁中郎將
馬防	明帝	馬廖의 弟	黃門侍郎
馬光	明帝	馬廖의 弟	黃門侍郎
閻章	明帝	閻貴人의 兄	步兵校尉
竇融	光武	尙公主者	行衛尉事
竇友	光武	尙公主者	城門校尉
竇穆	光武	尙公主者	城門校尉
竇勳	光武	尙公主者	黃門侍郎
梁松	光武	尙公主者	黃門侍郎→虎賁中郎將
竇固	明帝	尙公主者	中郎將→監羽林士
王度	明帝	尙公主者	黃門侍郎→侍中
馮柱	明帝	尙公主者	黃門侍郎→侍中

44) 富田健之, 「後漢時代の尙書・侍中・宦官について-支配勸力の質的變化と關聯して-」, 『東方學』 64(1982), p.38.

고 있기 때문에 발생한다고 봐야 할 것이다.

순제順帝에게 올린 이고의 환관과 외척 축출 건의가 받아들여지지 않은 것을 당시 보정이었던 양기梁冀의 반대로만 이해할 수는 없을 것이다. 순제 역시 환관과 외척이 황제의 근시관으로부터 배제되는 것을 자신의 권력 약화와 관련 있다고 느꼈기 때문에 건의는 받아들여지지 않았을 것이다.[46] 따라서 사대부들이 태후와 외척의 정권 참여를 반대했던 것은 태후나 외척의 정권 참여가 기존의 정치 질서를 혼란하게 하며 사대부들의 정치적 권리를 침해하는 한편, 그것이 본질적으로 황제권력의 사적인 확대를 동반하여 사대부들의 정치적 역할을 축소하는 구조를 만들어 내기 때문이었다.

또한 외척들이 비정상적인 입사 경로에 의해 정치에 참여한다는 것 이외에도 그들의 무리들이 청탁을 통해 입사하며 사대부들의 기득권을 파괴한다는 문제도 있었다. 실례를 살펴보자. 후한대 외척이라 하면 광무시기부터 곽郭·음陰·마馬·두竇·등鄧·염閻·양梁·두竇·하씨何氏를 들 수 있다. 그 중에서 음씨와 마씨는 외척이라 하더라도, 황제의 친정시기이며 개국 초라는 특수한 시기였기 때문에 실제적으로 권력을 장악하지는 못했다. 사료를 살펴보면 오히려 이들의 행위는 상당히 모범적이었던 것으로 보인다.[47] 특히 마료馬廖는 사료에 '청렴하고 단정함(淸約沈靜)'·'관대함(寬緩)'으로[48] 서술되어 사회적으로 존경을 받고 있었음을 알 수 있다. 그러나 이러한 음씨와 마씨 역시 사대부들에게 비난을 받게 되는데 그 이유는 다음과 같다.

---

45) 李成珪, 앞의 글(1993), p.35.

46) 下倉涉는 황제 근시관으로부터 환관과 외척이 배제되는 것은 왕조의 멸망과 연결되는 일이라고까지 보았다. 下倉涉, 앞의 글, p.52.

47) 『後漢書』 卷32, 「陰興傳」, p.1131과 『後漢書』 卷24, 「馬廖傳」, p.853을 참조.

48) 『東觀漢記』 卷12, 「馬廖傳」, p.432.

⑧ 마료馬廖의 성품은 관대하여 그 자손들을 능히 교육하여 단속하지 못하였다. 마예馬豫는 마침내 투서하여 원한과 비방을 드러내었다. 또 마방馬防과 마광馬光은 사치하였으며 당여黨與를 만드는 것을 좋아하였다.[49]

⑨ 이때 음씨의 빈객賓客 중에 마성馬成이라는 자가 있었는데 항상 간사함과 도적질을 일삼아, 우연虞延이 그를 잡아 죄상을 조사하였다. 음씨는 수 차례 청구請求하였는데 (우연이) 한 통의 편지를 받아본 후 200대의 매질을 더하였다. (이로 인해) 신양후信陽侯 음취陰就가 황제에게 절박하게 하소연하여 우연이 잘못이 많다고 비방하였다.[50]

우선 기사 ⑧을 살펴보자. 아버지 마료가 외척임에도 불구하고 사회·정치적으로 존경을 받았던 것과는 달리 그의 아들들의 사치는 사대부들의 비판의 대상이 되었다. 그러나 좀 더 살펴본다면 그들의 사치와 더불어 "당여를 만드는 것을 좋아하였다"란 표현이 등장하여 마씨 형제들의 문제가 단순한 물질적인 사치를 넘어 빈객을 유치하는 것과 관련되어 있음을 알 수 있다. 그리고 이들 빈객들이 당시 기존 질서를 혼탁하게 하는 주범으로 인식되었음은 기사 ⑨가 잘 말해 준다.

사대부들이 말하고자 하는 것은 이 모든 사건의 발단에는 태후가 존재하고, 외척들은 모든 일을 황제에게 절박하게 하소연하여 처리한다는 점이었다. 결국 태후나 외척은 황제로 하여금 권력을 자의적으로 집행하게 한다는 것이 가장 근본적인 문제였던 것이다.

49) "廖性寬緩, 不能教勒子孫, 豫遂投書怨誹. 又防·光奢侈, 好樹黨與"(『後漢書』 卷24, 「馬廖傳」, p.855).

50) "是時陰氏有客馬成者, 常爲姦盜, 延收考之. 陰氏屢請, 獲一書輒加笞二百. 信陽侯陰就乃訴帝, 譖延多所冤枉"(『後漢書』 卷33, 「虞延傳」, p.1152).

3) 재이 원인으로서의 보정

총 25회의 보정 관련 재이 해석에서 비판의 대상이 되는 이들은 후한시기 10인의 보정 중 두헌竇憲, 염현閻顯, 양상梁商, 양기 등 4인이다. 그 중 양상의 경우는 단 1회만 등장하고 있으며 두헌 4회, 염현 3회, 나머지 17회는 모두 양기에 관한 것이다. 그런데 흥미로운 것은 재이의 원인을 분석하는 과정에서 그 원인으로 '모태후섭(전)정某太后攝(專)政'이라는 당시 정치 주체만을 설명하는 표현은 존재하나 '(모보정자)전정(某輔政者)專政'이라는 표현은 존재하지 않았다는 점이다.

예를 들어 연희延熹 2년(159) 음우淫雨의 경우 양기가 황제가 총애하는 등귀인鄧貴人의 모친 선宣을 해害하려고 모의한 것과 의랑議郎 병준邴尊을 멋대로 살해하였다는 구체적인 과실이 서술되어 있으며(<표 2-1>의 1-②), 영원永元 원년(89)의 대수大水에는 두헌의 형제들이 사람들에게 포학하게 대하고 멋대로 살인했다는 과실이(8-①), 연광延光 4년(125) 지진에는 염현이 안제의 아들을 내치고 여러 왕국의 왕자들을 불러들여 제위 계승을 어지럽힌 과실이 서술되어 있다(13-⑥). 가장 많은 사례를 보이고 있는 양기의 경우 제위 계승을 어지럽힌 일(4-④), 태위太尉 이고와 두교杜喬를 무고하고 주살한 일(5-⑦) 등 구체적인 행위가 제시되어 있다.

혹 '(모보정자)병정·전권·지권(某輔政者)秉政·專權·持權'이라는 서술이 존재하기도 하나 그 경우에는 재이의 원인이 보정 단독이 아닌 태후와 같이 원인으로 제시되어 있다. 13-①의 "이때 두태후가 섭정하고, 그 형 두헌이 전권을 장악하고 있었다(是時竇太后攝政, 兄竇憲專權)"와 13-⑫의 "이때 양태후가 섭정하고 그 형 양기가 권력을 장악하고 있었다(是時梁太后攝政, 兄冀持權)"가 그것이다. 혹 태후의 섭정과 함께 서술되지 않은 경우도 있지만 그것 역시 "양기가 정권을 장악하였는데 마음대로 하고 방자하였다(梁冀秉政專恣)"고 하여(2) 그 권력 행사가 독단적이고 자의적이었음을 설명하고 있거나 "두태후의 형제가 정권을 좌지우지함에 사치스럽고 참람하였다(竇太后兄弟用事奢僭)"고 하여 권력 행사에 문제가 있음을 서술하고 있다(4-②).[51)]

이러한 서술은 보정과 관련한 25회의 사례에 공통된 것으로, 이로써 보정 그 자체가 재이의 원인으로 해석되는 경우는 없다는 것을 알 수 있다. 보정에 대한 비판은 모두 보정자의 구체적 과실에 대한 비판이었다. 이것은 태후의 섭정 그 자체가 재이의 원인으로 분석되는 것과는 사뭇 다르다. 이러한 상이한 결과는 후한 사대부들이 보정을 황제 권력의 제도적인 대행으로 여겼기 때문에 나타난 것으로 생각된다.

그렇다면 사대부들에게 비판을 받았던 보정의 과실이란 무엇이었을까? 「오행지」에 가장 많이 등장한 양기의 경우는 당시 사대부의 수장이라고 할 수 있는 이고를 살해한 것이 재이의 원인으로 가장 많이 제시되어(5-⑦, 7, 8-⑦, 11-③, 14-⑤, 21-⑫) 그의 문제가 사대부들과의 관계에서 발생하였다는 것을 알 수 있다. 보다 구체적인 내용을 위해 『후한서』에 등장하는 보정에 대한 비판을 정리해 보았다.

⑩ 반고班固, 전의傳毅의 무리들이 모두 막부幕府에 초빙되어 문서를 주관하였다. 자사刺史·수령守令의 다수가 두헌의 막부에서 배출되었다.[52)]

⑪ 이때 대장군 두헌이 외척의 총애를 업고 천하의 위세를 떨치고 있

51) 태후의 경우는 '專政'이라는 표현만이 등장하고 있으나 보정의 경우 '전정'이라는 표현만은 등장하지 않는다. 반드시 그 정치 행위의 성격을 나타내는 '專恣'와 같은 표현이 같이 나오고 있어 태후의 전정과는 다르게 취급되고 있음을 알 수 있다.

52) "班固, 傅毅之徒, 皆置幕府, 以典文章. 刺史·守令多出其門"(『後漢書』 卷23, 「竇憲傳」, p.819).

었다. 두헌이 일찍이 문생門生들에게 편지를 가지고 질수郅壽에게 가서 청탁을 하게 하였다. 질수는 즉시 그들 문생들을 옥으로 송치하였다.……이때 두헌은 흉노를 정벌하게 되어 전국이 그 역사役事에 비용을 공급하였는데 두헌 및 그 동생 두독竇篤과 두경竇景은 저택을 공사하니 교만과 사치가 법도를 넘어섰다.53)

⑫ (정홍鄭弘이 태위太尉에) 재위한 지 4년째, 상주上奏하여 상서尙書 장림張林이 시중侍中 두헌에게 아부함과 그 소행이 뇌물을 탐하고 부정함을 고발하였다. 또한 낙양령洛陽令 양광楊光이 두헌의 빈객으로 관직에 있는 동안 탐욕스럽고 잔폭殘暴했으므로 관직에 처하는 것이 마땅하지 않다고 하였다.54)

⑬ 하비인下邳人 오수吳樹가 완령宛令이 되었는데 관직에 나가며 양기에게 들러 인사를 했다. 양기의 빈객이 완현宛縣 경내境內에 살고 있었으므로 (양기는) 사사로운 감정으로 오수에게 청탁을 하였다. 오수가 대답하였다. "소인의 간사한 무리는 마치 좀벌레와 같으니 하나하나 모두 다 주살하여야 합니다. 영명하신 장군께서는 외척의 중함으로 상장군上將軍의 지위에 계십니다. 마땅히 현선賢善한 자를 숭상하시어 조정의 모자람을 보충하시어야 합니다. 완은 대도大都이고 사가 모이는 곳입니다. 제가 곁에서 모신 이래 (장군이) 한 사람의 장자長者라도 거론하는 것을 듣지 못했는데, 오히려 마땅하지 않은 자를 청탁함이 많으니 진실로 감히 듣지 못하겠습니다."55)

⑭ 양송梁松이 수차례 사사로이 편지로 군현郡縣에 청탁을 하였는데, 2

---

53) "是時大將軍竇憲以外戚之寵, 威傾天下. 憲嘗使門生齎書詣壽, 有所請託, 壽卽送詔獄……是時憲征匈奴, 海內供其役費, 而憲及其弟篤·景並起第宅, 驕奢非法"(『後漢書』卷29, 「郅壽傳」, p.1033).

54) "在位四年, 奏尙書張林阿附侍中竇憲, 而素行臧穢, 又上洛陽令楊光, 憲之賓客, 在官貪殘, 並不宜處位"(『後漢書』卷33, 「鄭弘傳」, p.1156).

55) "下邳人吳樹爲宛令, 之官辭冀, 冀賓客布在縣界, 以情託樹. 樹對曰 : 「小人姦蠹, 比屋可誅. 明將軍以椒房之重, 處上將之位, 宜崇賢善, 以補朝闕. 宛爲大都, 士之淵藪, 自侍坐以來, 未聞稱一長者, 而多託非人, 誠非敢聞!」"(『後漢書』卷34, 「梁冀傳」, p.1183).

년 발각되어 면직되니 마침내 원망을 품게 되었다.[56]

위의 기사들을 분석해 보면 대략 보정에 대한 비판은 첫째, 사치와 방종(⑪). 둘째, 관직 독점(⑩). 셋째, 선거 청탁(⑪·⑬·⑭). 넷째, 선거 부실(⑫)로 정리할 수 있어, 대부분 선거와 관련되어 있음을 알 수 있다. 이것은 당시 사대부들이 선거 문제에 민감하게 반응하였음을 의미하는데, 특히 부실한 선거의 운영이란 사대부들에게 입신의 기회를 박탈하는 행위였기 때문이다. 이것은 또한 사대부들이 보정에게 기대한 것에 정면으로 배치된 일이었다.

그렇다면 당시 사대부들이 보정에게 기대하던 바는 무엇이었을까? 반고가 당시 보정으로 막부를 개설한 동평왕 창에게 올린 주기奏記에 의하면 '널리 뭇 준걸과 사방의 사를 발탁하여 사가 다투어 귀의歸依하게' 하는 것이 '왕조를 평안히 하는 방책'이라고 되어 있어,[57] 당시 사대부들이 보정 막부의 기능 중에서도 인재 발탁의 기능을 중요하게 여겼음을 알 수 있다. 그런데 보정이 황제권의 대행이라는 점에서, 이것은 곧 황제에게 기대하는 것이기도 하다. "학문하여 입사하고자 하는 모든 자들은 높게는 재상을 바라고 낮게는 목수牧守를 희망한다"[58]는 것이 독서인의 일반적인 생각이라면 입사야말로 사대부들의 가장 큰 목표였을 것이다. 그래서 권력을 장악한 자의 역할이 현자賢者의 등용이라고 생각한 사대부들은[59] 막부의 가장 중요한 역할을 인재 등용으

56) "(梁)松數爲私書請託郡縣, 二年, 發覺免官, 遂懷怨望"(『後漢書』 卷34, 「梁松傳」, p.1170).

57) "竊見幕府新開, 廣延羣俊, 四方之士, 顚倒衣裳. 將軍宜詳唐·殷之擧, 察伊·皐之薦, 令遠近無偏, 幽隱必達, 期於總覽賢才, 收集明智, 爲國得人, 以寧本朝"(『後漢書』 卷40下, 「班固傳」, p.1331).

58) "凡學仕者, 高則望宰相, 下則希牧守"(『後漢書』 卷45, 「袁安傳」, p.1518).

59) "是以君子任職則思利人, 達上則思進賢"(『後漢書』 卷49, 「王符傳」, p.1631).

로 보았던 것이다. “소제시기 황제가 8세의 어린 나이에 즉위하여 대신이 보정을 하였는데 역시 명유名儒 위현韋賢・채의蔡義・하후승夏侯勝 등을 선발해 조정에 들어와 황제 앞에서 교수敎授하게 하여 성덕聖德을 이루었다”는 기사는[60] 보정자에 대한 사대부들의 가장 큰 기대가 인재 등용이었음을 보여 준다.

역대 보정자 중 가장 문제가 된 양기에 대한 비판이 주로 선거와 관련된 것임은 주목할 만하다. 심지어 양기의 고리故吏였던 주목朱穆마저도 양기에게 주기를 올려 첫째, 현능한 자를 구할 것. 둘째, 황제를 위하여 유술儒術에 능통한 자를 구해 그들이 조정에 들어와 참의參議・권도權導・강해講解・전수傳授하게 할 것. 셋째, 천하에게서 원한을 받고 있는 간신들을 주멸할 것. 넷째, 현재 관직에 있는 자들 중에서 적절하지 못한 자를 퇴출시킬 것을 요구하였다.[61] 편의상 네 가지로 나누었지만 결국 이것들은 유학을 학문적 소양으로 가지고 있는 사대부를 발탁하여 정치에 참여시키는 것으로 정리할 수 있을 것이다. 사대부들에게 사로仕路를 열어 주어야 하는 자신의 역할을 잊고 오히려 사대부의 정치적 진출을 막고 있는 환관들과 결탁하여 자신의 자제를 요직에 임명하거나 군현에 선거 청탁을 넣는 양기에 대해 고리마저도 비판하고 있는 것으로 보아, 당시 사대부들이 생각한 가장 심각한 보정의 문제가 선거 문란임을 알 수 있다.

---

60) “孝昭皇帝八歲卽位, 大臣輔政, 亦選名儒韋賢・蔡義・夏侯勝等入授於前, 平成聖德”(『後漢書』 卷37, 「桓郁傳」, pp.1255～1256).

61) “及桓帝卽位, 順烈太后臨朝, (朱)穆以(梁)冀埶地親重, 望有以扶持王室, 因推災異, 奏記以勸戒冀曰 : 「……願將軍少察愚言, 申納諸儒, 而親其忠正, 絶其姑息, 專心公朝, 割除私欲, 廣求賢能, 斥遠佞惡……宜爲皇帝選置師傅及侍講者, 得小心忠篤敦禮之士, 將軍與之俱入, 參勸講授, 師賢法古, 此猶倚南山坐平原也, 誰能傾之!..宜急誅姦臣爲天下所怨毒者, 以塞災咎. 議郎・大夫之位, 本以式序儒術高行之士, 今多非其人 ; 九卿之中, 亦有乖其任者. 惟將軍察焉.」”(『後漢書』 卷43, 「朱穆傳」, p.1462).

이상과 같이 「오행지」를 분석한 결과를 정리해 보았는데 사대부들이 태후와 외척의 정치 참여를 인정하지 않는 이유도, 태후나 외척과는 다르게 제도적인 표현으로 인식하고 있던 보정을 비판한 것도 모두 선거 부실이 원인이었다. 즉 사대부에 의해 비판받았던 황제와 태후의 사권화나 보정의 사권화도, 결국은 선거 문란과 관련 있었던 것이다. 다음에서는 보다 구체적으로 선거가 사대부들에게 어떤 의미를 갖는지 살펴보고자 한다.

2. 후한말 선거 부실과 사대부의 대응

1) 후한말 비평적 저작의 출현과 성격

『후한서』 본기本紀에는 「오행지」에 등장하는 399회의 재이에 대한 146회에 걸친 226건의 대책들이 서술되어 있는데, 이를 표로 작성하면 다음과 같다.

그 중 선거는 모두 18회이고[62] 진휼賑恤은 36회,[63] 사면赦免·관형寬刑은 33회,[64] 세금 감면과 면세는 23회로[65] 선거보다는 오히려 진휼이나 관형·사면·면세 등이 구체적인 재이 대책으로 선호되었음을 알

62) 福井重雅는 후한의 制科가 총 32회 실시된 것으로 보았는데 그 중 『後漢書』 本紀에는 21회가 등장한다고 하였다. 그의 경우 瑞祥에 의한 求賢과 大赦·改元으로 인한 구현을 포함하여 필자가 분석한 횟수와는 다소 다르다. 福井重雅, 『漢代官吏登用制度の研究』(東京 : 創文社, 1988), pp.147~151. <圖表 X> 後漢の制科를 참조.

63) 賑恤 36회라는 수치는 <표 2-2>의 賑恤 10회, 賜穀 7회, 賜錢 7회, 賑貸 5회, 恤窮人 7회를 합산한 결과다.

64) 이 수치는 <표 2-2>의 赦 15회, 出繫囚 3회, 免庶人 3회, 減死 3회, 減刑 4회, 贖 3회, 刑徒의 처우개선 2회가 합산된 것이다.

65) 이 수치는 半入稅 5회, 勿收 15회, 除租 3회의 합산 결과다.

<표 2-2> 『후한서』 본기에 등장한 재이 대책 분포

	光武帝	明帝	章帝	和帝	殤帝	安帝	順帝	沖帝	質帝	桓帝	靈帝	獻帝	합계
횟수	13	5	4	14	1	25	19	1	3	29	22	10	146
건수	26	11	8	24	1	34	29	2	6	45	27	13	226
(大)赦	3			1		4	2			3	1	1	15
出繫囚	2								1				3
半入稅				3						1	1		5
勿案	1												1
免(庶人)	1			1						1			3
賑(恤)	1					3	1		1	3		1	10
擧	2		2	1		3	1	1		6	1	1	18
上封事	2	3		1		1	2	1		3	3	1	17
勿收(稅・責)	1			5		3	4			1	1		15
物輸	1												1
察吏政				1		1							2
減死	1									2			3
賑貸				1		1	2			1			5
賜爵	3	1		1		2	1						8
節用				1	1	2	1			2			7
恤窮人	2	2		2		1							7
禁沽酒				1						1			2
減罰(刑)	1						1					2	4
弛刑徒 (처우개선)	1						1						2
賜穀				1			2		1	3			7
賜(官)錢	1					2	2			3			7
明愼選擧			1										1
求吏	1												1
贖										1	2		3
明刑愼罰	1	3	3	3			1		1				12
祈(雨)		1	1				2		1			1	6
(宰相)免職						6	1			8	15	5	35
除租(稅)						2	1						3
收斂						1	3		1	3			8
致醫藥										1	3		4
기타	1	1	1	1		2	1			2		1	10

수 있다. 물론 단일 건수로는 재상의 면직이 35회로 가장 많지만 그것이 주로 후한말 당고시기黨錮時期에 집중되어 있어 순수한 대책이라기보다는 정치 투쟁의 결과라고 보는 것이 자연스러울 듯싶다. 그러나 이러한 현상에도 불구하고 후쿠이 시게마사(福井重雅)는 후한의 선거가 모두 일식이나 지진 등의 천재지변에 대응하는 특별한 인재, 특히 유도지사有道之士를 뽑기 위해 행해졌다고 하며 재이 대책으로서의 선거의 의미를 강조했다.[66] 하지만 재이를 '정치의 실패와 조화의 어그러짐(政失厥和)'의 결과로 파악하는 한[67] 재이에 대처하는 특별한 능력이나 대책이라는 것은 있을 수 없을 것이며 다만 당시 문제가 되는 사회 문제, 예를 들어 지나친 사역使役과 같은 문제를 해결하는 것이 가장 좋은 방법이 되었을 것이다.

그러나 이러한 사실들이 재이에 대한 대책으로 구현求賢이 갖는 의미가 없음을 의미하는 것은 아니다. 실제로 아래의 기사를 보면 구현이 진휼이나 사작賜爵, 사면 등과 비교하여 재이에 대하여 특별한 효과가 없음에도 불구하고, 사대부들에게 있어 구현은 재이에 대응하여 천하를 안정시키는 가장 중요한 수단으로 여겨졌던 것으로 보인다.

> 영초永初 원년과 2년에 재해가 있어 굶주려 죽는 백성이 끊이지 않았으며 도적이 무리를 이뤄 일어나니 사이가 변경을 침범하였다. (이때) 등즐 등이 절검을 숭상하고 역사役事를 정지하고 천하의 현사賢士 하희何熙·대풍祋諷·양침羊浸·이합李郃·도돈陶敦 등을 추천하여 조정에 입사시키고 양진楊震·주총朱寵·진선陳禪을 벽소辟召하여 막부에 두니 천하가 다시 안정되었다.[68]

66) 福井重雅, 앞의 책, p.155.

67) 『後漢書』卷6, 「順帝紀」, p.259.

68) "時遭元二之災, 人士荒飢, 死者相望, 盜賊羣起, 四夷侵畔. (鄧)騭等崇節儉, 罷力役, 推進天下賢士何熙·祋諷·羊浸·李郃·陶敦等列於朝廷, 辟楊震·

순제시기 잦은 재이로 인하여 재이 대책자를 초빙한 결과로 발탁된 낭의郎顗의 경우를 살펴보면 이러한 심증이 더욱 굳어진다. 낭의는 재이에 대한 대책을 총 7가지로 나누어 진술하고 있는데 그 내용은 첫째 절검, 둘째 삼공三公의 선거 주관, 셋째와 넷째 다시 절검, 다섯째 요역·부세의 감소, 여섯째 군주의 자기반성과 현자의 대책에 귀 기울일 것, 일곱째 다시 한번 사치의 금지, 조직의 간소화, 은사隱士의 발탁, 선거의 공정한 실시 등이다.[69] 그의 주장에서 중복되는 것을 정리하면 근본적으로 절검과 공정한 선거 실시라는 내용이 된다. 그러나 낭의의 재이 방지책은 보다 본질적인 문제로 선거를 강조한다. 그는 천하의 안정이 현자를 발탁하여 정치를 보좌하게 함으로써 가능하다고 하며, 현재 관직에 있는 자들 중 잔혹하여 백성에게 피해를 주는 관리를 퇴출함으로써 이치吏治를 정돈하는 것이 백성을 안정시키는 방안이라고 하고 있다.[70] 이러한 일련의 대책들은 재이 원인을 선거의 부실로 보고 있었기 때문에 나온 것이며, 그렇기에 그는 재이의 원천을 막기 위해 공정한 선거의 실시를 주장하였던 것이다.

재이의 원인을 잘못된 선거에서 찾은 사례는 특히 후한말 사대부들의 비판적 저작에서 두드러진다. 일찍이 호적胡適은 후한 사상계의 특징 중의 하나를 비평 정신의 발달이라고 하며, 정치 분야에서의 두드러진 결과로 왕부王符의 『잠부론潛夫論』, 최식崔寔의 『정론政論』, 중장통의 『창언』을 들었다.[71] 서간徐幹의 『중론中論』과 순열荀悅의 『신감申鑒』 역시 당시 사상가들의 현실 정치에 대한 비판을 잘 보여 주고 있다. 이

朱寵·陳禪置之幕府, 故天下復安"(『後漢書』 卷16, 「鄧騭傳」, p.614).

69) 『後漢書』 卷30下, 「郎顗傳」, pp.1054～1067.

70) "聘賢選佐, 將以安天下也 : 宜察臣下尤酷害者, 亟加斥黜, 以安黎元"(『後漢書』 卷30下, 「郎顗傳」, pp.1068, 1072).

71) 胡適, 『中國中古思想小史』(『中國中古思想史長編』(上海 : 華東師範, 1996) 所收), p.297.

러한 현실 비판이 후한에 들어 현저해진 것은 당시 사회 문제의 심각성 때문이기도 했지만, 무엇보다도 후한 사대부들의 정치 참여의식의 확대에서 찾아야 할 것이다. 후한시기 하나의 사회적 집단으로 성장한 사대부들은 천하의 일을 스스로 담당하고자 했고[72] 이러한 책임의식으로 인해 사회 문제에 대한 비판이 성행했던 것이다.

그런데 당시 사대부들은 공통적으로 후한말의 상황을 풍속이 이지러진 '풍속상패風俗傷敗'의 시기로 표현하고 있다. 왕부는 후한말의 상황을 '패속상풍敗俗傷風'이라 표현하며[73] 풍속을 교정해야 한다고 하였다.[74] 최식 역시 '풍속조폐風俗彫敝'라 하였으며,[75] 중장통도 당시를 '시정조폐時政彫敝'의 시기로 규정하며 풍속의 교정이 필요함을 주장했다.[76] 서간 역시 『중론』에서 '풍속이 미혹하고 어지러운(俗迷昏)' 시기로 후한말을 묘사하였다.[77] 그렇다면 이들은 후한말 어떤 문제를 풍속이 어지러운 상태로 본 것일까? 그들이 변화되어야 한다고 한 것은 어떤 풍기일까?

⑮ 동한東漢의 황통이 여러 차례 끊기니 권력이 여주女主에게 돌아갔다. 네 명의 황제가 외척에 의해 세워지고 여섯 명의 황후가 임조칭제하니 휘장 안에서 결정되지 않는 것이 없었고, 일을 부형에게 위임하였다. 어린 황제를 탐해 그 정권을 장악한 것을 오래 유지하였으며, 명현明賢을 억압하여 권위를 전단專斷하였다.……결국 대운大運을 쇠퇴시켰으며 제위帝位를 몰락시켰다.[78]

---

72) 余英時, 『中國知識階層史論』(臺北 : 聯經, 1980), p.222.

73) 『潛夫論』, 「實貢」, p.157.

74) 그는 유가임에도 불구하고 강력한 법술적 방법으로 移風易俗할 것을 주장하였다(『潛夫論』, 「三式」, pp.205, 209).

75) 『政論』, p.722下.

76) 『昌言』, 「損益」, p.949下.

77) 『中論』, 「序」, p.564中.

⑯ 그러므로 군주가 귀척貴戚을 대함에 그 아첨할 때의 아름다움만을 사랑하여 그 재능을 살피지 않고 관을 내리고 공을 세워 스스로 민에게 지지를 얻도록 하지 않으며, 단지 작위를 올려 주는 것뿐 아니라 상을 더하여 주는 것은 백성들과 원한을 맺게 하는 것이며 악행을 저질러 죄를 짓게 하는 것이다. 과실을 쌓은 것이 이미 이루어졌으니 어찌 전복되어 무너지지 않겠는가?……선주先主의 제도는 관료가 된 자의 경우 반드시 그 재능을 살펴 그 능력을 논정論定한 후에 작위를 주었으며, 작위가 정해진 후에 녹祿을 주었다.[79]

⑰ 지금 권세를 잡고 있는 자들이 현명함과 어리석음을 명백히 판명하지 못하고, 귀인貴人들의 의사에 위협받고 권세자의 청탁에 위협받아 청탁받은 인물들이 문안에 가득 차고 예물이 사방에서 모여드니, 목전의 급한 일에 쫓기게 되면 장차 (청탁받은) 그들을 먼저 (선발)하게 된다. 이것이 바른 사가 고립되어 묻히게 되는 이유이고 사악한 무리들이 당을 이뤄 나가게 되는 이유다. 주공周公이 재보宰輔였을 때 겸손한 태도로 사를 대하니 진정한 현자를 얻을 수 있었다.……(그러나) 지금 관위를 얻은 무리들은 딸이나 여형제의 총애에 기대어 사인에게 교만하게 구니 군주의 권세를 빌어 현자를 능멸한다.[80]

⑱ 국전國典이 무너져 폐해지고 관족冠族의 자제가 권문權門과 결당結黨

---

78) "東京皇統屢絶, 權歸女主, 外立者四帝, 臨朝者六后, 莫不定策帷帟, 委事父兄, 貪孩童以久其政, 抑明賢以專其威……終於陵夷大運, 淪亡神寶"(『後漢書』 卷10上, 「皇后紀上」, p.401).

79) "是故世主之於貴戚也, 愛其嬖媚之美, 不量其材而授之官, 不使立功自託於民, 而苟務高其爵位, 崇其賞賜, 令結怨於下民, 縣罪於惡, 積過旣成, 豈有不顚隕者哉?……先主之制, 官民必論其材, 論定而後爵之, 位定然後祿之"(『潛夫論』, 「思賢」, pp.85~86).

80) "今當塗之人, 旣不能昭練賢鄙, 然又卻於貴人之風指, 脅以權勢之屬託, 請謁闐門, 禮贄輻輳, 迫於目前之急, 則且先之. 此正士之所獨蔽, 而羣邪之所黨進也. 周公之爲宰輔也, 以謙下士, 故能得眞賢……今世得位之徒, 依女妹之寵以驕士, 藉亢龍之勢以陵賢"(『潛夫論』, 「本政」, pp.93~95).

> 하여 교류하며 이름을 구하여 다투듯 작호爵號를 바라고 있다. 지금 대다수가 교유에 힘써 도당을 결성하니 세상을 훔치고 이름을 훔쳐 성공하는 것이다.[81]

대략 위에 서술한 내용이 후한 사대부들이 풍속이 이지러졌다고 여겼던 현상들이다. 기사 ⑮는 태후의 전정에 대해 서술하고 있고, ⑯은 외척의 발호, ⑰은 선거 부실, ⑱은 사대부들이 본업에는 힘쓰지 않고 오직 교유에만 몰두하는 세태를 비판하고 있다. 위의 기사들은 각기 다른 후한말의 상황에 대해 서술하고 있는 것처럼 보이지만 사실은 모두 동일한 문제에 대해 거론하고 있다. 즉 기사 ⑮의 태후의 문제는 명현을 억압하여 그 권위를 오로지 한 것이며, ⑯의 외척의 문제는 외척의 발호가 결국에는 공정하지 못한 인사를 초래한다는 것이며, ⑰의 선거 부실은 선거가 인재를 발탁하는 원래의 취지에서 벗어나 특정인에게 장악됨으로써 발생한 것이다. 마지막으로 기사 ⑱의 내용은 선거가 특정 권문에 의해 농단됨으로 인해 사대부들이 본업에서 벗어나 교유에 몰두하게 되었다는 것이다. 사대부들이 결당結黨하게 된 것도 입사하기 위해서이기에 이것 역시 선거의 문제로 귀결된다고 볼 수 있다.[82]

---

81) "國典隳廢, 冠族子弟結黨權門, 交援求名, 競相尙爵號"(『中論』, 「序」, p.564 中) ; "今多務交游以結黨助, 偷世竊名以取濟渡"(『潛夫論』, 「務本」, p.20).

82) 기존 연구 역시 필자와 같은 결론을 내리고 있다. 劉文起의 『王符《潛夫論》所反映之後漢情勢』(臺北 : 文史哲, 1995)와 李文獻의 『徐幹思想硏究』(臺北 : 文津, 1992)는 각기 다른 인물을 연구하고 있지만 동시대의 사대부를 다뤘다는 점에서 좋은 예가 될 수 있을 것이다. 劉文起는 『潛夫論』을 분석한 후 당시 사대부들이 관심을 두던 중요 사회적 문제로 求賢의 문제, '用其私人'으로 표현되는 외척들의 불공정한 인사, 선거 부실에 따른 후한 사회의 문제점, 관리의 考課 문제와 더불어 인재 선발을 지적하고 있다. 이것은 『徐幹思想硏究』도 마찬가지로 李文獻은 徐幹의 정치사상을 집중적으로 다루고

그렇다면 이러한 정치 문제 이외의 사회·경제 문제로는 무엇이 있었을까? 당시 사회적으로 큰 문제의 하나는 양주涼州 방기放棄 논쟁을 일으켰던 북방의 강족羌族 문제로 그 침범의 범위가 변경인 양주에 국한되지 않고 중심부인 사예司隸에까지 미칠 정도로 심각했다.[83] 이러한 변방 문제는 왜 발생한 것일까? 이것의 원인을 왕부는 태수太守와 영장令長이 그 직에 적절하지 않은 자들이기 때문이라고 인식하였다. 그는 양주의 포기를 "태수·영장이 군사를 두려워하고 싫어하니, 모두 본래 이 지역의 사람들이 아니어서 고통이 내 몸에 도달하지 않고 화가 내 집에 이르지 않은 고로 군현을 옮겨 내천內遷할 것을 다툰다"고 이해하였다.[84] 왕부에 의하면 이들은 '백성의 통솔자라고 할 수 없으며, 군주의 보좌라 할 수 없는' 자들이었다.[85] 그래서 왕부는 "지금 무武를 독려하여 오랑캐를 물리치고 인재를 선발하여 국경을 온전히 하지 않고는 변방을 지킬 수 없다"고 하여[86] 올바른 인재 선발만이 사이 문제를 해결할 수 있다고 주장하였다. 이 역시 모든 문제의 해결을 선거에서 구하는 관점이라고 할 수 있다.

이러한 관점은 양주 포기를 반대하던 우후虞詡에게서도 발견할 수 있는데, 그는 양주에 대한 대책으로 사부四府 구경九卿들로 하여금 양주의 인사를 벽소辟召하게 하는 한편, 현재 양주에 재직하고 있는 주목州

있는 5장의 2절에서 소제목을 '愼選大臣分職授官', '擧賢多驗決策從心', '誠能用賢莫不致治', '君主修身以得賢心' 등으로 나누어, 정치적인 문제로 서간은 賢者를 발탁 등용해야 한다는 내용만을 강조하였다고 분석하였다. 이렇듯 두 연구자는 모두 당시 후한의 정치 정세의 문제점이 선거에 집중되어 있었고, 사대부들의 관심사도 선거 부실의 극복이었음을 주장하였다.

83) 『潛夫論』, 「救邊」, p.257.

84) "太守令長, 畏惡軍事, 皆以素非此土之人, 痛不著身, 禍不及我家, 故爭郡縣以內遷"(『潛夫論』, 「實邊」, p.282).

85) "非民之將, 非主之佐"(『潛夫論』, 「邊議」, p.277).

86) "今不厲武以誅虜, 選材以全境, 而云邊不可守"(『潛夫論』, 「救邊」, p.258).

牧·태수·현령縣令·현장縣長들의 자제를 낮은 관직에 기용하자고 하였다.[87] 즉 재정적인 지원이나 군사적인 방책을 통해서 양주를 안정시키는 것이 아니라 인사 정책에 의해 안정시키고자 한 것이다. 이것을 산서山西 호족 세력이 결속해 산동山東에 도전하려는 행위를 미연에 방지하려는 산동 사대부들의 선제 조치로 이해한 연구도 있으나,[88] 이보다는 모든 문제의 해결을 선거에서 찾는 당시 관념에 기초해 선거가 가져올 수 있는 두 가지 효과를 노린 것이라고 생각한다. 첫째, 양주 사대부의 불만을 효과적으로 무마함과 동시에 둘째, 지방의 호족 혹은 유력자인 이들을 이용하여 지방민의 문제를 해결하려고 했던 것이다. 이것은 당시 사대부들이 변경 문제의 해결 역시 선거에서 찾고 있었다는 것을 보여 준다.

다음 경제적 문제로는 계속되는 재해와 그로 인한 생활의 곤궁을 들 수 있다. 『후한서』「오행지」를 보면 알 수 있듯이 농촌에 직접적인 피해를 줄 수 있는 재해들이 거의 매해 끊이지 않고 발생하고 있다. 그 피해도 상당하여, 왕부에 의하면 유幽·기冀·연兗·예豫·형荊·양揚·촉蜀·한漢의 2/3가 기아로 굶어 죽는 정도였다고 한다.[89] 그러면 이러한 재이는 왜 일어났을까?

> 이때 낭중郎中 여남인汝南人 원저袁著는 나이 19세로 양기의 흉폭하고 방종함을 보고 그 분노를 참지 못하여 상서를 올려 말하였다. "……지금 폐하께서는 극상의 지위에 있으시고, 또한 능히 다스릴 수 있는 자질을 가지고 계십니다. 그러나 화기和氣가 서로 조응하지 못하고 현우

---

87) 『後漢書』 卷58, 「虞詡傳」, p.1866.

88) 許富文, 「後漢의 涼州 放棄 論爭」, 『吉玄益敎授停年紀念史學論叢』(서울 : 吉玄益敎授停年紀念史學論叢發行委員會, 1996), p.124.

89) "民旣奪土失業, 又遭蝗旱飢匱, 逐道東走, 流離分散, 幽·冀·兗·豫·荊·揚·蜀·漢, 飢餓死亡, 復失太半"(『潛夫論』, 「實邊」, p.282).

> 賢愚가 서열을 잃은 것은 권세가 권신에게 나누어져 상하가 서로 막혀 두절되어 있기 때문입니다.……"[90]

현우가 서열을 잃었다는 것은 권신에 의해 선거가 부실하게 운영되어서 발생한 일인데, 그러한 선거 부실이 화기를 서로 조응하게 하지 않으니 그로 인한 재이 역시 궁극적으로는 선거 부실로부터 발생한다고 할 수 있을 것이다. 이렇듯 당시 사대부들은 정치·사회·경제 문제의 근원으로 선거의 부실을 들고 있었다. 이러한 관점은 중장통의 『창언』에 잘 나타나 있다.

> 권력이 외척의 가家로 이전되고 측근의 환관에게 총애가 내려져, 같은 당인黨人을 친하게 여기고 사인私人을 기용하니 안으로는 수도를 채우고 밖으로는 군에 펴져 있어, 현우의 구분이 무너지고 선거가 바뀌어 우둔한 자가 변경을 지키며, 탐욕하고 잔혹한 자가 백성을 다스리게 되어, 백성을 어지럽히고 괴롭히며 사이를 격동시켜 반란을 초래하니 백성이 고초를 겪는다. 원기怨氣가 모아져 음양이 조화를 이루지 못하고 삼광三光의 출현이 어그러지고 괴이한 현상이 누차 이르며 해충이 곡식을 갉아먹으며 홍수와 한발이 재난을 이루었으니 이 모든 것이 척환戚宦의 신하가 만든 것이다.[91]

기사에 따르면 외척과 환관이 권세를 장악하여 그 무리가 내외의 관

---

90) "時郎中汝南袁著, 年十九, 見冀凶縱, 不勝其憤, 乃詣闕上書曰 :「……今陛下居得致之位, 又有能致之資, 而和氣未應, 賢愚失序者, 執分權臣, 上下壅隔之故也……」"(『後漢書』 卷34, 「梁冀傳」, p.1184).

91) "而權移外戚之家, 寵被近習之豎, 親其黨類, 用其私人, 內充京師, 外布列郡, 顚倒賢愚, 貿易選擧, 疲駑守境, 貪殘牧民, 撓擾百姓, 忿怒四夷, 招致乖叛, 亂離斯瘼, 怨氣竝作. 陰陽失和, 三光虧缺, 怪異數至, 蟲螟食稼. 水旱爲災, 此皆戚宦之臣所致然也"(『昌言』, 「法誡」, p.951).

직을 독점함에 따라 현우의 서열이 전도되어 선거의 문제가 발생한다. 이 선거 부실은 변경의 문제를 불러일으켜 사이의 반란을 초래했으며, 음양의 문제를 일으켜 재이를 발생시켰다. 이로 인해 결국은 본업이 폐기되기에 이른 것이다. 모든 문제를 따라 가면 그곳에는 선거의 문제가 존재하고 있다. 후한말의 혼란이 어디로부터 기인한 것인가에 대해서는 다양한 의견이 있을 수 있다. 명교名敎 자체의 문제가 사회적 문제로 확산된 것이라고 볼 수도 있으며, 환관과 보정에 의한 정치권력의 사권화가 사회의 기강을 무너뜨린 것일 수도 있다. 그러나 당시 사대부들은 그 모든 것이 선거의 부실에서부터 파생된 것이라 보았다.

이렇게 후한말 사대부들은 가장 궁극적인 문제를 선거로 여겼으며, 선거의 부실이 사회의 혼란을 만들어 냈고 풍속을 파괴하였다고 인식했다. 이것에 대해 가나야 오사무(金谷治)는 왕부나 중장통, 혹은 몇몇의 사대부들이 공통적으로 정치에 참여하지 못하고 있던 자신의 불운한 상황에 대한 분노와 기대를 저작에서 표현하였기 때문이라고 하였다.[92] 그러나 이러한 지적이 타당하다 할지라도 대다수의 사대부들이 이런 문제의식을 가지고 있었다면, 이것은 개인의 문제이기보다는 전 사회의 문제일 것이다. 또한 앞에서 살펴본 것과 같이 『후한서』에 선거 문제가 지속적으로 등장하는 것으로 보아 이 문제가 후한의 왕조 말기적인 현상만도 아니라는 것을 알 수 있다. 소공권蕭公權이 『잠부론』의 요지를 단 한마디로 '현자를 등용하고 덕자德者를 숭상하는 치술治術을 발휘할 것을 주장'하는 것이라고 할 만큼[93] 이들 후한 사대부들의 절실함은 선거에 있었던 것이다.

이러한 연구 경향은 최근까지도 지속적으로 보이고 있다. 왕부와 최식의 법치法治에 대해 연구한 와타나베 도이치로(渡部東一郎)는 왕부의

92) 金谷治, 앞의 글, pp.543～544.

93) 蕭公權, 『中國政治思想史 上』(臺北 : 聯經, 1982), p.332.

주된 사회 비판이 선거의 명실불일치名實不一致라고 보았으며, 왕부와 최식이 공통으로 주장하는 법치는 백성을 저해하는 퇴폐한 관리를 배제하는 것을 목적으로 한다고 하였다. 그리고 궁극적인 그들의 목적은 선거 실질의 회복이었다고 하였다.[94] 서간의 정론政論에 대해 연구한 구시다 히사하루(串田久治)는 서간의 중요한 두 가지 정치적 주장 역시 현자의 등용과 상벌을 도덕으로부터 독립시키는 것이라고 하였다.[95] 물론 후한 사대부들의 현실 비판과 그에 따른 명실론名實論을 적극적인 경세론經世論으로 이해하고자 하는 입장이 없는 것은 아니다.[96] 그러나 한편으로 미야자키 이치사다(宮崎市定)는 당고를 평가한 글 중에서 후한 사대부들이 특별한 정치적 의식을 가진 것이 아니라 단순히 환관 일당이 정권을 장악하고 농단하는 것에 대해 반감을 갖고 그들을 공격한 것이기 때문에 당고 안에서 특별한 이슈를 찾기란 힘들다고 하였다.[97] 또한 후외려侯外廬도 후한말 사대부들이 현실에 대해 날카로운 비판을 행한 것은 인정되지만 그들은 구체적인 개혁의 방안을 제시하지 못했다고 했다.[98] 가나야 오사무에 의하면, 다만 그들은 공통적으로 재야의 현사를 발탁할 것을 주장했던 것이다.[99] 이것은 당시 후한 사대부들의 무력감을 보여 주는 것임과 동시에 그들이 모든 문제의 근원을 선거에 두고 있었음을 알려 주는 것이다.[100]

---

94) 渡部東一郎, 「後漢における儒と法-王符と崔寔を手掛かりに」, 『集刊東洋學』 78(1997), pp.25～27.

95) 串田久治, 「徐幹の政論-賢人登用と賞罰」, 『愛媛大學法文學部論集』(文學科編) 18(1985), pp.109～116.

96) 崔振默, 앞의 글, p.13.

97) 宮崎市定, 「漢末風俗」, 『中國古代史論』(東京 : 平凡社, 1988), p.298(原載 『日本諸學振興委員會研究報告 特輯四篇・歷史學』 1942年).

98) 侯外廬, 『中國思想通史』(北京 : 人民, 1957), p.451.

99) 金谷治, 「後漢の思想家たち」, 『金谷治中國思想史論集(上卷)-中國古代の自然觀と人間觀』(東京 : 平河, 1997), p.535.

물론 당시의 사회적 문제를 모두 선거만으로 설명할 수는 없을 것이다. 그러나 사대부들 스스로가 학문을 닦음으로써 자신을 완성하고, 그 도를 천하에 펴는 의로운 행위를 하여 사회에 책임을 다할 수 있다고 여겨 그 유일한 방법으로 관리가 되고자 했다면, 그들이 생각한 사회개혁의 논리가 선거로부터 시작됨은 어쩌면 너무나 당연한 일이 아닐 수 없다. 그래서 그들이 생각한 정치적 이상은 그러한 사대부의 정치적 권리와 의무의 행사가 보장되는 정치체제의 구축이었던 것이다. 그것이 선거의 실질이 회복되는 것임은 두말할 나위도 없을 것이다. 그래서 '풍속조폐'의 상태나 '패속상풍', '시정조폐', 그리고 '속미혼'의 상태를 변화시킬 수 있는 것은 다름 아닌 선거의 명실일치였던 것이다.

2) 후한시기 선거의 의미

살펴본 바와 같이 후한 사대부들은 선거를 매우 중요하게 여겼고, 모든 정치적 행위의 근본으로 인식하였다. 대표적으로 왕당王堂은 "옛 사람들은 현자를 구함에 노력하고, 책임을 지워 부림에 (모든 것을) 일임하였다. 고로 능히 위로는 청정하게 교화를 이룰 수 있고 아래로는 모든 일이 화목하게 되었다"고 하여[101] 실제에 맞는 선거와 사대부에게 천하의 운영을 일임함으로써 교화를 이룰 수 있다고 여겼다. 안제 친정시기 진충陳忠이 마땅히 현재賢才를 초빙함으로 인해 풍화風化를 도울 수 있다고 여겨 수차례 은일지사隱逸之士와 직도지사直道之士를 천거한 것도 이러한 왕당의 생각과 동일한 것이다.[102]

---

100) 대표적으로 馮友蘭같은 이는 名實論의 실제 의의를 선거에 두었다. 馮友蘭, 『中國哲學史新編 4』(北京 : 人民, 1986), p.13.

101) "古人勞於求賢, 逸於任使, 故能化淸於上, 事緝於下"(『後漢書』 卷31, 「王堂傳」, p.1105).

『후한서』에 선거의 중요성을 강조하는 기사가 많이 등장하는 것은 이와 같은 당시의 관념과 무관하지 않을 것이다. '양재良才를 선발하는 것은 정치를 행하는 근본'[103]이라는 말과 선거가 '국가 존망의 근본이며 치란治亂의 추기樞機'란 말은[104] 그러한 관념의 적나라한 표현이다. 사대부들은 재이가 일어나는 것은 물론이고[105] 백성의 고통과 원한이 쌓이는 것도,[106] 형벌이 그 마땅함을 잃은 것도, 기강이 잡히지 않는 것[107] 역시 선거가 근원이라 여겼다. 그래서 모든 일의 출발은 현재를 발탁하여 그들을 신중하게 쓰는 것이 된다. 사대부들에게 천하를 안정시키는 데 무엇보다 선거가 가장 중요한 수단으로 인식되었다는 것은 황제의 가장 중요한 정치 행위가 사대부의 발탁에 있다는 것을 말해 줌과 동시에 후한의 사대부들이 이미 독자적인 하나의 정치적 집단으로 성장하였음을 보여 주는 증거가 된다.

후한 사대부들이 황제권력으로부터 독립적이고 자율적인 자신들만의 세계를 구축할 수 있었던 것은 무엇보다도 정기적으로 선거가 시행되었기 때문이다. 후한 선거에 대한 연구에 의하면 후한 선거의 특징은 ㉠ 모든 선거 과목의 효렴孝廉으로의 통일, ㉡ 효렴 당선자의 많은 수가 지방 정부의 요직[우직右職] 경험자, ㉢ 벽소辟召의 성행, ㉣ 관료

---

102) "及鄧太后崩, 安帝始親朝事. (陳)忠以爲臨政之初, 宜徵聘賢才, 以宣助風化, 數上薦隱逸及直道之士馮良・周燮・杜根・成翊世之徒"(『後漢書』 卷46, 「陳忠傳」, p.1556).

103) "選擧良才, 爲政之本"(『後漢書』 卷4, 「和帝紀」, p.176).

104) "必先審擇其人, 是故國家存亡之本, 治亂之機"(『潛夫論』, 「本政」, p.90).

105) "辛卯, 詔曰 : 閒者以來, 吏政不動, 故灾咎屢臻, 盜賊多有. 退省所由, 皆以選擧不實, 官非其人, 是以天心未得, 人情多怨"(『後漢書』 卷6, 「順帝紀」, p.261).

106) "今選擧不實, 邪佞未去, 權門請託, 殘吏放手, 百姓愁怨, 情無告訴. 有司明奏罪名, 幷正擧者"(『後漢書』 卷2, 「明帝紀」, p.98).

107) "又選擧乖實, 俗吏傷人, 官職秏亂, 刑罰不中, 可不憂與!"(『後漢書』 卷3, 「章帝紀」, p.133).

층의 고정화, ㉤ 관료화된 호족의 향론鄕論 지배 등으로 정리된다.[108] 이 중 효렴 당선자의 많은 수가 우직 경험자라는 것과 관료층의 고정화, 관료화된 호족의 향론 지배는 결국 하나의 현상이라고 할 수 있다. 선거가 추천제로, 향당鄕黨의 명망을 근거로 해서 이루어졌기 때문에 선거권을 가지고 있는 군태수의 결정은 결국 당해 지역의 호족이나 관료화된 호족의 영향을 받을 수밖에 없었다. 그래서 결국에는 지방의 우직 경험자가 선거를 통해 중앙으로 나갈 수 있었던 것이다. 이것은 다시 관료층의 고정화를 촉진하게 되었다.[109] 여기서 고정화라는 것은 단순히 전한과 같이 서민층의 진출이 제약되어 호족들이 선거를 독점한다는 것을 뜻하는 것만은 아니고, 지역의 호족 사회가 계층화되는 것에 의해 중앙의 관료 진출도 계층화되어 지역의 등급과 중앙의 등급이 일정 수준으로 맞춰지는 것을 말한다.[110] 벽소 역시 명망을 기준으로 한다는 점에서 정도의 차이는 있을 수 있으나 효렴 선거와 동일한 결과를 초래했다.

이러한 현상은 지방관이 갖고 있던 선거의 자율성에서 파생된 것인데, 그만큼 후한의 선거는 사대부 사회의 독점물이었다. 그렇다고 이것이 지방관 개인의 의사와 의지에 의해서만 가능했던 것은 아니다. 지방관은 중앙으로부터 파견되었기 때문에 중앙 유력자(결국 이들이 관료화된 호족일 것이다)의 청탁을 수용해야만 했으며, 부임지에서는 타지인이기 때문에 당해 지역의 통치를 위해 지역 유력자(지방 호족)의 협력이 필요했다. 그러므로 선거는 결국 지방관 한 사람의 자율성에 기초한다기보다는 사대부 사회의 자율성에 기초하고 있다고 해야 할

108) 永田英正, 「漢代の選擧と官僚階級」, 『東方學報』 41(1970), pp.184～192 ; 東晋次, 「後漢時代の選擧と地方社會」, 『東洋史硏究』 46-2(1987), pp.33～34.

109) 永田英正, 위의 글, pp.184～185.

110) 東晋次, 위의 글, pp.38～45.

것이다. 선거가 이렇게 사대부 사회 전체의 공유물이 되어 간다는 것은 서민층이 선거로부터 소외되었다는 것과 함께 황제권력 역시 선거로부터 소외되었다는 것을 의미하기도 한다.

후한 선거 특징 중 당선자가 거의 우직 경험을 가지고 있고, 대부분 호족 출신자였다는 점은 호족이 지방과 중앙을 아울러 모든 관계官界 진출로를 장악하고 있다는 것을 알려 준다. 이것을 통해서 당시 다양한 사회의 모습을 도출할 수 있겠으나 결론적으로 이것은 특정 계층이 서로 끊임없이 추천해 주고 추천 받는 가운데서 스스로의 계층을 재생산하게 되었다는 것을 의미한다.[111] "국가를 다스리는 데 가장 중요한 것은 반드시 마땅한 인물을 얻는 것에 있으며, 보은報恩의 의義 중 사대부를 추천하는 것보다 큰 것이 없다"[112]라는 동평왕 창의 상소의 일부는 이러한 사대부 사회의 구조와 그 구조에 대한 사대부들의 관념을 명확하게 보여 준다.

이렇게 하나의 구조를 만들어 낸 후 사대부들은 자신들이 만들어 낸 이 구조가 위협받을 때 격렬하게 대응하였다. 후한말 "세간에서는 돌아다니며 관직을 구하는 데 힘쓰고 권세를 가진 이들 또한 서로 추천하여 이끌고 있다",[113] "이때 권세 있는 부호의 자제는 인사 관계로 인해 추천 받았으며, 빈천하나 지절志節을 지키는 자는 궁핍하게 퇴직함

111) 東晉次는 당시 호족층이 선거를 독점할 수 있었던 것은 호족이 지방관에 대해 정치적 발언권이 세진 것 때문이 아닌, 賓客을 동원한 風謠, 혹은 폭력적인 위협에 의해 향리사회의 여론을 좌지우지한 결과라고 보았다(東晉次, 「後漢末の淸流について」, 『東洋史硏究』 32-2(1973), p.40). 그러나 黨錮時期 八顧, 八俊, 八及 24명이 同鄕의 門生故吏 관계로 얽혀 있다는 점은 폭력적인 행위의 결과이기보다는 사대부 사회가 이미 폐쇄적이며 자율적으로 운영되고 있음을 잘 보여 준다고 할 것이다.

112) "臣聞爲國所重, 必在得人 ; 報恩之義, 莫大薦士"(『後漢書』 卷27, 「吳良傳」, p.943).

113) "世務游宦, 當塗者更相薦引"(『後漢書』 卷49, 「王符傳」, p.1630).

으로써 버려졌다"[114] 등의 상황은 특정인들의 결당으로 인해 일반 사대부가 정치적인 권리를 행사할 수 없게 되었음을 알려 준다. 후한말 일련의 저작들에게서 보이는 비판 의식이 이러한 상황 속에서 나왔음은 자명하다. 염철회의에서 전한 사대부들이 자신의 효용성을 선전하면서 참정 기회의 확대를 요구하고, 선제宣帝의 친정을 비판하며 사대부와의 공치共治를 주장하던 것에서 더 나아가 이제 후한 사대부는 독자적인 권력 재생산의 권리를 행사하고자 했던 것이다.

3. 후한 사대부의 자율성과 책임의식

지금까지 후한 사대부들의 정치적 이상을 선거와 관련해서 살펴보았다. 그런데 선거란 단순히 사대부 개인의 정치적 이상을 실현하는 도구만은 아니다. 선거는 궁극적으로는 사대부 사회의 고정화와 재생산에 기여하였다. 그렇기 때문에 선거의 자율성은 사대부 사회를 유지시키는 힘이며, 외부의 권력으로부터 사대부 사회를 지키는 힘이 된다. 사대부 사회는 자신들의 세계를 붕괴시키는 어떠한 힘으로부터도 자신들을 보호하려고 하였다.

후한말 보정 이외에 사대부의 선거에 개입하게 된 세력이 등장하는데, 바로 환관들이 그들이다. 이들은 후한말 보정과 더불어 선거 부실에 가장 큰 영향을 미쳤던 집단이다. 다음에서는 사대부들이 환관의 선거 개입에 대해 어떻게 생각했고, 선거 부실 문제를 어떻게 해결하려고 했는지를 살펴보고자 한다. 이를 통해 당시 사대부들의 정치적 자율성과 정치적 이상의 내용을 파악할 수 있을 것이다.

114) "時權富子弟多以人事得舉, 而貧約守志者以窮退見遺"(『後漢書』 卷61, 「黃琬傳」, p.2040).

1) 환관에 대한 사대부의 인식

후한말 환관에 대한 사대부들의 격렬한 반응이 '환관의 자제들이 (지방의) 영장이 되는 것(宦官子弟爲令長)'115)에서 말미암았다는 것은 잘 알려진 사실이다. 보정들의 사권화가 선거 문란이었던 것과 같이 환관의 문제 역시 선거를 독점한다는 것이었다.116) 이것은 곧 사대부가 입사할 수 있는 기회를 박탈한다는 뜻이다.

⑲ 옛 제도에 의하면 환관의 자제는 관직에 올라 권세를 잡을 수 없습니다. 그러나 지금은 그들의 친척들과 빈객들이 관부에 늘어서 있습니다. 혹자는 나이도 어리고 능력도 범용한데도 수재守宰의 직위에 올라 있으니 상하가 분노하고 사방이 염려하고 있습니다.117)

⑳ 이때 중상시中常侍 장방張防이 특히 권세를 이용하여 매번 청탁을 접수하며 뇌물을 받았다.118)

㉑ 중상시 구원具瑗이 그 자제 공恭을 무재茂才에 추거推擧할 것을 청탁하였다.119)

㉒ 또 조서에서 시중・상서・환관의 자제가 관리가 되어 효렴자를 찰거察擧하는 것을 금지하는 이유는 그들이 위망과 권세를 가지고 청탁을 용납할까 하는 이유에서입니다. 그러나 중상시는 천자의 곁에 있는지라 위세가 하늘을 진동하며 자제의 녹의 증가와 승진에 한계가 없습니다. 비록 밖으로는 겸손하고 조용한 척하며 주군州郡에 간섭하지 않는 것처럼 하지만 아첨하고 위장하는 무리들은 권력에 편

---

115) 『後漢書』 卷67, 「黨錮 杜密傳」, p.2197.

116) "桓帝延熹二年, 誅大將軍梁冀, 而中常侍單超等五人皆以誅冀功並封列侯, 專權選擧"(『後漢書』 卷57, 「李雲傳」, p.1851).

117) "舊典, 中臣子弟不得居位秉埶, 而今枝葉賓客布列職署, 或年少庸人, 典據守宰, 上下忿患, 四方愁毒"(『後漢書』 卷54, 「楊秉傳」, p.1772).

118) "時中常侍張防特用權埶, 每請託受取"(『後漢書』 卷58, 「虞詡傳」, p.1870).

119) "中常侍具瑗託其弟恭擧茂才"(『後漢書』 卷67, 「黨錮 蔡衍傳」, p.2209).

승해서 추거하고 있습니다.[120]

위의 기사들은 환관들의 선거 장악으로 인해 발생한 일을 비판하고 있는데, 청탁으로 인해 환관의 자제나 그 당파들만이 관직에 나가게 된다는 것이다. 이러한 부적격자의 관리 임명은 종국에는 '충신이 관계에 나오지 못하는(忠臣不進)' 사태를 초래하는 것이기에[121] 사대부들이 환관에게 갖는 불만은 상당했을 것이다. 한편 이렇게 부실한 선거를 통해 환관의 자제와 그 당파들이 임관된다는 것은 사대부가 주인인 지방 사회에 환관의 세력이 침투한다는 것을 의미한다. 지방 사회에서의 환관 세력의 폐해는 "그들이 백성에게 하는 행태가 도적과 다를 바가 없다"고[122] 표현되고 있는데, 그 구체적인 형태는 불법적인 영리 활동이 대부분이었던 것으로 보인다. 특히 이들은 대다수의 빈객을 이용하여 강제로 지역 농민의 재산을 탈취하는 불법적인 활동을 하였다.[123] 이러한 해민害民 행위로 인하여[124] 한말 당고를 지역 사회를 유지하려

---

120) "又詔書所以禁侍中尙書中臣子弟不得爲吏察孝廉者, 以其秉威權, 容請託故也. 而中常侍在日月之側, 聲埶振天下, 子弟祿仕, 曾無限極. 雖外託謙默, 不干州郡, 而諂僞之徒, 望風進擧"(『後漢書』 卷63, 「李固傳」, pp.2075~2076).

121) 『後漢書』 卷58, 「傅燮傳」, p.1874.

122) "兄弟姻戚皆宰州臨郡, 辜較百姓, 與盜賊無異"(『後漢書』 卷78, 「宦者 單超傳」, p.2521).

123) 『後漢書』에는 환관의 子弟가 일으킨 지역에서의 문제가 등장할 때 "賓客放縱"(卷29, 「郅壽傳」, pp.1032~1033), "僕從賓客侵犯百姓"(卷78, 「宦者 侯覽傳」, p.2522), "交通賓客, 干亂郡國"(卷78 「宦者 侯覽傳」, p.2523)이라 하여 빈객의 불법적인 행위를 묘사한 내용이 함께 기술되어 있다.

124) 江幡眞一郎는 특히 "五侯宗族賓客虐徧天下, 民不堪命, 起爲寇賊"(『後漢書』 卷78, 「宦者 單超傳」, p.2522)이나 "時中常侍蘇康・管霸用事於內, 遂固天下良田美業, 山林湖澤, 民庶窮困"(『後漢書』 卷67, 「黨錮 劉祐傳」, p.2199)같은 기사는 농민층의 분해와 농촌 사회의 붕괴 원인이 환관의 폐해에 있다는 것을 보여 준다고 하였다. 江幡眞一郎, 「後漢末の農村の崩壞と宦官の害民について」, 『集刊東洋學』 21(1969), p.21.

는 청류清流 호족과 지역 사회의 파괴자인 탁류濁流 호족의 대결로 보고, 당고로부터 황건난黃巾亂까지를 연속선상에서 사회적인 저항 운동으로 파악한 연구도 있다.[125]

하지만 사대부들이 환관의 폐해를 인식함에 가장 문제되었던 것이 탁류 호족의 지방 사회 질서의 파괴가 아니라 선거의 독점과 부실이었다는 것은 당고의 성격과 관련하여 다시 고민할 여지를 우리에게 주고 있다.[126] 『후한서』에 서술된 환관의 폐해 중 대부분은 선거 청탁과 부실에 관한 것이다. 예를 들어 「환자전宦者傳」에 등장하는 환관의 폐해를 살펴보면 그 내용은 대략 다음과 같이 분류된다. ㉠ 중앙에서의 청탁과 뇌물로 부실 선거를 조장, ㉡ 사치, ㉢ 자제 및 빈객의 백성 침범, ㉣ 지방 선거에서의 영향력 행사와 청탁, ㉤ 부적절한 영리 행위로 인한 농업 및 농촌의 붕괴 등이다. 그러나 이 중에서도 선거의 부실과 청탁의 사례들이 비교적 자세하게 서술되어 있으며 문제의 근원으로 파악되고 있다. 아래의 기사는 당시 환관 문제를 보는 사대부의 시각을 잘 보여 준다.

(그들은) 단지 많은 녹과 높은 지위를 구하는 것만 아니라 구차스러

---

125) 川勝義雄, 「漢末レジスタンス運動」, 『六朝貴族制社會の研究』(東京 : 岩波書店, 1982).

126) 필자는 구체적 이해관계를 떠난 지역 수호자로서의 모습으로 清流 호족들을 설명하는 것에는 문제가 있다고 생각하는데, 江幡眞一郎의 경우도 사대부가 우려한 것은 환관의 지역에서의 방종과 害民 행위로 인한 질서의 파괴가 아니라 선거를 통해 그들이 지방 사회에서 새로운 지배자로서 당파적 세력을 구성한 것이라고 하였다. 즉 사대부들의 경우 환관이 지금까지 지역 사회에서 기득권자로 존재할 수 있었던 지역적 기반을 분할하는 것에 대해 분노한 것이라고 하여 지역에서의 호족들의 이해를 설명하고 있다. 江幡에 의하면 오히려 농촌사회는 清濁 두 개의 호족 세력이 서로 뒤섞여 分立抗爭함으로 인해 파괴되었다. 江幡眞一郎, 앞의 글, p.31.

> 운 방법으로 사가私家의 이익을 추구하여 재화를 많이 축적했으며 집을 수리한 것이 마을과 마을에 이어져 있고 거리에 가득 찼다. 어수御水를 사사로이 취해서 낚시터로 만들고 거마車馬와 의복, 장식품들은 천자에 비겼다.……주목州牧·군수郡守들은 그들의 뜻에 따라 벽소辟召하고 선거하니 현자를 버리고 우자愚者를 취하였다. 고로 해충의 재이가 발생하고 이구夷寇가 흥기하였다.[127]

위의 기사는 환관들의 여러 폐해를 서술하고 있지만, 결국은 재이를 발생시키고 이적이 반란을 일으킨 핵심적인 원인으로 선거의 문제를 들고 있다. 미야자키 이치사다는 후한 당고는 사대부들이 오직 환관이 정권을 장악했다는 것에 대한 불만이라는 단순한 문제로 인해 발생했다고 하였는데, 이것이 단순한 문제만은 아니다. 환관의 정권 장악은 곧 선거의 독점으로 이어지고, 이는 결국 사대부의 정치적 진출이 박탈된다는 것을 의미하기 때문이다. 그것은 사대부의 존재 자체를 위협하는 것이며, 사대부 사회의 존속을 위협하는 것이기 때문에 사대부들은 자신들의 정치적 진출을 막는 환관의 선거 독점에 대해 극렬하게 대응했던 것이다.[128] 보정의 선거 독점 역시 문제가 되었지만 환관의 선거 독점은 그것에 비할 바가 아니었을 것이다. 앞서 살펴본 것과 같이 보정의 경우는 정상적인 인재 발탁의 창구를 가지고 있었고, 그것을 통해 많은 인재가 발탁된 것도 사실이다. 그러나 환관의 경우는 정상적인 인재 발탁의 창구가 전혀 없는 상태에서 오로지 청탁과 뇌물에

127) "不惟祿重位尊之責, 而苟營私門, 多蓄財貨, 繕修第舍, 連里竟巷. 盜取御水以作魚釣, 車馬服玩擬於天家……州牧郡守承順風旨, 辟召選擧, 釋賢取愚. 故蟲蝗爲之生, 夷寇爲之起"(『後漢書』 卷78, 「宦者 曹節傳」, p.2526).

128) 후한말 당고를 어떻게 볼 것인가에 대해 많은 의견이 제시되었지만 그것이 선거라는 재생산 구조의 붕괴에 대해 사대부들이 집단적으로 대항하면서 발생한 것이라는 견해는 주목할 만하다. 渡邊義浩, 앞의 책, p.387.

의해서만 선거에 개입하였다는 것이 문제가 되었다.

더욱이 환관의 권력 행사라는 것이 특정한 기구를 통해 발현되는 것이 아니라는 점은 환관의 권력이 황제권력의 파행적 행사일 수밖에 없음을 말해 준다. 후한시기 환관이 세력을 얻기 시작한 것은 화제가 두헌을 축출하고 친정하게 되었던 시기로, 태후와 두헌 일파에게 장악된 궁정 안에서 황제는 환관에게 기댈 수밖에 없었다. 결국 황제의 수족이라고 할 수 있는 환관은 황제의 지지에 의해서만 존재할 수 있었던 것이다. 때문에 사대부 안에서는 "마땅히 (환관을) 모두 파罷하여 그만두게 하고 널리 유자 중 덕행이 있는 연장자를 선발하여 정사에 참여하게 하자"라는 극단적인 개선안마저 나오게 되는데[129] 이것은 황제권에 대한 압력이 아닐 수 없다.[130]

환관의 선거 부실이 사대부 사회를 파괴함에 따라 사대부들은 반환관反宦官의 태도를 분명히 하였다. 그러나 환관의 권력이 황제권력의 연장이라고 한다면 반환관의 태도는 자칫 반황권의 문제를 일으킬 수 있다. 와타나베 요시히로(渡邊義浩)의 설명처럼 선거에 개입하는 환관의 권력 행사 형태가 결국에는 환관에 대한 총애를 통하여 황제 스스로 공적인 기구를 무시하고 국가를 사적으로 운영하는 모습이라고 한다

129) "宜皆罷遣, 博選耆儒宿德, 與參政事"(『後漢書』 卷43, 「朱穆傳」, p.1472).

130) 崔振默은 후한말 천하 대란이 환관으로부터 유래했다는 사대부들의 인식은 결국 환관 전권으로부터 황제권을 회복·확립하여 사회 질서를 바로잡고자 하는 논리를 만들어 냈다고 보았다(崔振默, 앞의 글, p.22). 그러나 환관 전권의 성격이 황제가 공적 질서를 무시하고 사적으로 자신의 권력을 확장한 결과라는 점에서 이러한 지적은 부적절한 것으로 보인다. 이에 대해 好並隆司는 환관은 외척이 호족 정권적 경향을 보이는 것과는 달리, 이념상 황제 독재 체제를 기도한다고 하였다. 下倉涉 역시 후한시기 환관이 중용된 것은 황제 독재권 강화를 목적으로 한 것이라고 하였다. 好並隆司, 「曹操政權論」, 『岩波講座 世界歷史 5-東アジア世界の形成Ⅱ』(東京 : 岩波書店, 1970), p.57 ; 下倉涉, 앞의 글, p.46.

면,[131] 환관에 대한 반대는 황제권의 자의적인 발동 그 자체에 반대한다는 성격을 가질 것이다. 그럼에도 불구하고 후한 사대부들은 환관의 폐지마저 주장하며 황제를 압박하였다. 이사李斯는 '인주人主가 되어 뜻대로 행동하지 못하는 것을 천하의 질곡'이라 하며 황제권의 자의적인 행사를 옹호했지만[132] 후한의 사대부들은 황제권력이라 하여도 자의적으로 사대부 사회를 파괴할 수 없다고 생각했던 것이다. 사대부의 자율성이라고 했을 때 이는 바로 이러한 황제권력 밖에 존재하는 질서를 말하는 것이다.

2) 삼공의 복권과 사대부의 공천하 의식

한대 사대부의 공천하公天下 관념과 관련하여 김한규金翰奎는 그 특징을 다음과 같이 정리하였다. ㉠ 공천하 관념의 주체자는 문학지사 출신의 유가주의적 관료들이었다. ㉡ 그들이 천하의 공적 성격을 강조함으로써 성취하려는 목적은 황제의 자의적 권력 행사를 제한하는 데 있었다. ㉢ 공천하 관념이 돌연히 부활되어 문학지사의 구설口說에 회자되기 시작한 시기가 성제成帝 이후 황제권력과 호족 세력의 갈등이 심화되고 외척 세력과 황제권력이 결합하기 시작한 시기와 일치한다.[133]

공천하 관념은 사실상 한대 사대부의 정신적 원류를 보여 준다는 측면에서 중요한 의미를 가지고 있다. 세 가지 특징 중에서도 특히 두 번째, 황제권의 행사 문제는 사대부들의 군신관君臣觀 혹은 치국관治國觀을 잘 보여 준다. 여기서는 사대부들이 군과 신의 관계를 어떻게 설정했는가를 그들의 삼공관三公觀을 통해 살펴보고자 한다.

131) 渡邊義浩, 앞의 책, pp.343, 1475.

132) "昔李斯教秦二世曰:「爲人主而不恣睢, 命之曰天下桎梏」"(『三國志 · 魏書』 卷25, 「高堂隆傳」, p.715).

133) 金翰奎, 『古代中國的世界秩序硏究』(서울 : 一潮閣, 1982 : 1992), p.98.

알려져 있는 것과 같이 삼공의 권력이 약해진 것은 한무제漢武帝 이후다. 비록 삼공의 권한과 관련하여 "한나라 제도의 구사舊事에 따르면 승상丞相이 요청한 것 중 황제가 들어주지 않는 것이 없다"[134]나 "삼공의 직은 무소불통無所不統이다"[135]라는 기사를 전적으로 믿을 수는 없다고 해도 전국시기의 재상 권력이 상당히 강했던 만큼 전한 초기 삼공의 권한도 아주 약하지는 않았을 것으로 생각된다. 그러나 무제 이후 삼공이 된 이들은 대부분 특별한 재능을 가진 자가 없어 흉노匈奴의 선우單于마저 "한이 승상을 설치하였지만 현자를 임용하지는 않았다"고 하였다.[136] 그래서 삼공부三公府는 점차 인원만이 구비되어 있는 상태가 되었다. 특히 광무제는 왕망王莽의 찬탈을 경험한 결과 권신의 등장을 구조적으로 막기 위해 삼공권을 의도적으로 축소하게 된다.

그런데 황제의 이러한 삼공권 축소에 대해 사대부들은 다른 견해를 가졌던 것으로 보인다. 다소 길지만 아래 중장통의 『창언』 중 「법계法誡」편의 내용을 살펴보는 것이 좋겠다.

> 광무황제가 수세에 걸친 실권에 분노하고, 강신彊臣이 권력을 탈취하여 사악함을 바로잡는 데 분수를 넘어섬을 분하게 여기셔 권력을 신하에게 위임하지 않았다. 비록 삼공이 설치되어 있었으나 모든 일은 (상서) 대각臺閣으로 귀속되었다. 이래로 삼공의 직이라는 것이 인원이 설치된 것뿐이었다. 그러나 정치가 잘 행해지지 않으면 (이들 삼공이) 면책되었다. 권력이 외척에게 이전되고 근신近臣인 환관에게 총애가 내려져, 같은 당인을 친하게 여기고 사인私人을 기용하니 안으로는 경사를 채우고 밖으로는 군에 퍼져 있어 현우賢愚의 구분이 무너지고 선거가 바뀌어 우둔한 자가 변경을 지키며 탐욕하고 잔혹한 자가 백성을 다스

134) "漢典舊事, 丞相所請, 靡有不聽"(『後漢書』 卷46, 「陳忠傳」, p.1565).
135) "三公之職無所不統"(『後漢書』 卷54, 「楊秉傳」, p1774).
136) "漢置丞相, 非用賢也"(『漢書』 卷66, 「車千秋傳」, p.2884).

> 리니 백성을 어지럽히고 괴롭히며 사이를 격동시켜 반란을 초래하니 백성이 고초를 겪는다. 원기가 모아져 음양이 조화를 이루지 못하고 삼광三光의 출현이 어그러지고 괴이한 현상이 누차 이르며 해충이 곡식을 갉아먹으며 수재와 한발이 재난을 이루었으니 이 모든 것이 척환戚宦의 신하가 만든 것이다. 그러나 오히려 삼공을 문책하고 심하면 사형 또는 면책으로 처리하니 창천을 울부짖으며 큰소리로 울며 피눈물을 흘리게 된다.……광무황제가 삼공의 중권重權을 탈취한 이후로 지금에 이르러 더욱 심하여졌는데, 황후의 친척들에게 권세를 내 주지 않는다면 수세 이후에는 행해지지 않을 것이니 이것이 친소의 세력 차이이다. 모후의 무리와 황제 좌우인은 모두 지친의 권세이므로 그 귀함으로 만세에 임하는 것이다. 항상 이러한 폐해가 일어나지 않는 때가 없으니 거울 삼지 않는다면 통탄하게 될 것이다. 승상을 설치하여 총괄하게 함만 못할 것이다. 만약 삼공에게 권력을 위임한다면 마땅히 책임을 나누어 이룸을 독책督責할 것이다.[137]

중장통은 모든 정치적 문제들을 해결하기 위해서는 삼공이 권력을 회복해야 한다고 말하고 있다. 그는 근친자가 사권을 이용하여 선거를 부실하게 행함으로 인해 백성의 고통과 사이의 반란이 일어나게 되었다고 분석하고 있는데, 근친자들이 자신들의 정치적 능력에 의해 권세

---

137) "光武皇帝慍數世之失權, 忿彊臣之竊命, 矯枉過直, 政不任下, 雖置三公, 事歸臺閣. 自此以來, 三公之職, 備員而已. 然政有不理, 猶加譴責. 而權移外戚之家, 寵被近習之豎, 親其黨類, 用其私人, 內充京師, 外布列郡, 顚倒賢愚, 貿易選擧, 疲駑守境, 貪殘牧民, 撓擾百姓, 忿怒四夷, 招致乖叛, 亂離斯瘼. 怨氣並作, 陰陽失和, 三光虧缺, 怪異數至, 蟲螟食稼, 水旱爲災, 此皆戚宦之臣所致然也. 反以策讓三公, 至于死免, 乃足爲叫呼倉天, 號咷泣血者也…… 光武奪三公之重, 至今而加甚, 不假后黨以權, 數世而不行, 蓋親疎之勢異也. 母后之黨, 左右之人, 有此至親之勢, 故其貴任萬世. 嘗然之敗, 無世而無之, 莫之斯鑒, 亦可痛矣. 未若置丞相自總之. 若委三公, 則宜分任責成"(『昌言』, 「法誡」, pp.951上~951下).

를 잡은 것이 아니라 귀함을 이용해 권세를 잡았기 때문에 선거에 있어 문제를 일으킬 수밖에 없다는 것이다. 그래서 그 해결책으로 삼공이 실재적인 권력을 장악하는 것을 제시하고 있다. 중장통 이전 낭의 역시 재이에 대한 대책 중에서 작금의 재이는 재상권이 허실화되면서 일어난 것이라고 하며 재상권의 회복을 주장하였다.[138]

이것은 구조적으로 근친자의 등장을 막고자 한 것인데, 황제권력의 사적 운영을 구조적으로 불가능하게 하겠다는 의도라 할 수 있다. 삼공권에 대한 지적은 문제의 핵심을 구조적인 것에서 찾았다는 점에서 지금까지의 단순한 풍속 비판이나 외척·환관에 대한 비판보다 구체적이다.[139] 이것이 중장통이 살았던 시기의 현실 문제가 훨씬 심각했기 때문인지, 아니면 그의 정치적 성향의 특성 때문인지는 모르겠으나 이 시기의 사대부들이 황제권에 대한 압력을 구조적으로 해결하려고 하는 생각까지도 가지게 된 것만은 틀림없다.

그렇다면 삼공이 실재적인 권력을 장악하는 것을 사대부들은 어떻게 이해하고 있었을까?

㉓ 무릇 현자를 추천하여 국가를 돕는 것은 재상의 직무이옵니다. 소하蕭何가 한신韓信을 천거하여 단壇을 설치하고 그를 (대장군大將軍의 직職에) 배수하니 다시 살펴 시험함이 없었습니다.[140]

㉔ 지금 선거의 권한이 지방의 목수牧守에게 있는데 삼부로 위임해야만 합니다.[141]

---

138) “今三公皆令色足恭, 外厲內荏, 以虛事上, 無佐國之實, 故淸濁效而寒溫不效也, 是以陰寒侵犯消息”(『後漢書』 卷30下, 「郎顗傳」, p.1059).

139) 內山俊彦, 「仲長統-後漢末一知識人の思想と行動-」, 『日本中國學會報』 36(1984), pp.58～59.

140) “夫薦賢助國, 宰相之職, 蕭何擧韓信, 設壇而拜, 不復考試”(『後漢書』 卷27, 「吳良傳」, p.943).

141) “今選擧牧守, 委任三府”(『後漢書』 卷30下, 「郎顗傳」, p.1056).

㉕ 당시 삼공부의 직권이 경미하여 중요한 일은 모두 상서에게 위임되어 있었다. 그러나 재이 변고가 발생하면 번번이 삼공이 문책당하여 면직되니 진충陳忠이 (이러한 사례는) 국가의 구체舊體가 아니라고 여겨 상소하여 간언하였다. "……(조정에) 들어서는 참여하여 정사를 의논하고, 나가서는 감찰하고 시비를 가려야 합니다. 한의 옛 관례에 의하면 승상이 청한 바를 군주가 듣지 않을 수 없었습니다. 지금 삼공은 비록 그 이름을 가지고 있으나 실제가 없습니다. 인재의 추천과 상벌의 주관은 모두 상서에서 담당하여 상서에 임용되면 삼공보다 중하게 된 것이 국운이 쇠퇴한 이래 이미 오래되었습니다.……"[142]

기사 ㉔와 ㉕를 보면 삼공의 권력 회복이라는 것이 삼공의 선거권 장악에 있다는 것을 알 수 있다. 『동한회요東漢會要』「선거하選擧下」의 삼공 선거에 따르면 건무建武 12년(36) 조서에 의해 삼공이 무재茂才 각 1인과 염리廉吏 각 2인을 선발한 것을 시작으로 선거권을 가지게 되었다.[143] 그러나 화제시기 진충의 상소에서 알 수 있는 것과 같이 이후 인재의 추천과 상벌의 주관이 모두 상서에게 귀속되게 되었다. 최근의 연구들 중에는 후한의 삼공이 일반적인 견해와는 달리 선거권은 물론이고 관리의 탄핵, 고과考課에 관한 권한 등 국정 전반에 걸쳐 실질적인 권한을 가지고 있다는 견해들이 제출되었지만,[144] 태위太尉 양진楊震

142) "時三府任輕, 機事專委尙書, 而灾眚變咎, 輒切免公台. 忠以爲非國舊體, 上疏諫曰:「……入則參對而議政事, 出則監察而董是非. 漢典舊事, 丞相所請, 靡有不聽. 今之三公, 雖當其名而無其實, 選擧誅賞, 一由尙書, 尙書見任, 重於三公, 陵遲以來, 其漸久矣……」"(『後漢書』 卷46, 「陳忠傳」, p.1565).

143) 『東漢會要』, 「選擧下」, p.401.

144) 대표적인 연구로는 祝總斌, 『兩漢魏晉南北朝宰相制度硏究』(北京 : 中國社會科學, 1990) ; 黃宛峰, 「"雖置三公, 事歸臺閣"考辨」, 『秦漢史論叢 第五輯』(北京 : 法律, 1992) ; 下倉涉, 「「三公」の政治的地位について」, 『集刊東洋學』 78(1997)을 들 수 있다. 그 중에서도 祝總斌은 필자가 삼공권 축소의 근거로

이 경보耿寶의 선거 청탁에 대해 "만일 조정에서 삼부로 하여금 벽소하게 하려면 마땅히 상서를 통해 황제의 조서가 내려와야 한다"[145]고 한 말은 당시 삼공부의 벽소권이 자율적인 것이 아니라는 것을 알 수 있게 해 준다. 물론 양진의 말이 경보의 선거 청탁을 거부하기 위해 다소 과장된 면이 있을 수도 있으나, 결국 삼공부의 벽소가 조령詔令과 황제의 비서관인 상서라는 조직의 의도에 의해 거부될 수 있음은 삼공의 선거권이 자율적이지 못함을 말해 준다. 그러므로 삼공의 선거권 장악이라는 것은 상서에서 담당하는 모든 일이 삼공에게 귀속되는 것을 말한다.

이렇게 본다면 당시 사대부들이 삼공권을 회복하고자 하는 것은 궁극적으로는 선거에 있어 자율권을 획득하고자 하는 것임을 알 수 있다. 황제가 황제의 권력을 집행하기 위해서 설치한 관료 기구는 이제 황제의 권력이 집행되는 공간임과 동시에 사대부들의 존재 실현 공간이기도 하였다. 그들은 선거를 통해서만 이 공간에 들어올 수 있었고, 선거가 자신들의 정치적 책임을 실현하는 유일한 방법이었기에 선거 부실을 가장 절박한 문제로 설정하였던 것이다. 당시 풍속 교정의 핵심적인 내용이 선거의 명실일치였다는 것은 그것을 잘 보여 준다. 또한 황제권이라 할지라도 선거에 임의적으로 개입하는 것에 대해서는 집단적으로 대항하였다. 황제권에 대한 대항이라는 것은 결국 황제와 무관하게 사대부들만의 자율성이 존재한다는 것을 의미할 것이다. 이러한 자율성의 보장이 정치적으로는 삼공의 선거 장악이라는 요구로 등장한 것이다.

들고 있는 중장통의 『창언』 기사에 대해 조조의 승상 즉위와 맞물려서 작성된 것으로, 조조의 세력 강화라는 필요를 위해 중장통이 고의로 후한 승상의 권력을 축소해서 서술하였다고 하였다. 같은 책, pp.119～120.

145) "如朝廷欲令三府辟召, 故宜有尙書勑"(『後漢書』 卷54, 「楊震傳」, p.1763).

위와 같은 삼공의 정치적 실권 회복의 문제는 사실상 삼공 자체의 문제가 아니라 삼공을 수장으로 하는 전한 무제 이전의 정치 구조의 회복이라는 측면으로 생각해야 할 것이다. 무제시기 만들어졌다는 내조內朝의 실체에 대해서는 여전히 의문이 존재하여 단언하기는 어렵지만 무제시기를 기점으로 기존의 황제 지배의 기능이 체제에서 황제 개인에게 이행되었다고 고찰한 니시지마 사다오(西嶋定生)의 지적은 주목할 만하다.[146] 그러므로 사대부들이 외척 정치, 혹은 보정 체제의 근원적 문제점의 해결을 삼공을 통한 정치체제의 변혁에서 기대한 것은 자연스러운 반응이라 할 수 있다. 결국 삼공의 복권은 황제의 자의적인 권력 행사를 구조적으로 막으려고 했던 의도에 다름 아닐 것이다.

황제의 자의적 권력 행사를 구조적으로 막으려고 했던 시도는 이미 헌제獻帝 중평中平 6년(189)에 행해졌다. 그 중요 내용은 시중과 황문시랑黃門侍郎이 금중禁中에 출입하게 되면서 황제 근시관에서 환관이 배제되어 황제 근시관이 사인에 의해 장악되게 된 것, 시중과 황문시랑의 인원이 각 6인으로 정해진 것 등으로 황제에 의해 자의적으로 근시관이 설치될 수 있는 가능성은 근저로부터 차단되었다.[147] 이러한 개혁이 후한말에 이루어지기는 했지만, 그 개혁의 내용이 이전에 이고나 주목 등에 의해 꾸준히 주장되었다는 점에서 후한 사대부들은 이미 육조 사대부들의 자율성을 배태하고 있었던 상태였다고 볼 수 있을 것이다.

전한 사대부들이 사대부를 정치적 책임자로 인식하고 사대부의 사회적·정치적 진출을 가능하게 하는 사회적 풍기를 만들기 위해서 노력하였다면, 후한 사대부들은 더 나아가 사대부들의 정치적 활동을 구조적으로 보장받고 자신들의 권력을 안정적으로 재생산하는 구조를 고정화하고자 한 것이다. 즉 사대부들은 선거에 대한 독점권을 보장받

---

146) 西嶋定生,「武帝の死」,『古代史講座 11』(東京 : 學生社, 1965), p.164.

147)『後漢書』卷志26,「百官志三」, p.3594.

고자 하였으며, 사대부들의 동의가 없는 어떠한 권력의 자의적 행사도 반대했다.

후한말 황제권과 길항하던 사대부들은 자신들만의 자율적 질서에 대한 경험을 바탕으로 혼란기에 만들어진 많은 막부에 투신하였다. 그들의 방법과 목표는 달랐을 수도 있을 것이다. 그러나 결국 그들의 목표가 사대부들의 자율적 질서가 보장되는 국가의 건설이라는 점에서 동일하였다고 볼 수 있지 않을까 한다.

맺음말

이 장에서는 양한과 삼국 이후의 육조를 단절적으로 보는 시각에서 벗어나 두 시대를 연속적으로 파악하고, 그 속에서 사대부들의 자율적이고 독자적인 모습이 어떻게 형성·발전하였는가를 고찰하고자 하였다. 이를 위해 사대부들의 정치적 의식을 분석하기 위해 당시 유행하였던 재이론과 후한말 비판적 지식인들의 저작, 그리고 삼공의 복권을 둘러싼 논의를 살펴보았다.

후한은 어느 시기보다도 재이론이 유행한 시기였다. 그래서 후한 사대부들의 정치의식을 확인하기 위해 『후한서』「오행지」를 분석하였다. 『후한서』「오행지」를 분석한 결과 당시 사대부들이 태후나 외척의 정치 참여에 대해서는 전적으로 부정하고 있으나 보정의 정권 장악은 당연한 일로 이해하고 있었음을 알 수 있었다. 이것은 외척과는 달리 보정이 당시 사대부들에게 제도로 인식되고 있었음을 보여 주는 것이다. 그러나 역대 보정들 역시 사대부들의 비난의 대상이 되었는데 그것은 보정이 선거를 부실하게 운영했기 때문이었다. 예를 들어 보정자 중 가장 빈번하게 비난의 대상이 되었던 양기의 경우, 그에 대한 비난의 대부분이 선거와 관련되어 있었다. 후한 사대부들은 가장 중요한 권력자의 역할을 인재의 발탁이라고 여겼다. 그러나 양기는 현재를 발탁하기는커녕 선거 청탁으로 인해 지방관의 자율적인 선거권을 제약하며 사대부들의 정상적인 입사로를 제한하여 비판받았다.

후한 사대부들에게 선거는 존재를 실현하는 유일한 통로임과 동시에 자신들의 독자적인 세계를 유지, 재생산하는 방법이었다. 그래서 후한말 일련의 비판적인 사대부들은 선거의 본질이 훼손되고 특정인에 의해 선거가 독점되는 상황을 '패속상풍'의 상태로 이해하고 풍속 교정의 필요를 역설하였다. 이들 사대부들에 의하면 사회의 모든 문제가 선거의 부실 때문에 발생하였다. 그래서 유일한 해결 방법은 그 직에 적합한 사람을 발탁하는 선거의 명실일치였다.

정치적 자각과 책임의식을 가지고 독자적 세계를 만들어 가던 사대부들은 보정의 선거 독점 이외에도 후한말 환관의 선거 독점이라는 또 다른 상황에 부딪치게 된다. 보정과는 달리 공식적인 인재 발탁의 창구를 전혀 갖지 못하는 환관은 주로 자신들의 자제나 빈객을 선발하였다. 자신의 권리를 침해받은 사대부들은 격렬하게 반응할 수밖에 없었는데, 이 과정에서 반황권의 문제를 가짐에도 불구하고 환관권력에 대해 반대하였다. 이것은 황제권력이라 해도 자의적으로 사대부 사회를 파괴할 수는 없다는 사대부들의 의지 표명이었다. 결국 후한말 사대부들이 말한 교화란 사대부들의 자율적 질서를 파괴하는 사회적 풍기를 제거하는 것이다.

사대부들의 자율성과 관련하여 후한말 등장했던 논의 중에서 주목할 만한 다른 견해는 바로 삼공의 복권이다. 사대부들은 권신의 등장이나 외척·환관에 의해 선거가 독점되는 현상, 즉 사대부의 권리를 누군가 침해하는 상황을 삼공의 권력 상실의 결과로 이해했다. 그래서 일련의 문제를 해결하기 위해서는 삼공의 권력이 회복되어야 한다고 보았다. 이것은 황제권력의 자의적인 운영을 구조적으로 불가능하게 하겠다는 의도다. 그렇다면 후한 사대부들의 정치적 이상이란 삼공을 정점으로 하는 사대부들이 황제를 위시하여 누구도 권력을 자의적으로 사용할 수 없는 구조 속에서 천하를 자신들이 운영하는 것이 될 것이다.

제2부

황제와 사대부의 갈등

제1장 한말 위초 사대부 사회와 부화

머리말

제1부에서 우리는 사대부들이 정치적으로 치자治者로 각성하고, 자신들만의 독자적인 정치적 장場, 즉 사대부 사회를 건설해 가는 과정을 살펴보았다. 그런데 사대부들만의 독자적 장이 마련되어 황제권력으로부터 자율적인 정치 집단이 생성된다는 것은 황제의 일원적 지배에 배치될 수밖에 없다는 문제를 갖는다. 사대부들은 자신들만의 자율적인 정치적 장을 유지하기 위해 지속적으로 모임을 유지해야 했으나, 황제는 정부와 별개로 사회적으로 권위를 획득해 가는 사대부들의 모임을 용인할 수는 없는 노릇이었다. 양자의 갈등은 곧 표출될 것이고, 이 과정 속에서 양자는 자신들의 정치적 입장을 분명히 표명할 수밖에 없었을 것이다.

제2부에서는 이러한 서로 다른 황제와 사대부의 정치적 입장, 더 나아가서는 세계관을 고찰해 보고자 한다. 이것은 사대부 사회가 가진 독자성과 자율성이 황제의 독점적 권력 행사와 어떻게 대치하였는가를 확인하는 과정 속에서 행해질 것이다. 우선 이 장에서는 황제권 강화를 위해 특정 사대부 집단의 수장을 제거하는 극단적인 방법이 동원되었던 조위曹魏 초기의 정치적 상황을 고찰해 보고자 한다. 이를 위해 조위초 발생했던 부화浮華 사건에 대해 주목해 보았다.

부화는 사전적으로는 '명목에 치우쳐 실질이 없는 것', 혹은 '화려한 것이나 또는 그것을 좇는 행위'를 의미한다. 그러나 일반적으로 부화는 당시 사회가 본질적이지 않다고 하는 것에 대한 총칭으로 이해되었다. 따라서 각 시기의 부화가 의미하는 것을 살펴보는 일은 각 시기가 정치·사회·학술 방면에서 본질적인 것을 어떻게 설정하고 있었는가를 파악하는 데 중요한 작업이 될 것이다.

특히 조위초는 본격적으로 부화가 사회 문제로 등장하는 시기로, 이 때 부화는 주로 풍속과 관련하여 미풍을 해치는 말속末俗으로 인식되었다.[1] 따라서 부화 사건을 통해 당시 황제들이 말속이라고 여긴 부화의 내용을 살펴보면, 당시 황제와 사대부들이 각기 생각하고 있었던 이상적인 정치의 내용을 확인할 수 있을 것이다.

1. 부화의 의미와 조위시기 부화를 둘러싼 문제

사료를 통해 제일 먼저 확인할 수 있는 부화는 『후한서後漢書』「장제기章帝紀」에 등장한 것으로, 은둔자의 생활과 대비되는 세속적인 것 모두를 의미한다.[2] 그러나 후한말後漢末이 되면 이 부화라는 개념은 좀 더 분화되어 복잡해진다. 그래서 지금까지의 연구들은 후한말·조위초의 부화를 ㉠ 당黨을 결성하여 교유交游하는 행위, ㉡ 경학經學에 힘쓰지 않는 행위, ㉢ 허언虛言에 힘쓰며 세무世務에 무능한 것, ㉣ 권위를 부정하는 참월僭越과 방탕 등으로 이해하였다.[3] 그러나 이것은 후한말

1) "不復察其亂俗也"(『三國志·魏書』 卷12, 「崔琰傳」, p.373) ; "(董)昭上疏陳末流之弊曰 :「……以其毁教亂治, 敗俗傷化也……」"(『三國志·魏書』 卷14, 「董昭傳」, p.442).

2) "其以巖穴爲先, 勿取浮華. 前書鄒陽曰 :「顯巖穴之士」"(『後漢書』 卷3, 「章帝紀」, p.139).

부화의 의미라기보다는 부화가 뜻할 수 있는 모든 내용이 다 열거된 것이라고 할 수 있다. 부화 자체가 실질을 잃은 것을 의미하는 만큼 사대부 본연의 자세에서 벗어난 모든 것은 부화라고 할 수 있기 때문이다. 그러므로 이상의 내용은 특정 시기 부화의 내용을 명확히 설명하지 못한다.

물론 위의 설명들 중 몇 가지는 후한말의 상황에 부합한다. 당시 상황을 살펴보면 사대부들은 유학의 본질적인 의미는 외면한 채 훈고訓詁에만 치우쳐, 장구章句는 점차 번거롭고 자잘해져 '다섯 자에 불과한 문장을 설명하기 위해 2·3만 자의 말이 사용'되는 것은 예사가 되었다.[4] 이러한 장구학章句學의 유행으로부터 본다면, 당시 부화는 유학이 지나치게 형식에 치우치게 되어 자구字句의 화려함만을 좇게 된 것을 의미한다. 그렇다면 한말 부화의 한 의미는 ㉡ 경학에 힘쓰지 않는 것이 될 수 있을 것이다. 한편 "세간에서는 돌아다니며 관직을 구하는 데 힘쓰고 권세를 가진 이들 또한 서로 추천하여 이끌고 있다"는 기사에 의한다면,[5] 당시 부화의 내용을 ㉠ 당을 결성하여 교유하는 것으로 보는 것 역시 타당할 것이다. 그러나 이 시기의 부화는 ㉢과 ㉣의 허언에 힘쓰며 세무에 무능하다는 내용과 권위를 부정하는 참월과 방탕이란 뜻을 갖지 못한다. 오히려 그보다는 『포박자抱朴子』의 "수재秀才에 추거推擧되었으나 글을 읽지 못하고, 효렴孝廉에 찰거察擧되었으나 부모와 따로 살고 있다"라는 기사에서 볼 수 있듯이[6] 부화의 내용 안에는 선거의 명실불일치名實不一致가 포함될 수 있겠다.

---

3) 李宜春, 「略論曹魏政治中的"浮華"問題」, 『聊城師範學院學報』(哲社科版) 1999-1 ; 孔毅, 「論曹魏之黜抑 "浮華"」, 『許昌師專學報』 19-1(2000).

4) "說五字之文, 至於二三萬言, 後進彌之馳逐. 故幼童而守一藝, 白首而後能言"(『漢書』 卷30, 「藝文志」, p.1723).

5) "世務游宦, 當塗者更相薦引"(『後漢書』 卷49, 「王符傳」, p.1630).

6) "擧秀才, 不知書 ; 察孝廉, 父別居"(『苞朴子外篇』, 「審擧」, p.393).

이와는 달리 조위초의 경우, 형명학刑名學의 발달이라는 새로운 상황을 염두에 둔다면 이 시기 부화의 내용에는 자구의 화려함을 좇는다는 내용은 포함될 수 없을 것이다. 이러한 사실들은 시대마다 부화의 내용이 다를 수 있음을 알려 준다. 그러므로 시기별 부화에 대한 정확한 고찰이 없이는 해당 시기 부화의 내용을 파악할 수 없을 뿐 아니라, 오히려 특정 시기의 부화를 가지고 그것이 통시대적인 부화의 내용인양 이해할 수 있는 위험마저 존재한다.

예를 들어 왕효의王曉毅는 조위 명제明帝 태화太和 연간의 부화를 현학玄學과 관련하여 해석하였다.[7] 이것은 위의 부화의 내용 중 ㉢의 허언에 힘쓰며 세무에 무능한 것, ㉣의 권위를 부정하는 참월과 방탕 등의 내용과 관련 있다. 이러한 해석은 어쩌면 일반적이라고 할 수 있는데, 지금까지 부화가 학문적으로 현학의 성향을 가지고 있는 것으로 이해됐기 때문이다. 그러나 그것은 "노장老莊의 언설言說은 부화하여 선왕의 격언이라 할 수 없으니 행할 수 없다"라는[8] 진대晉代의 상황을 소급하여 적용함으로써 발생한 일이다. 왜냐하면 진 이전에는 현학을 부화라고 규정하는 기사를 발견할 수 없기 때문이다. 이렇듯 부화는 시기적으로 각기 의미하는 것이 달랐기에[9] 각 시기의 부화의 내용을 당시의 상황에 준하여 엄밀히 분석해야 할 필요가 있다.

그 중에서 조위시기 부화의 경우 위에서 열거한 내용만으로 해석되지 않는 몇 가지 사항이 더 있다는 점에서 조심스럽다. 그러나 지금까지 조위시기의 부화는 단순히 진대 부화의 내용을 소급하여 해석된 면

---

7) 王曉毅, 「論曹魏太和"浮華案"」, 『史學月刊』 1996-2, p.17.

8) "老莊浮華, 非先王之法言, 不可行也"(『晉書』 卷66, 「陶侃傳」, p.1774).

9) 小林昇는 부화는 원래 전한시기에는 그 언설이 경박하고 꾸밈이 많은 것을 의미하는 것이었다가 차츰 행동에 대해서도 적용되어, 후한말에는 실질적인 儒者의 風을 파괴한 것이 되었다고 하였다. 小林昇, 『中國と日本における歷史觀と隱逸思想』(東京 : 早稻田大, 1983), p.278.

이 적지 않았다. 그 때문에 정시正始 연간의 조상曹爽 집단은 경학을 소홀히 하고 현학에 심취한, 정치적으로 무능력한 이들로 이해되었다. 과연 그렇게만 이해할 수 있을까? 그와 관련된 기사를 살펴보자.

> 남양南陽의 하안何晏·등양鄧颺·이승李勝, 패국沛國의 정밀丁謐, 동평東平의 필궤畢軌는 모두 명성이 있었고 당시 크게 출세했지만 명제는 그들을 부화하다고 여겨 모두 관직에서 쫓아냈다.[10]

명제 태화 4년(230) 당시 명사名士로 이름난 하안·등양·정밀·필궤가 명제로부터 부화하다는 이유로 파직되는 사건이 있었다. 이 사건에 대해 『삼국지三國志·위서魏書』「명제기明帝紀」에서는 "부화하여 도의 본질에 힘쓰지 않아 모두 내쫓아 물러나게 하였다"고 하여[11] 부화파들을 도의 본질에 힘쓰지 않는 이들이라고 설명하고 있다. 이때 도의 본질이라 하면 바로 경학을 지칭한다. 그렇다면 결국 이들의 문제는 경학에 힘쓰지 않았다는 것이 될 것이다. 그러나 이러한 설명은 몇 가지 점에서 납득하기 어렵다.

우선 그들의 학문적 성향이 현학이라는 것을 부인할 수 없으나 하안의 경우 왕필王弼과 더불어 일류의 경학자임을 부정할 수 없기 때문이다. 실제로 하안과 왕필의 경우 유가의 선왕들을 가리켜 성인이라 하는 등 군주 정치를 신뢰하였음이 일찍이 밝혀졌다.[12] 그러므로 이들이 일류의 현학자라고 하나 이것을 곧 경학에 힘쓰지 않는 것으로 이해할 수는 없다.

둘째, 그들이 현학에 경도되어 있기는 했지만 그것이 곧 세무의 무

---

10) "南陽何晏·鄧颺·李勝·沛國丁謐·東平畢軌咸有聲名, 進趣於時, 明帝以其浮華, 皆抑黜之"(『三國志·魏書』卷9, 「曹爽傳」, p.283).
11) "其浮華不務道本者, 皆罷退之"(『三國志·魏書』卷3, 「明帝紀」, p.97).
12) 村上嘉實, 『六朝思想史硏究』(京都 : 平樂寺書店, 1974), p.230.

력함이나 세무로부터 이탈을 의미한다고 볼 수 없다. 대표적으로 하안・정밀 등은 선거를 관장하며 중앙 정부에서 이부吏部의 영향력을 확대하려고 하였으며, 하후현夏侯玄도 선거의 개혁을 통해 중앙 집권을 강화하고 지방 호족 세력을 약화시키고자 하는 등[13] 정력적으로 중앙 정부의 권한을 확대하기 위해 노력하였다.[14] 따라서 이들을 정치적으로 무력하다고 표현하는 것은 적절하지 않을 것이다.

셋째, 혹 그들이 경학을 소홀히 한, 현학의 대표적인 인물이라해도 당시 초일류의 사대부들이었다는 점을 염두에 두면 경학에 힘쓰지 않았다 하여 부화라는 이름으로 이들을 모두 면직하였다는 것은 이해하기 힘들다. 아무리 조위 정권이 실질을 숭상하고 능력에 따라 인재를 등용하는 것을 국가 운영의 원칙으로 삼았다고 해도 경학에 힘쓰지 않는다는 이유만으로 당시 사회적으로 광범위하게 명성을 얻고 있던 명사들을 면직할 수 있었겠는가 하는 것은 의문이다.[15] 특히 하후현 같

---

13) 九品中正制에 대한 하후현과 司馬懿의 대화를 통해 당시 부화파로 분류되는 이들의 정치적 성향을 잘 알 수 있다. 하후현은 ① 吏部 用人에 대한 중정의 관여 제한, ② 州・郡・縣 삼급제를 州・縣 이급제로 변화, ③ 사치스런 服制의 개혁 등을 주장하였다. 이것은 결국 州大中正의 권한과 지방의 辟召權을 약화시키고, 지방 호족의 세력을 축소하여 중앙 집권을 강화하는 것을 목적으로 한 것이다. 그렇다면 부화파를 단순히 현학에 경도되어 세무를 이탈한 무능력자로 표현하는 것은 잘못된 해석이라고 할 수 있을 것이다. 자세한 내용은 『三國志・魏書』 卷9, 「夏侯玄傳」, pp.295～298을 참조.

14) 孔毅 역시 이들을 "열정적으로 정치에 참여하여 時政을 評議하고자 했다"고 평가하였다. 孔毅의 앞의 글, p.64.

15) 『三國志』안에서 이들 부화파가 사회적 명성을 얻고 있었다는 기사를 찾는 것은 어렵지 않다. 대표적 인사인 하안은 후한말 輔政을 지냈던 何進의 손자로 宮省에서 자라 공주와 결혼한 초일류의 가문을 배경으로 하고 있을 뿐 아니라 어려서부터 뛰어난 재능으로 인해 이름을 얻었다(卷9, 「曹爽傳」, p.292 ; 卷21, 「傅嘏傳」, p.623). 등양은 후한 高密侯 鄧禹의 후예로 역시 어려서부터 명성을 얻었다(卷9, 「曹爽傳」, p.288). 조위 정권과 인척 관계에 있던 하후현의 경우 가문적 배경은 말할 것도 없으며 그 역시 어려서부터 이름을 얻었다

은 이는 조상의 고종 사촌으로 조위 정권과는 인척 관계에 있던 인물이며, 약관에 이미 산기황문시랑散騎黃門侍郞이 된 초일류 가문의 명사라고 할 수 있다.

또한 당시 현학은 단순히 몇몇 개인의 호사스러운 취미라고 하기보다는 건안建安 이래의 사상이 집대성된 것으로 이해해야 할 것이다.[16] 후한말 이후 붕괴한 전통적인 유학의 명교名敎를 대신할 새로운 학문의 필요는 법술의 홍기를 촉발하기도 했지만 은일隱逸과 같은 탈정치적인 양태를 등장시키기도 하였다. 이러한 은일의 풍기는 도가사상道家思想을 부흥시켰고 현학은 그러한 도가사상을 자양분으로 만들어진 시대적인 사조였던 것이다. 비록 현학의 절정을 '정시지풍正始之風'이라고 하기는 하지만 '정시지풍'이 단 한순간에 만들어진 특정인들의 전유물은 아니다. 그러므로 현학의 풍기를 단순히 몇몇의 부화 행위로 설정하는 것은 당시 조위 사회 전체의 풍기를 부화로 이해하는 오류를 범하게 할 것이다.

마지막으로는 이들 부화파의 정치적 성격과 관련된 것이다. 이들 부화파는 경사를 정치 근거지로 한 귀족 자제로 이루어진 신인 관료군이었다. 정치적 지향을 별개로 하더라도 이들이 명제와 인척 관계에 있었다는 점은 매우 중요하다. 왜냐하면 명제시기 정치의 특징이 친인척의 중용이었기 때문이다.[17] 명제의 친인척 등용은 문제文帝 때와 같은 조정에서의 사대부들의 붕당朋黨 조성을 차단하였다. 따라서 명제시기

(卷21, 「傅嘏傳」, p.623). 諸葛誕 역시 조정에서 명성을 얻었으며 京師 사람들이 그를 흠모했다고 한다(卷28, 「諸葛誕傳」, p.769). 이밖에 정밀은 그의 아버지가 조조시기의 典軍校尉로 내외를 總攝했으며 필궤의 아버지도 建安時期에 典農校尉였으며, 桓範은 대대로 冠族으로 모두 人望을 얻고 있었다.

16) 村上嘉實, 앞의 책, p.230.

17) "聞任陳長文・曹子丹輩, 或文人諸生, 或宗室戚臣"(『三國志・吳書』卷52, 「諸葛瑾傳」, p.1234).

에 들어오면 후한말 당인黨人의 영향력 아래 있던 인물들 대신 조씨와 동향의 혈족 관계에 있던 이들이 대거 등장하게 되어 조정은 비로소 후한말 당인의 그림자에서 벗어나게 된다. 그렇다면 이들 부화파는 누구보다도 명제의 정치적 지원군이었을 것이다. 또한 하후현의 사례에서 보듯이 이들의 정치적 지향 역시 명제의 정치 성향과 일치한다. 부화파들은 지방의 사마씨司馬氏 집단으로 대표되는 호족 집단의 영향력을 축소하고 중앙 정부의 권한을 강화하려고 했던 자들이었다. 그러므로 부화파의 축출은 명제 스스로가 자신의 아군을 제거하는 것을 의미하므로 단순히 경학에 힘쓰지 않았다는 이유만으로는 이들의 축출을 설명하기 힘들다.

이렇듯 조위 명제시기의 부화 사건은 현학의 축출이라는 측면만으로 이해할 수 없다. 그렇다면 조위시기의 부화는 어떤 의미를 가지고 있었을까? 이 문제를 해결하기 위해 우선 조위시기에 있었던 부화 사건을 시기적으로 정리해 보고자 한다.

2. 후한말 사대부 사회의 성격과 조조시기의 부화

조위시기 부화에 대해 관심을 가졌던 연구자 중 이의춘李宜春은 조위시기의 부화 사건을 모두 5회로 규정하였다.[18] 그 중 조조시기曹操時期에 일어났던 부화 사건은 모두 세 건으로, 공융孔融・위풍魏諷・조위曹偉가 각기 그 부화 사건에 연루되어 처형되었다. 우선 가장 첫 번째 사건이었던 공융의 사건을 살펴보자.

1) 공융의 부화 사건

18) 李宜春, 앞의 글, p.53.

> 공융은 명성이 높았고 청재淸才를 가지고 있어 세간의 많은 이가 그의 죽음을 안타까워했다. 태조太祖는 여론의 비판이 있을 것을 두려워하여 명령을 내려 말했다. "태중태부太中大夫 공융이 이미 그 죄를 받았음에도 불구하고 많은 세인들은 그 허명만을 좇고, 소수의 사람만이 그 실질을 중시한다. 공융은 부염浮艷하고 괴이한 것을 만들기를 좋아하며 허황한 사기로 사람들을 현혹시켰으니 다시는 그러한 난속亂俗을 살피지 않게 한 것이다.……"19)

이 글은 건안 13년(208), 공융이 처벌당한 이유를 적고 있다. 당시 부염하고 풍속을 어지럽혔다는 죄명을 받은 공융은 당대 최고의 유학자이자 명사의 한 사람이었다. 노국魯國 출신인 그는 공자孔子의 20대 후손으로 학문으로 일찍부터 두각을 나타냈고, 사대부들 안에서 명망을 얻었다. 헌제시기獻帝時期 장작대장將作大匠과 소부少府를 관장하는 등 구경九卿의 반열에 올랐으나 조조와의 갈등으로 처형당하였다.

공융의 처형 원인을 살펴보면 전적으로 그 원인이 공융과 조조와의 갈등에서 비롯됨을 알 수 있다. 실제로 공융이 처형될 때까지의 상황을 살펴보면 둘은 첨예한 갈등 상태였다. 예를 들어 『후한서』에 기재되어 있는 유표劉表 토벌에 대해 헌제에게 올린 간언에는 당시 공융이 유표가 아닌 조조를 한조정에 가장 위협적인 존재로 인식하는 것이 암암리에 드러나 있을 뿐 아니라, 그가 유표와 같은 지방 할거 세력을 이용하여 조조를 압박하고자 하는 것을 알 수 있다.20) 그래서 공융과 조조와의 관계를 다룬 많은 연구들은 대부분 공융과 조조의 관계를 처음

---

19) "(孔)融有高名淸才, 世多哀之. 太祖懼遠近之議也, 乃令曰 :「太中大夫孔融既伏其罪矣, 然世人多採其虛名, 少於核實, 見融浮豔, 好作變異, 眩其誑詐, 不復察其亂俗也……」"(『三國志·魏書』 卷12, 「崔琰傳」, p.373).

20) 『後漢書』 卷70, 「孔融傳」, pp.2269~2270. 孟祥才, 「論孔融的悲劇」, 『山東大學學報』(哲社版) 2001-4, p.48 참조.

부터 적대적으로 파악하고 있다. 흔히 공융이 한조정의 수호자로, 그를 숙청한 조조는 한왕조를 탈취한 간웅姦雄으로 묘사되는 것도 이와 관련 있다고 할 수 있다.

그러나 공융과 조조의 관계를 처음부터 적대적으로 이해하는 것은 타당하지 않을 듯하다. 양자를 적대적으로 이해하는 것은 그 당시 숙청 사대부와 조조와의 갈등을 한조의 수호와 새 왕조 개창의 갈등으로만 국한시킬 수 있기 때문이다. 알려진 것과 같이 이미 후한말 곽태郭太와 같이 전국적으로 여론몰이를 하고 있던 이들은 공공연하게 한왕조의 명운命運이 다 되었음을 말하고 다녔고,[21] 각 군벌의 막부幕府에서는 새 왕조 개창의 계획들이 수립되었다. 전 사회적으로 한왕조가 부정되었고, 새로운 왕조에 대한 기대들이 생겨났다. 따라서 당시의 갈등을 왕조의 유지와 새 왕조 개창의 문제로만 국한시키는 것은 당시 시대 상황에 대한 이해의 폭을 좁히는 결과를 가져올 것이다. 필자는 이 문제를 당고黨錮를 계기로 자율성을 획득한 사대부들과 새로운 개창 왕조의 황제권력이 새 국가 안에서 자신들의 정치적 입지를 확대하려는 세력 투쟁의 한 모습으로 보고자 한다. 이렇게 볼 때만이 공융을 비롯하여 후술할 최염崔琰·모개毛玠의 숙청도 무리 없이 해석할 수 있기 때문이다.

우선 공융과 조조의 관계를 처음부터 적대적으로 보는 입장에 대해 생각해 보자. 공융이 장작대장을 거쳐 구경의 하나인 소부를 담당하게 되었던 시기는 헌제가 조조에 의해 허도許都로 옮겨졌던 때로 모든 정치적 권한이 조조에게 귀속되어 있었다. 즉 이 시기 공융 선발에 대한 최종 결정권자는 조조라고 할 수 있다. 흔히 공융과 한왕실과의 친밀성이 거론되고 있는데, 정작 그를 중앙 정계로 발탁한 자는 조조였다.

---

21)『後漢書』卷68,「郭太傳」, p.2226.

그렇다면 조조는 왜 시종 자신에게 비판적이었던 공융을 발탁했을까?[22]

> 공문거孔文擧는 명성이 뛰어난 자로 장군께서 만일 이 사람과 원한을 맺으면 천하의 사인들이 떠날 것입니다. 세勢를 따라 그를 예우하여 천하에 널리 보이는 것만 못합니다.[23]

이 글은 당시 사대부들 안에서의 공융의 영향력을 잘 보여 주고 있다. 조조가 '여론의 비판이 있을 것을 두려워하'였다는 앞의 기사에서도 알 수 있는 것처럼 공융에 대한 사대부들의 지지는 광범위했던 것으로 보인다. 특히 공융이 당시 전국적으로 지역에 존재하고 있던 여러 사대부 모임 중에서도 북해北海 집단의 수장이었던 것은 잘 알려진 사실이다. 그렇다면 조조가 공자의 후예이며 박학다식하고, 사대부들에게 영향력마저 가지고 있는 공융을 자신의 막부에 초빙하고 싶어 했음은 두말할 필요도 없었을 것이다.[24] 즉 조조는 공융의 영향 하에 있던 사대부 집단의 지지를 얻기 위해 공융을 발탁하고 등용할 필요가 있었던 것이다. 이것은 최염의 사례를 통해서도 추측할 수 있다. 공융이 북해 집단의 수장인 것처럼, 최염은 기주冀州 집단의 수장이었다. 조조는 원소袁紹의 세력권이었던 기주를 점령한 후 원소의 수하였던 최염을 별가종사別駕從事로 벽소辟召한다. 최염을 통해 당해 지역 사대부

---

22) 공융이 조정에 들어 온 후 비로소 조조에 대해 비판적이었던 것은 아니다. 일찍이 그가 북해의 相으로 있을 당시 그의 部屬左丞이 최대 군벌이었던 원소·조조와 관계를 맺으라고 한 것에 대해 이 두 사람이 모두 漢室에 장차 危害를 끼칠 것이라고 여겨 관계 맺지 않았다. 『後漢書』 卷70, 「孔融傳」, p.2264.

23) "孔文擧有重名, 將軍若造怨此人, 則四方之士引領而去矣. 不如因而禮之, 可以示廣於天下"(『後漢書』 卷60, 「孔融傳」, p.2263).

24) 孟祥才, 앞의 글, p.48.

들의 지지를 얻고자 한 것이다.[25)]

그렇다면 왜 조조는 자신의 막부에 초빙하고 싶어했던 공융을 살해해야만 했을까? 공융이 살해된 것에 대해서 와타나베 요시히로(渡邊義浩)는 공융이 가지고 있던 한왕실과의 친밀성이 끝내 조조 자신의 권력 찬탈에 방해가 되었고, 공융의 교우 집단 역시 위험 요소로 작용하였기 때문이라고 분석하였다.[26)] 필자는 이 두 가지 이유 중에서도 공융의 교우 집단에 주목하고자 한다.

조조의 권력 장악과 관련하여 담서찬譚緖纘은 조조가 애초에 황제를 칭하지 못하고 패자覇者를 칭한 것은 한파漢派 사족士族들 때문이라고 주장하였다. 그는 당시 한의 부흥을 목적으로 하는 한파 사족들은 조조의 칭제稱帝를 막기 위해 언설言說이나 풍자, 혹은 폭력마저도 사용하였다고 하였는데, 여기서 한파로 분리된 자들은 순욱荀彧 · 공융 · 최염 · 모개 · 동승董承 · 경기耿紀 · 위풍 등이다.[27)] 이들은 모두 조조에 의해 건안 12년부터 17년, 21년, 22년에 걸쳐 처형된다. 그런데 흥미로운 사실은 이들 중 다수가 일군의 사대부들을 통솔하고 있었다는 것이다. 즉 공융과 최염이 각각 북해 집단과 기주 집단을 이끌었던 것과 같이, 순욱이 영천潁川 집단을 이끌고 있었던 것은 유명한 사실이다.[28)] 그 중

---

25) 李樂民, 「崔琰被殺原因考辨」, 『史學月刊』 1991-2, p.15.

26) 渡邊義浩, 「三國時代における「文學」の政治的宣揚」, 『東洋史研究』 54-3(1995), p.35.

27) 譚緖纘, 「試析曹操不敢代漢稱帝之因」, 『湖南師大社會科學學報』 1988-5, pp.60～61. 譚緖纘은 조조에 의해 숙청된 모든 사대부를 漢派로 규정하고 있는데, 적절한 분석은 아닌 듯싶다. 대표적으로 모개의 경우는 "宜奉天子以令不臣, 修耕殖, 畜軍資, 如此則霸王之業可成"(『三國志 · 魏書』 卷12, 「毛玠傳」, pp.374～375)이라고 하여 오히려 조조에게 새로운 왕조 개창의 방안을 제시했던 것으로 보인다.

28) 川勝義雄, 『六朝貴族帝社會の研究』(東京 : 岩波書店, 1982), p.6 ; 渡邊義浩, 앞의 글, p.33을 참조.

에서도 공융은 당시 등용문으로 여겨지던 이응李膺을 통해 당시 당인들과 광범위한 교류를 가지고 있었는데, 그가 북해에 있을 때 이미 '큰 뜻을 품고 군현群賢들과 더불어 공功을 세우고자' 했던 점과 그가 특별히 임용한 자들이 있었다는 점으로 보아 그의 세력 집단이 존재하고 있었던 것은 틀림없다.[29] 이런 세력 집단이 조조에게는 부담스러울 수밖에 없었을 것이다.

혼란한 시기 군벌軍閥, 혹은 막주幕主들은 서로 명사들을 초치招致하여 우대했다. 이것은 자신의 권위를 높이고 세력 기반을 다질 수 있는 방안으로 여겨졌다.[30] 당시 지역적 차이로 인해 상이한 정세 분석 능력을 가지고 있던 것으로 평가받던 명사들이 단순히 막부의 권위를 높이는 차원을 넘어서 세력 확장에 반드시 필요했을 것이다.[31] 그러나 명사라는 이들이 후한말의 당인들과 연결된 이들이기에[32] 그들은 국가권력을 근원으로 하지 않는 사대부들만의 자율적 질서에 대한 경험을 가지고 있었다.

이들이 후한말 많은 막부에 투신하게 된 것은 자신들의 힘으로 유교국가儒教國家를 재건설하고자 한 것으로 볼 수 있을 것인데, 각자 최종적인 목표는 상이했을 수도 있다. 예를 들어 혹자의 경우 재건하는 유교국가가 한왕실을 부흥시키는 것이었으며(공융), 혹자의 경우는 한왕

---

29) "司馬彪九州春秋曰 : 融在北海, 自以智能優贍, 溢才命世, 當時豪俊皆不能及. 亦自許大志, 且欲擧軍曜甲, 與羣賢要功, 自於海岱結殖根本, 不肯碌碌如平居郡守, 事方伯·赴期會而已. 然其所任用, 好奇取異, 皆輕剽之才"(『三國志·魏書』 卷12, 「崔琰傳」, p.371).

30) 李周鉉, 「後漢末 三國時代의 參軍」, 『魏晉隋唐史研究』(서울 : 思想社, 1994), p.16.

31) 渡邊義浩, 앞의 글, p.33.

32) 佐藤達郎, 「曹魏文·明帝期の政界と名族層の動向-陳羣·司馬懿を中心に」, 『東洋史研究』 52-1(1993)에는 조위 초기 명사들이 黨人들과 연관되어 있다는 것이 잘 나와 있다. pp.59~61, 특히 p.60의 표를 참조.

실이 아니어도 유교를 근간으로 하는 왕조라면 상관없었을지도 모른다(순욱).[33] 하지만 당시 명사들이란 후한말 당인들의 자율적 질서를 계승한 이들로, 자신들의 자율성을 유지시킬 수 있는 분권적인 유교국가를 건설하는 것이 공통적인 목표였을 것이다.[34]

그런데 이러한 명사들의 이상이라는 것은 독점적인 지위와 권력 행사를 이상으로 하는 군주 권력과 대립할 수밖에 없었다. 우리는 공융이 조조에게 숙청당하기 전의 기사를 확인하는 것으로 공융이 조조에게 어떤 부담을 주고 있었는지를 확인할 수 있다.

> 그 해에 기근이 들고 전란이 발생하여 조조는 표表를 올려 술을 빚고 마시는 것을 금하게 하고자 하였다. 공융은 여러 차례 글로 조조와 다투었는데 업신여기고 오만한 언사가 많았다. 공융은 조조가 영웅을 칭하면서도 교활하고 간사함이 날이 갈수록 현저해지는 것을 보고 수차례 참지 못하고 말을 하였는데 정도가 지나쳐 대다수가 조조의 뜻에 저촉되었다.……조조는 그가 건의하는 바가 점차 확대됨을 의심하여 더욱 그를 꺼리게 되었다.……산양山陽 치려郗慮가 뜻을 받들고 돌아가

---

33) 『後漢書』 卷70, 「荀彧傳」에 등장하는 아래의 기사는 순욱이 조조에게 후한의 재건이 아닌 신왕조 창건의 야심을 부채질한 것이 아닌가 하는 의심을 받을 만한 내용을 전하고 있다. "彧諫曰 : 「昔高祖保關中, 光武據河內, 皆深根固本, 以制天下, 進可以勝敵, 退足以堅守, 故雖有困敗, 而終濟大業, 將軍本以兗州首事, 故能平定山東, 此實天下之要地, 而將軍之關河也"(p.2283)라는 기사에서 순욱이 조조를 前漢 高祖와 後漢 光武帝에 비교했다는 것은 순욱의 정치적 이상이 한왕조의 재건이기 보다는 오히려 앞선 두 창업자와 같이 조조가 새로운 왕조의 창업자가 되는 것을 바라고 있었기 때문이라고 생각한다. 순욱이 상당한 정치적 지향을 가진 야심가라는 점은 이미 알려져 있는 사실로 丹羽兌子 역시 순욱의 정치적 행보를 한왕조의 보존이라고만 할 수는 없다고 지적했다. 丹羽兌子, 「荀彧の生涯-清流士大夫の生き方をめぐって-」, 『名古屋大學文學部20周年記念論文集』(1968), p.2.

34) 渡邊義浩, 앞의 글, p.35.

> 는 형세를 관찰하여 은밀히 법을 사용하여 공융을 면직시킬 것을 상주하였다. 이로 인하여 두 사람은 확실히 원수지간이 되었는데 조조가 짐짓 공융에게 서신을 보내 자극하며 말하였다. "……나는 신하가 되어 나아가서는 능히 해내海內를 교화시키지 못하고, 물러나서는 능히 덕을 세우고 사람들을 화합하게 하지 못한다. 그러나 나는 전사를 어루만져 키우고, 살신殺身하여 국가를 위하고 부화교회浮華交會의 무리를 깨뜨리는 계책은 많이 가지고 있다."[35]

위의 기사는 조조가 치려를 통해 공융을 탄핵하여 면직시킬 때의 일을 적고 있다. 조조는 자신의 능력을 말하는 마지막 대목에서 부화의 무리를 파괴하는 것을 자신의 능력의 하나로 거론하고 있는데, 그는 공융을 부화의 무리라고 규정하고 있다. 여기서 부화란 무엇인가? 일반적인 견해와 같이 현학으로 이해할 수 있을까? 공자의 후예로 경학에 상당한 성취를 보이고 있었던 공융에 대해 경학에 힘쓰지 않았다고 할 수 있을까? 공융이 기시棄市당할 때 그 죄명을 나열하는 기사를 살펴보면 어렴풋하게나마 부화의 내용에 접근할 수 있을 것이다.

> 주奏를 올려 공융을 무고하여 말하였다. "소부 공융은 옛날 북해군에 있을 때, 왕실이 평안하고 조용하지 못하다고 보았습니다. 그리고 무리를 규합하여 법도에 어긋나는 일을 하고자 했습니다……"[36]

---

35) "時年飢兵興, (曹)操表制酒禁, (孔)融頻書爭之, 多侮慢之辭. 既見操雄詐漸著, 數不能堪, 故發辭偏宕, 多致乖忤……操疑其所論建漸廣, 益憚之……山陽郗慮承望風旨, 以微法奏免融官. 因顯明讎怨, 操故書激厲融曰 :「……孤爲人臣, 進不能風化海內, 退不能建德和人, 然撫養戰士, 殺身爲國, 破浮華交會之徒, 計有餘矣.」"(『後漢書』卷70, 「孔融傳」, p.2272～2273).

36) "枉狀奏融曰 :「少府孔融, 昔在北海, 見王室不靜, 而招合徒衆, 欲規不軌……」"(『後漢書』卷70, 「孔融傳」, p.2278).

제일 처음으로 거론되는 죄는 '초합도중招合徒衆'이라고 하여 무리를 불러 모은 것이다. 이로써 우리는 조조가 거론한 부화가 공융의 '무리를 이루는 것'을 말하는 것임을 알 수 있다. 따라서 여기서 부화라는 것은 특정한 사상적 경향이라고 하기보다는 무리를 이루어 당을 구성하는 것이라고 할 수 있다. 이러한 사대부들의 결합은 초기에는 조조에게 지지 세력의 획득이라는 현실적 필요에 부합하였을 것이다. 그러나 모든 권력을 황제에게 집중하고자 했던 조조와 이들의 자율적인 질서는 결국 마찰할 수밖에 없었을 것이다.

여기서 잠시 최염의 사례를 살펴보자. 기주 사대부의 수장인 최염이 별가종사를 거쳐 담당하게 된 업무는 승상부丞相府의 서조연西曹掾이었고 잠시 후 동조연東曹掾을 거쳐, 위의 건국 후에는 상서尙書를 담당하게 된다.[37] 『후한서』「백관지百官志」를 보면 동·서조東·西曹는 각각 '부사서용府史署用'과 '이천석장리二千石長吏의 승진과 제명 및 군리軍吏를 주관'한다 하여 당시 선거를 담당하였음을 알 수 있다.[38] 그는 장기간 모개와 더불어 선거를 장악했었다. 이것은 조조가 최염을 발탁한 이유가 무엇인지를 가늠하는 데 가장 확실한 근거가 된다. 바로 조조

---

37) 사료 안에 나와 있는 최염의 관직에 대한 서술은 다소 엇갈린다. 『三國志·魏書』, 「崔琰傳」에는 최염이 東西曹掾이었다고 하여("太祖爲丞相, 琰復爲東西曹掾屬徵事", p.368), 그가 동·서조연 모두를 역임했음만이 서술되어 그 순서는 알 수 없다. 이와 관련하여 『資治通鑑』에는 건안 13년 9월에 서조연이 먼저 된 것으로 서술되어 있다(卷57, 「獻帝建安十三年」條, p.2079). 그러나 이와는 달리 『三國志·魏書』, 「邴原傳」에는 최염이 동조연으로 나와 있다(p.351). 한편 『三國職官表』를 통해서는 西曹에 먼저 있었음을 확인할 수 있었으나 서조연은 아니고 西曹屬으로 나오고, 건안 연간에는 徵事를 담당했다고 기술되어 있다(洪飴孫, 『三國職官表』(『二十五史補編』(北京 : 中華書局, 1991) 所收), pp.1237上, 1238中). 따라서 盧弼은 최염이 서조연→동조연→징사→상서→中尉의 순으로 관직을 담당했다고 보았다(『三國志集解』 卷12, 「崔琰傳」, p.371上).

38) 『後漢書』 卷志24, 「百官一」, p.3559.

는 최염에게 선거를 담당하게 함으로써 자신의 세력권 내로 최염의 사대부 집단을 흡수하려고 했던 것이다.[39] 그러나 최염은 조조의 세력이 확대되고, 구체적으로 왕조 개창의 계획이 수립되면서 조조와 갈등하게 되었다.

최염의 인재 발탁 기준은 "비록 당시 세간에 이름을 날리고 있다 해도 본本이 아닌 것을 행한다면 결코 등용되지 못하였다"[40]고 나와 있다. 이것은 '재능만 있으면 형수를 훔치고 뇌물을 받는 무리(盜嫂受金)'라도 등용하겠다는[41] 조조의 방침과는 대립할 수밖에 없었을 것이다.[42] 더욱이 최염은 동조연을 담당하던 시기 당시 승상징사丞相徵事였던 병원邴原과 의랑議郎 장범張范 등과 평장評狀을 지어 개인적인 인물 품평을 하였다. 최염이 사대부들 안에서 자율적으로 행해진 인물 품평에 의해 관리를 선발했음은 자명하다.[43] 이렇듯 공융과 마찬가지로 최염과 조조의 갈등은 다름 아닌 최염의 존재 근거로부터 기인한 것이다. 호삼성胡三省이 말한 것처럼 최염의 발탁 이유가 최염의 숙청 이유가 된 것이다.[44]

그리고 더 중요한 것은 공융과 최염 모두가 조조와의 갈등 수준을

39) 李樂民, 앞의 글, p.17.

40) "其所擧用, 皆淸正之士, 雖于時有盛名而行不本者, 終莫得進"(『三國志・魏書』 卷12, 「毛玠傳」, p.375).

41) 『三國志・魏書』 卷1, 「武帝紀」, p.32.

42) 萬繩楠은 최염의 인재 발탁이 문무관을 가리지 않고 재능을 우선했다고 보았으나 이것은 사실과 부합하지 않는 듯하다. 특히 최염이 '總齊淸議'(『三國志・魏書』 卷12, 「崔琰傳」, p.369)하여 인재를 발탁했다고 하는 기사는 그가 사대부들 안에서 만들어진 기준에 의해 인재를 발탁했다는 것을 알려 준다. 萬繩楠, 『魏晉南北朝史論稿』(合肥 : 安徽敎育, 1983), p.25.

43) 李樂民 같은 이는 최염이 한말 黨人들의 사상을 계승하였다고 보았다. 李樂民, 앞의 글, p.16.

44) "此(曹)操之所以重崔琰, 而亦不能不害崔琰也"(『資治通鑑』 卷64, 「漢獻帝建安九年九月」條 胡注, p.2056).

넘어 조조의 권력과 대치하기를 멈추지 않았다는 점이다. 조조의 "부화의 무리를 깨뜨리는 계책을 많이 가지고 있다"는 경고에도 불구하고 공융의 집은 여전히 '빈객들로 날마다 문전성시를 이룬' 상태였고,[45] 이로 인해 공융은 "자리에 빈객이 가득 차 있고, 술잔에 술이 비지 않았으니 내게는 아무 근심이 없다"고 감탄했다.[46] 또한 조조의 공벌攻伐에 대해 칭송한 양훈楊訓의 표表에 대해 비판적 견해를 제시한 후 노예로 처벌받아 복역하던 최염의 집 역시 "빈객이 왕래하여 그 문이 마치 장사하는 이의 집과 같았다"는[47] 일화는 공융·최염 양자가 체제 밖에 존재하는 사대부 사회에 의탁하여 중앙 정부의 권력과 대치하고 있음을 분명히 보여 준다. 공융 숙청의 이유가 「최염전」에 실려 있는 것도 단순한 우연만은 아닐 것이다.

그렇다고 해도 구체적으로 누가 공융의 집단인가를 확인하는 것은 쉬운 일이 아니다. 여기서는 다만 태사자太史慈와의 관계를 예로 들어 공융의 교류를 짐작해 보려고 한다. 공융이 북해의 상相으로 있을 당시 태사자는 동래부東萊郡의 주조사奏曹史로 있었다. 조정에 보내는 통장通章이 늦어진 문제로 요동遼東에 피신해 있던 태사자의 명성을 들은 공융은 여러 차례 태사자의 고향에 사람을 보내 그의 어머니를 위로하고 예물을 보냈다. 요동에서 돌아온 태사자에게 그의 어머니는 공융을 도울 것을 요구했고, 이후 태사자는 위기 상황에서 공융을 돕기 위해 유비劉備에게 구원을 청하러 가게 된다. 유비를 만난 태사자는 자신과 공융과의 관계를 이렇게 설명한다. "저는 동래군 사람으로 공융과는 친척도 아니며 동향도 아닙니다. 오직 명성과 지조로 서로 좋아하여 재앙을 나누고 근심을 함께 하는 뜻을 가지고 있습니다."[48] 이렇듯 명성

45) "及退閑職, 賓客日盈其門"(『後漢書』 卷70, 「孔融傳」, p.2277).
46) "坐上客恒滿, 尊中酒不空, 吾無憂矣"(『後漢書』 卷70, 「孔融傳」, p.2277).
47) "通賓客, 門若市人"(『三國志·魏書』 卷12, 「崔琰傳」, p.369).

과 지조로 서로 연결된 것이 당시 공융 집단의 특징이라고 할 수 있을 것이다. 이것은 공융만의 교류 방법은 아니고 당시 사대부의 일반적인 교류 방법이었을 것이다. 태사자의 경우처럼 공융과 함께 하지 않고 손씨孫氏에게 중용된 경우도 있으나 위의 사례는 단적으로 공융의 교류를 보여 준다고 할 수 있다. 때문에 사대부 사회에 공융을 지지하거나 태사자와 같이 공융이 보여 준 '은혜로써 돌봐 준 의(愛顧之義)'에[49] 보답해야 할 이들이 많았다고 보는 것이 자연스러울 것이다.

2) 위풍과 조위의 부화 사건

두 번째 부화 사건은 건안 24년(219)에 일어났다.

> 동소董昭가 상소를 올려 말류末流의 폐해에 대해 말했다. "무릇 천하를 가지고 있는 자 중 돈후하고 소박하며 충성스럽고 신의가 있는 사士를 숭상하는 것을 귀하게 여기지 않는 자가 없으며 허위에 차 진실하지 못한 자를 심히 싫어하지 않는 자가 없는데 그것은 (그들이) 교敎를 훼손시키고 통치를 혼란스럽게 하고 풍속을 해치며 교화를 손상시키기 때문입니다. (그런 부류로) 근래의 위풍魏諷이 건안 말년에 처형되었고, 조위曹偉가 황초黃初 초년에 참형斬刑을 받았습니다. 엎드려 생각하오니 전후 성왕聖王의 조칙들은 부화한 것을 매우 싫어하였으며 사당邪黨을 산산이 부수려고 항상 절치부심하였습니다……"[50]

48) 『三國志・吳書』 卷49, 「太史慈傳」, pp.1187～1188.

49) 『三國志・吳書』 卷49, 「太史慈傳」, p.1187.

50) "(董)昭上疏陳末流之弊曰 : 「凡有天下者, 莫不貴尚敦樸忠信之士, 深疾虛僞不眞之人者, 以其毁教亂治, 敗俗傷化也. 近魏諷則伏誅建安之末, 曹偉則斬戮黃初之始. 伏惟前後聖詔, 深疾浮僞, 欲以破散邪黨, 常用切齒……」"(『三國志・魏書』 卷14, 「董昭傳」, p.442).

공융 때와 마찬가지로 위풍의 경우도 동소가 말한 "사당을 산산이 부수려고 항상 절치부심하였다"는 어귀를 통해 역시 당을 구성한 것과 관련 있는 것으로 보인다. 다만 위풍의 경우는 앞서의 경우와는 다소 차이가 있는데, 그것은 위풍이 공융과는 다르게 반란을 일으키려다 주멸당했기 때문이다. 그러나 위풍의 반란이 일어난 시점은 반란의 성격을 알 수 있게 해 준다.

위풍이 반란을 일으킨 시기는 건안 22년으로 건안 17년 순욱의 살해, 건안 21년 최염의 살해와 모개의 면직이 있은 직후다. 이미 조조와 뜻이 같지 않았던 공융이 살해된 후 점차 조조 정권에 투신하였던 후한의 사대부들이 조조의 권력 강화와 발맞춰 숙청당하고 있음을 쉽게 확인할 수 있다. 건안 17년은 조조가 위공魏公과 구석九錫의 예禮를 받기 1년 전으로, 순욱은 조조의 위공 취임과 구석례 수락을 반대한 후 살해당한다. 건안 22년은 조조가 위왕魏王이 되던 해로 최염 역시 조조의 위왕 취임을 앞두고 조조의 공벌에 대해 칭송한 양훈의 표에 대해 비판적 견해를 제시한 후 살해당한다.[51] 모개는 최염을 죽게 한 조조의 행위에 불만을 품었다가 파면되었다. 이러한 일련의 사태는 조조의 정치적 목적이 사대부들의 세력을 위축시키고 권력을 강화하는 것임을 잘 보여 준다. 「최염전」의 아래의 기사는 조조와 그와 대치하던 사대부들의 상황을 잘 보여 준다.

> 애초에, 태조의 성격이 기피하는 것이 강해 감당하지 못하는 바가 있었다. 노국의 공융, 남양南陽의 허유許攸와 누규婁圭 모두 옛날의 관계에 의지하여 불손한 태도로 대했다가 주살당하였다.[52]

---

51) 『三國志·魏書』 卷12, 「崔琰傳」, p.369.

52) "初, 太祖性忌, 有所不堪者, 魯國孔融·南陽許攸·婁圭, 皆以恃舊不虔見誅"(『三國志·魏書』 卷12, 「崔琰傳」, p.370).

사대부들이 조조에게 주살당한 이유는 옛날 관계에만 의지하여 불손한 태도로 조조를 대했기 때문이다. 즉 이들 사대부들의 문제는 '옛 관계에 의지했던' 것에 있었던 것이다. 사대부들이 옛날 관계에만 의지했다는 것은 이들이 정권에 참여하고는 있으나 그것과는 별개의 또 다른 '사회적 장'을 가지고 있다는 것을 의미한다. 와타나베 요시히로는 이 사회적 장이라는 것은 황제권력과는 무관한 장으로 삼국시기의 명사들은 이로 인해 황제권력과 대치적 명성을 가지게 되었다고 보았다.[53] 유력한 환관의 양자로 조정 안에서 이미 관직을 가지고 있었던 조조가 답하지 않으려는 허소許劭에게 굳이 인물 평가를 받고자 했던 것도[54] 명사의 명성이 정치적인 세력 여부만으로는 만들어지지 않는다는 것을 보여 준다. 따라서 이러한 정치적인 경험을 가지고 있던 정권 측에서 본다면 사대부들의 독자성이라는 것은 상당히 위험한 문제였을 것이고, 이들을 효과적으로 제압하는 것이야말로 가장 중요한 정치적 과제였을 것이다.

이런 정치적 상황 속에서 발생한 위풍의 반란은 조조의 숙청 작업에 대한 사대부 측의 선제공격의 의미를 지닌다. 위풍의 반란에 당시의 명사로 불리던 종요鍾繇가 연루되어 파직되고, 장수張繡의 아들 장천張泉과 왕찬王粲의 두 아들, 유이劉廙의 동생인 유위劉偉 등 당시 일류 사대부들이 연루되어 주멸당하였다. 이것은 위풍의 반란이 당시로서는 자신들의 존재를 위협받던 사대부들의 어쩔 수 없는 대응이었다는 것을 보여 준다. 하지만 조조의 입장에서도 옛날 관계에 의존하여 자신의 정권 강화에 불손한 태도를 보이는 사대부들을 그대로 용인하기는

53) 渡邊義浩는 명사들이 군신 관계와는 별도의 장에서 명성을 획득하기 때문에 이것을 황제권력과는 무관한 사회적 장이라고 하였다. 渡邊義浩, 「漢魏交替期の社會」, 『歷史學硏究』 626(1991), pp.53～54.

54) 『三國志・魏書』 卷1, 「武帝紀」, p.2.

힘들었을 것이다. 옛날 관계에 의존한다는 것이 무엇인가는 반란전 위풍에 대한 논평을 살펴보면 알 수 있다.

① 전자傅子가 이르기를, "태조시기 위풍은 큰 명성을 얻고 있었는데 공경 이하 모두가 마음을 기울여 그와 교제하였다" 하였다.55)

② 『유이별전劉廙別傳』에 이르기를, 처음에 유이의 동생 유위가 위풍과 사이가 좋았는데 유이가 동생에게 경계하여 말하였다. "무릇 교우의 아름다움이란 현賢을 얻는 것에 있으니 자세히 살피지 않으면 안 된다. 그러나 (지금) 세간의 교류라는 것이 사람을 택함에 살피지 않고 합하여 무리를 이루는 데만 힘써 전대 성인의 교류의 뜻에 어긋나니, 이는 자기를 두터이 하고 인仁을 돕는 것이라 말할 수 없다. 내가 위풍을 살펴보니 덕행에는 힘쓰지 않고 오직 무리를 모으는 것에만 힘을 쓰니 부화하여 내실이 없다. 이것은 단지 세상을 어지럽히고 이름을 파는 것에 불과한 것이다. 경卿은 신중하고 그와 다시는 교류치 말라" 하였다.56)

③ 허위로 가득 찬 사람의 말은 도에 근본을 두지 않고, 행동은 말을 돌아보지 않아 (그들의) 부박浮薄한 태도는 쉽게 식별할 수 있다. 그러나 세간 사람들은 (그들에게) 미혹되어 언행으로써 그들을 살피지 못한다. 근래 제음濟陰의 위풍과 산양의 조위는 모두 사악하고 패망한 말로써 사람들을 미혹시키고 간사함으로써 젊은이들을 동요시켰다. 비록 부월鈇鉞의 형벌을 받아 커다란 밝은 경계로 삼았으나 (그들에게) 나쁜 영향을 받은 이들은 진실로 많다.57)

55) "傅子曰：初, 太祖時, 魏諷有重名, 自卿相以下皆傾心交之"(『三國志・魏書』 卷14, 「劉曄傳」, p.446).

56) "(劉)廙別傳曰：初, 廙弟偉與諷善, 廙戒之曰；「夫交友之美, 在於得賢, 不可不詳. 而世之交者, 不審擇人, 務合黨衆 ,違先聖人交友之義, 此非厚己輔仁之謂也. 吾觀魏諷, 不脩德行, 而專以鳩合爲務, 華而不實, 此直攪世沽名者也. 卿其愼之, 勿復與通.」"(『三國志・魏書』 卷21, 「劉廙傳」, p.616).

57) "夫虛僞之人, 言不根道, 行不顧言, 其爲浮淺較可識別；而世人惑焉, 猶不檢

세 기사 모두 위풍의 교우 활동에 대해 문제를 삼고 있다. 기사 ①에서는 일찍이 위풍이 조정의 대신들과 '마음을 기울여 교제'하였다고 하였고, 기사 ②에서는 보다 구체적으로 "무리를 이루는 데만 힘쓴다"고 표현하여 그의 문제가 당을 구성한 것과 관련 있다고 하였다. 또한 기사 ③에서는 '사악하고 패망하는 말로 혹세무민惑世誣民'하였다고 하면서 위풍의 문제가 반란이 아님을 알려 주고 있다. 결정적으로 위풍의 문제가 당을 구성한 결당結黨이었음을 알려 주는 기사는 다음과 같다.

『세언世語』에서 말하였다 : 위풍의 자字는 자경子京으로 패인沛人이다. 중재衆才를 미혹하여, 수도 업鄴을 경동傾動시켰는데 종요가 이 때문에 죽음을 당하였다. 대군이 아직 반란을 일으키기 전에 위풍은 은밀히 도당을 만들고, 또 장락위위長樂衛尉 진위陳褘와 업鄴을 습격할 것을 모의하였다. 기한이 아직 안되었을 때 진위가 두려워 태자에게 고하니, 위풍을 주멸하였고 연좌되어 죽은 자가 수십 인이었다.58)

그렇다면 역시 부화하다고 여겨진 조위의 죄목은 무엇인가? 쉽게 예측할 수 있는 것과 같이 조위의 문제도 역시 결당과 관련 있다고 할 수 있다.

산양군의 조위는 본래부터 재주가 뛰어나 이름을 얻었는데, 오吳가 번藩을 칭한다는 소리를 듣고, 평민으로 오왕에게 교서交書를 보내 재

之以言行也. 近濟陰魏諷・山陽曹偉皆以傾邪敗沒, 熒惑當世, 挾持姦慝, 驅動後生. 雖刑於鈇鉞, 大爲烱戒, 然所汙染, 固以衆矣"(『三國志・魏書』 卷27, 「王昶傳」, p.746).

58) "世語曰 : 諷字子京, 沛人. 有惑衆才, 傾動鄴都, 鍾繇由是辟焉. 大軍未反, 諷潛結徒黨, 又與長樂衛尉陳禕謀襲鄴, 未及期, 褘懼, 告之太子, 誅諷, 坐死者數十人"(『三國志・魏書』 卷1, 「武帝紀」, p.52).

화를 구하였다. (그 재화를 이용해) 경사의 명사들과 교류를 맺고자 했는데, 황제께서 들으시고 그를 주멸하였다.[59]

위의 기사만 가지고서는 조위가 주멸된 원인이 개인적으로 오주吳主와 접촉하여 뇌물을 구했기 때문인지, 혹은 결당 때문인지 정확하게 판단할 수는 없다. 그러나 결국 결당을 위한 자금 확보라는 측면에서 본다면 보다 근본적인 문제는 아무래도 결당에 있었을 것으로 생각된다. 태화 연간의 부화파의 탄핵을 요청하는 동소의 상소에 말속의 대표적 인물로 위풍과 조위가 거론된 것은 바로 이러한 당을 구성한 것과 연관되어 있었기 때문이다.

그렇다면 왜 당을 구성하는 것이 이토록 문제가 되었을까? 앞서 잠시 언급한 것과 같이 후한말 당인들이 만들어 놓은 자율적 질서라는 것이 필연적으로 군주권과 대치할 수밖에 없는 속성을 가지고 있기 때문이다.[60] 당시인들이 "붕당을 중시하면 군주가 가려진다"라고 표현한 것은 결국 사대부들의 모임이 중앙 집권에 배치될 수밖에 없다는 것을 의미한다.[61] 이 때문에 조조는 자신의 세력을 강화해 나가기 위해 사대부들의 독립적인 움직임을 거세해 나갔던 것이다. 이것이 조위 초기의 부화의 역사적 내용이다.

3. 조상 집단과 사마씨 집단의 갈등과 명제시기의 부화

그러면 조위시기 가장 유명한 부화 사건이라고 할 수 있는 태화 연

59) "山陽曹偉, 素有才名, 聞吳稱藩, 以白衣與吳王交書求賂, 欲以交結京師, 帝聞而誅之"(『資治通鑑』 卷69, 「魏紀一」 魏文帝黃初二年條, p.2193).

60) 渡邊義浩, 앞의 글(1995), p.35.

61) "重朋黨則蔽主"(『三國志・吳書』 卷52, 「步騭傳」, p.1240).

간의 부화는 어떤 내용일까? 중국 측의 연구는 태화시기의 부화파를 사치를 일삼던 문벌門閥 귀족貴族 계층 중의 부패한 집단으로 이해하고 있다.62) 이것은 부화파로 분류되는 이들이 당시 초일류의 사대부 집단이었다는 점과 그들을 수식하는 "교만하고 사치하여 백성을 잃었다(驕奢失民)"든지, "사람됨이 재화를 좋아한다(爲人好貨)"든지, "허망한 명예와 부합하다(合虛譽)" 등과 같은 기사들 때문일 것이다.63) 그러나 결론부터 말한다면 태화 연간의 부화 역시 당과 관련되어 있다. 다시 한번 동소의 상소문을 살펴보자.

> 동소는 상소하여 말류의 폐해에 대해 말했다. "……삼가 지금의 젊은 사람들을 보니 다시 학문을 근본으로 삼지 않고 오로지 교유를 전업으로 삼고 있습니다. 국가의 사를 추천함에 효제청수孝悌清修를 우선하지 않고 권세를 추종하고 이익을 추구하는 것을 우선으로 하고 있습니다. 그들은 도당을 만들고 무리를 연합하여 서로 칭찬하고 감탄하며, 명예를 훼손하고 비난하는 것으로써 형벌과 살육을 삼고 무리의 명예를 이용하여 작爵과 상賞을 삼습니다. 자신에게 아부하는 사람에게는 그들을 기쁘게 하는 말을 가득히 하며, 자신에게 의부하지 않는 자들에게는 허물과 틈을 만듭니다……" 명제는 엄격하고 혹독한 조칙을 내려 제갈탄諸葛誕과 등양을 배척하여 면직시켰다.64)

---

62) 馬植杰, 『三國史』(北京 : 人民, 1994), pp.172～173 ; 鄭欣, 「論司馬懿」, 『魏晉南北朝史探索』(濟南 : 山東大, 1989), p.330.

63) 차례대로 『三國志·魏書』 卷28, 「王凌傳」, p.759 ; 卷9, 「曹爽傳」, p.288 ; 卷28, 「諸葛誕傳」, p.769.

64) "(董)昭上疏陳末流之弊曰 : 「……竊見當今年少, 不復以學問爲本, 專更以交游爲業 ; 國士不以孝悌清脩爲首, 乃以趨勢游利爲先. 合黨連羣, 互相褒歎, 以毁訾爲罰戮, 用黨譽爲爵賞, 附己者則歎之盈言, 不附者則爲作瑕釁……」帝於是發切詔, 斥免諸葛誕·鄧颺等"(『三國志·魏書』 卷14, 「董昭傳」, p.442).

위에서 문제 삼고 있는 것은 제갈탄이나 등양이 가지고 있는 사상적인 내용이 아니다. 그들의 문제는 '교유를 업으로 삼고 인재를 추천함에 권세를 추종하고 이익을 추구하는 것을 우선으로 삼았기' 때문이다. 즉 '도당을 만들고 무리를 연합한 것'이 그들의 죄목이었던 것이다. 태화 연간의 부화파를 당과 관련하여 이해한 것은 동소만은 아니다.

④ 전자傳子가 말했다 : 이 시기에 하안은 재변材辯으로써 귀척貴戚들 사이에서 이름이 높았고, 등양은 변통變通에 능해서 도당을 모아 세간에서 명성을 얻었다.[65)]

⑤ 유정劉靖이 상소를 올려 유학 교훈의 근본에 대해 말했다. "무릇 학문이라는 것은 난을 다스리는 법칙이고, 성인의 커다란 가르침입니다.……경술에 밝고 품행이 잘 닦여진 자는 관직에 나가게 함으로써 덕을 숭상하고, 교를 황폐하게 하고 업을 버린 자는 물러나게 함으로써 악을 징벌해야 합니다. 뛰어난 자를 등용하여 능력이 없는 이를 가르치면 따라 하게 되어 부화한 교유는 금하지 않아도 자연히 사라질 것입니다.……"[66)]

기사 ④ 역시 태화 연간의 부화파들의 문제를 지칭하면서 "도당을 모았다"고 표현하여 이들이 당을 구성한 것을 문제 삼고 있다. 기사 ⑤에는 부화에 대한 당시의 인식이 나와 있는데, 바로 '부화교유浮華交游'라 해서 부화가 사대부들 안의 교류와 관련 있는 것임을 알 수 있다. 그렇다면 이들은 어떤 당을 구성한 것이었을까?

문제文帝와 명제시기 정치권의 명족名族들의 동향에 대해 연구한 사

---

65) "傳子曰：是時何晏以材辯顯於貴戚之間, 鄧颺好變通, 合徒黨, 鬻聲名於閭閻"(『三國志·魏書』卷21,「傅嘏傳」, p.623).

66) "(劉靖)上疏陳儒訓之本曰：「夫學者, 治亂之軌儀, 聖人之大教也……其經明行修者, 則進之以崇德；荒教廢業者, 則退之以懲惡；舉善而教不能則勸, 浮華交游, 不禁自息矣……」"(『三國志·魏書』卷15,「劉馥傳」, p.464).

토 다쓰로(佐藤達郎)에 의하면 문제시기까지 명족들은 여전히 후한말 당인과의 관계를 지니고 있었다. 이로 인해 문제는 관료들의 횡적 연대 즉 붕당에 대해 경계를 늦추지 않았고, 대표적으로 포훈鮑勛과 양준楊俊은 붕당의 조직을 우려한 문제에 의해 죽임을 당하였다.[67] 양준의 사례를 보면 양준 스스로가 "사람을 품평하는 것을 스스로의 임무로 여겼다" 하니[68] 그가 광범위한 교우 관계를 가지고 있었던 것을 충분히 짐작할 수 있다. 이러한 문제는 아무래도 한말 당인과 관련한 집단이 문제시기에 정권의 중심부에 포진하면서 생긴 일일 것이다.[69]

그러나 명제시기는 문제시기와는 달랐다. 측근 정치를 그 정치의 특징으로 했던 명제는 한말 당인의 영향력 아래 있던 인물들 대신 혈족관계에 있던 이들을 대거 등용하였다. 따라서 명제시기에 들어와서는 한말 당인의 자율적 질서는 더 이상 큰 문제가 되지 않았다. 그렇다면 명제시기 부화파를 당과 관련하여 볼 필요가 어디에 있을까?

당시 부화파로 지명된 이들은 앞에서 언급한 것과 같이 당대 초일류 가문의 자제들로 중앙 관계에서 출사가 막힌 것도 아니고 특별한 정치적 박해를 받던 이들도 아니다. 오히려 그들은 경사를 중심으로 명성을 얻고 있던 명사들로 이들의 출신 성분과 성향을 종합한다면 요시모리 겐스케(葭森健介)의 주장과 같이 체제 영합적이라고까지 할 수 있다.[70] 실제로 명제 사후 정시 연간에 등장한 부화파를 중심으로 구성된 조상 집단의 정치적 지향은 명제에 반反한다고 하기보다는 명제의 정치적 지향의 연장선상에 있다고 볼 수 있다.[71] 조상의 보정시기 사

67) 佐藤達郎, 앞의 글, pp.66~67.

68) "以人倫自任"(『三國志・魏書』卷23, 「楊俊傳」, p.664).

69) 萬繩楠, 앞의 책, p.84.

70) 葭森健介, 「魏晉革命前夜の政界-曹爽政權と州大中正設置問題」, 『史學雜誌』 95-1(1986), p.44.

71) 曹爽의 정치적 견해와 司馬懿의 정치적 견해차를 흔히 중앙 집권과 지방 분

마의司馬懿 집단과의 대립이 그것을 보여 준다. 그렇다면 무엇 때문에 이들을 부화파로 규정하여 관계로부터 축출한 것일까? 아니 그들이 과연 당을 구성한 것은 사실인가?

> 『세어』에서 말하기를 당시 준사俊士 산기상시散騎常侍 하후현, 상서尚書 제갈탄, 등양의 무리는 서로 제표題表를 작성하여 하우현과 전도田疇 등의 4인을 사총四聰이라고 하였고, 제갈탄과 비備 등의 8인을 팔달八達이라고 하였다. 중서감中書監 유방劉放의 아들 유희劉熙와 손자孫資의 아들 손밀孫密, 이부상서吏部尚書 위진衛瑧의 아들 위열衛烈 등 3인은 모두 이에는 미치지 못하지만 부친의 세위勢位로 인해 삼예三豫로 용인되니 모두 15인이다. 명제는 이들이 부화하다고 여겨 모두 면관시켜 금고에 처했다.72)

위의 기사는 확실히 그들 부화파가 당을 결성한 것이 사실일 수 있음을 보여 준다. 이들은 후한말 당인들을 모방하여 서로 제표를 작성하여 자신들을 사총・팔달・삼예로 불렀던 것이다. 이것에 대해 풍승기馮承基는 '달・총'은 '벽문달총闢門達聰'에서 나온 말로 인재 등용을 의미하는 선거와 관련 있는 어휘라고 하였다.73) 그러나 이러한 분석에

권으로 이해하기도 하고 법술과 유술의 차이, 혹은 중앙 귀족과 지방 세족의 대결로 이해하는 것이 일반적이라고 했을 때 특히 이러한 차이는 두 집단의 인사 정책에 잘 반영되어 있다. 吏部와 尙書를 중심으로 중앙의 권력 독점을 꾀한 조상 집단에 대해 중정의 직권 강화를 주장하여 결국 주대중정을 설치하는 사마의 집단은 지방 세족의 이해를 대변한다고 하겠다. 두 집단의 인사 정책에 대해서는 吳慧蓮, 「曹魏的考課法與魏晉革命」, 『臺大歷史學報』 26(1986)을 참조.

72) "世語曰：是時, 當世俊士散騎常侍夏侯玄・尙書諸葛誕・鄧颺之徒, 共相題表, 以玄・疇四人爲四聰, 誕・備八人爲八達, 中書監劉放子熙・孫資子密・吏部尙書衛臻子烈三人, 咸不及比, 以父居勢位, 容之爲三豫, 凡十五人. 帝以構長浮華, 皆免官廢錮"(『三國志・魏書』 卷28, 「諸葛誕傳」, p.769).

근거하지 않더라도 이들이 후한말 당인들처럼 스스로 품제品題를 행하여 인물을 평론했었다는 것은 이들이 선거에 대한 자신들만의 기준과 가치를 만들었다는 것을 알려 준다. 비록 인물평이 후한 이래 모든 사대부들 안에서 자연스럽게 행해지던 일이라고 해도,[74] 결국 이것은 유일한 사회적 기준이자 가치인 황제권에 대한 도전을 의미한다. 태화 연간의 부화파가 후한말 당인과는 처해 있던 정치적 상황이 달랐다 해도 그들이 당인을 모방하였다면 이들 역시 황제의 질서로부터 독립한 가치 기준을 가지고 있었음이다.

다시 말해 서로가 품제를 올린다는 것은 결국 조정에서 행해지는 인재 발탁 기준과는 다른 자신들만의 인재 발탁 기준을 제시했다는 점에서 정권 초월적인 성격을 가질 수밖에 없다.[75] 당시 위는 후한말의 전란으로 향촌 사회가 붕괴하여 더 이상 정상적인 향론 활동이 불가능해지고, 지난 시기 선거의 부패로 인해 전문 인력을 선발할 길이 막히자 구품중정제九品中正制를 실시하였다. 이것은 종래의 선거 제도가 정상적으로 복원될 수 없음으로 인해 실시된 것이기도 하지만, 황제가 명사들이 행하고 있는 인물평을 체제 내로 재빨리 흡입하여 후한말과 같은 무정부 상태를 종식시키고자 하였기 때문이다. 따라서 부화파들이 독자적으로 표제를 돌려 자신들만의 권위를 만들고, 기준을 제시한다는 것은 중앙 정부로서는 용납할 수 없는 일이었다.

이러한 부화파들의 행위에 대해서는 두 가지 서로 다른 견해가 엇갈

---

73) 馮承基, 「論魏晉名士之政治生涯」, 『國立編譯館館刊』 2-2(1973), p.49.

74) 승상부의 동조연이었던 최염의 경우도 당시 승상징사였던 병원과 의랑 장범 등과 評狀을 지어 개인적인 인물 품평을 하였음은 앞에서 이미 살펴보았다. 또한 그의 선거가 '總齊淸議'하는 식으로 행해졌다는 것은 사대부들 안에서 선거를 위해 인물 품평을 행하는 일이 결코 특별한 것이 아니었음을 말해 준다.

75) 吳慧蓮, 앞의 글, p.60.

린다. 한 가지는 중정관의 다수가 중앙관을 겸임하면서 향론이 향리 사회를 벗어나 중정의 품제에 의해 중앙 사인의 여론마저 취결取決하려고 한 것에 대해 종실·인척 등 경사를 중심으로 하는 명사 집단이 상호 표방標榜의 집단을 구성한 것이라는 견해이다.[76] 이 견해에 따르면 부화파는 체제에 대한 반작용을 가지는 집단이 아니라 사마의로 대변되는 지방 세족世族의 대치 집단이라고 할 수 있다. 그렇기 때문에 이들은 동소와 같은 사마의 집단에 의해 선거 농단의 혐의를 받았고, 한말의 경험에 의해 부화라고 비판받았던 것이다. 이 경우 명제는 사마씨로 대표되는 세족의 불만을 해소함과 동시에[77] 부화파가 어떠한 정치적 목적을 가지고 있었던 간에 그것이 황제권 밖의 독자적인 움직임이었다는 점에서 면직시켰을 것이다.

또 다른 견해는 이와는 다소 다른 관점에서 부화파를 파악하고 있다. 물론 부화파들이 독자적인 교류의 장을 만들고 스스로의 기준에 의해 인사에 관여하려고 했다는 점에 대해서는 동일한 입장을 보이고 있다. 또한 이들이 중정제를 통해 인사에 영향을 가지고 있던 사마씨 집단과 대립하며 인재 선발의 업무를 분업하였다고 보는 것도 동일하다.[78] 다만 이들이 전통적인 조위의 인재 발탁 기준인 유재주의唯才主義에서 벗어나 유덕자有德者를 적극적으로 등용하려고 하여 명제와 마찰했다고 분석하고 있다.[79] 그러나 이 견해 역시 사대부들의 독자적인 움직이라는 것이 결국 황제와 마찰할 수밖에 없음을 말하고 있다. 『진서』「완적전阮籍傳」의 아래 기사는 황제와 사대부의 대립이 격화되었던

76) 吳慧蓮, 앞의 글.

77) 조상 집단을 무리를 규합하는 浮華의 末流로 지목하여 상소를 올린 董昭가 사마씨의 黨派라는 것은 잘 알려진 사실이다.

78) 葭三健介, 「六朝貴族制形成期の吏部官僚-漢魏革命から魏晉革命に至る政治動向と吏部人事」, 『中國中世史硏究 續編』(京都 : 京都大, 1995), p.234.

79) 葭森健介, 앞의 글(1986), p.47.

시기, 변화된 사대부의 처신을 잘 보여 준다.

> 완적이 본래는 제세濟世의 뜻을 가지고 있었는데 위진시기 천하에 많은 변고로 인하여 명사들 중 온전히 보전한 자가 적게 되자 이로 말미암아 완적은 세상일에 간여하지 않고 마침내 술 마시고 노는 것을 일상의 일로 삼았다.[80)]

우리는 이 기사를 통해 정치적인 움직임은 고사하고 사대부가 정치적인 의지를 갖는 것 자체가 황제권과 대치할 수 있음을 알 수 있다. 남조南朝 귀족들이 그랬던 것과 같이 조위시기 역시 정치로부터 벗어나 보신하는 것만이 사대부가 천수를 누리는 방법이 될 수 있었던 것이다.

4. 조위시기 부화의 의미

건안 10년(205) 조조는 이미 "나는 풍속을 가지런히 정리하고자 한다"라고 하여 한말 사회적인 문제들을 교정할 것을 천명하였다. 특히 영令의 서두에서 '서로 아부하여 결합한 무리들이 서로 친한 것은 고대의 성인들이 싫어하신 바'라고[81)] 전제하여 조조가 변화시키고자 했던 사회적 풍기의 내용이 무엇인지 알 수 있다. 처음부터 조조가 제거하려고 했던 것은 사대부들의 정치적인 집단 움직임이었다. 그렇다면 과연 당시 사대부들의 결합은 어느 정도였을까?

---

80) "(阮)籍本有濟世志, 屬魏晉之際, 天下多故, 名士少有全者, 籍由是不與世事, 遂酣飮爲常"(『晉書』 卷49, 「阮籍傳」, p.1360).

81) "阿黨比周, 先聖所疾也"(『三國志·魏書』 卷1, 「武帝紀」, p.27).

> 구람仇覽이 태학太學에 입학했을 때, 여러 유생 중 같은 군郡의 부융符融이 저명하였다. 그 집이 구람의 거처에서 가까웠는데 빈객이 방에 가득하였다. 구람은 항상 스스로 본분을 지켜 부융과 말하지 않았다. 부융이 그 용모와 행동거지를 보고 마음속으로 비범하다 여겼다. 이에 그에게 일러 말하였다. "나는 선생과 동향이고 거처도 가깝습니다. 지금 경사에는 영웅이 사방에서 모여드니 지사志士가 교류하여 결합하기에 좋은 기회입니다. 비록 경학에 힘쓴다고 하나 어찌 이렇게 굳게 지킬 필요가 있겠습니까?" 구람이 이에 정색을 하고 말하였다. "천자가 학교를 세운 것이 어찌 사람들로 하여금 그 속에서 놀고 담론하라는 것이겠습니까!" 손을 높이 들어 읍揖하고 떠난 후 다시는 부융과 말하지 않았다.[82]

후한시기 시작된 사대부의 교류는 위의 기사에서 단적으로 볼 수 있는 것과 같이 사대부 사회에 광범위하게 자리 잡고 있었다. "세간이 교유에 힘쓴 것이 오래되었다(世之務交游也久矣)"와[83] 같은 표현은 사대부들의 모임이 하나의 사회적인 현상으로 존재하고 있었음을 알려 준다. 특히 이러한 현상은 후한말 환桓・영제靈帝 시기에 자못 심각하였던 것으로 보인다. "공경 이하 대부, 주목군수州牧郡守에 이르기까지 왕사王事에 대해서는 걱정하지 않고 오직 빈객을 초치하는 일에만 힘썼다"는 서간徐幹의 지적처럼 당시 사회적으로 '관족冠族의 자제가 당을 만들어 권문세가權門世家에다 구명求名'[84]하는 일은 비일비재했다. 사대부들에

---

82) "(仇)覽入太學, 時諸生同郡符融有高名, 與覽比宇, 賓客盈室. 覽常自守, 不與融言. 融觀其容止, 心獨奇之, 乃謂曰 :「與先生同郡壤, 鄰房牖. 今京師英雄四集, 志士交結之秋, 雖務經學, 守之何固?」 覽乃正色曰 :「天子脩設太學, 豈但使人游談其中!」 高揖而去, 不復與言"(『後漢書』 卷76, 「循吏 仇覽傳」, p.2481).

83) 『後漢書』 卷43, 「朱穆傳」, p.1467.

84) "自公卿大夫, 州牧郡守, 王事不恤, 賓客爲務"(『中論』, 「譴文」, p.575中) ; "冠族子弟結黨權門, 交援求名"(「序」, p.564中).

게서 삼군三君으로 추앙받던 이응의 집을 등용문이라 부른 것도 결국에는 사대부들이 이응을 중심으로 결당한 것에 불과하다 할 것이다. 이미 사대부의 교류는 사회적인 현상이 되었고, 이러한 풍속은 강력한 황제권을 수립하려고 하는 조조에게는 변화 대상 제일 순위였을 것이다.

조조의 권력 강화에 대해 와타나베 요시히로는 정권 초기부터 조조가 법가적 노선을 견지한 것은 아니고 처음에는 후한 명사들의 지지를 받기 위해 유술주의를 표방하다가 순욱을 살해하고, 위공국魏公國을 건국한 후 본격적으로 법술주의를 표방했다고 보았다.[85] 물론 조조가 위공과 위왕이 되던 시기가 상징적으로 뿐 아니라 실질적으로도 군주권이 강해지는 시기라는 것은 분명하다. 그러나 과연 조조가 그 전까지 유술주의만을 표방했는지는 생각해 볼 문제다. 왜냐하면 후한 이래로 사대부들 안에서 새로운 움직임이 생겼기 때문이다. 선거가 문란해지고, 호족들의 대두로 소농민의 생활 기반마저 파괴되어 사회가 점차 혼란해져 갔지만 유학이 이러한 문제를 해결할 능력을 상실함에 따라 유학이 아닌 다른 사조에 주목하는 모습이 등장했던 것이다.

그 예로 후한말 조조 집단에 투신한 중장통仲長統은 엄형준법嚴刑峻法의 사용만이 현재의 문제를 해결할 수 있다고 하며,[86] 법술의 사용을 적극적으로 주장하였고 더 나가서는 「정무政務」와 같은 법가주의적 정책을 제시하기도 하였다.[87] 이러한 경향은 몇몇 사대부에게만 국한되

---

85) 渡邊義浩, 앞의 글(1995), p.36.

86) "德教者, 人君之常任也. 而刑罰爲之佐助焉……至于革命之期運, 非征伐用兵, 則不能定其業. 姦宄之成羣, 非嚴刑峻法, 則不能破其黨"(『昌言』, p.948 上).

87) 內山俊彦는 중장통의 정치적 입장이 조조 정권의 정책과 매우 가깝다고 하면서 아마도 그는 순욱과 마찬가지로 한왕조를 대신할 새로운 국가·정치 형성의 가능성을 신흥세력인 조조에게 기대했었다고 판단했다. 內山俊彦, 「仲長

었던 것은 아니었다. 두서杜恕의 아래와 같은 지적은 사회적으로 유학이 주도적인 위치를 상실해 가는 것에 대한 자성의 목소리다.

> 진신搢紳의 유생들마저도 영화로운 것을 흠모하는 마음으로 가득하고, 과장된 팔짓으로 항변하면서 손자孫子와 오자吳子의 학설을 으뜸으로 삼습니다. 주군의 목수牧守들도 모두 백성을 규휼할 방책을 홀시忽視하면서 군사를 통솔하는 일에 힘쓰고 있습니다.[88]

그러므로 조조의 법술주의와 명사의 유술주의와의 마찰을 숙청의 주된 이유로 보기는 힘들다. 물론 조조의 권력 강화에 비판적인 입장을 보였던 이들이 숙청되었던 것은 사실이나 그것을 법술과 유술의 대립으로 보는 것은 양자의 입장을 너무 단순화하는 것이라고 할 수 있다. 예를 들어 순욱을 비롯하여 위의 중장통 같은 이들이 한왕조의 재건보다는 새로운 사회를 기대하고 그 방법적인 면에서도 법술이 모색되고 있었음이 분명한 이상 조조에게 숙청된 이들의 성향을 유술로 단순화하기는 힘들기 때문이다. 그래서 필자는 명사에 대한 조조의 숙청은 유술에 대한 반대이기보다는 지금까지 살펴본 것처럼 사대부의 집단적 움직임에 대한 황제권력의 공격으로 보고자 한다.

사대부들의 결합 원인을 사대부들의 자각이라는 측면에서 파악할 수도 있겠으나 사대부들이 집단적으로 모일 수 있었던 것은 한대 사회구조 내부에 그 원인이 있다고 봐야 할 것이다. 바로 추천제로 운영되던 선거와 막부의 개설이다. 특히 막부의 개설은 그동안 사적으로 운영되었던 인재 집단을 공적으로 변화시키게 되는데,[89] 이 막부에 인재

統-後漢末一知識人の思想と行動-」, 『日本中國學會報』 36(1984), p.66.

88) "然搢紳之儒, 橫加榮慕, 搤腕抗論, 以孫吳爲首, 州郡牧守, 咸共忽恤民之術, 脩將率之事"(『三國志 · 魏書』 卷16, 「杜恕傳」, p.499).

89) 金翰奎, 『古代東亞細亞幕府體制硏究』(서울 : 一潮閣, 1997), p.254.

선발권인 벽소辟召의 권한이 있는 한 사대부들의 권문權門으로의 결집과 구명求名 활동은 잠재되어 있는 문제라고 하겠다. 또 다른 문제는 사회적으로 지식인 계층이 폭증하면서 이들의 학문이 지난 시기와는 달리 자기실현의 수단, 즉 입사와 연결되지 않기 시작했다는 것이다. 유학은 그 본래의 정치적 능력을 상실하였고, 사대부들은 담론을 중히 여기거나 교제에 전력하게 되었다.[90] 이러한 이유에 의해서 한대 사대부들의 중요한 특징인 집단적인 움직임이라는 현상이 만들어졌다. 그리고 이러한 사대부들의 집단적 움직임은 결국 정치적 성향을 띠게 된 것이다.

후한말 사대부의 집단적 움직임이 정치적 목적을 가지고 있다는 것을 적나라하게 보여 주는 것은 청의淸議다. 이것은 정권 참여를 자신의 유일한 존재 의미로 규정하고 있는 이들이 정치적인 공간이 충분하게 존재하지 않은 당시 상황에 가장 적절하게 대응한 행동 양태로 보인다. 청의의 내용이 관료 선발을 위한 개인의 정치적인 행위나 관료적 자질을 평가하는 인물평이었다는 점에서, 특히 후한말 선거를 환관이 장악하여 가격家格이 낮은 호족이나 관료 예비군인 태학생들이 관계에 나갈 수 있는 기회가 적어지면서 청의가 지역 사회를 벗어나는 양상을 보였다는 점에서, 당시의 청의가 유가적 국가 이념이나 유가적 도덕 감정에 근거한 공동체적인 원리에서 기인하기보다는 철저히 정치적인 지향을 담고 있다는 것을 알 수 있다.[91]

---

90) 川勝義雄, 앞의 책, p.1.

91) 川勝義雄의 경우는 한말 사대부들의 청의를 유가적 국가 이념에 근거하여 공동체를 지키려는 清流 豪族들의 여론으로 이해했으나 필자는 청의를 정치적 상승이 특정 세력에 의해 저지된 이들의 정치 활동의 수단으로 본 渡邊義浩의 견해가 타당하다고 여긴다. 청의에 관한 연구는 渡邊義浩의 『後漢國家の支配と儒敎』(東京：雄山閣出版, 1995), pp.367~376과 同氏, 「'寬'治から'猛'政へ」, 『東方學』 102(2001)를 참고.

위진시기 현학은 후한말 사상이 실천성을 특징으로 하는 것과는 달리[92] 정치적인 지향은 많이 제거되었으나 그 학문의 성격상 여전히 사대부의 교류를 필요로 하였다. 현학의 주요한 훈련 방법이 토론이라는 것은 현학이라는 학문이 사대부들의 사교 생활이라는 것을 전제로 하기 때문이다.[93] 이로 인해 현학자들에 대한 평가 중에는 붕당에 대한 평가가 빠지지 않는다. 태화 연간의 부화파로 지명된 이들의 움직임이 당을 결성한 것이나 무리를 모은 것으로 표현된 것도 이 때문이다. 즉 부화가 결당과 관련된다고 했을 때 현학은 그 성격상 당을 결성하기에 최적의 조건을 만들어 준다고 할 수 있다. 이때 그 모임이 정치로부터 완전히 자유롭지 못함으로 인해 그 집단은 황제권과 대립하게 되는 것이다. 우리가 현학을 이해하는 데 있어 흔히 저지르는 오류는 현학의 정치적 무관심이다. 그러나 현학자의 정치적 무관심이라는 것은 후대의 일이고 조상 집단에서 볼 수 있었던 것과 같이 그들은 정치적인 의지를 가지고 있었다.

태화 연간의 부화 사건을 설명해 주는 기사는 동소의 상소가 유일하다시피 하기 때문에 이것만으로는 명제의 부화파 축출의 정확한 이유를 알기는 힘들다. 그런데 태화 4년(230) 부화파를 축출한 후 내려진 조치를 보면 부화파가 확실히 선거와 모종의 관련이 있음을 알 수 있

---

92) 金谷治는 후한말에 활동했던 왕부・최식・중장통 등의 사상의 공통점으로 현실 비판을 들었다. 즉 사회・정치 현실에 대해 적절한 비판을 수행했다는 것인데 그 구체적인 내용을 호족 대두에 의한 사회 질서의 혼란, 貴臣豪族에 의한 사치 풍조 만연, 농민의 빈곤 이산 등으로 요약하고 있다. 渡邊義浩는 이러한 '자기 학문에의 실천성'을 후한말 사상계의 현저한 특징으로 파악하고 있다. 金谷治, 「後漢末の思想家たち」, 『金谷治中國思想論集 上-中國古代の自然觀と人間觀』(東京 : 平河, 1997), p.534 ; 渡邊義浩, 앞의 글(2001), p.5.

93) 森三樹三郎 같은 이는 淸談의 유행을 사대부의 사교 생활이 융성해졌음을 반증하는 지표라고까지 하였다. 『六朝士大夫の精神』(京都 : 同朋舍, 1986), p.15.

다.

> 이전에 제갈탄·등양 등이 명성을 날리고, 사총팔달의 견해가 있어, 명제가 그들을 미워하였다. 당시 (노육盧毓을) 중서랑中書郎으로 기용했는데 조서를 내려 말씀하셨다. "적합한 사람을 얻고 얻지 못함은 노생盧生에게 달려 있을 뿐이다. 선거함에 명성 있는 것을 (기준으로) 취하지 말라. 명성은 마치 땅 위에 떡을 그린 것과 같으니 먹을 수 없다." 노육이 대답하여 말하였다. "……지금 관리의 고과考課를 매기는 법이 폐지되었고 비난과 칭찬으로써 서로 나가고 물러서고 있으니 진위가 혼잡스럽게 섞여 있으며 허실이 서로 덮여 가려져 있습니다." 황제가 그 말을 받아들여 즉시 조를 내려 고과법을 만들게 하였다.[94]

이것은 중앙 정부가 관리 임용에 대한 명확한 기준을 갖겠다는 의지의 표명이라고 생각한다. 명제는 부화파가 아무리 황실의 측근이고, 체제 영합적인 정치적 속성을 지닌다 해도 이들이 하나의 정치 집단으로서 세력을 가지고 선거를 장악하려고 하였던 것을 좌시할 수는 없었던 것으로 보인다. 비록 그들이 가진 선거의 기준이 자신과 동일했다고 해도 그들이 정권을 초월해서 권위를 갖는 것을 부정했던 것이다.

사실 명제는 명성을 가지고 선거를 하는 것은 땅에 그린 떡을 먹지 못하는 것에 비유하였으나 당시 부화파들은 모두가 하나 같이 쟁쟁한 배경을 가진 이들로 학문적인 성취를 가지고 판단한다고 해도 명실불일치의 상태는 아니었다. 동소의 상소를 필두로 『삼국지』 안의 많은 기사들이 조상 정권이 부화하여 당을 이루고 선거를 문란하게 하였다

94) "前此諸葛誕·鄧颺等馳名譽, 有四聰八達之誚, 帝疾之. 時擧中書郎, 詔曰 : 「得其人與否, 在盧生耳. 選擧莫取有名, 名如畫地作餠, 不可啖也.」毓對曰 : 「……今考績之法廢, 而以毁譽相進退, 故眞僞渾雜, 虛實相蒙.」帝納其言, 卽詔作考課法"(『三國志·魏書』 卷22, 「盧毓傳」, pp.651～652).

고 평가하고 있다. 특히 잘못된 선거 정책에 대해, 선거의 사권화에 대해 비판이 집중되어 있다. 그러나 이들 집단이야말로 철저히 명사를 중심으로 형성된 집단으로, 그들의 정상적인 사고에 따르면 자신들과 관계를 가진 이들은 관료로서 발탁되는 데 전혀 문제가 없는 이들이었다. 즉 이미 사회에서 명성을 가지고 있던 이들을 관료로 발탁한 것은 자의적으로 선거를 문란하게 한 것이 아니라 정당한 인사 정책이었던 것이다.

실제로 『진서』를 보면 이들의 인사 정책에 대해, 이들의 정적이었던 부현傅玄의 아들인 부함傅咸이 "정시 연간 하안이 선거를 관장할 때 내외의 관직을 얻은 자 모두가 각기 재능을 가지고 있었으니 깨끗하고 공평한 아름다운 정치를 이로부터 볼 수 있었다"[95]고 평가하고 있어 이들의 선거가 결코 실질을 갖지 못하는 패거리 짓기의 결과가 아님을 말해 주고 있다. 그러나 당시 정적인 사마씨 집단은 이것을 정당한 인재 발탁이 아닌 파당 행위로 몰아붙였고, 명제는 그것을 인정했다. 이는 청의와 마찬가지로 부화파들의 청담도 그것이 인물평이라는 정치적인 활동을 포함하고 하는 이상 권력과 밀접한 관련을 맺을 수밖에 없으며, 결국 그것이 황제권을 위협하는 잠재성을 가지고 있기 때문에 생긴 결과다.

명제라는 인물을 설명해 주고 있는 기사 중 무엇보다 명제의 성향을 명확히 보여 주는 것은 '진시황과 한무제와 같은 류(秦始皇·漢孝武之儔)'[96]라는 기사다. 명제는 단순히 법술을 옹호하는 데서 더 나아가 진정한 황제의 권력 체계를 수립하고자 했다. 명제가 권력의 중심에 인척을 대거 포진시킨 것도, 문제시기까지 권력의 핵심부에 존재하고 있

95) "正始中, 任何晏以選舉, 內外之衆織各其才, 粲然之美於斯可觀"(『晉書』 卷47, 「傅咸傳」, p.1328).

96) 『三國志·魏書』 卷3, 「明帝紀」, p.92.

던 한말 사대부의 잔재를 없앤 것도 강력한 황제권력을 수립하고자 해서였다. 그러나 이번에는 근친을 중심으로 한 일부 귀족들이 집단적인 움직임을 보이며 정치적으로 독자적인 권위를 만들려고 했던 것이다. 이것이 명제로 하여금 이들을 정계에서 퇴출시킨 원인이라고 생각한다. 천하는 황제의 것이라는 의식이 강했던 명제가[97] 황제 이외에 권위를 만들어 내는 또 다른 정치권력을 인정하지 않은 것이 태화시기 부화 사건의 본질이라고 할 수 있겠다.

명제의 정치가 사대부들과 마찰을 빚었던 내용도 바로 이러한 독점적인 권력 행사였다.

⑥ 지금 폐하와 같이 조정에 앉아서 천하를 다스리는 이들은 삼공과 구경이 아닙니다. 대각臺閣의 근신近臣은 모두 폐하의 복심腹心으로 폐하 바로 앞에 무릎을 이어 앉아 있으면서도 아무 일도 하지 않고 폐하의 결정에 그저 복종만 하고 있습니다. 만일 넉넉함과 부족함을 보고도 감히 보고하지 않고 명령대로 달려가 오직 이기지 못하는 것만을 걱정한다면 이는 이름만을 갖고 있는 신하이지 강직하게 보좌하는 신하는 아닙니다. 과거의 이사李斯가 진秦 이세二世에게 가르쳐 말하기를 "사람의 군주가 되어 뜻대로 행동하지 못할 때 그것을 불러 천하의 질곡이라 한다"고 했습니다. 진 이세는 그 말을 들어 진나라가 망하였고, 이사 또한 일족이 멸하게 되었습니다.[98]

⑦ 위초, 삼공에게는 일이 없고 조정의 정사에 드물게 관여하였다. 고유高柔가 상소를 올려 말하였다. "……비록 삼공이 설치되었다고 해도 그들로 하여 정사를 알 수 있게 하지 않는다면 마침내 각자 한

97) 福原啓郎,「三國魏の明帝」,『古代文化』52-8(2000), p.28.

98) "今陛下所與共坐廊廟治天下者, 非三司九列, 則臺閣近臣, 皆腹心造膝, 宜在無諱. 若見豐省而不敢以告, 從命奔走, 惟恐不勝, 是則具臣, 非鯁輔也. 昔李斯教秦二世曰:「爲人主而不恣睢, 命之曰天下桎梏」二世用之, 秦國以覆, 斯亦滅族"(『三國志·魏書』卷25,「高堂隆傳」, p.715).

가하게 쉬며 수양을 높게 쌓기는 해도 나가 간언하는 경우는 적게 되니 이것은 진실로 조정이 대신을 임용하는 뜻을 숭상하는 것이 아니고, 대신도 조정의 잘못에 대해 의견을 올릴 수 없습니다.……"[99]

⑧ 고당륭高堂隆이 상소를 올려 말했다. "무릇 제왕의 대업을 개척하고 법통을 세우기 위해서는 반드시 성명聖明한 군주의 출현을 기다려야 하고 후세를 도와 정치를 바르게 하기 위해서는 역시 우수한 보좌를 기다려야 하는데, 그들이 능히 사업을 완성하고 만물을 안정시키는 일을 할 수 있기 때문입니다. 무릇 이풍역속移風易俗하고 도덕적 교화를 베풀어 밝히고, 사방으로 하여 같은 풍기를 갖게 하고 머리를 돌려 안으로 향하게 하며, 덕교를 광희光熙롭게 하고 아홉 지역의 민족으로 하여금 모두 중앙의 도의를 흠모하게 하는 것은 본래 속리俗吏가 할 수 있는 일이 아닙니다.……"[100]

위의 세 기사는 공통적으로 명제시기 정치에 대한 비판을 내용으로 하고 있다. 기사 ⑥은 삼공과 구경, 즉 관료를 통해 정치를 하는 것이 올바른 정치의 모습이라는 것을 강조하고 있는데, 진 이세의 경우를 예로 들며 군주라 해도 군주 마음대로 정치를 하는 것이 아니라는 것을 완곡하게 말하고 있다. 기사 ⑦ 또한 삼공관에 대해 말하고 있는 것으로, 황제의 측근 신하들[상서尙書]이 권력을 잡았을 때의 문제에 대해 서술하고 있다. 기사 ⑧은 법가주의 노선을 분명히 해 속리를 대거 기용한 명제에 대해 유가 출신의 관료가 필요함을 역설하고 있다. 이

99) "魏初, 三公無事, 又希與朝政. (高)柔上疏曰 :「……而置之三事, 不使知政, 遂各偃息養高, 鮮有進納, 誠非朝廷崇用大臣之義, 大臣獻可替否之謂也……」"(『三國志 · 魏書』 卷24, 「高柔傳」, p.685).

100) "(高堂)隆上疏曰 :「夫拓跡垂統, 必俟聖明, 輔世匡治, 亦須良佐, 用能庶績其凝而品物康乂也. 夫移風易俗, 宣明道化, 使四表同風, 回首面內, 德教光熙, 九服慕義, 固非俗吏之所能也……」"(『三國志 · 魏書』 卷25, 「高堂隆傳」, p.712).

것은 사대부들이 왕조 국가의 유형을 유지하려는 것과는 별개로 그 국가는 사대부들의 존재 실현을 보장해야 한다고 믿었기 때문에 나올 수 있는 주장들이다. 즉 이러한 일련의 비판은 결국 명제의 독점적인 권력 행사에 대한 반발의 결과다.

사대부들은 여전히 "군주는 작은 일은 친히 담당하지 않고, 백관이나 담당 관리가 각기 그 직책을 맡는다"고 여겨[101] 정치란 군주가 친히 하는 것이 아니라 관료에게 위임하여 적재적소에 임명된 이들의 능력을 최대한 발현하게 하는 것이라고 이해했다. 한쪽은 절대적이고 독점적인 권력을 진정한 황제권력의 성격으로 이해했으며, 다른 한쪽은 모든 권리를 나누어 주고 조정하는 것으로 황제권력을 이해했던 것이다. 조위시기 부화 사건은 이렇게 절대적인 황제권력을 분할하려고 하던 사대부들의 정치의식과 그에 대한 황제 측의 실력 행사였던 것이다.

맺음말

부화는 사전적 의미로는 명목에 치우쳐 실질이 없는 것, 화려한 것을 말하는 것이지만 각 시기별로 그 내용을 달리한다. 그래서 한말에는 사대부들이 학문의 실질을 잃은 장구의 학을 지칭하였고, 진대에는 노장의 학, 현학을 지칭한다고 이해되었다. 그러나 조위시기 부화는 유학의 실질을 갖지 못함으로 발생한 것도, 현학에의 경도로 인한 방탕과 참월이 문제된 것도 아니었다.

조조에 의해 부화라는 죄명으로 주멸당한 공융은 당대 최고의 명사로 북해 집단의 영수로 알려져 있다. 당시 공융을 비롯하여 많은 사대

101) "人君不親小事, 百官有司各任其職"(『三國志・吳書』 卷52, 「步騭傳」, p.1238).

부들이 조조의 정권 강화의 일환으로 초치되었다. 그런데 이들은 모두 후한말 당인들의 자율적 질서 속에서 성장·형성된 집단에 속해 있던 자들로 명성과 지조에 의해 교류하고 있었다. 이들은 유교를 근간으로 하는 유교 사회, 즉 자신들의 정치적 참여에 의해 유지되는 왕조의 부흥 혹은 건설을 꿈꾸고 있었다. 사대부들은 이러한 유교국가만이 후한말 이래 확고해진 황제권력으로부터 자율적이고 독립적인 자신들만의 질서를 유지시킬 수 있다고 믿었다. 그러나 사대부들의 이와 같은 정치적 이상은 황제권력과 대립할 수밖에 없었으며, 결국 공융은 조조에 의해 숙청당한다. 위풍 역시 그의 교우 관계가 문제가 되어 조조와 대립하였고, 위풍의 반란 기도를 눈치 챈 조조에 의해 주살된다. 이처럼 조조시기 부화 사건의 핵심은 사대부들이 당을 구성하는 것이었는데, 황제는 이러한 사대부들의 자율적인 질서를 뿌리 뽑지 않으면 진정한 황제권력을 수립할 수 없었기 때문에 이들을 부화라는 죄명으로 숙청한 것이다.

명제시기 부화는 사대부들의 모임이 비록 황제권력에 대해 직접적인 위험으로 작용하지 않는다 해도 용인될 수 없음을 보여 준 좋은 예다. 태화 연간의 부화 사건은 동소의 상소에 의하면 역시 당을 이룬 것인데, 이들은 조조시기의 부화파와는 달리 초일류 가문의 자제들로 중앙 관계에서 출사가 막혀 있던 것도 아니었고 특별히 정치적 박해를 받았던 이들도 아니었다. 오히려 경사를 중심으로 명성을 얻고 있었으며 정치적 성향마저도 체제 영합적이었다. 이들이 축출된 것에 대해서는 지방을 중심으로 한 사마씨 집단의 공격을 무마하기 위한 명제의 선택이었는지, 혹은 명제의 정치적 견해와 마찰하여 면직된 것인지 엇갈린 평가들이 있지만, 그들이 궁극적으로 정치적 목적을 가지고 사회적 기준을 만들어 내려고 했다는 점은 분명하다. 즉 사대부들의 교류는 결국 정치적 의도를 갖게 되고, 정치적 의도가 종국에는 황제권력으로부터 독립된 사대부들의 자기 구현 논리를 근간으로 한다는 점에서 황제와의 마찰은 필연적이었던 것이다.

조위 황제들이 부화를 말속으로 인식했다면, 결국 이들이 제거하려고 했던 당시의 사회적 풍기는 후한말 이래로 사대부들이 체득하고 있었던 사대부들의 독자성과 자율성이라고 할 수 있다. 그러므로 그러한 말속을 제거하고 새로운 풍속을 만들려는 조위 황제들의 궁극적 목적이란 황제권 강화였다. 특히 진시황과 한무제와 동류로 평가되던 명제에 대한 당시 사대부들의 건의와 비판이 천하가 군주의 것이 아님을 역설한 것이었다는 점에서 조위시기 황제의 정치적 지향은 공천하 사상을 체현하려는 사대부들을 억압하고 독점적으로 권력을 행사하려는 것이었다고 볼 수 있다.

제2장 위진시기 사대부의 세계관과 대외 정책

머리말

처음 중국인들에게 이적夷狄은 단순한 분리의 대상이었다. 춘추시기春秋時期의 사정을 전하는 『좌전左傳』의 많은 기사들은 중국과 이적의 상이함과 구별만을 전하고 있을 뿐이다.[1] 그것은 성립 초의 주周가 배타적인 종족 집단이기보다 화이華夷를 포괄하는 정치적 공동체의 성격이 강했기 때문이다.[2] 따라서 문헌 안에 기록되어 있는 주나 제후국諸侯國과 융적戎狄과의 관계는 각 국의 성장 과정에서 불거진 정치적 대립에 불과하였다.[3] 그 결과 서주西周 금문金文 안에서 이적은 주왕조의 군사 행동의 대상으로만 등장한다.[4] 분리의 원인으로는 여러 가지가 거론될 수 있겠으나, 무엇보다 이들의 생활이 중국과 달라 동질의 문

---

1) 대표적으로 『左傳』 「襄公14年」條의 "我諸戎飮食衣服不與華同, 贄幣不通, 言語不達, 何惡之能爲? 不與於會, 亦無瞢焉"(p.902)이라는 기사는 중국과 이적 두 세계가 서로 다른 공동체로 분리되어 있음을 잘 보여 준다. 자세한 것은 洪承賢, 「魏晉南北朝時期 中國의 世界 개념 변화와 이민족 정책」, 『북방사논총』 10(2006), pp.200~203을 참조.

2) 金翰奎, 『古代中國的世界秩序硏究』(서울 : 一潮閣, 1982), p.17.

3) 金翰奎, 위의 책, p.121.

4) 吉本道雅, 「中國古代における華夷思想の成立」, 『中國東アジア外交交流史の研究』(京都 : 京都大, 2007), p.5.

화를 공유할 수 없었고 그 정치적 수준 역시 중국과 교통하기에 너무 낮았던 것에서 찾아야 할 것 같다. 그들은 춘추시기까지 아직 국가를 형성할 만한 수준이 아니었기에 중국과 안정적으로 외교 관계를 유지하는 것이 불가능했던 것으로 알려져 있다.[5]

이러한 상황은 춘추말~전국시기戰國時期 들어 변화하게 되는데, 전국시기 중국인은 이적을 금수禽獸와 동일시하며 차별의식을 만들어 낸다. 이것은 이 시기 주왕조 중심의 천하 질서가 붕괴되는 내부적 혼란과 이적의 정치적 약진에 따른 중원으로의 진입이라는 외부적 압박에 대해 집단적으로 대처할 필요가 생기면서 발생한 것이었다.[6] 그러나 여전히 중국에게 이적은 분리의 대상이었을 뿐이었다. 중국과 전혀 다른 생활 방식을 가지고 있던 이들은 중국과 분리되어 있었고, 그래서 지배의 대상이 되지 못했다. 하지만 군주권이 점차 팽창해 가면서 절대 권력의 개념이 발생하였고, 그 권력에 의해 지배되는 통치의 권역도 따라서 확대되었다. 그에 따라 이적 또한 정벌의 대상으로 변화하게 되었다.

그리고 황제의 등장은 지금까지와는 전혀 다른 세계관과 그것에 입각한 통치 방법을 만들어 냈다. 황제는 이적이 포함된 극대로 확대된 세계 관념을 갖고 있었고, 나아가 실현하고자 하였다. 그의 통치 권역은 더 이상 일국이 아닌 천하가 되었으며,[7] 그 천하는 종종 육합六合이라고 표현되는 우주宇宙에 비견되었다. 따라서 이적에 대한 대대적인

---

5) 吉本道雅, 앞의 글, p.7.

6) 顧頡剛은 諸戎들이 중국으로 들어와 거주하기 시작하면서부터 화이의 구별이 발생하였다고 이해하여, 역시 이적의 중국 내지로의 진입이 구별의 필요를 만들어냈다고 보았다. 顧頡剛, 「九州之戎與戎禹」, 『古史辨』 7冊-下(1937 : 1985), p.125.

7) 甘懷眞, 「秦漢的「天下」政體-以郊祀禮改革爲中心」, 『新史學』 16-4(2005), pp.20~21.

외정外征이 행해졌고,[8] 그 결과 모든 점령지에서 그 지역 고유의 향속鄕俗·고속故俗이 중앙의 법령으로 대체되었다. 진시황秦始皇은 자신의 제국의 성격을 "땅에는 사방의 경계가 없고, 세상의 백성 중 다른 국가의 백성이 없다(地無四方, 民無異國)"고 하여,[9] 전통적인 이적의 거주지에도 중앙의 법령에 의한 획일적인 지배를 집행하였다.[10] 이러한 이적에 대한 직접 지배의 원칙은 한대漢代에도 이념적이기는 하지만 포기되지 않았다. 무제武帝의 무모하다고 할 만한 40여 년의 대 흉노匈奴 정벌은 포기될 수 없었던 황제의 세계 제국 수립의 염원이 표출된 것이다. 그래서 무제에게 흉노 정벌은 제국을 완성시키는 위대한 전쟁이었다.[11]

그러나 사대부들은 화이를 분리하는 전통적인 분리주의적 세계관을 가지고 있었다. 그들은 황제에 의해 천하가 균질화되는 것을 원하지 않았으며, 세계가 단일화되는 것을 원하지 않았다. 아마도 사대부들이 균질화되고 단일화된 지배를 배척하는 것은 그 지배를 가능하게 하기 위해서 국가 구조가 하나의 정치권력만을 허용하는 형태로 구축되어야 한다는 점 때문일 것이다. 사대부들에게 이것은 곧 황제의 자의적인 권력 행사로 이해되었고, 자연히 이들에게 무한대로 팽창하는 속성을 지닌 황제권력을 제약하는 것은 공公의 세계인 천하를 보호하는 행위로 인식되었다. 그리고 이러한 각기 다른 세계관은 대외 정책에 반영되어, 동아시아 세계 질서에 대한 극명한 차이점을 노정하게 되었다.

---

8) 淺野裕一는 황제권력의 정당성을 보장해 주는 가장 중요한 근거로 외정에 의해 확대된 지배 영역의 직할 지배를 들었다. 淺野裕一, 「秦の皇帝觀と漢の皇帝觀-「秦漢帝國論批判」-」, 『島根大學教育部紀要(人文·社會科學)』 18(1984), pp.54~55.

9) 『史記』 卷87, 「李斯列傳」, p.2545.

10) 이상 진의 이적 정책에 대해서는 洪承賢, 「蠻夷政策을 통해 본 秦漢 皇帝의 移風易俗」, 『中國史硏究』 29(2004)를 참조.

11) 金翰奎, 「漢代 中國的 世界秩序의 理論的基礎에 대한 一考察」, 『東亞硏究』 1(1982), pp.88~89.

본 장에서는 황제와 사대부의 또 다른 갈등의 중요 지점이었던 대외관계에 대한 서로 다른 입장을 비교하고자 한다. 이 과정을 통해서 황제와 사대부의 중요한 갈등이 근본적으로 세계관과 황제권력의 미치는 범위에 대한 인식의 차이로부터 발생했음을 알 수 있을 것이다. 또한 사대부들의 분권적 세계관과 그에 따른 중심의 다원화가 위진시기 중국과 그 주변 세계가 관계하던 방식들을 변경하여 이념적이나마 포기되지 않았던 황제의 일원적 지배에도 영향을 미쳤음을 확인할 수 있을 것이다.

1. '육합'과 '중국'의 범주

황제의 지배 범위를 나타내는 표현으로는 천하를 비롯하여 사방四方, 사해四海, 구주九州 등 여러 가지가 있지만 그 중에서도 진시황시기에 등장한 육합이란 개념은 당시인들이 생각할 수 있는 가장 확대된 세계를 표현한 개념이다. 이 세계는 화이가 모두 포함되어 있는 세계로, 세상의 유일 지배자인 황제가 지배하는 공간이다. 전국시기 유가儒家 계열의 문헌에서는 군주의 지배 권역을 사이四夷를 제외한 사해지내四海之內로 국한하여 군주는 화이를 총괄하지 못하였다. 그러나 이와는 달리 도가道家 계열의 문헌에서는 군주의 지배 권역을 우주, 육합 등으로 표현하여 화이를 모두 아우르는 명실상부한 황제의 지배 권역을 만들어 냈다. 진시황이 자신의 지배 권역을 규정함에 있어, 도가 계열의 개념을 채택한 것은 이제 중국의 지배자가 화이를 포함한 확대된 영역을 지배 범위로 갖게 됨을 의미한다.[12]

---

12) 中嶋隆藏는 鄒衍의 五行說과 道家의 세계관을 '華夷觀念을 부정하는 사상'이라고 정의하였다. 中嶋隆藏, 『六朝思想の研究』(京都：平樂寺書店, 1985),

하지만 한고조漢高祖는 현실적으로 사이를 제어할 수 없었다. 이것은 '문경지치文景之治'라 하여 성세盛世를 이루었던 문제시기文帝時期도 마찬가지였다. 문제는 자신의 통치 범위를 '봉기지내封畿之內'로 국한하여 전국시기 유가들이 설정했던 것처럼 '사해지내', 즉 장성 이남으로 황제의 권역을 축소시켰다.13) 물론 여전히 육합이 황제의 지배 영역을 의미하기는 했지만, 실제로 진시황 사후 등장하는 양한대兩漢代의 육합은 황제의 권력이 미치는 현실적인 지배 권역이 아닌 유가의 이상에 근거한 황제의 덕德이 미치는 이념적인 공간을 의미하였다.14) 그렇다면 흔히 분열기로 설명되는 삼국시기三國時期의 육합六合의 실제 공간은 어디를 지칭할까?

아래의 기사들은 위진시기魏晉時期 육합이 어떤 공간을 지칭하는지 잘 보여 준다.

① 지금 천하가 다행히도 폐하의 성덕聖德에 의지하여, 육합이 하나 되었습니다. 교화가 이루어져 왕성하게 전파됨을 바라니, 그러한 날이 곧 장차 도래할 것입니다.15)
② 무제武帝가 오吳를 평정하니, 구우區宇가 혼일混一되었다.16)
③ 세종世宗 경황제景皇帝께서 나라의 어려움을 구하심으로 대공大功을

---

p.261.

13) "朕旣不明, 不能遠德, 是以使方外之國或不寧息. 夫四荒之外不安其生, 封畿之內勤勞不處, 二者之咎, 皆自於朕之德薄而不能遠達也"(『史記』 卷10, 「孝文本紀」, p.431) ; "先帝制 : 長城以北, 引弓之國, 受命單于 ; 長城以內, 冠帶之室, 朕亦制之"(『史記』 卷110, 「匈奴列傳」, p.2902).

14) "今賴宗廟之靈, 六合之內莫不附親, 廟宜一居京師, 天子親奉, 郡國廟可止毋修"(『漢書』 卷73, 「韋玄成傳」, p.3121) ; "今聖上之育斯人也, 樸以皇質, 雕以唐文. 六合怡怡, 比屋爲仁"(『後漢書』 卷52, 「崔駰傳」, p.1713).

15) "今天下幸賴陛下聖德, 六合爲一, 望道化隆洽, 垂之將來"(『晉書』 卷39, 「荀勖傳」, p.1156).

16) "及武帝平吳, 混一區宇"(『晉書』 卷21, 「禮志下」, p.655).

세우시고 구하區夏를 평안히 하여 안정시키셨고, 세조世祖 문황제文皇帝께서는 수명受命하시어 진晉을 세우시고 촉한蜀漢을 깨끗이 안정시키셨으며, 폐하께서는 때에 맞추어 제왕帝王이 되시니 육합이 혼일하게 되었습니다.17)

④ 지금 주상께서는 선양禪讓을 받아 나라를 세우신 아름다움이 계심에도 불구하고 공덕功德은 아직 드러나지 않았습니다. 오인吳人의 학정虐政이 너무 심하니 전쟁하지 않고도 이길 수 있을 것입니다. 육합을 혼일하시어 문교文敎를 홍성하게 하시면 주상께서는 요순堯舜과 비견되실 것이며, 신은 직계稷契와 같게 되니, 백대百代의 성궤盛軌를 이룸입니다.18)

⑤ 내가 비록 덕德이 고인古人에 미치지 못하지만, 극기克己함으로 인해 정사를 돌보았다. 또한 오를 평정하여 천하를 혼일하였다.19)

⑥ 무황제武皇帝 때에 이르러 마침내 강오强吳를 병합하니, 우주가 혼일되고 사해가 잘 다스려져 평안해졌으며, 한결같이 이한二漢을 본받았다.20)

기사 ①은 태강太康 연간에 순욱荀勖이 진무제晉武帝에게 한 말로 순욱은 당시를 육합이 하나가 된 '혼일육합'의 시기로 인식하였다. 그렇다면 태강은 시기적으로 언제인가? 태강이라 하면 280년 오를 평정하고 개원改元한 무제의 세 번째 연호다. 순욱이 태강시기를 육합이 혼일

---

17) "世宗景皇帝濟以大功, 輯寧區夏；太祖文皇帝受命造晉, 盪定蜀漢；陛下應期龍興, 混一六合"(『晉書』卷21, 「禮志下」, p.657).

18) "今主上有禪代之美, 而功德未著. 吳人虐政已甚, 可不戰而克. 混一六合, 以興文教, 則主齊堯舜, 臣同稷契, 爲百代之盛軌"(『晉書』 卷34, 「羊祜傳」, p.1021).

19) "吾雖德不及古人, 猶克己爲政. 又平吳會, 混一天下"(『晉書』卷45, 「劉毅傳」, p.1272).

20) "至於武皇, 遂并强吳, 混一宇宙, 乂淸四海, 同軌二漢"(『晉書』卷82, 「習鑿齒傳」, p.2155).

된 시기로 이해하였다면, 그는 오를 평정한 것을 육합이 하나가 된 것으로 이해한 것이다. 이러한 해석은 기사들을 통해 증명된다. ① 이하의 기사들은 공통적으로 무제시기에 혼일육합 혹은 혼일천하 혹은 혼일우주의 상태를 이루어냈다고 설명하고 있는데, 역시 공통적으로 오를 평정함으로 인해 비로소 이루어진 것으로 설명한다. 그렇다면 당시 진대의 육합이라고 지칭되는 범위는 어디를 포함하는 개념이었을까?

우선 기사 ②에 등장하는 구우區宇라는 개념을 살펴보자. 육합 혹은 우주로 치환될 수 있는 구우는 기사 ③의 구하區夏와 구별된다. 일반적으로 구하라 하면 이적과 구별되는, 이적이 포함되어 있지 않은 중국을 말하는 것이었다. 그런데 기사 ③에 등장하는 구하의 범위는 중국 전체를 지칭하지는 않는다. 여기서 구하는 촉도 오도 포함되어 있지 않은 위, 즉 화북華北만을 지칭하고 있다. 이러한 사례는 『삼국지三國志』 안에서도 쉽게 찾아볼 수 있다.

⑦ 한漢의 도道가 쇠미衰微하니 세상이 그 질서를 잃었다. 짐의 시대에 이르러서는 대란이 더욱 혼란해지고, 흉악한 무리들은 멋대로 거스르니 우내宇內가 전복顚覆되었다. 무왕武王의 신무神武에 힘입어, 사방에 자심한 어려움을 구하고 구하를 맑게 함으로써 우리의 종묘宗廟를 지키고 편안하게 하였으니, 어찌 나 한사람만 평안함을 얻은 것인가! 더하여 구복九服이 실로 그 은덕을 받았다.[21]

⑧ 과거 한의 운運이 쇠미해져, 영토는 분열되고 무너졌으며 생민生民의 목숨은 거의 없어졌습니다. 태조太祖 무황제武皇帝께서 신무神武와 성철聖哲로서, 난을 다스리고 다시 돌려놓아 장차 무너져 감을 구제하셔 우리의 구하를 평안하게 만드셨습니다.[22]

---

21) "漢道陵遲, 世失其序, 降及朕躬, 大亂玆昏, 羣兇肆逆, 宇內顚覆. 賴武王神武, 拯玆難於四方, 惟淸區夏, 以保綏我宗廟, 豈予一人獲乂, 俾九服實受其賜"(『三國志 · 魏書』 卷2, 「文帝紀」, p.62).

⑨ 이전에 한왕조가 법통을 잃게 되자 육합이 진동하여 어지러워졌다. 우리 태조가 천운을 이어받아 제왕이 되셔 널리 팔극八極을 구제하셨고, 하늘에 부응하고 백성을 따름으로 인해 구하를 위무慰撫하여 옹유擁有할 수 있었다.[23]

⑩ 이는 옛날부터 있었던 것으로 황제黃帝·당우唐虞를 조상으로 하여 오대五代를 지나 대대로 이어져 여기에 있다. 때에 응하여 명을 받으셔 남토南土에서 공덕功德을 일으키시니 장차 치국의 대도를 넓히시고 우리의 구하를 바꾸실 것이다.[24]

구하란 개념은 『상서尙書』「주서周書·강고康誥」에 '우리 구하를 창조하시니(用肇造我區夏)'라고 서술되어 최초에는 한정된 주족周族의 거주지만을 지칭하는 말이었으나, 이후 공안국孔安國의 전傳에 따르면 "우리 구역 제하에 다스림이 시작되었다(始爲政於我區域諸夏)"고 하여 춘추시기에 이르러 제하諸夏와 같은 의미로 사용됨을 알 수 있다.[25] 요컨대 춘추시기가 되면 구하는 이적과 구별되는 중국을 지칭하는 말이 되었던 것이다. 그러나 위의 『삼국지』에 등장하는 구하는 촉과 오가 제외된 조위가 영위하고 있는 화북만을 지칭한다.

이러한 사정은 중국이란 개념에서 역시 동일하게 발견된다.

⑪ 황초黃初 6년 가을, 황제가 오를 정벌하고자 하여 군신과 크게 회의를 하였다. 포훈鮑勛이 면대하여 간언하였다. "……지금 또 병사를

---

22) "往者漢祚衰微, 率土分崩, 生民之命, 幾于泯滅. 太祖武皇帝神武聖哲, 撥亂反正, 拯其將墜, 造我區夏"(『三國志·魏書』卷28,「鍾會傳」, p.788).

23) "乃者漢氏失統, 六合震擾. 我太祖承運龍興, 弘濟八極, 是用應天順民, 撫有區夏"(『三國志·蜀書』卷33,「後主傳」, p.901).

24) "乃自在昔, 黃·虞是祖, 越歷五代, 繼世在下. 應期受命, 發迹南土, 將炊大繇, 革我區夏"(『三國志·吳書』卷62,「胡綜傳」, p.1414).

25) 『尙書』,「周書·康誥」, pp.359~360.

수고롭게 하여 먼 곳을 습격한다면 하루에 천금을 소비하여 중국은 재물이 줄어들 것이고, 교활한 오랑캐들로 하여금 우리의 권위를 희롱하게 할 것이니 신은 삼가 불가하다고 여깁니다."[26]

⑫ 제갈량諸葛亮이 손권孫權에게 말하였다. "……장군께서는 힘을 헤아리셔서 그것에 대처해야 합니다. 만약 오월吳越의 무리로 능히 중국과 대결할 수 있다면, 일찍이 그들과 단절함만 못합니다. 만일 능히 당해 낼 수 없다면 어찌 무기를 버리고 갑옷을 묶은 뒤 북면北面하여 그들을 섬기지 않습니까!……"[27]

위의 기사에 등장하는 중국이라는 표현은 모두 만이蠻夷에 대응하는 제하의 개념이 아니라 오직 위가 영위한 화북만을 지칭하고 있다. 그런데 중국을 위의 영토만으로 인식하는 것은 위만이 아니라 촉과 오도 마찬가지였던 것으로 보인다. 앞에서 구하가 전체 중국 제하를 말한 것이 아니라 위만을 나타낸 것과 같이, 중국이란 개념도 본래의 개념이 아니라 위의 영역만을 의미하는 것으로 변화한 것이다.[28] 이것은 촉과 오가 본래 만이의 거주지였기 때문에 가능했던 것으로 생각되는데, 설사 그렇다 할지라도 이 지역이 이미 중국 황제에 의해서 경영된 경험이 있는 지역이라는 점을 고려하면, 중국이 포괄하는 공간은 축소되었다고 봐야 할 것이다. 이러한 축소된 중국 개념이 삼국시기에 처음 등장한 것은 아니다. 이것은 양한시대를 거치며 고정된 개념이었

26) "(黃初)六年秋, 帝欲征吳, 羣臣大議, (鮑)勛面諫曰 :「……今又勞兵襲遠, 日費千金, 中國虛耗, 令黠虜玩威, 臣竊以爲不可.」"(『三國志·魏書』 卷12, 「鮑勛傳」, pp.385～386).

27) "(諸葛)亮說(孫)權曰 :「……將軍量力而處之 : 若能以吳·越之衆與中國抗衡, 不如早與之絶 ; 若不能當, 何不案兵束甲, 北面而事之!……」"(『三國志·蜀書』 卷35, 「諸葛亮傳」, p.915).

28) 이외에도 『三國志』에 등장하는 北土·中州·中夏라는 표현들은 오직 위만을 지칭하고 있다.

다.[29)]

그럼 다시 구우를 살펴보자. 구하·중국이 위의 영역만을 나타낸다면 구우는 어디를 말하는 것일까? 기사 ②의 진 무제가 오를 평정한 후 비로소 구우를 혼일할 수 있었다는 것으로 보아 구우라면 삼국이 통일된 상태를 의미할 것이다. 이미 촉을 병합한 후 오만이 평정되지 않음으로 구우가 혼일되지 않고 있었는데, 오가 병합되어 비로소 구우가 혼일된 것이다. 그러므로 구우란 촉과 오가 포함된 이른바 삼국의 영토 전체를 포함하는 개념이 될 것이다. 이때 이 구우는 ①과 ③의 육합이며 ⑤의 천하,[30)] ⑦의 우내와 같은 의미다.[31)] 중국과 구하의 의미가 축소되었기 때문에 종래 만이가 포함되어 있던 구우와 우주, 육합의 의미 역시 축소된 것이다.

그렇다고 해서 이러한 축소된 의미의 육합 개념만 존재하고 있었던 것은 아니다. 오를 평정한 후의 진무제가 생각한 육합의 개념은 지금까지 살펴본 육합의 개념과는 다르다.

---

29) 대표적으로 光武帝時期 伏湛은 兗·豫·靑·冀를 중국의 郡으로 표현하는 한편 진대 설치된 漁陽에 대해서는 邊外라는 표현을 사용하고 있다. 비록 어양 그 자체를 이적의 땅으로 규정하지는 않지만 그 지역이 항상 內郡에 의해 보조되는 곳, 즉 邊郡임을 강조하여 결국 중국과는 다른 지역으로 구분하고 있다. 이것은 진에 의해 확장된 중국이 축소된 것에 다름 아니다. 『後漢書』 卷26, 「伏湛傳」, pp.894~895 참조.

30) 崔珍烈 역시 삼국시기 천하 관념의 변화에 대한 연구에서 당시 분열의 결과 '四方'·'四海'·'中國'·'天下'의 범주가 축소되어 모두 조위의 분점 지역만을 의미했다고 보았다. 그러나 그는 천하와 중국을 동일 범주로 이해하여 천하를 육합이나 우주·구우로 이해하는 필자와는 다소 다른 견해를 보이고 있다. 崔珍烈, 「三國時期 天下觀念과 그 현실적 변용-遙領·虛封·'四方'將軍의 수용을 중심으로」, 『서울대 동양사학과논집』 23(1999), pp.105~106.

31) 邱久榮도 『晉書』에 등장하는 사해와 천하는 모두 서진의 강역을 지칭한다고 하였다. 邱久榮, 「魏晉南北朝時期的"大一統"思想」, 『中央民族學院學報』 1993-4를 참조.

화담華譚이 낙양洛陽에 도착하니, 무제가 친히 책문策問하셨다. "지금 사해가 일통되어, 만리가 하나가 되었다. 천하의 도가 있음에 이렇게 성했던 적이 없다. 그러나 북에는 길들여지지 않은 오랑캐가 있으며 서로는 흉악한 곱사등이 저氐가 있어, 계책을 세우는 자는 베개를 높이 고일 수 없으며 변방에 거주하는 자들은 편안함을 얻지 못하고 있다. 장차 무엇으로써 오래도록 이 근심을 그치게 하며 육합을 혼일청정混一淸靜하게 할 수 있겠는가?"[32]

진무제는 사해를 촉과 오가 포함되어 있는 중국으로, 육합을 화이 모두가 포함된 세계로 표현하고 있다. 아직 북방과 서방에 신속臣屬하지 않은 이적이 있음을 거론하며 어떻게 이 걱정을 없애고 육합을 '혼일청정'하게 할 것인가를 묻고 있는 대목에서 우리는 무제의 육합이 화이 모두가 포함된 세계임을 알 수 있다. 여기서 "만리가 하나되었다(萬里同風)"는 것은 황제에 의한 일률적인 통치를 말하는 것임은 두말할 나위도 없을 것이다. 중국을 재통일한 무제는 강화된 황제권력을 외부로 지속해서 확장하고자 했던 것이다.

2. 위진 사대부들의 대이적 인식

그러나 무제의 이러한 육합관은 화담에 의해 즉각적으로 부정된다. 무제의 육합관에 대하여 화담은 다음과 같이 대답한다.

(화담이) 대답하여 말하였다. "……높은 건물을 비워 현자賢者를 기다

32) "(華)譚至洛陽, 武帝親策之曰 :「今四海一統, 萬里同風, 天下有道, 莫斯之盛. 然北有未羈之虜, 西有醜施之氐, 故謀夫未得高枕, 邊人未獲晏然, 將何以長弭斯患, 混淸六合?」"(『晉書』 卷52, 「華譚傳」, p.1449).

리고 후한 작爵을 설치하여 사士를 대우함에, 선善을 급하게 여기는 것을 목마른 갈증보다 더 중요하게 여기고, 사람을 기용하는 것을 영향影響보다 빨리 하며, 아첨의 문을 막고 음란한 정성鄭聲의 악樂을 폐지하니, 육합을 혼일하고 청정하게 하는 것은 실로 이것으로부터입니다. 비록 서북에 길들여지지 않은 구적寇賊이 있고 멀리 사막에는 조공朝貢하지 않는 오랑캐가 있으나, 정벌하면 군사를 피로하게 하면서도 얻을 것은 없습니다. 이 때문에 반고班固가 말하기를 '그 땅이 있어도 경작하여 먹을 수 없고, 그 사람을 얻는다 해도 신하로 삼아 기를 수 없습니다. 단지 오면 징계하여 그것을 막고, 떠나면 준비하여 그것을 지켜야 합니다'라고 하였습니다. 대개 변경을 안정시키는 방책입니다."[33]

신속하지 않는 이적에 대한 제어책을 요구하는 무제에게 화담은 후한 반고의 말을 빌려, "이적의 땅을 얻는다 해도 농사지을 수도 없으며, 이적을 얻는다 해도 신하로 삼을 수 없다"고 하고 있다. 즉 어떠한 이득도 없는 이적을 신속시킬 필요가 없음을 말하는 것이다. 그리고는 '육합을 혼일하고 청정'하게 하는 방법은 현자를 기다리고 사를 대우하며, 아첨하는 무리를 제거하고 음란한 음악을 폐지하는 것이라고 하고 있다. 즉, 무제가 생각하는 화이 모두가 포함된 육합은 당시 사대부들에게는 없었던 개념이라고 할 수 있다. 당시 사대부들의 육합 안에는 이적이 포함되어 있지 않았던 것이다.

이러한 축소된 세계관이 진대 사대부에게서 처음 등장한 것은 아니다. 화담이 반고의 견해를 빌려 말했다는 것에서, 이미 한대 사대부에게도 이러한 세계관이 있었음을 추측할 수 있다.

---

33) "對曰：……虛高館以俟賢, 設重爵以待士, 急善過於饑渴, 用人疾於影響, 杜佞諂之門, 廢鄭聲之樂, 混淸六合, 實由乎此. 雖西北有未羈之寇, 殊漠有不朝之虜, 征之則勞師, 得之則無益, 故班固云：「有其地不可耕而食, 得其人不可臣而畜, 來則懲而禦之, 去則備而守之」. 蓋安邊之術也"(『晉書』 卷52, 「華譚傳」, pp.1449～1450).

⑬ 게다가 삼대三代의 융성함 이래로 이적에게는 정삭正朔과 복색服色을 내리지 않았으니 위엄이 (그들을) 능히 제압하기에 부족했던 것이 아니며, 강함이 (그들을 능히) 복종시키기에 부족했던 것이 아닙니다. (다만 그 땅은) 원방遠方 절역絶域으로 백성을 기를 수 없으므로 중국을 번거롭게 하기에 충분하지 않다고 여긴 것입니다.[34]

⑭ 전분田蚡은 월인越人이 서로 공격하는 것은 일상적인 일이고 수없이 반복되는 일이라 중국을 번거롭게 하며 가서 구할 필요가 없으며, 이 때문에 진대秦代부터 방기하여 속하게 하지 않았다고 여겼다.[35]

그리고 이러한 한대 사대부들의 세계관은 삼국시기 사대부들에게 그대로 계승된다. 이적의 땅에 국가를 세운 손오 정권의 정권 담당자들의 이적관을 살펴보자.

⑮ 설종薛綜이 상소를 올려 말하였다. "……정부가 그들을 기미羈縻함에 법령을 보여 위엄으로 복종하게 하며, 전호田戶의 조부租賦는 재단하여 취하고 함께 분별해야 합니다. 가장 중요한 것은 그들이 보내온 진귀한 물품인 명주明珠나 향약香藥·상아象牙·기물奇物들로 진보완상품珍寶玩賞品을 채우는 것일 뿐, 부세에 의존하여 중국을 이롭게 할 필요는 없습니다.……"[36]

⑯ 육모陸瑁가 상소를 올려 간언하였다. "신이 듣기로는 성왕聖王이 멀리의 이적을 다스리는 것은 기미羈縻할 뿐 늘 보유하는 것은 아니라고 합니다. 이 때문에 옛날에 국토를 제정함에 황복荒服이라 했는데

34) "且自三代之盛, 夷狄不與正朔服色, 非威不能制, 彊弗能服也, 以爲遠方絶地不牧之民, 不足煩中國也"(『漢書』 卷52, 「韓安國傳」, p.2401).

35) "蚡以爲越人相攻擊, 其常事, 又數反覆, 不足煩中國往救也, 自秦時棄不屬"(『漢書』 卷64上, 「嚴助傳」, p.2776).

36) "(薛綜)上疏曰 : 「……縣官羈縻, 示令威服, 田戶之租賦, 裁取供辦, 貴致遠珍名珠·香藥·象牙……奇物, 充備寶玩, 不必仰其賦入, 以益中國也……」"(『三國志·吳書』 卷53, 「薛綜傳」, pp.1251~1252).

황홀慌惚하고 일정함이 없으므로 보유할 수 없다는 것입니다……"[37)]

위의 두 기사는 당시 오가 만이 지구에 위치하고 있기는 하지만 그들과 자신들을 분리해서 생각하고 있음을 잘 보여 주고 있다. 특히 기사 ⑮의 설종이 말한 "부세를 받아 중국을 이롭게 할 필요가 없다"는 것은 만이에 대한 전통적인 방침인 '부세와 요역이 미치지 않는 부역불급賦役不及'임을 알 수 있다.[38)] 기사 ⑯의 육모의 "기미할 뿐 늘 보유하지 않는다"는 것 역시 화이 분리의 이념을 표현한 것에 다름 아니다. 당연히 손오 정권의 만이 정책의 원칙이 간접 지배가 될 것임을 쉽게 예측할 수 있다. 실제로 오는 화이 분리에 근거하여 만이의 수장을 관리로 삼아 그 종족을 다스리게 하는 간접 지배 방식을 채택하였다.

화이를 분리하여 사고한 것이 오의 사대부들만은 아니었다. 중원을 차지한 위의 상황도 오와 크게 다르지 않았다. 당시 위의 동북으로는 한말 중국 내지의 혼란을 틈타 선비鮮卑와 오환烏丸이 세력을 확대하고 있었다. 이로 인해 위로서는 어떻게 해서든지 오환과 선비를 토벌하지 않으면 안 되는 상황이었다. 특히 오환과 선비가 요서遼西 지역을 장악하고 있어, 오환과 선비의 요서 점령을 인정하면 자연히 요동遼東까지 잃게 되는 상황이었기 때문에 이들에 대한 토벌은 미룰 수 없는 과제였다.[39)]

---

37) "(陸)瑁上疏諫曰 : 「臣聞聖王之御遠夷, 羈縻而已, 不常保有, 故古者制地, 謂之荒服, 言慌惚無常, 不可保也……」"(『三國志・吳書』 卷57, 「陸瑁傳」, p.1337).

38) 伊藤敏雄는 蠻夷 개개인이 稅役의 대상이 되는 것을 자신들 君長으로부터 떨어져 나와 중국의 郡縣民이 되는 지표로 보았다. 伊藤敏雄, 「中國古代における蠻夷支配の系譜-稅役を中心として」, 『堀敏一先生古稀記念 中國古代の國家と民衆』(東京 : 汲古書院, 1995), p.243.

39) 후한말 獻帝 初平 연간 遼西 烏丸 수령 蹋頓이 遼東・右北平・上谷 등 諸郡의 오환을 연합하여 강력한 세력으로 부상하며 요서를 장악하자, 요동의

건안建安 12년(207) 조조는 오환에 대한 토벌을 단행하여 그들을 중국 내지로 이주시켰으나 요서는 여전히 선비가 점령하고 있어 북방은 중국으로부터 분리되어 있는 상태였다. 그러자 조조는 요동에 들어선 공손탁公孫度을 무위장군武威將軍 영녕향후永寧鄕侯에 봉封하여 책봉조공체제冊封朝貢體制에 편입시키고자 하였다. 실질적인 장악력이 없는 지역에 대해 특유의 왕화사상王化思想을 이용하여 편입시키려는 방안이었다. 물론 위의 요동에 대한 이러한 입장은 중국 내지의 혼란으로 인해 강제된 면이 있다. 그러나 아래의 기사는 중국 내지의 혼란도 문제였지만 근본적으로는 조조 자체가 요동 지역과 중국을 분리해서 사고하고 있음을 보여 준다.

> 공손연公孫淵이 이에 그 조부祖父로부터 삼세三世 동안 요동을 장악하니 천자는 그곳을 절역絶域이라 여겨 해외海外의 일로 위임하였다. 마침내 동이東夷와 단절되어 제하와 통할 수 없게 되었다.[40]

공손씨 집단은 조위에 의해 공손탁이 영녕향후에 봉해진 것을 시작으로, 공손강公孫康은 양평후襄平侯로, 공손공公孫恭은 평곽후平郭侯로 봉해졌다.[41] 그러나 일찍이 공손탁이 "내가 요동의 왕이거늘 영녕향후가 무엇이란 말인가"라고 했던 것처럼,[42] 공손씨 집단에 대한 조위 정권의 처리는 현실적으로 이미 기정사실화되어 있는 요동에서의 공손씨 집단의 지배권을 인정한 것뿐이다. 이것은 요동에 국한된 정책만은 아니었다. 위문제魏文帝는 선비의 보도근步度根을 비롯하여 설귀니泄歸泥,

---

공손탁은 이 기회를 이용하여 자립하게 된다.

40) "公孫淵仍父祖三世有遼東, 天子爲其絶域, 委以海外之事, 遂隔斷東夷, 不得通於諸夏"(『三國志 · 魏書』 卷30, 「東夷傳」, p.840).

41) 『三國志 · 魏書』 卷8, 「公孫度傳」, pp.252~253.

42) "我王遼東, 何永寧也"(『三國志 · 魏書』 卷8, 「公孫度傳」, p.253).

가비능軻比能, 소리素利, 미가彌家 등을 모두 왕으로 봉하였으며,[43] 뒤를 이은 명제明帝는 즉위한 후 만이에 대한 정벌을 중지하고 그들을 기미 정책에 의해 처리한다.[44]

그런데, 이러한 현상은 이미 예견될 수밖에 없었다. 만이를 바라보는 기본적인 시각이 분리주의에 입각하고 있는 한 만이를 중국과 분리하여 통치할 수밖에 없었기 때문이다. 아래의 기사를 보자.

> 이때 병주幷州에 있던 좌현왕左賢王 유표劉豹가 흉노匈奴를 병합하여 하나의 부部로 만드니, 등애鄧艾가 상서上書하여 말하였다. "융적戎狄은 짐승의 마음을 가지고 있으니 의義로써 친하지 않습니다. (자신들이) 강하면 침략侵掠하여 잔폭殘暴하게 굴며, 약하면 내부內附합니다. 때문에 주선왕周宣王 때에는 험윤玁狁의 침입이 있었으며, 한고조漢高祖 시기에는 평성平城의 포위가 있었습니다.……"……또 진술하였다. "강호羌胡 중 백성과 같은 곳에 살고 있는 자들은 마땅히 점차 내보내야 하고, 백성들로 하여금 염치의 교를 숭상하게 하여 간사하고 악한 길을 막게 해야 합니다."[45]

이 글은 강통江統이 「사융론徙戎論」을 주장하기 48년 전인 가평嘉平 3년(251)에 위魏의 등애鄧艾가 주장한 것으로, 요지는 만이와 한족을 분리하자는 것이다. 이런 분리의 입장으로부터 "세상의 백성 중 다른 국가의 백성이 없다"는 '민무이국民無異國'의 개념이 도출되기는 힘들다.

---

43) 이상 차례로 『三國志·魏書』 卷30, 「鮮卑傳」, pp.836, 838, 840.

44) "明帝卽位, 務欲綏和戎狄, 以息征伐, 羈縻兩部而已"(『三國志·魏書』 卷30, 「鮮卑傳」, p.836).

45) "是時幷州右賢王劉豹幷爲一部, (鄧)艾上言曰 : 「戎狄獸心, 不以義親, 彊則侵暴, 弱則內附, 故周宣有玁狁之寇, 漢祖有平城之圍……」……又陳 : 「羌胡與民同處者, 宜以漸出之, 使居民表崇廉恥之敎, 塞姦宄之路.」"(『三國志·魏書』 卷28, 「鄧艾傳」, p.776).

따라서 이적에 대한 정책은 그들 고유의 통치 조직을 유지하고, 그들의 수장에 의한 자치를 보장하는 것으로 나타나게 되었다.

이처럼 삼국은 비록 만이의 거주지로 그 통치 지역을 확대하기는 하였지만, 황제의 지배 범위를 보여 주는 세계관이 축소됨에 따라 만이를 포괄하는 세계 개념을 확보할 수 없었던 것이다. 이렇게 삼국시기에 정립된 새로운 세계관은 이후 진대까지 이어져 내려오게 된다.

> 『춘추春秋』에서 "제후諸侯를 안으로 하고, 이적을 밖으로 한다"고 하였다. 그 말이 서로 통하지 않고 지폐贄幣가 서로 같지 않으며 법속法俗도 다르니 종류가 틀린 것이다. (그들은) 절역의 바깥 혹은 산하의 밖, 험하디 험한 천곡川谷과 땅에 거주하고 있어 중국과 땅이 끊어져 떨어져 있으니, 서로 침범하여 간섭하지 않고 부역도 미치지 않으며 정삭正朔도 더하지 않는다.[46]

강통의 유명한 「사융론」 첫 머리에 나오는 이 기사는 전통적인 유가의 분리주의 정책을 잘 보여 준다. "제후를 안으로 하고, 이적을 밖으로 한다"는 춘추시기 이후 뿌리 깊은 분리론은 한대 이래 유가 사대부들의 기본적인 외교관을 설명해 주고 있다. 이러한 외교관은 강통만의 것이 아니고 당시 사대부들의 일반적인 생각이라고 할 수 있는데, 변방을 안정시키는 가장 좋은 방법을 분리주의로 본 것이다. 한대 이후 꾸준히 화이를 분리하는 사고가 부활하여 그 영향력을 확대하고 있었던 것이다. 이것은 남북조시기까지 계승되었다.

> 단경段熲이 강족羌族 토벌의 일을 맡아……마침내 동강東羌의 구환寇患

46) "春秋之義, 內諸夏而外夷狄. 以其言語不通, 贄幣不同, 法俗詭異, 種類乖殊；或居絶域之外, 山河之表, 崎嶇川谷阻險之地, 與中國壤斷土隔, 不相侵涉, 賦役不及, 正朔不加"(『晉書』 卷56, 「江統傳」, p.1529).

> 을 평정하였다.……칼 끝과 화살을 피한 강인은 백의 하나 둘에 불과하였다. 그런데 장환張奐이 극력 주장하기를 "융적 역시 천지일기天地一紀의 소생이니, 그들을 모두 주멸하는 것은 옳지 않다. 유혈이 평야를 적시면, 음양의 조화가 어그러져 요이妖異가 이를 것이다" 하였다. 이 어찌 세상 물정 모르는 소리란 말인가? 강족은 비록 외환外患이나 실은 심각한 내우內憂이기도 하다. 만일 공격하여 근절하지 못한다면, 이는 심복心腹에 병을 키우는 것과 같다. 애석하게도 강족이 평정되었을 시기, 한왕조의 국운도 쇠미해졌다. 오호! 옛날 선왕께서는 구주九州의 땅을 다스림에 왕기王畿와 황복荒服으로 차등을 두시어 구별하셨으니, 이맥夷貊은 화하華夏와는 다른 속성을 지녀 도리로써 통제하는 것이 어려움을 아신 것이다. 따라서 그들을 중화로부터 멀리 배척하여 그 공부貢賦를 가볍게 하시고, 오직 말로써만 규약規約했을 뿐이다. 양한의 이적 통어책은 모두 그 근본을 잃은 것이다. 왜냐하면, 선령강先零羌이 변경을 침입하였을 때 조충국趙充國은 그들을 내지로 옮겼으며, 전당강煎當羌이 노략질을 하였을 때 마문연馬文淵은 그들을 삼보三輔로 이주시켰다. 강족이 당분간 안정되는 것을 탐하여 그들의 순종과 복종을 믿은 것은 일시의 편의를 계획한 것이고 경세經世의 장기적 대책을 잃은 것이니, 어찌 통찰력 있고 깊고 정밀한 사리를 간파하는 자가 할 일이란 말인가?[47)]

위의 기사는 송宋의 범엽范曄이 이적을 내지로 천사遷徙했던 한대 변

---

47) "段熲受事……卒定東寇……自脫於鋒鏃者, 百不一二. 而張奐盛稱「戎狄一氣所生, 不宜誅盡, 流血汙野, 傷和致妖」. 是何言之迂乎! 羌雖外患, 實深內疾, 若攻之不根, 是養疾疴於心腹也. 惜哉寇敵略定矣, 而漢祚亦衰焉. 嗚呼! 昔先王疆理九土, 判別畿荒, 知夷貊殊性, 難以道御, 故斥遠諸華, 薄其貢職, 唯與辭要而已. 若二漢御戎之方, 失其本矣, 何則? 先零侵境, 趙充國遷之內地；煎當作寇, 馬文淵徙之三輔. 貪其暫安之埶, 信其馴服之情, 計日用之權宜, 忘經世之遠略, 豈夫識微者之爲乎?"(『後漢書』 卷87, 「西羌傳 論贊」, pp.2900～2901).

경 정책을 비판하면서 오로지 이적과의 관계는 분리에 입각한 기미여야 함을 주장하는 『후한서後漢書』「서강전西羌傳」의 논찬論贊이다. 남북조시기에도 여전히 사대부들은 이적들에 대해 중화로부터 배척함을 원칙으로 삼았던 것이다. 범엽의 화이 인식과 관련하여 필자의 관점과는 달리 범엽이 이적을 포함한 천하의 대통일을 희구하였다는 주장도 있다.[48] 이 주장은 『후한서』「동이전東夷傳」의 동이가 계기적으로 기술된 것을 범엽의 오류가 아닌[49] 동이가 화하에서 기원하였음을 강조하려는 의도에서 기인했다고 보았다.[50] 물론 『후한서』의 사이열전을 보면 사이가 중국의 삼황三皇·오제五帝와 관련을 맺고 있다. 그러나 기왕의 연구에 의하면 전국시기 이후 중국 내의 여러 종족들은 문화 성격의 차이에 관계없이 그들의 기원을 화하나 삼황·황제黃帝에 연결시키기 시작하였고, 그 결과 삼황이나 황제를 정점으로 각국의 선조들이 혈연적으로 결합된 상태가 만들어졌다고 한다.[51] 이것은 오호십육국시기五胡十六國時期 중국으로 들어온 이적들에게서도 흔히 발견된다. 따라서 이적의 기원을 화하에 두는 것을 대통일의 관념과 직접 연결하는 것은 다소 무리가 있다.[52] 그렇기에 범엽의 화이 인식이 화이 융합에

48) 陳千鈞·黃寶權·楊皚, 「後漢書」, 『中國史學名著評介』(濟南 : 山東教育, 1990), pp.238~239 ; 尹龍九, 「3세기 이전 中國史書에 나타난 韓國古代史像」, 『韓國古代史硏究』 14(1998), p.146.

49) 全海宗은 『後漢書』「東夷傳」에서 동이가 마치 계기적인 것처럼 서술된 것에 대해 "范曄이 깊은 검토 없이 机上에서 문헌을 拾綴한 데서 온 一大 妄發이며 동이의 개념을 모호하게 하여 후대의 史家를 誤導하는 張本이 된 것이다"라고 하여 先秦 동이와 한대 이후 동이를 계기적으로 파악한 것이 범엽의 잘못이라고 주장하였다. 全海宗, 『東夷傳의 文獻的 硏究-魏略 三國志 後漢書 東夷關係 記事의 檢討』(서울 : 一潮閣, 1980), p.51.

50) 尹龍九, 위의 글, p.146.

51) 金秉駿, 『中國古代 地域文化와 郡縣支配』(서울 : 一潮閣, 1997), p.30,

52) 특히 陳千鈞·黃寶權·楊皚의 글은 東夷·南蠻·西羌의 각 종족을 형제 민족이라고 지칭하고 있는 등 현재 중국학계의 정치적 논리에 의해 사료를 해

있었다고 보기는 힘들다.[53] 그렇다면 이러한 사대부들의 대이적관對夷狄觀을 이루는 근저는 무엇일까?

단언할 수는 없지만 화담의 육합관으로부터 유추하면 당시 사대부들은 황제의 권한이 무한대로 확장되는 상태를 이상적인 상태로 이해하지 않았던 것 같다. 사대부들에게 이상적인 통치 질서란 황제가 현자를 등용하고 사를 대우하는, 사대부들이 정권의 담당자로 존재하는 상태를 의미했던 것이다. 우리는 여기서 한대 이래 황제권과 사대부의 서로 다른 정치적 입장을 확인할 수 있다. 황제는 화이를 포함하는 극대화된 세계에 유일한 황제권력이 관철되는 세계, 그래서 황제 이외의 다른 정치적 실체를 용인하지 않는 제국을 꿈꿨으나, 사대부들은 중앙에서 안정적으로 정권 참여를 보장받고 지방에서 지배자로서의 영속적인 특권을 유지할 수 있는 분권화된 제국을 이상으로 삼았다.

이러한 인식은 당시 사대부들이 지역에서 영위하고 있던 자율성과 독립성으로부터 발생한 것일 것이다. 호족豪族·문벌門閥 사회가 일원적인 황제 지배를 거부하는 다원적이고 자율적인 속성을 가진 사회라는 것은 이미 잘 알려져 있다.[54] 즉, 사대부들은 자신들의 정치적 권한과 역할을 보장받을 수 있는 다원적 체제를 옹호하였던 것이고,[55] 이

석했다는 혐의를 지울 수 없다. 陳千鈞·黃寶權·楊鎧, 앞의 글, p.239.

53) 물론 魏晉南北朝時期 이러한 화이 구별의 관념만 있었던 것은 아니다. 실제로 화이를 통합하려는 화이 혼일의 관념이 등장하기도 하였는데, 대표적으로 前秦의 苻堅은 "六合을 섞어 一家를 만들려고 함에 夷狄을 赤子와 같이 보려고 한다"고 선언하기도 하였다. 그러나 이 시기 한족 사대부들이 화이 융합의 관념을 가지고 있었다는 사례는 아직 발견하지 못하였다. 부견의 화이관에 대해서는 朴漢濟, 『中國中世胡漢體制硏究』(서울 : 一潮閣, 1988), p.91을 참조.

54) 李成珪, 「中國 古代 皇帝權의 性格」, 『東亞史上의 王權』(서울 : 한울아카데미, 1993), p.57.

55) 이 시기의 또 하나의 특징으로는 本田濟가 '기묘하다'고 까지 표현한 封建論

러한 인식이 이적에 대한 정책에 관해서는 분리와 공존을 모색하게 하였던 것이다.

이러한 사대부들의 인식은 호족이 등장한 한대를 시작으로 그들의 세력이 강화·고정화되는 위진남북조시기에 이르기까지 지속적으로 확대 재생산되었다. 이것은 단적으로 역대 사대부들의 한무제漢武帝에 대한 평가에서 확인할 수 있다.

⑰ 무제武帝가 비록 사이를 물리쳐 영토의 경계를 넓힌 공이 있다고 하나, 많은 병사를 죽게 하였으며 백성의 재력을 고갈시켰다. 사치함이 큰 것이 도를 넘어 천하가 텅 비게 되니, 백성들은 유리遊離하게 되었고 사망자가 반이나 되었다.[56]

⑱ 사치스런 군사 작전 후, 해내海內가 텅 비었다.[57]

⑲ 제하를 피폐하게 하면서 이적을 정벌했다.[58]

⑳ 황가皇家의 성명盛明이 어찌 한무제漢武帝를 따르는 것이겠는가?[59]

㉑ 오직 한무제만이 오세五世의 재물과 육합의 부로 인해 교만한 마음과 사치의 뜻을 가지고 흉노匈奴를 정벌했다.[60]

의 대두이다. 本田濟, 「魏晉における封建論」, 『東洋思想研究』(東京 : 創文社, 1987), p.44. 이 시기 대표적인 봉건론으로는 司馬朗의 봉건론을 들 수 있는데, 그는 州郡이 스스로 領兵하는 지방관의 독자적인 권한을 보장하는 분권을 주장하였다(『三國志·魏書』 卷15, 「司馬朗傳」, pp.467～468). 이것과 유사한 주장은 丁潭에게서도 발견되는데, 그는 지방관의 임기를 장기화할 것을 주장하였다(『晉書』 卷78, 「丁潭傳」, p.2062). 이러한 주장들은 곧 당시 사대부들이 이상적인 정치체제로 자신들의 정치적 권한과 역할을 보장받을 수 있는 봉건을 염두에 두고 있었음을 알려 준다.

56) "武帝雖有攘四夷廣土斥境之功, 然多殺士衆, 竭民財力, 奢泰亡度, 天下虛耗, 百姓流離, 物故者半"(『漢書』 卷75, 「夏侯勝傳」, p.3156).

57) "承奢侈師旅之後, 海內虛耗"(『漢書』 卷89, 「循吏傳」, p.3624).

58) "弊諸夏以役夷·狄"(『鹽鐵論』, 「復古」, p.80).

59) "融曰 : 「皇家盛明, 豈直比蹤漢武……」"(『南齊書』 卷47, 「王融傳」, p.822).

60) "唯漢武籍五世之資, 承六合之富, 驕心奢志, 大事匈奴"(『南齊書』 卷48, 「孔

흉노를 정벌한 한무제에 대한 사대부들의 한결같은 평가는 흉노 정벌은 사치스런 일이라는 것이다. 한무제 당시 문학文學들은 자신들의 정치적 참여를 막고 있는 법술주의에 대해 불만을 가지고 있었다. 따라서 문학들은 무제의 황제권력 팽창의 일환이었던 흉노 정벌을 황제와 사대부 공동의 공적 세계를 사권화私權化하는 무제 개인의 오만이자 사치로 이해했다. 화이를 모두 아우르는 육합의 실현을 이야기하는 진무제에게 '높은 건물을 비워 현자를 기다리고 후한 작을 설치하여 사를 대우'하는 것을 육합 혼일의 방책이라고 하던 화담의 논리 역시 제왕의 의무를 현자의 발탁으로 둔다는 점에서 무제시기 문학들의 관점에서 크게 벗어나지 않는다.61)

이러한 논리는 남북조시대에 들어오면 현실의 상황에 의해 더욱 고정화된다. 중원을 이적에게 빼앗기고 강남江南에서 국가를 영위하였던 남조 사대부들에게 중원은 이적이 소유한 영토일 뿐으로 남조의 국력을 소모하면서까지 회복해야 하는 대상이 아니었다. 따라서 위의 기사 ⑳과 기사 ㉑의 왕융王融과 공치규孔稚珪는 물론이고, 심약沈約 역시 북위北魏와 남조南朝는 각자의 공간을 영위하면서 공존할 수 있는 대상으로 인식하였다.62) 이것은 당시 시대적 상황과도 깊은 관련이 있다. 왕

稚珪傳」, p.838).

61) 당시 袁宏과 陸機 역시 제왕의 의무를 治者를 세워 그들에게 권력을 배분하는 것으로 보았다. "故帝王之作, 必建萬國而樹親賢, 置百司而班羣才. 所以不私諸己, 共饗天下, 分其力任, 以濟民事"(『後漢紀』 卷7, 「光武皇帝紀」, p.123) ; "夫先王知帝業至重, 天下至曠……任重必於借力……故設官分職, 所以輕其任也"(『文選』, 「五等論」, 1997, p.2332).

62) 沈約은 『宋書』 卷95, 「索虜傳」의 論贊에서 북벌을 고집했던 宋文帝의 정책을 비판하고 있다. "後主守文, 刑德不樹, 一擧而棄司・兗, 再擧而喪徐方, 華服蕭條, 鞠爲茂草, 豈直天時, 抑由人事. 夫地勢有便習, 用兵有短長, 胡負駿足, 而平原悉車騎之地, 南習水鬪, 江湖固舟檝之鄉, 代馬胡駒, 出自冀北, 楩柟豫章, 植乎中土, 蓋天地所以分區域也. 若謂氈裘之民, 可以決勝於荊・越,

융과 심약이 경릉왕竟陵王 소자량蕭子良의 서저西邸에서 활약하던 영명시기永明時期는 남제南齊와 북위가 화친을 실현하기 위해 활발히 사신을 파견하고 있던 시기였다.[63] 이러한 시대적 배경은 당시 남조 사대부들로 하여금 북위를 정벌의 대상이 아닌 공존의 대상으로 보게 하였을 것이다. 물론 왕융의 경우 영명말기 제무제齊武帝의 북벌에 대하여 적극 동조하는 상소를 올리기는 하나,[64] 이것이 낭야琅邪 왕씨王氏 출신이지만 출세하지 못한 그 부친을 대신하여 일찍부터 가업家業을 일으키려던[65] 그의 정치적 의도의 결과라는 점을 고려할 필요가 있다.[66] 오히려 당시 남조 사대부들은 중원을 이적의 공간으로 인정하였다.[67] 이로 인해 남조 사대부들이 생각하는 북위와의 바람직한 관계는 기미였으며,[68] 그들에 대한 군사 행위는 방비가 전부가 될 수밖에 없었다.

그렇다고 화이 분리의 논리가 황제권이 약화된 위진남북조시기의 전유물이라고 여길 수만은 없다. 강력한 황제가 등장하여 전통적인 황제 지배체제를 실현하려고 했던 수시기隋時期, 수양제隋煬帝에 의해 "화하와 이적 사이에는 간극이 없다"는 '무격화이無隔華夷'의[69] 대외 정책

必不可矣；而曰樓船之夫，可以爭鋒於燕・冀，豈或可乎. 虞詡所謂「走不逐飛」，蓋以我徒而彼騎也. 因此而推勝負，殆可以一言蔽之"(『宋書』 卷95, 「索虜傳」 史臣曰論, p.2359).

63) 이 당시 양국의 활발한 사신 교환에 대해서는 川合安, 「北魏孝文帝の官制改革と南朝の官制」, 『文化における「北」』(弘前大人文特定研究報告書, 1989), p.326의 註11)을 참조.

64) 『南齊書』 卷47, 「王融傳」, pp.820～821.

65) "融以父官不通, 弱年便欲紹興家業"(『南齊書』 卷47, 「王融傳」, p.817).

66) 川合安, 「沈約『宋書』の華夷意識」, 발표지미확인, p.139.

67) 川合安, 위의 글, p.126.

68) "晉室播遷, 來宅揚・越・關・朔遙阻, 隴・汧遐荒, 區甸分其內外, 山河判其表裏, 而羌・戎雜合, 久絶聲敎, 固宜待以荒服, 羈縻而已也. 若其懷道畏威, 奉王受職, 則通以書軌, 班以王規. 若負其岨遠, 屈强邊垂, 則距險閉關, 禦其寇暴"(『宋書』 卷48, 論贊, p.1432).

이 표방되자 단문진段文振은 아래와 같이 양제의 '혼일융하混一戎夏'[70] 정책에 반대한다.

> 신이 듣기에 예부터 먼 것은 가까운 것에 간여하지 않고 이적은 중화를 어지럽게 하지 않는다 하였습니다. 주선왕周宣王이 밖으로 융적을 물리치시고, 진의 시황이 만 리에 장성을 쌓은 것은 대개 멀리 도모한 좋은 계책이니 잊어서는 안 될 것입니다.……이적의 본성이란 정을 따지지 않고 탐욕스럽기만 하여, 약하면 귀부歸附하여 투항投降하고 강하면 배반하여 깨무는 것이 대개 그 본심입니다. 신이 배움이 넓지 못하고 멀리 보지 못하나 또한 진조晉朝의 유요劉曜, 양대梁代의 후경侯景의 일은 근래의 증거이니 모든 이들이 함께 알고 있는 바입니다.……새외塞外로 내치시고 연후에 분명히 봉후烽候를 설치하시면 변경이 진수鎭守되고 무령務令이 엄중하게 될 것이니, 이것이 곧 만세의 장책입니다.[71]

'위대한 한제국 사회를 이상으로 삼고', '통일된 질서 체제를 창출하려고 노력했'던[72] 양제가 '원대한 계획을 세워(規摹宏侈)' '진한을 넘어서고자(掩呑秦漢)'[73] 할 정도로 황제권이 극도로 팽창되기 시작했을 당시, 단문진은 유요와 후경의 예를 들면서 이적이 중국 내로 들어와 동거하는 것에 대해 반대하고 있는 것이다. 그는 가장 좋은 방법은 이적을 새

---

69)『隋書』卷67,「裴矩傳」, p.1579.

70)『隋書』卷67,「裴矩傳」, p.1580.

71) "臣聞古者遠不間近, 夷不亂華, 周宣外攘戎狄, 秦帝築城萬里, 蓋遠圖良算, 弗可忘也……夷狄之性, 無親而貪, 弱則歸投, 强則反噬, 蓋其本心也. 臣學非博覽, 不能遠見, 且聞晉朝劉曜, 梁代侯景, 近事之驗, 衆所共知……令出塞外, 然後明設烽候, 緣邊鎭防, 務令嚴重, 此乃萬歲之長策也"(『隋書』卷60,「段文振傳」, p.1459).

72) Arthur E Wright/梁必承 譯,『中國史와 佛敎』(서울 : 新書苑, 1994), p.92를 참조.

73)『隋書』卷83,「西域傳」論贊, p.1859.

외로 내쳐 그곳에 거주하게 한 후 수비하는 것이라고 한다. 이것은 전통적인 분리주의에 근거한 화이관에 다름 아니다.[74)]

이렇듯 중국 사대부들이 공통적으로 인식하던 세계는 무한히 팽창된 황제권에 의해 통치되는 균일화되고 단일화된 세계는 아니었다. 오히려 이들이 바람직하게 인식했던 세계는 분권화된 다양한 독립적인 힘들이 중국을 중심으로 서열화된 세계였다. 그렇다면 그들이 설정한 세계의 질서는 분권화된 다양한 독립적 힘들을 서열화하고, 그 서열이 동아시아 각 국의 상호 관계를 규제할 수 있는 질서였을 것이다.

3. 위진시기 대외 정책

우리는 앞에서 위진 사대부들이 세계와 그 세계에 대한 지배를 어떻게 이해하고 있는가를 살펴보았다. 다음에서는 간단하게나마 이러한 세계관에 근거하여 만들어진 질서의 성격을 확인해 보고자 한다. 이를 위해 위진시기 중국의 내속內屬한 이적에 대한 조치를 살펴보고자 한다.

화이 잡거雜居가 본격화된 것은 동진東晉이 수립된 후이지만 화이의 잡거는 동진 정권 수립 이전 이미 후한말부터 시작되었다. 강통의 「사융론」에 의하면 북방 이족異族의 중국으로의 이주로 인해 서진시기에

---

74) 이것과 관련하여 李成珪의 견해가 주목된다. 그는 隋唐은 統一帝國을 형성·유지함과 동시에 주변 민족도 '歸服'시킬 수 있는 역량을 응집할 수 있는 정도로 호족 경제를 억제함으로써 편호·군현·관료 지배체제를 회복하였지만, 호족 경제의 산물인 문벌 귀족의 이해가 온존되었다는 점에서 그 회복은 불철저하였다는 점을 지적하였다. 이에 따르면 段文振의 견해를 결국은 황제의 자의적 專制를 견제하는 사대부들의 행동으로 이해할 수도 있을 듯하다. 李成珪, 「中國의 分列體制模式과 東아시아 諸國」, 『韓國古代史論叢』 8(1996), p.267.

는 심지어 중국의 복지腹地라고 할 수 있는 관중關中의 풍익馮翊·북지北地·신평新平·안정安定에 강족이 다수 분포하고 있었으며, 부풍扶風·시평始平·경조京兆 지역에는 저족氐族이 광범위하게 분포하고 있었다.[75] '관중 인구 백여 만 중 융적이 반'이란 표현에[76] 과장이 섞였다고 해도 「사융론」이 개진되었다는 것은 이적의 내지 이주가 이미 국가의 중요한 문제로 대두했다는 것을 보여 준다. 그러나 강통이 이적을 한족과 다른 무리로 보고 결코 중국인과 동일해질 수 없음을 주장하며 분리주의를 주장하기는 했지만,[77] 현실은 이미 상당수 내지에 이주해 있는 이적과 한인을 분리시킬 수 없는 상태였다.

한편 잡거라고 해도 화이가 완전히 혼재된 상태였던 것으로 보이지는 않는다. 다음의 기사가 그것과 관련한 정보를 우리에게 주고 있다.

> 호한야呼韓邪가 한漢의 은덕을 감사히 여겨 내조來朝하였다. 한이 이로 인하여 머무르게 하여 그 사저舍邸를 내렸고 그것으로 본호本號를 삼게 하였으며 선우單于라 칭하는 것을 허락하였다. 해마다 면과 비단, 돈과 곡식을 주었는데 열후列侯와 같게 하였다. 자손은 그 호를 세습하여 대대로 끊이지 않게 하였다. 그 부락은 거주하는 군현에 따라 관리로 하여금 다스리게 하였는데, 편호編戶와 대체로 같았다. 그러나 공부貢賦는 내지 않았다.……건안建安 연간에 위무제魏武帝가 처음으로 그 무리를 나누어 오부五部를 만들고, 그 중의 귀자貴者를 세워 통솔자 수帥로 삼았으며, 한인을 선발하여 사마司馬로 삼아 감독하게 하였다. 위말, 수를 도위都尉로 개칭하였다.……북적北狄은 부락部落으로써 무리를 구별하였

75) 『晉書』 卷56, 「江統傳」, p.1532.

76) "關中之人百餘萬口, 率其少多, 戎狄居半"(『晉書』 卷56, 「江統傳」, p.1533).

77) "非我族類, 其心必異, 戎狄志態, 不與華同"(『晉書』 卷56, 「江統傳」, pp.1531~1532). 이러한 관점은 상당히 일반적이었던 것으로 보인다. 『晉書』 卷47, 「傅玄傳」에도 이와 같은 "臣以爲胡夷獸心, 不與華同"(p.1322)이라는 표현이 보여 당시 사대부들이 이러한 화이 분리를 당연하게 여기고 있음을 알려 준다.

다.……모두 19종이니, 모두 부락을 이루고 서로 섞이지 않았다.[78]

전한말부터 진대까지 귀속歸屬한 흉노에 대한 기사로 중원 왕조들이 이적의 귀속을 어떻게 처리하였는지를 보여 주고 있다. 우선 한말 귀속 흉노들은 거주하고 있는 군현에 따라 통치되었으나 부세의 의무를 지지 않았다. 이것은 그들이 편호와 동일하지 않았다는 것을 의미하는 것인데, 부세의 의무를 지지 않았다는 것은 이들이 여전히 중국과는 다른 존재로 여겨졌다는 것을 말해 주기 때문이다. 이로써 우리는 한말 귀속한 흉노가 편호와 같이 편제되어 중국인으로서 처우 받았다고는 생각할 수 없다. 화이 분리 사고에 근거하여 이들은 중국인과 분리되어 있었던 것이다.

위말이 되도록 이러한 사정은 크게 변화하지 않았던 것으로 보인다. 중국 측에서 귀속한 흉노를 통치한 관료는 도위로, 도위는 이들을 지역별로 나누어 분치分治하였다. 이때 이들은 한대와 마찬가지로 특정 현에서 여전히 부락적 질서를 보유한 채 살았다. 부락으로 무리를 삼고 서로 섞이지 않았다는 기사는 이들 흉노들이 한인과 잡거 혹은 잡처하기는 했지만, 결코 모든 종족적 습성을 버리고 섞여 산 것이 아님을 잘 말해 준다. 이것은 갈족羯族도 마찬가지다. 석륵石勒의 집안이 대대로 부락소솔部落小率을 담당했던 기록으로 보아,[79] 갈족 또한 부락의 형태를 갖추고 있었던 것을 알 수 있다. 더하여 석륵에 의해 점령된 유익幽翼에는 오환이 거주하고 있었는데, 이후 이들을 부락을 단위로 사

78) "呼韓邪感漢恩, 來朝, 漢因留之, 賜其邸舍, 猶因本號, 聽稱單于, 歲給緜絹錢穀, 有如列侯. 子孫傳襲, 歷代不絶. 其部落隨所居郡縣, 使宰牧之, 與編戶大同, 而不輸貢賦……建安中, 魏武帝始分其衆爲五部, 部立其中貴者爲帥, 選漢人爲司馬以監督之. 魏末, 復改帥爲都尉……北狄以部落爲類……凡十九種, 皆有部落, 不相雜錯"(『晉書』 卷97, 「四夷 匈奴傳」, pp.2548~2550).

79) 『晉書』 卷104, 「石勒載記上」, p.2707.

민徙民한 조처로 봐서는[80] 오환 역시 자신들의 고유한 통치 질서를 보존하고 있었다고 여겨진다. 이때 귀속한 이적의 수장에 대해서는 “선우는 이름뿐이었다(單于雖有虛號)”든지, “지위가 강등되어 편호와 같았다(降同編戶)” 등으로 서술되어 마치 정치적 권위를 박탈당한 것처럼 보이기도 한다.[81]

그러나 사료 안에서는 한편으로 귀속한 이적의 수장이 여전히 상당한 권력을 가지고 있고, 그것이 때로는 중국 왕조를 위협하는 요소가 되었던 사례가 등장한다.

> 무제가 황위에 오른 후, 새외 흉노에 큰 홍수가 져서 새니塞泥・흑난黑難 등 이만 여 부락이 귀화하니 황제가 거듭 받아들이고, 하서河西 옛 의양성宜陽城 아래 살게 하였다. 후에 다시 진나라 사람들과 잡거하게 하니, 이로써 평양平陽・하서西河・태원太原・신흥新興・상당上黨・악평樂平 모든 군에 흉노가 있지 않은 곳이 없었다. 태시泰始 7년 선우 맹猛이 반란을 일으켜, 공야성孔邪城에 주둔하였다. 무제께서 누후婁侯 하정何楨으로 하여금 지절持節케 하여 그들을 토벌케 하였다. 하정이 본디 지략이 있어 맹이 흉악하여 적은 병사로는 제압하지 못할 것을 알아, 이에 은밀히 맹의 우부독左部督 이각李恪을 유인하여 맹을 살해하게 하니, 흉노가 진복震服하여 해를 지나도 감히 다시 반란을 일으키지 못하였다.[82]

---

80) “徙平原烏丸展廣・劉哆等部落三萬餘戶于襄國”(『晉書』 卷104, 「石勒載記上」, p.2725).

81) 『晉書』 卷101, 「劉元海載記」, p.2647.

82) “武帝踐阼後, 塞外匈奴大水, 塞泥・黑難等二萬餘落歸化, 帝復納之, 使居河西故宜陽城下. 後復與晉人雜居, 由是平陽・西河・太原・新興・上黨・樂平諸郡靡不有焉. 泰始七年, 單于猛叛, 屯孔邪城. 武帝遣婁侯何楨持節討之. 楨素有志略, 以猛衆凶悍, 非少兵所制, 乃潛誘猛左部督李恪殺猛, 於是匈奴震服, 積年不敢復反”(『晉書』 卷97, 「四夷 匈奴傳」, p.2549).

위의 기사를 통해 귀화한 흉노가 진인과 잡거하며 완전히 편호로 편재된 것처럼 보이지만, 실제로는 여전히 선우가 있어 그에게 통솔되었음을 유추할 수 있다. 즉 내지에 들어와 진인의 거주지에 살게 되었으나, 진의 관리가 아닌 자신들 고유의 수장들 아래에서 자신들의 정치질서를 유지한 채 살고 있었던 것이다. 전통적인 분리주의에 입각한 사대부들은 이러한 내지에 거주하는 흉노의 반란에 대해 즉각적으로 반응하였다. 이들을 새외로 이주시키고 기미에 의해 처리할 것을 주장한다.

> 그 후 점차 분한忿恨함으로 인해 장사長史를 살해하니, 변방의 우환이 되었다. 시어사侍御史 서하西河 곽흠郭欽이 상소하여 말하였다. "융적이 사납고 난폭하니, 예부터 역대로 우환이었습니다. 위초 인구가 적어 서북의 모든 군에 모두 잡거하게 하였습니다. 지금 비록 복종한다고 하나, 만일 백년 후에 전란이 있게 된다면, 오랑캐의 군사는 평양平陽·상당上黨으로부터 삼일이 되지 않아 맹진孟津에 이르게 될 것이고, 북지北地·서하西河·태원太原·풍익馮翊·안정安定·상군上郡은 모두 적인狄人의 마당이 될 것입니다. 마땅히 오吳를 평정한 위엄威嚴과 모신謀臣·맹장猛將의 지략으로 (융적을) 북지·서하·안정으로 내몰고, 평양 이북의 모든 군현에서 사형을 받은 이들을 모집하고 삼하三河·삼위三魏의 사만 가家를 사민하여 채워 상군을 회복하고 풍익을 충실하게 하십시오. 오랑캐는 중화를 어지럽게 할 수 없으니, 점차 평양·홍농弘農·위군魏郡·경조京兆·상당上黨에 잡거하고 있는 오랑캐를 이주시키고, 사이 출입의 방비를 엄격히 하시어 선왕의 황복제荒服制를 밝히심이 만세의 장책일 것입니다." 그러나 황제가 받아들이지 않았다.[83]

83) "其後稍因忿恨, 殺害長史, 爲邊患. 侍御史西河郭欽上疏曰 :「戎狄强獷, 歷古爲患. 魏初人寡, 西北諸郡皆爲戎居. 今雖服從, 若百年之後有風塵之警, 胡騎自平陽·上黨不三日而至孟津, 北地·西河·太原·馮翊·安定·上郡盡爲狄庭矣. 宜及平吳之威, 謀臣猛將之略, 出北地·西河·安定, 復上郡, 實馮

천하를 통일하고 화이 혼일을 꿈꾸고 있던 진무제에게 이러한 건의가 받아들여질 리는 만무하였다. 그렇다고 진무제가 이적에 대한 강력한 조치를 취할 수 있었던 것만도 아니다. 전체 사대부들의 대표자격인 사마씨司馬氏에 의해 창건된 진이라는 국가는 어쩔 수 없이 봉건제적 색채가 강할 수밖에 없었고,[84] 그 결과 무제 역시 강력한 황제권의 발휘에 제약이 따랐던 것이다.

우리는 『진서晉書』 안에 등장하는 흉노의 오부도위五部都尉들이 선비족이었던 몰혁우沒奕于만 제외하고는 모두 흉노족이 담당하여 이적에 대한 통치가 이적에 의해 행해졌음을 발견할 수 있다.[85] 이적의 수장이 그 종족을 통치하게 한 정책은 일견 한대의 그것과 별 차이가 없어 보이기도 한다. 하지만 한대의 경우 비록 외교 사절과 같이 한정된 역할을 담당한다 해도 명목상으로는 한조정의 관리가 귀부한 이적을 통솔하는 체제를 가지고 있었다. 조위 역시 부수部帥를 설치하였지만 사마司馬를 통해 이들을 감독한 것도 이러한 한대적 전통을 따른 것으로

翊, 於平陽已北諸縣募取死罪, 徙三河·三魏見士四萬家以充之. 裔不亂華, 漸徙平陽·弘農·魏郡·京兆·上黨雜胡, 峻四夷出入之防, 明先王荒服之制, 萬世之長策也.」帝不納"(『晉書』 卷97, 「四夷 匈奴傳」, p.2549).

84) 神矢法子는 司馬氏가 대호족층의 이해 대표자로서 추대되어 제위에 올랐다고 보았다. 神矢法子, 「漢魏晉南朝における「王法」について」, 『史淵』 114(1977), p.102.

85) ①"太康末, 拜北部都尉. 明刑法, 禁姦邪, 輕財好施, 推誠接物, 五部俊傑無不至者"(卷101, 「劉元海載記」, p.2647).

②"惠帝失馭, 寇盜蜂起, 元海從祖故北部都尉·左賢王劉宣等……"(卷101, 「劉元海載記」, p.2647).

③"乃以宣爲右部都尉, 特給赤幢曲蓋. 莅官淸恪, 所部懷之"(卷101, 「劉宣載記」, p.2654).

④"弱冠游于京師, 名士莫不交結, 樂廣·張華尤異之也. 新興太守郭頤辟爲主簿, 擧良將, 入爲驍騎別部司馬, 累遷右部都尉, 善於撫接, 五部豪右無不歸之"(卷102, 「劉聰載記」, p.2657).

⑤"安定北部都尉鮮卑沒奕于率鄯善王胡員吒"(卷115, 「苻丕載記」, p.2946).

생각된다. 그러나 진대에 들어서면 이러한 한대적 전통에서 후퇴하여 이적의 수장을 도위로 임명한다.

이러한 상황은 이미 삼국시기 부분적으로 등장했었다. 손오 정권은 한무제가 백월百越 지역에 설치한 7개의 군을 대신해서 광주廣州·교주交州의 2주에 15군을 설치하였다. 손오 정권의 영남嶺南 경영은 무력에 의한 진무鎭撫와 유화적인 초무招撫의 두 가지 형태로 행해졌다.[86] 그 중에서 초무의 경우 남만南蠻의 수령을 관리로 임명하는 방법을 사용하였다. 예를 들어 고량적수高涼賊帥 전박錢博은 고량서부도위高涼西部都尉에 임명되었다.[87] 이적의 수장에게 봉작封爵을 내리는 것과 직접적으로 지방관호地方官號를 내리는 것이 큰 차이가 없을 수도 있겠다. 그러나 전자의 경우 이적의 수장이 여전히 기득권을 가지고 자신의 종족을 통치한다 해도 명목상 중국 정부에 의해 감시를 받는 체제였다. 이에 비해 후자의 경우는 명목상의 감시마저도 행해지지 않게 된 상황이라고 할 수 있어 그 차이점이 존재한다. 특히 무엇보다 중요한 것은 삼국시기부터 꾸준히 사대부들에 의해 지방관의 독자적 권한이 강화되고, 주군州郡이 영병領兵하게 되며 지방관의 임기가 장기화되는 상황 속에서 이적의 수장이 이적 거주지의 지방관이 되는 것은 단순한 우연이라고 보기 힘들다는 점이다. 이것을 귀부 이적의 완전한 내속화의 결과로 이해하기 힘들다면, 진왕조는 최소한 한조정이 이적들에 대해 관리를 파견하여 감독하게 하였던 변군체제邊郡體制 하의 간접 통치마저 포기한 것으로 봐야 하지 않을까 한다.

한대 이래 내속한 이적들을 통치하는 제도적 장치 기구인 변군은 조위를 거쳐, 진대에도 지속되었고 이후 남북조시기에는 좌군현左郡縣이라는 독특한 행정 단위로 남게 된다.[88] 그러나 위에서 살펴본 것과 같

---

86) 吳永章,「孫吳餘嶺南關係述略」,『江海學刊』1988-5, p.116.
87)『三國志·吳書』卷60,「呂岱傳」, p.1384.

이 사대부들의 봉건화 경향이 강해지는 진대에 들어와서는 변군의 중요한 운영 논리마저도 사라지게 된다. 그렇다면 이러한 호족의 귀족화, 오등작제五等爵制의 부활로 나타나는 분권의 구조화와 더불어 이적의 중원 침탈 등으로 인해 황제의 일원적 지배 공간에 대한 이념마저 폐기하게 되는 남북조시기에 이르러서는,[89] 중국의 대이적 정치는 또 다시 변화할 것임을 추측할 수 있다.

맺음말

이 장에서는 사대부 사회가 가진 독자성과 자율성이 황제의 독점적 권력 행사와 어떻게 대치하였는가를 세계와 그 세계 통치에 대한 황제와 사대부의 서로 다른 관념을 비교하는 작업을 통해 살펴보았다. 처음 단순히 분리의 대상이었던 이적은 팽창하는 군주권의 등장에 맞춰 중국의 유일 지배자에 의해 교화되어야 하는 복종의 대상으로 변화하였다. 그러나 황제의 자의적인 권력 행사를 견제하는 사대부들의 등장으로 인해 무한대로 팽창하는 속성을 지닌 황제권은 제약을 받게 되었다. 물론 현실적으로 황제권의 약화를 불러 온 요소는 더 다양하겠으나, 분권을 가장 이상적인 정치 질서로 이해하는 사대부들의 등장과 그들의 관료화라는 것이 황제권 축소의 근원적 원인이 됨을 부정할 수는 없을 것이다.

---

88) 左郡縣에 대해서는 河原正博, 「宋書州郡志に見える左郡・左縣の『左』の意味について」, 『法政史學』 14(1961)와 金鍾完, 「南北朝時代의 蠻・獠・俚人과 左郡縣의 분포」, 『吉玄益教授停年紀念 史學論叢』(서울 : 吉玄益教授停年紀念史學論叢刊行委員會, 1996)을 참조.

89) 남조 사대부들이 이적의 중원 지배를 인정하고 공존을 모색했던 것은 황제의 통치 공간에 대한 일원적 지배 이념을 포기한 단적인 예라고 할 수 있다.

사대부들의 분권화 논리는 황제권력의 세계에 대한 일원화된 지배를 거부했고, 그 결과 전통적인 분리주의의 입장이 한대 이후 꾸준히 대이적 통치의 원칙으로 제기되었고 채택되었다. 이러한 화이 세계에 대한 분리론은 중국에 내속한 이적들의 정치 질서를 인정하는 자율의 보장이라는 결과를 만들어 냈다. 그리고 이러한 분리주의적 입장은 위진시기를 거쳐 남북조시기까지 확대 재생산되었다. 그 결과 당연히 이념적으로는 황제의 일원적 지배를 원칙으로 하였지만 현실 속에서는 제 집단의 독자성이 보장되는 장치들이 고안되었다.

예를 들어 진대에 들어서면 내속한 이적의 수장에게 봉작과 더불어 중국 왕조의 지방 관직이 제수된다. 이것은 이념적으로는 이적을 황제의 일원적 지배 장치인 군현제 안에서 통치한다는 것이지만, 현실적으로는 기존 변군체제에서 유지되었던 이적에 대한 중원 왕조의 명목상의 감독마저도 포기한 것으로 나타난다. 사대부들의 세계관이 위진시기 중국과 그 주변 세계가 관계하던 방식들에 영향을 미쳐 제국의 속성을 굴절시킨 것이다. 이후 남북조시기가 되면 중국에 복수의 중심이 존재하게 되어 본래의 권위가 일원화되지 못하면서 이러한 각 정치 집단의 독자성의 보장이라는 추세는 더욱 고정화된다.

제 3 부

귀족제 사회의 전개와 사대부의 재각성

제1장 '부화'와 '소업' 개념을 통해 본 남조 사대부들의 의식 변화

머리말

후한말後漢末 두 차례에 걸친 당고黨錮와 황건적黃巾賊의 난亂으로 혼란을 거듭하던 시기, 사대부들 안에서는 어느 때보다도 더 왕성하게 사회적 풍기에 대한 논의들이 제출되었다. 이러한 풍속에 대한 논의는 당시 사회 문제를 일으켰던 외척과 환관에 대한 비판의 성격을 갖지만, 근본적으로는 사대부 자신에 대한 반성과 자각의 필요로부터 나온 것이었다. 이들 중에는 '명실불일치名實不一致'라는 명교名敎의 위기가 심화되는 것과 관련하여 유가임에도 불구하고 적극적인 법가 노선을 주장하는 이도 있었다.[1] 이와 관련해서 당시 후한말 사대부들의 '명실일치名實一致'는 예교禮敎를 중심으로 하면서도 실질적으로는 법술적 수단을 이용하여 정치·경제·사회 각 방면의 혼란을 바로잡는 것이라고 본 연구도 등장하였고,[2] 후한말 삼국초三國初 사대부의 특성을 '중

---

1) 王符는 『潛夫論』에서 "凡欲變風改俗者, 其行賞罰者也"(『潛夫論』, 「三植」, p.209)라고 하여 상벌로 移風易俗을 이룰 수 있다고 하였으며, 徐幹 역시 政의 두 가지 大綱을 상벌이라고 주장하며("政之大綱有二, 二者何也, 賞罰之謂也"(『中論』, 「賞罰」, p.580上)), 법가적인 방법을 사용할 것을 주장하였다.

2) 崔振默, 「漢魏交替期 經世論의 形成과 그 展開」, 『東洋史學研究』 37(1991).

재주의重才主義'에서 찾으며, 이들을 '위진인魏晉人'이라고 하여 이후 시대를 이끄는 실질적인 주도층으로 설정한 연구도 있다.[3] 그러나 위진시기魏晉時期 이래의 사대부들이 이러한 정치적 책임감에 충만하였다고 볼 수만은 없다. 많은 유가들이 법술을 채용해서라도 사대부들의 정치적 책임감을 회복하고자 하였지만, 다른 한편 현학玄學의 흥기로 위진 이후 남조南朝 사대부들은 후한말에 보여 주었던 정치적 긴장감을 상실하였다.

현학의 등장 원인으로는 여러 가지가 있겠지만 우선 유학이 후한말 정치적 혼란을 해결할 수 없다는 인식이 대두하면서, 행동과 가치 판단의 유일한 기준이었던 유학의 가치가 부정되기 시작한 것을 들 수 있다.[4] 이것은 새로운 지도 이념을 수립하려는 노력임과 동시에 지나친 예교의 압박으로부터 벗어나려는 사대부 사회의 복합적인 의도의 표현이다. 그러나 청담淸談에 대해 "현묘玄妙함과 미세함에 대한 분석은 주인과 빈객의 주고받음 사이에 마음을 즐겁게 하고 귀를 기쁘게 하기는 하나 세상을 구제하고 풍속을 완성하는 요체는 아니다"는 평가처럼,[5] 이 새로운 사조는 정치로부터 사대부를 멀어지게 하였다. 그래서 안지추顔之推 같은 이는 청담이 유행한 정시正始의 기풍을 말속末俗으로 이해하고 변화시켜야 한다고 생각하였다.[6]

---

3) 朴漢濟, 「後漢末·魏晉時代 士大夫의 政治的 指向과 人物評論-'魏晉人'의 形成過程과 관련하여-」, 『歷史學報』 143(1994).

4) 羅宗强, 『玄學與魏晉士人心態』(臺北 : 文史哲, 1992), pp.23~37.

5) "直取其淸談雅論, 剖玄析微, 賓主往復, 娛心悅耳, 非濟世成俗之要也"(『顔氏家訓』, 「勉學」, p.187).

6) "末俗已來不復爾, 空守章句, 但誦師言, 施之世務, 殆無一可"(『顔氏家訓』, 「勉學」, pp.176~177). 정시 연간의 기풍을 말속으로 보는 것이 안지추만은 아니다. 말속이란 구체적인 표현은 없어도 남조 관계 사서 안에는 정시의 기풍이 풍속을 파괴하였다는 기사가 다수 등장한다. 또한 사대부뿐 아니라 황제 측에서도 정시의 기풍을 말속으로 이해하는 사례도 존재한다.

이렇듯 정시 연간의 기풍이 말속으로 이해되어 변화의 대상이 되었다면 위진남조 사대부들이 회복하고자 했던 것은 사대부들의 정치적인 책임감이라고 할 수 있을 것이다. 필자는 이것이 세상의 공업功業을 이루고자 하는[7] 사대부 자신들의 본질적인 존재 확인의 필요로부터 생겨난 것이라고 보고자 한다. 그래서 이 장에서는 '부화浮華'와 '소업素業'이란 개념을 통해 위진남북조 사대부들의 정치적 재각성을 확인해 보고자 한다.

'부화'는 흔히 본질을 벗어난 것을 지칭하는 표현이며, '소업'은 본질적인 것을 지칭하는 표현이라는 점에서 이 두 개념은 당시 사대부들이 자신들의 본질을 어떻게 이해하고 있었는지를 명확하게 보여 줄 수 있을 것이다. 필자는 남조 사대부들의 정치적 재각성이 단순히 사대부들이 치자治者 의식을 회복한다는 의미에만 국한된 것이 아니라 정치와 사회·문화의 질서가 분리되어 있었던 위진남북조 이중 구조를 극복하고자 하는 적극적인 의미를 가지고 있다고 생각한다. 그리고 이들의 이러한 정치적 각성이 새로운 시대를 만들어 냈다고 보고자 한다.[8]

---

7) "當博覽機要, 以濟功業"(『顔氏家訓』, 「勉學」, p.177).

8) 북조 사대부들의 賢才主義가 새로운 제국을 건설했다는 일반적인 인식에 대해 野田俊昭는 일련의 연구를 통해 남조 사대부들도 적극적으로 현재주의를 제창하고 받아들였다고 주장했으며, 榎本あゆち는 북조에 비해 미약하기는 하지만 분명한 남조 사대부들의 현재주의가 수·당이라는 새 시대를 준비하는 원동력이 되었다고 보았다. 野田俊昭, 「東晋南朝における天子の支配權力と尙書省」, 『九州大學東洋史論集』 9(1977) ; 野田俊昭, 「梁時代, 士人の家格意識をめぐって」, 『東洋史硏究』 57-1(1998) ; 榎本あゆち, 「梁の中書舍人と南朝賢才主義」, 『名古屋大學東洋史硏究報告』 10(1985).

1. '부화'의 의미

후한말 본격적으로 사회 문제가 된 부화라는 개념은 사전적인 의미로는 실속이 없고 화려한 것을 숭상하는 것을 말한다. 그러나 고바야시 노보루(小林昇)의 주장과 같이 부화는 전한시기前漢時期에는 그 언설言說이 경박하고 꾸밈이 많은 것을 의미하였던 것에서 후한말에는 실질적인 유자의 풍격을 파괴한 것을 의미하는 것처럼 시기에 따라 다르게 이해되었다.[9] 하지만 부화의 의미는 다소의 차이를 가지고 있으나 본질을 벗어난 것을 지칭한다는 공통점을 가지고 있다. 그러므로 특정 시기의 부화로 지칭되는 대상을 살펴보면 그 사회가 사대부들에게 어떠한 덕목들을 본질로 요구하고 있었는가를 알 수 있을 것이다.

> 노장老莊의 언설言說은 부화浮華하여 선왕先王의 법언法言이라 할 수 없으니 행할 수 없다.[10]

위 기사는 진대晉代 부화가 무엇을 의미하는지 말해 주고 있다. 진대 부화는 다름 아닌 노장학이다. 이것은 위진남북조시기를 풍미했던 현학을 의미한다.

현학은 유학과는 달리 철저히 개인적이며 논리적이고 비현실적이다. 이것은 개인적인 탐구 방법을 근간으로 하는 학문일 뿐, 현실 정치를 이념 실현의 장으로 갖지 않는다. 그래서 현학이 시대적 주류가 되었다는 것은 사대부들이 현실 정치와 동떨어진 학문 세계, 사상 세계를 구축했다는 것을 의미한다. 그런데 이것은 지금까지의 사대부들의 존재 근거를 부정하는 것이다. 임관任官은 공자孔子 이래의 모든 사士들이

---

9) 小林昇, 『中國と日本における歷史觀と隱逸思想』(東京 : 早稻田大, 1983), p.278.
10) "老莊浮華, 非先王之法言, 不可行也"(『晉書』 卷66, 「陶侃傳」, p.1774).

가지고 있었던 자기 구현의 논리였다.[11] 이러한 논리는 사대부로 하여금 정치적인 책임감을 갖게 했고, 그래서 지식인이라면 정치 참여를 자연스러운 행위로 생각했다. 그러나 현학은 사대부들을 국가에 대한 봉사로부터 자유롭게 했다. 임관은 종래와 같이 절대적인 존재 증명 방식이 아니었다. 오히려 임관에 초탈한 모습이 사회적으로 명망을 얻기도 하였다.[12] 일찍이 하후승夏侯勝이 "사士는 경술經術에 밝지 못한 것을 치욕스럽게 생각한다"고 했지만,[13] 사대부들은 관료로서의 지식인보다는 인간으로서의 지식인의 모습을 원했으며 다양한 교양인으로서의 면모를 갖추고자 하였다. 그렇다면 현학은 무엇 때문에 사대부들에게 부화로 비판받았던 것일까?

아래는 현학에 대한 당시 사대부들의 의식을 읽을 수 있는 기사들을 『진서晉書』에서 발췌한 것이다.

① 배외裵頠가 당시 풍속이 방탕하고 유술儒術을 존숭하지 않음을 걱정하였다. 하안何晏과 완적阮籍이 본래부터 세상에 이름을 날리고 있었는데, 구담口談이 부허浮虛하고 예법을 따르지 않았으며 녹祿만을 타 먹으며 황제의 총애를 즐기면서도 일에는 전념하지 않았다. 왕연王衍의 무리에 이르면 명성과 명예가 매우 성盛하고 지위는 높고 권세는 중하였지만, 사무에 대해서는 스스로 처리하지 않으니 마침내 서로 본받아 풍교가 점차 쇠퇴하였다.[14]

② 왕융王戎이 요순堯舜의 전모典謨를 우러러 의지하지 않고, 부화를 부

11) 鄭仁在, 「중국의 天下思想」, 『東亞硏究』 35(1998), pp.274～275.

12) 陳啓雲, 「魏晉南北朝知識分子的特色」, 『漢晉六朝文化・社會・制度-中華中古前期史硏究-』(臺北 : 新文豊, 1997), p.184.

13) "士病不明經術"(『漢書』 卷75, 「夏侯勝傳」, p.3159).

14) "(裵)頠深患時俗放蕩, 不尊儒術, 何晏・阮籍素有高名於世, 口談浮虛, 不遵禮法, 尸祿耽寵, 仕不事事, 至王衍之徒, 聲譽太盛, 位高勢重, 不以物務自嬰, 遂相放效, 風教陵遲"(『晉書』 卷35, 「裵頠傳」, p.1044).

추기니 풍속이 이지러져 무너졌습니다.[15)]

기사 ①, ②는 모두 현학이 풍속을 어지럽히는 주범이라고 보고 있다. 이때 그 풍속을 어지럽히는 내용들은 '유술을 존숭하지 않고', '예법을 따르지 않으며', '요순의 전모를 우러르지 않는 것'으로, 모두 유학의 내용을 갖지 못한 것을 말한다. 그렇다면 유학의 실질이란 무엇인가?

이것은 기사 ①에 잘 나와 있다. 하안과 완적, 그리고 왕연의 무리가 가지고 있는 공통점은 지위가 높고 권세도 중하지만 모두가 일에 전념하지 않은 것, 즉 사무를 스스로 처리하지 않은 것이다. 사대부들이 인식한 현학의 가장 큰 문제는 그것이 사대부로 하여금 정치적인 책임의식을 상실하게 하였다는 것이다. 이 문제는 진대 이후 사대부들에 의해서도 지적되고 있다.

> 진陳의 이부상서吏部尙書 요찰姚察이 말한다 : 위魏 정시正始 및 진晉 중엽 세상의 풍속이 현허玄虛함을 숭상하고 방탄放誕함을 귀하게 여겨, 상서승랑尙書丞郎 이상이 문안文案을 작성하는 것에 마음을 두지 않아 모두 영사令史에게서 만들어졌다. 동진시기東晉時期에 이르러 이러한 풍조가 더욱더 부추겨져서 오직 변호卞壺만이 상서尙書의 합하閤下로서 직무에 힘써 자못 (모든 일을) 총리總理하고자 하였다. 완부阮孚가 그에게 일러 "경卿은 항상 쉼이 없으니 힘이 들지 않으오?"라고 하였다. 송대宋代 때 왕경홍王敬弘이 상서의 장이 되었으나 일찍이 문서를 살핀 적이 없는데, (그러한 행위가) 풍류風流로 여겨져 서로 숭상하니 그 흐름이 마침내 멀리까지 이르렀다. 문서에 서명만을 하고 정무에 대해 묻지 않으면 청귀淸貴라 칭해지고, 삼가 부지런하여 나태하지 않으면 끝끝내 비속鄙俗으로 여겨졌다. 이것이 위로는 조정의 전장제도典章制度를 폐해

15) "(王)戎不仰依堯舜典謨, 而驅動浮華, 虧敗風俗"(『晉書』 卷43, 「王戎傳」, p.1233).

지게 하였으며 아래로는 관리의 직무를 무너뜨린 것이다.[16)]

『양서梁書』를 편찬한 요찰 역시 정치적 퇴폐와 무능력을 초래한 주범으로 현학을 지목하고 있는데, 그는 심지어 세무에 관심 있는 자를 조롱하는 세태에 의해 사대부의 정치적 퇴폐와 무능력이 더욱 부추겨지고 있다고 보았다. 안지추가 『안씨가훈顔氏家訓』에서 비판한 현학의 문제도 그것이 세무를 담당하지 않았다는 것이다.

> 한대漢代의 현준賢俊들은 모두 일경一經에 정통하여 성인의 도를 선양宣揚하고자 하여, 위로는 천시天時를 밝히고 아래로는 인사에 관통하니 이것을 이용하여 경상卿相의 지위에 이른 자가 많았다. 말속 이래 다시 이런 모습이 없으니 모두가 쓸데없이 장구章句에만 얽매이고 단지 스승의 말만을 암송하여 세무에 쓰려고 하여도 거의 쓸 만한 것이 없다. 그러므로 사대부 자제들은 모두 박섭博涉을 귀한 것으로 여기고 유학에 전념하는 것을 좋게 여기지 않게 되었다.[17)]

한대 도를 행하였던 현준들의 예를 들며 지금의 문제는 사대부들을 세무에 쓸 수 없는 것이라고 한탄한다. 그에 의하면 학문을 한다는 것은 도를 행하여 사람을 이롭게 하는 것으로,[18)] 그것은 사대부가 학문을 닦고 그 배운 학문을 정치의 장에서 구현하는 것이다. 요컨대 사대

---

16) "陳吏部尙書姚察曰 : 魏正始及晉之中朝, 時俗尙於玄虛, 貴爲放誕, 尙書丞郎以上, 簿領文案, 不復經懷, 皆成於令史. 逮乎江左, 此道彌扇, 惟卞壺以臺閣之務, 頗欲綜理, 阮孚謂之曰 : 「卿常無閑暇, 不乃勞乎?」宋世王敬弘身居端右, 未嘗省牒, 風流相尙, 其流遂遠. 望白署空, 是稱淸貴 ; 恪勤匪懈, 終滯鄙俗. 是使朝經廢於上, 職事隳於下"(『梁書』 卷37, 「何敬容傳」, p.534).

17) "漢時賢俊, 皆以一經弘聖人之道, 上明天時, 下該人事, 用此致卿相者多矣. 末俗已來不復爾, 空守章句, 但誦師言, 施之世務, 殆無一可. 故士大夫子弟, 皆以博涉爲貴, 不肯專儒"(『顔氏家訓』, 「勉學」, pp.176~177).

18) "古之學者爲人, 行道以利世也"(『顔氏家訓』, 「勉學」, p.171).

부라면 오직 학문만 하는 것이 아니라 그것을 정치적으로 사용해야 한다는 것이다. 그가 노장을 비판하는 이유도 그들의 정치적 무책임 때문이었다.

> 노장의 책은 대개 진기眞氣를 온전히 하고 성정을 기르며, 사물로써 자신을 해롭게 하지 않는다고 한다. 그래서 노자는 이름을 숨기고 주사柱史가 되어 종래에는 사막으로 들어갔으며, 장자는 옻나무 밭에 숨어 살다 결국 초楚나라의 재상 자리를 사절하였으니, 이 두 사람은 방종의 무리일 뿐이다.[19]

안지추가 이들을 방자하고 무책임하다고 하는 이유는 노자가 사막으로 들어가고, 장자가 초의 재상자리를 사절하였기 때문이다. 학문을 하는 이가 그것을 현실 정치에 사용하지 않으며, 심지어는 자신들을 필요로 하는 세상에 호응하지 않은 것을 안지추로서는 용납할 수 없었던 것이다.

기존 연구 중에는 안지추의 파란만장한 경력으로 인해, 혹은 그가 생애를 보냈던 시기가 분열에서 통일로 나가는 과도기적인 시기였기에 그의 가훈家訓에 나타난 몇몇 생각들이 일반적인 남북조 사대부의 사고에서 벗어나 있다고 보는 견해도 있다.[20] 물론 안지추의 사상이 당시 일반적인 사대부들과 구별되는 것은 사실이다. 그러나 진대 왕탄지王坦之의 유명한 장자 비판은 안지추의 노장 반대와 내용에 있어 별 차이가 없다.[21] 또한 같은 시기 왕필王弼과 하안何晏의 잘못을 걸주桀紂

---

19) "夫老・莊之書, 蓋全眞養性, 不肯以物累己也. 故藏名柱史, 終蹈流沙 ; 匿跡漆園, 卒辭楚相, 此任縱之徒耳"(『顔氏家訓』, 「勉學」, p.186).

20) 朴漢濟, 「南北朝末-隋初의 過渡期的 士大夫像-顔之推의 「顔氏家訓」을 中心으로-」, 『東亞文化』 16(1979), pp.93, 129.

21) 자세한 내용은 蜂屋邦夫, 「王坦之の思想-東晋中期の莊子批判-」, 『東洋文化

보다 심하다고 하였던[22] 범녕范寧도 현학에 빠져 정사에 무능력해진 사안謝安을 경계하기 위해 「왕필하안론」을 작성하였다.[23] 또한 양조梁朝의 하경용何敬容 역시 현학이 국가적인 문제를 발생시킬 것임을 예상하였다.[24] 그러므로 안지추가 다른 사대부들과 비교하여 두드러진 면이 있을 수는 있어도 결코 이질적인 의식을 가지고 있었다고 보기는 힘들다. 오히려 안지추가 남조 사회 안에 존재하던 변화의 요구를 집약해서 보여 주고 있다고 이해하는 것이 타당할 것이다. 이렇듯 당시 사대부들은 공통적으로 현학의 가장 큰 문제로 정치적 책임감의 상실을 꼽고 있었다. 당시 사대부들은 정치적 책임감의 회복을 목적하고 있었던 것이다.

2. '소업'의 의미 변화

위에서 우리는 현학에 대한 사대부들의 의식을 살펴보며 그들이 학문적 전통을 현학으로부터 경술로 전환하여 정치적 책임감을 회복하려고 했던 것을 알 수 있었다. 사대부들은 자신들의 본질을 투철한 정치 참여의식에서 찾고자 한 것이다. 그렇다면 이 절에서는 본질을 의미하는 '소업'이라는 개념의 변화를 통하여 사회가 사대부들의 본질을 무엇으로 설정하고 있는가를 살펴보고자 한다.

노무라 시게오(野村茂夫)는 「'소'를 통해 본 진대의 유자('素'を通じて見た,

研究所紀要』 75(1978), pp.84~102를 참조.

22) "(范)甯以爲其源始於王弼·何晏, 二人之罪深於桀紂"(『晉書』 卷75, 「范甯傳」, p.1984).

23) 吉川忠夫, 「范寧の學問」, 『六朝精神史研究』(京都 : 同朋舍, 1985), p.116.

24) "昔晉代喪亂, 頗由祖尙玄虛, 胡賊殄覆中夏. 今東宮復襲此, 殆非人事, 其將爲戎乎?"(『梁書』 卷37, 「何敬容傳」, p.533).

晉代の儒者)」라는 글에서 삼국시기부터 한자어 '소'가 '질박質朴하고 검소한, 혹은 꾸미지 않은 본래적인'이라는 한자어 그대로의 의미로만 사용된 것이 아니라 다른 한자와 결합하여 숙어로 사용되며 인물평에 사용되기 시작하였다는 것을 밝혔다. 그 구체적인 숙어는 '정소貞素', '도소道素', '충소沖素', '유소儒素', '한소寒素' 등으로 다양하지만 노무라 시게오의 주장에 따르면 '소'가 가진 공통점은 그것이 특정한 학문적 성향을 의미하기보다는 '작위作爲를 동반하지 않는 있는 그대로의 마음을 따르는 가장 자연스러운 소박한 생활 방식'이라는 것이다.[25] 이러한 노장적 의미를 가지고 있는 '소'라는 개념이 처음 등장하는 것이 삼국시기라는 점은 아무래도 후한말 명교의 위기가 사대부들을 격식과 명분으로부터 본질적인 것으로 눈을 돌리게 한 것과 무관하지 않을 것이다. 그래서 '소'가 주로 노장적 생활 태도를 설명하는 데 사용되었을 것이다.

무엇보다 이 연구에서 주목되는 것은 진대 이후 '소' 개념이 유학과 밀접하게 관련되어 있다는 점을 밝힌 것이다. 노무라 시게오는 그러한 현상의 원인을 진대 유행했던 노장사상의 특징에서 찾았다. 즉 당시 시대를 풍미하고 있던 노장사상이 본래의 소박하고 검소한 모습과는 달리 부화의 방종한 모습을 띠기 시작하였고, 이에 실망한 사대부들이 진정한 본질을 찾다 그 대극점對極点으로서 유학을 선택하여, 새로운 '소'의 내용이 되었다는 것이다. 그 결과 진대 이래 '소'와 관련된 인물평 안에는 유학 지향의 내용이 포함되게 되었다고 하였다. 그러나 그 유학 지향은 유학의 주된 책무인 경제제민經世濟民과는 관련이 없는, 다만 부화의 풍기를 억제하는 정도의 소극적인 내용이라고 하였다.[26]

그런데 문제는 노무라 시게오가 분석한 몇 명의 인물들에게 유학적

25) 野村茂夫, 「'素'を通じて見た, 晉代の儒者」, 『東方學』 61(1981), p.12.
26) 野村茂夫, 위의 글, p.14.

성향을 발견할 수는 있으나, 명확하게 '소'가 유학적 성향을 의미하는지는 확인하기 힘들다는 점이다. 그가 거론한 대부분의 인물들에게 '소' 개념은 여전히 유학의 내용이 아니라 노장의 내용을 가지고 있는 것으로 보인다. 이런 이유로 노무라 시게오 역시 '소' 개념 안에 유학의 내용이 있다고 해도 그것은 부화를 억제하는 정도의 소극적인 내용이라고 한계를 설정했던 것 같다.

하지만 노무라 시게오의 분석처럼 본질적인 것을 의미하는 '소'의 내용에 유학이 포함되었다는 것은 우선 당시인들이 현학을 본질적인 것에 위배되는 것으로 이해했다는 것을 말해주며 둘째, 소극적인 내용이나마 유학의 학습을 사대부의 본질적인 행위로 이해하고 있었다는 것을 의미한다. 따라서 필자는 만일 '소'라는 표현이 노장사상을 의미했던 것으로부터 유학의 경세제민을 설명하는 것으로 변화한다면, 그 사회가 사대부의 본질을 '정치 참여'와 그 참여에 따른 '책임의식의 보유'로 설정한 것으로 볼 수 있을 것이라고 가정해 보았다. 즉 부화를 억제하기 위한 소극적 방편이었던 '소'가 적극적으로 경세제민의 내용을 갖게 된다면, 우리는 그 시기를 더 이상 사대부가 정치적 책무를 방기하는 것을 용납하지 않는 시대가 되었다고 볼 수 있을 것이다. 여기서는 이러한 가정에 입각하여 '소업'이라는 개념의 내용 변화를 고찰해 보고자 한다.

소업은 사료 안에서 분명하게 해석되고 있지는 않다. 소업 역시 '소'와 마찬가지로 특정한 내용이 아니라 생활 방식에 대한 총괄적인 표현이기 때문이다. 그래서 『안씨가훈顏氏家訓』에 집해集解를 단 노문소盧文弨의 경우는 소업을 '청소지업淸素之業',[27] 즉 '청렴하고 소박한 업'으로 해석하고 있다. 과연 사서 안에서 소업은 어떻게 해석되고 있을까?

---

27) 『顏氏家訓』, 「勉學」, p.145.

우선 『삼국지三國志』에서 소업에 의해 설명되고 있는 인물은 모두 4인으로 상림常林과 한기韓曁, 호질胡質, 고옹顧雍이다. 그러나 구체적으로 그들이 어떤 이유로 소업으로 평가되는지는 알 수 없다. 학문적 성향으로 본다면 상림의 경우 "성정이 학문을 좋아하였다(性好學)"고 하여[28] 유학을 그 학술적 소양으로 가지고 있었다는 것을 알 수 있다. 또한 고옹의 경우는 "고옹은 (채옹蔡邕에게서) 거문고와 학문을 배웠다(雍從學琴書)"고 나와 있어[29] 그 역시 유학적 소양을 가지고 있었음을 알 수 있다. 그러나 나머지 두 사람 한기와 호질의 경우는 학문적 성향을 알 수 없다. 그렇기 때문에 여기서 '소'를 일괄적으로 유학적 소양과 결부해서 해석할 수는 없을 것 같다. 다만 상림의 경우 "어려서 홀로 되어 가난하였다. 비록 가난하였지만 자신의 힘을 들이지 않은 것은 남으로부터 취하지 않았다"[30]고 하고, 고옹의 경우는 "오로지 청정하였다(專一淸靜)"[31]고 하여 '소'가 여전히 검소한 생활 방식과 노장적 생활 태도를 표현하는 것으로 여겨진다.

'소'가 검소한 생활 방식을 일컫는다는 것을 잘 보여 주는 것은 다음 진대의 기사들이다.

③ 문명왕황후文明王皇后는 비록 존귀한 지위에 계셨지만 소업을 잊지 않아 친히 방적하셨으며, 기물과 의복에 무늬를 넣지 않으셨다. 세탁한 옷을 입으셨고 좋지 않은 음식을 드셨다.[32]

④ 왕준王濬이 오吳를 평정한 후, 훈勳이 높고 위位가 중해짐에 따라 다

28) 『三國志・魏書』 卷23, 「常林傳」, p.659.
29) 『三國志・吳書』 卷52, 「顧雍傳」, p.1225.
30) "林少單貧. 雖貧, 自非手力, 不取之於人"(『三國志・魏書』 卷23, 「常林傳」, p.659).
31) 『三國志・吳書』 卷52, 「顧雍傳」, p.1226.
32) "(文明王皇)后雖處尊位, 不忘素業, 躬執紡績, 器服無文, 御浣濯之衣, 食不參味"(『晉書』 卷31, 「后妃上 文明王皇后傳」, p.950).

시 소업에 머무르지 않았다. 이에 옥식玉食·금복錦服을 먹고 입으니, 방종하고 사치함으로써 정도에 지나치게 즐겼다.33)

⑤ 사안謝安이 일찍이 육납陸納에게 가게 되었는데, 육납은 차림에 특별함이 없었다. 그 형의 아들 숙俶이 그 이유를 감히 묻지는 못하고 이에 몰래 차림을 갖추었다. 사안이 도착하자 육납은 오직 다과만을 차려 냈을 뿐이었다. 숙이 마침내 성찬을 차려 내니, 진귀한 음식이 갖추어져 있었다. 객이 돌아가자 육납이 크게 노하여 말하였다. "너는 숙부를 유익하게 하지는 못할망정 오히려 나의 소업을 더럽히는구나!"34)

위의 세 기사는 모두 소업이 검소한 생활임을 보여 주고 있다. 문명황후 스스로 방적을 하고 무늬 없는 옷을 입고 좋은 음식을 먹지 않았음을 소업이라고 하고 있으며, 좋은 음식을 먹고 비단 옷을 입으며 사치와 방종에 빠진 것을 소업에 머무르지 못했다는 것으로 표현한 왕준의 사례, 손님들에게 단지 다과만을 내 놓은 육납이 자신의 생활 태도를 소업이라고 표현한 것들은 소업이 진대 들어와도 변하지 않고 검소한 생활을 의미함을 보여 주는 것이다. 즉, 여전히 '소'라는 개념은 검소하고 꾸미지 않는 있는 그대로의 모습을 설명하는 노장적 생활 방식의 표현으로 남아 있다.

이러한 검소한 생활 태도를 나타내는 것으로부터 소업의 의미가 변화하는 것은 송대宋代부터다. 『송서宋書』「은일전隱逸傳」의 종병宗炳은 소업을 가지고 있었다고 전해지는데, 그는 송무제宋武帝의 벽소辟召에 '언덕에 살며 계곡물을 마신 지 30여 년(棲丘飮谷, 三十餘年)'이라 답하고

33) "(王)濬平吳之後, 以勳高位重, 不復素業自居, 乃玉食錦服, 縱奢侈以自逸"(『晉書』卷42,「王濬傳」, p.1216).

34) "謝安嘗欲詣(陸)納, 而納殊無供辦. 其兄子俶不敢問之, 乃密爲之具. 安既至, 納所設唯茶果而已. 俶遂陳盛饌, 珍羞畢具. 客罷, 納大怒曰 : 「汝不能光益父叔, 乃復穢我素業邪!」"(『晉書』卷77,「陸納傳」, p.2027).

기가起家하지 않았다. 또한 이후에도 계속된 모든 벽소에 응하지 않고 오직 거문고와 서예에만 신묘한 재주를 가지고 살았다고 한다.[35] 이런 종병의 외사촌 동생인 사각수師覺授의 경우도 역시 소업이 있었다고 하는데, 마찬가지로 "거문고와 독서로 오락을 삼았다(以琴書自娛)"고 서술되어 있다.[36] 그렇기 때문에 송대의 소업이란 검소한 생활이기보다는 '입사에 초연하여 본래 자신만의 즐거움으로 삼은 일'이라고 할 수 있겠다. 이것은 심약沈約의 고조高祖인 심경沈警의 경우에서도 마찬가지다. 그의 집안은 대대로 누천금累千金의 재물을 축적하고 있었는데, 그는 자신의 부에 만족하여 자신을 동남의 호사豪士로만 여겼을 뿐 입사에 뜻을 두지 않았다고 한다. 그는 잠시 사안의 참군參軍으로 있었지만 곧 집으로 돌아와 재물을 모았다. 이것을 『송서』에서는 "집으로 돌아와 재산을 모았으나 소업으로써 즐거움을 삼았다"고 적고 있다.[37] 이렇듯 입사에 뜻을 두지 않은 세 사람이 모두 소업으로 표현되었다는 것은 소업이 비정치적이고 개인적인 취향을 의미함을 말해 준다. 이 시기 소업에는 검소함의 의미는 사라졌지만 여전히 정치와 무관한 유유자적하는 노장적 생활 태도가 포함되어 있다.

그런데 이러한 비학문적이고 비정치적인, 개인적인 취향으로서의 개념이었던 소업이 남제시기南齊時期에 들어오면 학문적이며 사회적인 성격을 갖게 된다.

> 주상이 어려서부터 대량大量이 있어, 기쁘고 노여운 마음을 밖으로 표시하지 않으셨고 침착하고 생각이 깊어 고요하시면서도 항상 천하를 경영하고자 하는 마음을 가지고 계셨다. 박학하셨고 글을 짓는 데

---

35) 『宋書』 卷93, 「隱逸 宗炳傳」, pp.2278~2279.

36) 『宋書』 卷93, 「隱逸 宗炳傳」, p.2279.

37) "還家積載, 以素業自娛"(『宋書』 卷100, 「自序」, p.2445).

능통하였으며, 예서隸書에 뛰어나셨고 바둑은 제2품이셨다. 비록 국가를 경영함에 순탄함과 어려움을 겪었지만, 소업을 폐하지 않으셨다.[38]

남제 고조를 설명하고 있는 위의 기사에는 검소한 생활과 관련된 내용이 등장하지 않고 있어 이 시기 소업이라는 것이 검소한 생활을 말하는 것은 아님을 알 수 있다. 그 대신 박학하고 문장을 짓는 데 능통하며, 예서에 뛰어나고 바둑이 2품이라는 것 등이 소업의 내용을 이루고 있다. 이것은 모두 당시 흔히 사대부들의 교양으로 인정되는 것들이었다. 학술적으로 경술經術에 밝으면서 실질적인 업무를 담당할 수 있는 정치적 능력을 가지며, 예술과 사교에도 능통할 수 있는 조건을 갖추고 있는 것, 이것이 바로 남조南朝 사대부를 사대부답게 만드는 조건들이라고 할 수 있다.[39] 즉 이때 소업은 사대부라면 반드시 가져야 하는 근본적인 덕목이 된 것이다. 그리고 그 근본적인 덕목에는 경술, 속문, 예서, 바둑 등이 모두 포함되어 있었다.

소업이 사대부가 마땅히 갖추어야 하는 덕목 전체를 나타내기 시작한 것은 송말기부터로 보인다.

(전폐제前廢帝는) 어려서부터 성급하여 동궁 시절에 매번 효무제孝武帝에게 질책을 당했다. 효무제가 서쪽으로 순시했을 때 전폐제가 황제의 사적을 기록하는 일에 참여한 것을 아뢰었는데, 문장이 공손하지 않았

38) "上少有大量, 喜怒不形於色, 深沈靜默, 常有四海之心. 博學, 善屬文, 工草隸書, 弈棊第二品. 雖經綸夷險, 不廢素業"(『南史』 卷4, 「齊本紀上」, p.113).

39) 繪畵에 顧愷之, 書의 王羲之 부자, 彫刻의 戴逵 부자들은 모두 당시 일류 귀족들이었는데 회화나 조각이 사대부 최고의 교양을 보여 주는 것으로 당시 귀족들이 이해했기 때문에 가능한 현상이었다. 또한 博奕의 袁彦道 역시 대표적인 위진 귀족으로 알려져 있다. 이렇듯 위진남북조 귀족들은 다방면에 관심과 재능을 가지고 있어야 한다고 생각했다. 森三樹三郎, 『六朝士大夫の精神』(京都 : 同朋舍, 1986), pp.220~222.

다. 주상이 힐문하여 꾸짖어 말하였다. "문장이 증진하지 않은 것은 하나의 조목일 뿐이다. 듣건대 너는 자주 소업에 모두 태만하며 성급하고 사나움만이 날이 갈수록 심해진다 하니 어째서 완고함이 이와 같은가!"[40]

송 전폐제의 동궁 시절을 그리고 있는 위의 기사에는 소업의 자세한 덕목이 나와 있지는 않지만 '문장이 증진하지 않은 것(書不長進)'은 단지 한 사례일 뿐이라는 효무제의 지적에 의해, 소업이 사대부라면 마땅히 갖추어야 하는 덕목을 말하고 있기는 하지만 그 덕목이 하나만을 의미하지는 않는다는 것을 알 수 있다. 그렇다고 모든 방면이 포괄된 것은 아닌 것 같다. 북위北魏의 사례를 그대로 남조에 대입해도 좋을지는 모르지만 "문을 버리고 무를 숭상하는 것은 사대부의 소업이 아니다"는 표현은[41] 남조에서 더 설득력 있었을 것으로 생각된다. 그러므로 우리는 여기서 마땅히 갖추어야 하는 덕목으로서의 소업은 문적인 방면의 것이라고 여겨도 좋을 듯하다.

양조梁朝의 경우 『양서』에는 단 하나의 사례만이 등장하여 일반화하는 것에 무리가 있을 것 같아 양조를 주된 활동 시기로 가졌던 안지추의 『안씨가훈』에 등장하는 사례를 함께 사용하고자 한다.

⑥ 또 집안 대대로 전해 내려오는 소업이 있어, 대대로 유학과 역사를 학습하였다. 화유苑囿에는 경적經籍이 가득하여 문예文藝를 실컷 즐겼다.[42]

40) "(帝)幼而狷急, 在東宮每爲孝武所責. 孝武西巡, 帝啓參承起居, 書迹不謹, 上詰讓之曰 :「書不長進, 此是一條耳. 聞汝比素業都懈, 狷戾日甚, 何以頑固乃爾!」"(『南史』 卷2, 「宋本紀中」, p.71).

41) "棄文尙武, 非士大夫素業"(『北史』 卷33, 「李子雄傳」, p.1237).

42) "且家傳素業, 世習儒史, 苑囿經籍, 遊息文藝"(『梁書』 卷30, 「裴子野傳」, p.442).

⑦ 뜻이 있는 자가 있어 마침내 능히 갈고 닦아 소업을 성취하였다. 노문초盧文弨가 말하였다. "소업은 청소淸素한 업業이라……"[43)]

⑧ 위의 세 명의 현인이 모두 회화에 밝지 않았고, 소업에만 전력했더라면 어찌 이런 치욕을 당했겠는가?
소업은 유소儒素의 업業을 말하는 것이다.[44)]

위의 기사 중 ⑥의 소업은 『안씨가훈』 「잡예雜藝」 중에 등장하는 문업門業과 같은 성격으로 봐야 할 것 같다. 기안器案에 따르면 문업이란 '가문의 본래부터의 업을 말하는 것(謂家門素業)'으로[45)] 한 집안에서 대대로 전해 내려오는 가학家學이라고 할 수 있을 것이다. 이것은 사대부에게 필요한 교양 전체로서의 학문이기보다는 그 집안 고유의 학술적 소양을 일컫는 것이기에 전 시대의 포괄적 의미의 소업보다는 축소된 한 의미만을 갖는다. 기사 ⑦에 나온 소업은 그 자체만으로는 구체적인 내용은 알기 어렵지만 학문, 그 중에서도 유학을 지칭하는 것이라고 추정할 수 있을 것인데, 이것은 기사 ⑧에서 잘 나타난다. 남제시기까지 사대부가 가져야 하는 교양 안에는 예술적인 내용도 포함되어 있었다. 그러나 이제 안지추는 '삼현三賢[고사단顧士端, 고정顧庭, 유악劉岳]이 만일 회화에 능통하지 않고 오직 소업만을 행했다면 치욕이 없었을 것'이라고 하여 소업에서 예술적 능력을 제외하고 있다. 여기서 소업은 독서인으로서의 학문 활동이라고 할 수 있을 것이다. 이처럼 양조에 들어오면 소업은 학문과 예술적인 방면을 아우르는 포괄적인 내용에서 오직 학문, 유학으로 그 범위가 축소되고 있음을 알 수 있다. 그

43) "有志尚者, 遂能磨礪, 以就素業 : 盧文弨曰 : 「素業, 淸素之業……」"(『顔氏家訓』, 「勉學」, pp.143, 145).

44) "向使三賢都不曉畫, 直運素業, 豈見此恥乎 : 素業, 謂儒素之業"(『顔氏家訓』, 「雜禮」, pp.578, 581).

45) 『顔氏家訓』, 「雜藝」, p.568.

렇다면 안지추에게 학문, 유학이란 어떤 의미를 갖는가?

⑨ 마땅히 기요機要를 박람博覽함으로 인하여 공업을 이룰 수 있다.[46]

⑩ 군자가 세상을 살아감에 능히 사욕을 이겨 예의를 지키고, 세상을 구제하여 사물에 유익함을 주는 것을 귀하게 여긴다.[47]

⑪ 옛날의 학문하는 자는 도를 행하여 세상을 이롭게 하였다.[48]

위의 기사를 통해서 우리는 안지추가 말하는 학문이란 단순한 사대부의 교양으로서의 학문이 아니라 스스로의 공업을 이루고(⑨), 더 나아가서는 제세성속濟世成俗 할 수 있는(⑩), 그래서 세상을 이롭게 할 수 있는(⑪) 양한시기의 유학이라고 할 수 있다.[49] 알려진 것과 같이 위진남조의 유학이라 하면 단지 사대부와 귀족에게 필요한 교양으로서 담론의 자료 이상도 이하도 아니었다.[50] 그러나 안지추의 유학은 도를 행하고 이름을 드높이는 것을 목적으로 하는 것으로[51] 관리가 됨으로써 도를 완성하고 세상에 의를 행할 수 있다고 믿은 공자 이래의 전형적인 사대부들의 의식을 담고 있다.[52] 실제로 안지추는 한대 사대부들의 학문 활동을 도를 행한 것으로 인식하고, 자신과 한대 사대부를 일체화시키고자 하였다. 이것은 한대 이후 사라졌던 정치적 책임감에 충만한 전형적인 사대부의 모습이 소업이라는 개념 속에서 다시 등장하

46) "當博覽機要, 以濟功業"(『顔氏家訓』, 「勉學」, p.177).

47) "又君子處世, 貴能克己復禮, 濟時益物"(『顔氏家訓』, 「歸心」, p.295).

48) "古之學者爲人, 行道以利世也"(『顔氏家訓』, 「勉學」, p.171).

49) 林文寶, 「顔之推及其思想述要」, 『臺東師傳學報』 5(1977), pp.60~61.

50) 朴漢濟, 앞의 글(1979), p.103.

51) "然則君子應世行道……汝曹宜以傳業揚名爲務"(『顔氏家訓』, 「終制」, pp.607~608).

52) "子路曰, 不仕無義, 長幼之節, 不可廢也. 君臣之義, 如之何其廢之. 欲絜其身, 而亂大倫. 君子之任也, 行其義也"(『論語』, 「微子」, p.251).

고 있음을 의미한다.

앞에서 우리는 본래적이고 본질적인 삶의 방식을 의미하는 '소'라는 개념에 유학의 내용이 들어가게 된 것이 진대 사대부들의 소극적인 노력이기는 하지만 그것이 부화와 방종을 본래적인 것으로 보지 않는 당시인들의 시각 때문임을 확인했다. 그리고 만일 '소'의 내용에 더 적극적인 유학의 내용이 포함된다면(경세제민을 목적으로 하는 유학) 그것은 사회가 사대부의 본질을 정치 참여와 그 참여에 대한 책임감으로 설정했음을 의미하는 것이 될 것이라고 가정해 보았다. 그리고 우리는 소업의 검토 속에서 '소'의 의미가 점차 사대부들의 학문 활동으로 변화하는 것을 보았고, 그 학문은 경세제민을 목적으로 하는 유학이라는 것을 확인했다. 양조에 이르면 광범위하지는 않지만 분명하게 진대 부화를 억제하기 위한 소극적 방편이었던 '소'가 적극적으로 경세제민의 내용을 갖게 된 것이다.

3. 남제시기 사대부 사회의 변화

송·제왕조의 한문寒門 군인 출신의 황제가 권력 집중을 노골화하면서 일류 사대부들의 탈정치화는 계속되었다. 원찬袁粲과 저연褚淵의 예에서 볼 수 있듯이 시대는 굳이 목숨을 건 충성을 필요로 하지 않았다.[53] 이러한 상황의 책임이 전적으로 사대부들에게만 있었던 것은 아

53) 『南齊書』 卷23, 「褚淵王儉傳」의 論贊이 그러한 의식을 잘 보여 준다. "夫爵祿既輕, 有國常選, 恩非己獨, 責人以死, 斯故人主之所同謬, 世情之過差也"(p.439). 袁粲과 褚淵에 대한 당시의 논평들을 분석한 安田二郎는 沈約 이전의 저연에 대한 비판이 주로 군신 관계에 대한 문제가 아닌 친밀한 友人이었고 동료였던 원찬과 劉秉에 대한 배신을 규탄하는 것에 집중되어 있다고 하였다. 이렇듯 군신 간의 충성이 문제가 된 것은 아니었던 것 같다. 安田二

니다. 황제 역시 왕조 교체와 같이 중요한 정치적 문제를 사대부들의 문제가 아닌 자신만의 일로 국한시켰다.[54] 이런 쌍방의 관점은 왕조 교체기의 불필요한 숙청을 없앨 수는 있어도 궁극적으로 목숨을 바치는 사직의 신하를 만들 수는 없었다.

그러나 소업 개념이 변화하는 것처럼 현실 사회도 완만하지만 분명하게 변화하고 있었다. 그것은 두 가지 원인에서 기인한다. 하나는 한문 사대부의 대두다. 한문 사대부들이 비록 그 궁극적인 목적을 중앙 귀족 사회로의 편입으로 둔다 해도,[55] 그 행동이 종래의 정치적 지형을 비판하는 것으로부터 시작된다면, 외형상 그것이 발현되는 형태는 유가적 이상에 근접한 자기반성과 자정의 모습일 수밖에 없다는 지적을 기억할 필요가 있을 것이다.[56] 그 때문에 정치학으로서의 유학은 한문층을 중심으로 해서 제창되기 시작하였다. 또 다른 이유는 사대부의 자기반성이다. 후한시기 명교의 위기 속에서 선택한 현학이라는 탈출구가 상당한 위력을 가졌던 것은 사실이나 여전히 관료로서의 모습을 가져야만 현재의 특권들을 영위할 수 있기 때문에,[57] 정치적 책임

郞, 「南朝貴族制社會の變革と道德・倫理-袁撰・褚淵評を中心に-」, 『東北大文學部硏究年報』 34(1985), p.12.

54) "高祖受禪, (顔)見遠乃不食, 發憤數日而卒. 高祖聞之曰 :「我自應天從人, 何預天下士大夫事?」"(『梁書』 卷50, 「文學下 顔協傳」, p.727).

55) 남북조시기 한문의 등장은 종종 문벌 귀족의 강력한 대항 세력으로 파악되기는 하나 그들의 목적이 사서 구별을 타파하는 것이 아니라 일류 사대부 계층으로 신분 상승하는 것을 목적으로 했다는 것은 지금까지의 연구로 잘 알려져 있다. 宮川尙志, 「魏晉及び南朝の寒門・寒人」, 『六朝史硏究 政治社會篇』(東京 : 日本學術振興會, 1956) ; 唐長孺, 「南朝寒人的興起」, 『魏晉南北朝史論叢續編』(北京 : 三聯, 1959) ; 越智重明, 「梁の天監改革と次門層」, 『史學硏究』 97(1966) ; 內藤あゆち, 「南朝の寒門・寒人問題について-その硏究史的硏究-」, 『名古屋大學東洋史硏究報告』 4(1976).

56) 安田二郎, 「「晉安王子勛の反亂」について-南朝門閥貴族體制と豪族土豪-」, 『東洋史硏究』 25-4(1967), p.70.

을 부여받지 못함으로 인해 생기는 자기모순은 분명 해결해야만 하는 문제였다.

송·제시기를 거쳐 이러한 필요들이 사대부들의 의식 변화를 주도하게 되었고, 기왕의 연구에서 지적한 계자서誡子書 작성은 그러한 의식을 보여 주는 좋은 근거라고 할 수 있다. 연구에 따르면 송 효문제孝文帝 사후 일어났던 자훈子勛의 난이 평정된 후 남조 명족들 안에서 계자서를 작성하는 일련의 모습이 나타나는데,58) 그 내용은 문족門族을 중시하고 문음門蔭에 의해 문벌 귀족이 되는 일반적인 방법에서 탈피하여 학문과 교양을 체득한 사대부의 존재 방식으로 돌아갈 것을 요구하는 개혁적인 것이었다.59) 그 구체적인 예는 왕승건王僧虔의 계자서에 등장하고 있다. 물론 이것은 문벌주의의 전면적인 부정이라기보다는 귀족 사대부 스스로가 자신의 생활 방식을 문족 의존 일변도에서 현재주의적賢才主義的 방식으로 전화할 필요에 따른 자기 개혁의 일환이었다.60)

그러나 전대에 비해 사대부들에게서 정치적 지향이 발견되고, 그러한 변화를 가능하게 하는 전제로서 학문에 대한 태도에 변화가 생기기 시작했다고 해도 그것은 아직 집단적인 의식의 흐름을 반영하지 못할 뿐 아니라 그 내용 면에서도 불완전했다.61) 하지만 그렇다고 남제시기

---

57) 谷川道雄, 「北朝貴族の生活倫理」, 『中國中世史研究』(東京：東海大, 1970), p.279.

58) 六朝의 가훈에 대한 연구를 발표한 守屋美都雄에 의하면 광의의 가훈 안에는 誡子書·遺言·與子書·遺令·遺命·與子姪書 등도 모두 포함되는데 이렇게 본다면 남조시기의 가훈은 전 시기인 위진시기에 비해 수도 많아지며, 가훈을 남기려는 경향도 크게 증가한 것으로 나타난다고 하였다. 守屋美都雄, 「六朝時代の家訓について」, 『中國古代の家族と國家』(京都：東洋史研究會, 1968), p.477.

59) 安田二郎, 앞의 글(1967), p.73.

60) 安田二郎, 「王僧虔「誡子書」考」, 『日本文化研究所研究報告』 17(1981), p.137.

사대부 안에서 산발적으로 표출되던 의식의 흐름을 간과할 수는 없을 것이다. 그래서 여기서는 소업의 의미 변화와 연관하여 각 시기 사대부들의 의식 변화를 고찰하고자 한다. 우선 본격적인 남조 사대부의 체질 개선의 전 단계로서 남제 사대부 사회의 변화를 살펴보자.

1) 계자서 작성의 배경

『남제서南齊書』에는 유명한 왕승건의 계자서 이외에도 예장왕豫章王 소억蕭嶷의 유언이 나와 있다. 그 내용이라는 것이 왕승건의 계자서와 별반 다를 것 없는 "학문에 힘쓰고, 기업基業을 지키며, 가정을 다스리며, 여유로움과 소박함을 숭상하라"는 것들이다.[62] 이렇듯 모든 계자서가 학문의 필요에 대해 강조하고 있는데, 이러한 변화는 송말의 위기가 준 교훈에 근거한다고 알려져 왔다.[63] 그러나 남제시기에도 현학이 여전히 사회적으로 맹위를 떨쳤다는 것을 생각하면 송의 멸망으로 갑자기 사대부들이 유학의 필요성을 역설했다는 것은 이해하기 어렵다. 그러므로 이와 같은 이유보다는 보다 절실한 이유가 필요할 것이다.

> 완전부阮佃夫・양운장楊運長・왕도융王道隆이 모두 마음대로 권위를 전단專斷하니, (그들의) 말이 곧 조칙이 되었다. 군수郡守・영장令長 중 하나가 비게 되면 열을 제수하니, 내외가 뒤섞여 구분할 수 없는 지경이 되고 관직은 뇌물에 의해서만 임명받아, 왕・완의 집안은 공실公室보다 부유하게 되었다. 중서사인中書舍人 호모호胡母顥가 권력을 전단할 때,

---

61) 吉川忠夫는 王僧虔이 誡子書에서 독서를 강조하고 있지만 독서의 내용이 淸談을 주제로 한 것이라는 점을 들어 그의 계자서가 아무래도 六朝的이라고 하였다. 吉川忠夫, 「六朝士大夫の精神生活」, 『岩波講座 世界歷史 5-東アジア世界の形成Ⅱ』(東京 : 岩波書店, 1970), p.154.

62) "勤學行, 守基業, 治閨庭, 尙閑素"(『南齊書』 卷22, 「豫章文獻王傳」, p.417).

63) 安田二郎, 앞의 글(1967), pp.71～73.

그가 올린 상주에 대해서는 불가함이 없었다.……조정에서 관에 이른 자는 모두 저자의 상인들의 자식이었다.……송씨宋氏의 업業은, 이것으로부터 쇠하였던 것이다.[64]

정치적 무능력에 의해 정치 일선으로부터 유리된 일류 사대부를 대신해 서민층이 대두하면서 발생한 천권擅權의 이모저모를 서술하고 있는 위의 기사를 통해 우리는 사대부들이 가지고 있는 생리적인 불안감을 쉽게 읽을 수 있다.[65] 즉 서민층이 점차 대두하여 정치적인 실권을 가지게 되자 비록 고위 관직을 점하고 있다고는 해도 자신들의 지위를 위협하는 외부적인 변화에 대응하지 않을 수 없게 된 것이다.

『남제서』 곳곳에서는 이러한 사회적 변화가 감지된다.

⑫ 만약 형벌의 원칙이 오직 지위가 낮은 이들에게만 가해지고 세족世族만이 벽소辟召된다면, 선왕이 세우신 다스림의 근본에 부합되지 않게 될 것을 두려워합니다.[66]

⑬ 원단袁彖이 말하였다. "……지금 세상을 피해 사는 처사處士들은 황왕皇王을 배척하고, 장상將相을 능멸하여 유린하니, 이것은 편벽되고 완고한 행위로 풍속을 바꿔 교정할 수 없습니다. 그러므로 사마천司馬遷의 『사기史記』에도 처사전處士傳은 없으며, 반고班固의 『한서漢書』에도 기록되지 않은 것입니다.……"[67]

⑭ 공치규孔稚珪가 표表를 올려 말하였다. "신이 듣기에 만물을 만드는

64) "阮佃夫・楊運長・王道隆皆擅威權, 言爲詔敕, 郡守令長一缺十除, 內外混然, 官以賄命, 王・阮家富於公室. 中書舍人胡母顥專權, 奏無不可……在朝造官者皆市井傭販之子……宋氏之業, 自此衰矣"(『南史』 卷3, 「宋本紀下」, pp.84~85).

65) 越智重明, 『魏晉南朝の人と社會』(東京 : 研文, 1985), p.253.

66) "若罰典惟加賤下, 辟書必蠲世族, 懼非先王立理之本"(『南齊書』 卷40, 「竟陵文宣王傳」, p.697).

67) "(袁)彖曰 : 「……今栖遁之士, 排斥皇王, 陵轢將相, 此偏介之行, 不可長風移俗, 故遷書未傳, 班史莫編……」"(『南齊書』 卷48, 「袁彖傳」, p.834).

장인은 승묵繩墨으로써 바름을 삼고, 대국을 경영하는 자는 법리法理로써 본을 삼는다고 합니다……"[68]

우선 기사 ⑫는 세족과 서민이 형평성 있는 대우를 받아야 한다는 것을 기술하고 있다. 이것은 남제말 유명한 서저西邸를 운영하였던 경릉왕竟陵王 자랑子郞의 견해로, 물론 이것이 모든 사대부들의 견해는 아니다. 그러나 사서의 구별을 국법으로 이해하던 당시로서는[69] 매우 파격적인 의식으로, 이런 의식이 생길 수 있었던 것은 현실에 사서 구별의 타파라는 요구가 존재하고 있었기 때문이라고 봐야 할 것이다. 이렇듯 재능 있는 하급 사대부 및 서민층의 사회적 진출이 현재주의賢才主義를 가능하게 했고, 그러한 현재주의가 세족의 특권에 의문을 제시하게 한 것이다.

일반 사대부들 안에서도 의식의 변화가 생겨났다. 기사 ⑬은 국사國史 편찬을 둘러싼 의견 대립 중에 나온 원단의 견해로, 그는 은둔해 있는 처사들은 황왕을 배척하고 장상을 유린하는 편벽스러운 행위를 일삼는 자들로 교화를 담당할 수 없다고 보았다. 따라서 국사를 편찬할 때 처사전을 만들지 말자고 하고 있다. 남조는 도가道家의 영향을 받아 세속에서 초월하여 부귀와 권세에 연연하지 않는 모습이 명성을 얻는 하나의 방법으로 인정되던 시기인데, 여기서는 그것이 오히려 정치적으로 편벽된 행위로 평가받고 있다. 이것은 세속의 정치적 책임을 지지 않는 무능력한 사대부들이 사회적으로 존중될 필요가 없다는 것을 주장하는 것이며, 사대부라면 풍속 교정과 교화를 담당해야만 한다는

---

68) "(孔)稚珪上表曰 : 臣聞匠萬物者以繩墨爲正, 馭大國者以法理爲本"(『南齊書』 卷48, 「孔稚珪傳」, p.836).

69) "至於士庶之際, 實自天隔"(『宋書』 卷42, 「王弘傳」, p.1318) ; "區別士庶, 於義爲美"(『宋書』 卷42, 「王弘傳」, p.1319) ; "士大夫故非天子所命"(『南史』 卷36, 「江斅傳」, p.943)과 같은 기사들은 사서의 구별이 엄격했음을 보여 준다.

것을 말하는 것이다.

공치규는 사대부들이 정치적으로 무능한 사회적 풍기를 변화시키기 위해서는 법술주의적 정책을 채택해야 한다고 말한다. 그는 강력한 상벌 위주의 법술주의적인 정책만이 정치적 무능력에 빠진 사대부들에게 정치적 동기를 부여해 줄 수 있다고 보았다.[70] 그는 상賞과 작爵의 길이 넓어지면 관료 선발이 변화될 것이라고 말한다. 이것은 가격 고정화로 인해 발생한 선거의 명실불일치를 혁파하고 능력 있는 자를 선발하고자 하는 현재주의가 사대부 사회 안에서 등장했음을 보여 주는 것이다. "무릇 현자가 있어도 알지 못하고, 현자를 알아본다 해도 쓰지 않고, 등용했다 해도 위임하지 않고, 위임해 놓고 신뢰하지 않는 것, 이 네 가지가 고금의 공통된 우환이다"라고[71] 한 최조사崔祖思의 말도 이러한 현재주의의 표현의 다름 아니다.

황제들의 현재주의 제창도 변화의 또 다른 원인이다. 황제의 경우 사대부들의 정치 세력화를 용인하지 않았지만 자신의 권력을 표현할 방법이 고도로 조직화된 중앙 집권적인 관료제밖에는 없었기에,[72] 사대부들의 정치적 무능력 상태를 타파하기 위해 현재주의를 제창할 수밖에 없었다. 남제 태조太祖의 파격적인 인사와 명제明帝의 학교 설립 등은[73] 국가의 정상적인 기능 회복을 위해 황제들이 노력했음을 보여

---

70) "今若弘其爵賞, 開其勸慕, 課業宦流, 班習冑子, 拔其精究, 使處內局, 簡其才良, 以居外仕, 方岳咸選其能, 邑長並擢其術"(『南齊書』 卷48, 「孔稚珪傳」, p.837).

71) "夫有賢而不知, 知賢而不用, 用賢而不委, 委賢而不信, 此四者, 古今之通患也"(『南齊書』 卷28, 「崔祖思傳」, p.521).

72) 中村圭爾, 「南朝國家論」, 『岩波講座 世界歷史 9-中華の分列と再生』(東京 : 岩波書店, 1999), p.218.

73) "詔曰 : 「……是以陶鈞萬品, 務本爲先, 經緯九區, 學斅爲大……」"(『南齊書』 卷6, 「明帝紀」, p.89). 더욱이 명제는 당시를 末俗의 시기로 규정하여 改俗하고 移民해야 한다고 하였다. "詔曰 : 「……朕屬流弊之末, 襲澆浮之季, 雖恭

주는 사례다.74) 황제가 이렇게 분명히 현재주의를 표명하는 데 사대부들이 계자서에 학습의 필요를 적지 않을 수 없었을 것이다.

2) 과도기의 이중성

남제시기 의식의 변화가 분명히 감지되기는 하지만 그래도 이 시기를 전체적으로 설명하는 분위기는 과도적過渡的 이중성二重性이라 할 수 있다. 정치적인 각성과 그에 따른 정치적 권리의 회복을 주장하면서도 여전히 위진 이래의 또 다른 전통이 그들을 장악하고 있었다. 그래서 남제시기의 인물들을 설명하는 기사들 안에는 상반된 성향의 내용들이 공존하고 있다.

예를 들어 유세륭柳世隆이 그렇다.

> 저연褚淵이 답하여 아뢰었다. "유세륭의 지성至性이 크고 깊어, 슬퍼함이 일반의 예禮를 넘어섰습니다. 폐하를 모심에 위험에서도 충성을 다하였고, 부모의 장례를 치름에는 슬퍼하였습니다. 장례를 치른 후에

已弘化, 刻意隆平, 而禮讓未興, 侈華猶競. 永覽玄風, 兢言集愧, 思所以還淳改俗, 反古移民……」"(『南齊書』 卷6, 「明帝紀」, p.88).

74) 中村圭爾는 남조의 관료 기구에서 귀족이 독점한 관료제 상층부가 정치 조직으로서 기능하지 못하고, 하층 하급 관료가 황제 지배 기구로서 기능하고 있는 것을 비정상적이라고 이해하고 있다. 그는 남조의 관료제가 단지 신분 질서를 나타내주는 표현으로서의 성격을 강하게 갖고 있다고 하며 그러한 성격은 한편 그 정치체제가 귀족을 정점으로 하는 사회 전체에 대응하는 지배 구조로서 충분하게 기능하지 못하고 있다는 것도 나타내는 것이라 했다. 金裕哲은 이러한 상황을 남조의 황제들이 강력한 황제권만을 강조함으로써 오히려 새로운 私的 통치 기구를 형성하여 결과적으로 관료 사회에서의 사적 관계를 조장한 것으로 이해하였다. 中村圭爾, 위의 글, pp.219～220 ; 金裕哲, 「梁 天監初 改革政策에 나타난 官僚體制의 新傾向」, 『魏晉隋唐史硏究 1』(서울 : 사상사, 1994), p.179.

> 야 다시 관직에 나오니 사람의 본을 세운 것입니다. (군주와 부모를 모시는) 두 가지 이치는 서로 근본이 같은 것이니 영달을 더하시고 은혜를 늘리시면 족히 풍속을 바꿔 (천하를) 교화할 수 있을 것입니다."[75]

위의 글은 저연이 유세륭을 평가한 글이다. 유세륭은 황제가 위기에 봉착했을 때 충성을 다해 섬겼으며 부모에게는 효를 다해 사람의 본을 세웠다 한다. 더불어 이 두 가지 충성과 효는 그 근본이 같은 것으로서 그의 행동은 충분히 풍속을 바꿀 만하다고 한다. 우선 우리는 여기서 당시 군주에게 충성을 다하고 부모에게 효를 다하는 것이 풍속을 변화시키는 내용이 되었음을 알 수 있다.

한편 남제가 유송을 대신하던 시기 원찬과는 달리 본조本朝를 버리고 남제를 선택한 저연이 군주에게 충성을 다하는 것을 풍속 교화의 내용으로 보고 있다는 것이 흥미롭다. 아마도 이것이 저연이 가지고 있는 이중성일 수 있을 것이다. 아무튼 이런 변화된 관점에서 본다면 유세륭은 사대부의 사회적·정치적 책임을 다하는 전형적인 유가로 분류할 수 있을 것이다. 그러나 그의 본전本傳의 내용은 우리의 이러한 기대와는 다르다.

> 세륭이 어려서 공명功名을 세웠으나, 만년에는 오로지 담의談義로써 업을 삼았다……조정에서도 세무에 간여하지 않았으며 발을 드리우고 거문고를 타니, 풍도風度와 운치가 맑고 심원하여 심히 세상의 칭송을 받았다.[76]

---

75) "(褚)淵答曰 :「世隆至性純深, 哀過乎禮. 事陛下在危盡忠, 喪親居憂, 杖而後起, 立人之本, 二理同極, 加榮增寵, 足以厲俗敦風」"(『南齊書』卷24,「柳世隆傳」, p.450).

76) "世隆少立功名, 晚專以談義自業……在朝不干世務, 垂簾鼓琴, 風韻淸遠, 甚獲世譽"(『南齊書』卷24,「柳世隆傳」, p.452).

위의 기사를 보면 결국 그는 청담淸談에 심취해 있었고, 정치적으로도 세무에 무관심했음을 알 수 있다. 이러한 이중성은 제의 대표적인 재상이었던 왕검王儉에게서도 나타난다.

⑮ 전심으로 학문에 힘써 손에서 책을 놓지 않았다.[77]

⑯ 이 해에 총명관聰明觀을 닫고 왕검의 집에 학사관學士館을 여니 전부 사부四部의 책으로 왕검의 집을 채웠다. 또 조칙을 내려 왕검의 집을 부府로 삼았다.[78]

⑰ 먼저 송 효무제가 문장을 좋아하니 천하가 모두 문채文采를 숭상하여 오로지 경서를 학습하는 것을 업으로 삼는 자가 없었다. 왕검은 어려서부터 삼례三禮에 뜻을 두었다. 특히 『춘추春秋』에 뛰어났다. 발언토론發言吐論함에 그 뜻이 반드시 유교를 기준으로 삼았다. 이로 말미암아 의관을 가지런히 하고 더불어 경학을 숭상하니 유교가 이로부터 크게 홍기하였다.[79]

⑱ 왕검은 욕심이 적었고, 오직 국가를 경영함을 임무로 삼았다.[80]

⑲ 왕검이 항상 사람들에게 말하였다. "강좌江左의 풍류 재상은 오직 사안뿐이다." 대개 자신을 그에 비견하였다.[81]

기사 ⑮를 보면 그의 학술적 소양이 드러나 있지는 않지만 『남제서』 「유환육징전劉瓛陸澄傳」의 논찬論贊에서 일부 사대부들이 그를 따라 "공

77) "專心篤學, 手不釋卷"(『南齊書』 卷23, 「王儉傳」, p.433).

78) "是歲, 省聽明觀, 於儉宅開學士館, 悉以四部書充儉家, 又詔儉以家爲府"(『南齊書』 卷23, 「王儉傳」, p.436).

79) "先是宋孝武好文章, 天下悉以文采相尙, 莫以專經爲業. 儉弱年便留意三禮. 尤善春秋. 發言吐論, 造次必於儒教, 由是衣冠翕然, 並尙經學, 儒教於此大興"(『南史』 卷22, 「王儉傳」, p.595).

80) "儉寡嗜慾, 唯以經國爲務"(『南齊書』 卷23, 「王儉傳」, p.438).

81) "儉常謂人曰 : 「江左風流宰相, 唯有謝安.」蓋自比也"(『南齊書』 卷23, 「王儉傳」, p.436).

교孔敎를 탐구하고 유서儒書를 암송하였다"는 내용이 나오는 것으로 보아[82] 그의 학술적 소양이 유학이었음을 알 수 있다. 또한 왕검이 화림원華林園 연회 때 암송한 『시경詩經』의 구절과 관련하여[83] 카노 나오사다(狩野直禎)는 그의 학문이 단순한 지식의 집적에만 국한된 것이 아니라 학문과 경세經世가 결합된 것이라는 점을 밝혔다.[84] 그의 학술적 소양이 정치적인 것이었음은 기사 ⑰과 ⑱을 통해서도 잘 알 수 있다. 경학에 대한 숭상과 국가를 운영함을 임무로 삼았다는 것은 왕검이 전형적인 남조 사대부에서 벗어나 있음을 말해 준다.

그러나 우리는 기사 ⑲에서 그의 이중성을 볼 수 있다. 그는 강남 최고 풍류의 재상을 사안으로 보았고 자신을 사안에 비교했다. 정치적으로 국가의 운영을 자신의 임무로 삼고 있던 그가 현학을 "허황한 담론으로 세무를 방기한다(虛談廢務)"고 비판하는 왕희지王羲之에게 현학을 옹호하며[85] '세무를 담당하지 않았(無處世務)'던 사안을 자신과 비교했다는 것이 그가 가진, 그리고 그 시대가 가진 이중성의 표현이라고 할 수 있겠다.

심약의 경우 정치 일선에서 한 번도 떠난 적이 없으면서도 만물을 초월한 독왕獨往에 대한 동경을 동시에 표현한 것은 이중성이기보다는[86] 정치적 무능력으로 인한 불가피한 자기 정당화의 발로라고 할 수

82) "王儉爲輔, 長於經禮, 朝廷仰其風, 胄子觀其則, 由是家尋孔敎, 人誦儒書"(『南齊書』 卷39, 「劉瓛陸澄傳」 論贊, p.687).

83) "後上使陸澄誦孝經, 起自「仲尼居」, 儉曰 : 「澄所謂博而寡要. 臣請誦之.」 乃誦君子之事上章"(『南史』 卷22, 「王儉傳」, p.593).

84) 狩野直禎, 「王儉傳の一考察」, 『中國貴族制社會の硏究』(京都 : 京都大, 1987), p.374.

85) "秦任商鞅, 二世而亡, 豈淸言致患邪?"(『晉書』 卷79, 「謝安傳」, pp.2074).

86) 金羨珉은 심약의 독왕이 현실 정치상의 불화와 그 결과로 빚어질 화를 피하기 위해 선택된 것이 아니라 高踏的이고 비정치적 동기에서 온 것이라고 보았다. 이 관점에서 본다면 심약의 정치 지향과 독왕은 사대부의 정치적 책임

있을 것이다.[87] 그러나 『송서宋書』「은행전恩倖傳」의 논찬論贊에서 보여준 사서 구별에 대한 비판과[88] 『문선文選』「주탄왕원奏彈王源」에서 보여준 사서 구별의 주장은 이중성이 분명하다.[89] 이러한 이중적인 태도는 모두 당시의 시대적 상황과 관련 있을 것이다. 요컨대 위진 이래의 귀족제적 전통이 여전히 존재하고 있음과 동시에 정치적으로 각성한 사대부를 요구하는 시대적 필요 사이에서 일관된 행동이 아닌 이중적인 모습이 등장하게 된 것이다.

그러나 이러한 이중성이 당시인들에게 심각한 모순으로 여겨지지는

감 회복과 남조의 隱逸이라는 시대적 이중성의 표현이 될 것이다. 金羨珉, 「沈約의 生涯와 思想」, 『學林』 7(1985), p.105.

87) 『梁書』 本傳을 비롯하여 사서에 등장하는 심약에 대한 서술을 통해 그의 정치적 무능력을 잘 알 수 있다. 예를 들어 梁朝 창건을 武帝에게 적극적으로 권했을 때 무제가 비로소 "生平與沈休文羣居, 不覺有異人處"(『梁書』 卷13, 「沈約傳」, p.234)라고 여긴 것을 비롯해, 范雲이 심약을 자신의 후임으로 추천했을 때 무제가 "以約輕易不如徐勉"이라고 했던 것과(『南史』 卷34, 「周捨傳」, p.896), "經國, 一劉係宗足矣. 沈約·王融數百人, 於事何用"(『南史』 卷77, 「恩倖 劉係宗傳」, p.1927)이라고 한 것은 모두 무제가 심약의 정치적 능력 없음을 평가한 것들이다. 그 때문에 결국 그는 台司에 뜻을 두고 있었지만 끝내 쓰이지 못하였다(『梁書』 卷13, 「沈約傳」, p.235). 하지만 이러한 일련의 사태가 무제가 일방적으로 심약을 과소평가한 결과는 아니다. 스스로 정치적 득실에 대해 단지 '예예'했을 뿐이라는 本傳의 서술은 그의 정치적 무능력을 잘 보여 준다(『梁書』 卷13, 「沈約傳」, p.242).

88) "州都郡正, 以才品人, 而擧世人才, 升降蓋寡. 徒以馮籍世資, 用相陵駕, 都正俗士, 斟酌時宜, 品目少多, 隨事俯仰, 劉毅所云「下品無高門, 上品無賤族」者也. 歲月遷譌, 斯風漸篤, 凡厥衣冠, 莫非二品, 自此以還, 遂成卑庶. 周·漢之道, 以智役愚, 臺隷參差, 用成等級 ; 魏晉以來, 以貴役賤, 士庶之科, 較然有辨"(『宋書』 卷94, 「恩倖傳」 論贊, pp.2301~2302).

89) "王源, 嫁女與富陽滿氏……而託姻結好, 唯利是求……(滿)璋之下錢五萬, 以爲聘禮……竊尋璋之姓族, 士庶莫辨……王滿連姻, 寔駭物聽……豈有六卿之胄, 納女於管庫之人……臣等參議, 請以見事免源所居官, 禁錮終身, 輒下禁止視事如故"(『文選』, 「奏彈王源」, pp.1814~1816).

않았을 것이다. 오히려 자연스러운 모습이었을 것이다. 그것은 소업의 의미 변화를 통해 추측할 수 있었는데 이 시기 소업이 다양한 사대부들의 덕목을 모두 포함하고 있다는 점에서 남제시기 사대부들에게 나타난 이중성은 그 자체로 사대부들이 갖춰야 하는 다양한 덕목의 표현일 수도 있기 때문이다. 즉 아직은 시대 자체가 사대부들의 본질을 이중적인 것으로 규정하고 있었던 것이다. 그렇다면 소업이 경세제민을 목적으로 하는 경술을 의미하게 되는 양조 사회의 변화를 살펴보자.

4. 남조 사대부의 정치 참여의식의 회복

남조에서 보기 드물게 긴 치세를 가지고 있는 양무제梁武帝는 불교의 맹신자로도 유명하지만 무엇보다도 천감天監 7년에 행한 관제 개혁으로 유명하다. 다음 장에서 상술하겠지만 양무제의 관제 개혁은 단순히 문벌주의에 입각한 것만은 아니다. 야스다 지로(安田二郎)는 천감개혁의 본질을 귀족 사대부 본래의 존재 방식을 체현하려는 의지의 산물로 보았고,[90] 미야자키 이치사다(宮崎市定)는 귀족제도와 관료주의를 조화시키고, 문벌이 아닌 교양의 정도로 귀족주의를 구현하려고 하는 이상적인 귀족제도의 정신으로 이해했다.[91] 다소간의 표현의 차이는 있어도 천감개혁을 현재주의에 입각한 것으로 이해하고 있는 것이다.

사대부와 근본적으로 대립할 수밖에 없는 황제가 사대부 고유의 존재 방식을 회복하려고 하고 정치적 책임자로서 사대부의 각성을 촉구했다는 것은 일견 모순된 것일 수도 있을 것이다. 그러나 황제권력이

---

90) 安田二郎, 「南朝の皇帝と貴族と豪族・土豪層-梁武帝の革命を手がかりに-」, 『中國中世史研究』(東京 : 東海大, 1970), p.241.

91) 宮崎市定, 『九品官人法の研究』(京都 : 同朋舍, 1956 : 1977), pp.343～349.

관료 기구를 통해서만 집행된다는 점에서 사대부의 무능력과 타락은 정권의 무능력과 타락을 의미한다. 그래서 양무제의 천감개혁은 황제가 자신의 권력 강화를 위해 관료 기구를 혁신한 것이지만 결과적으로는 사대부의 정치적 각성과 체질 개선을 도모했다는 점에서 양자의 체질 개선이라 할 만하다.

그러나 지금까지의 연구 결과는 천감개혁을 이러한 관점에서 보고 있지만은 않다. 미야자키 이치사다나 오치 시게아키(越智重明)는 개혁의 긍정성을 인정하면서도 양무제의 개혁이 사회적 기풍의 변화를 가져온 것은 아니라고 하였다. 미야자키 이치사다는 갑족층甲族層은 무제의 신귀족주의에 동조하지 않았다고 보았으며,[92] 오치 시게아키 역시 갑족층 중 무제의 개혁에 개인적인 차원에서 용인하는 태도를 보였던 이들도 있었지만, 집단적으로 봤을 때 무제의 의도가 사인층의 풍조를 변화시키지는 못했다고 하였다.[93] 그러나 노다 도시아키(野田俊昭)는 최근의 연구에서 현재주의 이념은 남조 후반기의 추세였으며, 무제의 일련의 현재주의적 정책을 문벌 귀족들이 어느 정도 주체성을 가지고 수용하였다고 하였다.[94]

오치 시게아키는 개혁이 갑족 자체로부터 나온 것이 아니라 황제가 그 지배 기구인 관료 기구를 통해서 위로부터 만들어 낸 것이기 때문에 갑족의 체질 개선에는 도움이 되지 않았다고 했지만,[95] 남조 귀족들이 관료로서의 모습을 갖는 한, 그리고 시대와 사회가 각성된 사대부들을 요구하는 한 갑족들도 변화하지 않을 수 없었을 것이다. 이 장에서는 이러한 양조 사대부들의 변화를 주로 살펴보면서 남조 사대부

---

92) 宮崎市定, 앞의 책, p.348.

93) 越智重明, 『魏晉南北朝の貴族制』(東京 : 硏文, 1982), pp.344~348.

94) 野田俊昭, 앞의 글(1998), p.89.

95) 越智重明, 「南朝の國家と社會」, 『岩波講座 世界歷史 5-東アジア世界の形成 II』(東京 : 岩波書店, 1970), p.173.

들의 정치의식의 회복을 살펴보고자 한다.

1) 갑족의 변화 1 - 교양에서 본질로

갑족의 변화 중 가장 주목할 만한 것은 학문에 대한 생각의 변화다. 앞서 언급한 『안씨가훈』에 의하면 학문이란 도를 행하는 것으로, 구체적으로는 사대부가 체득한 학문을 정치의 장에서 구현하는 것을 말한다. 즉 학문이라는 것은 사대부에게 단순한 교양이 아니라 도며, 인간을 완성시키는 본질적인 것이다.[96] 이것은 모리 미키사부로(森三樹三郎)가 말한 한대 유학의 내용과 유사한데, 그는 한대의 유학을 사대부를 사대부로 만드는, 사대부라는 존재를 표현하기 위한 필요조건으로 이해하고 있다. 또한 그것은 '치국평천하治國平天下'라는 행동과 결부된다.[97] 그래서 남조의 사대부들이 이렇게 한대 유학의 본성을 회복하고자 한다면 필자는 이것을 사대부의 정치적 책임감의 회복이라고 표현하는 것이 적절하다고 생각한다.

송 문제 원가元嘉 15년(438) 사학四學이 병치並置된 이래[98] 문文·사史·유儒·현玄의 사학은 모두 남조 사대부의 교양 과목으로 인식되었다. 사마광司馬光이 "천하에 두 가지 도가 없거늘 어찌 사학이 있겠는

96) "先公曰, 齊高卽位之初, 求直言, 崔祖思以爲人不學則不知道, 此逆亂之所由生"(『文獻通考』, 「學校二」, 考390中).

97) 森三樹三郎는 남조의 유학과 한대 유학의 차이를 '교양'과 '존재를 표현하는 필요조건'의 차이라고 보았다. 즉 한대 사대부에게 유학이 '치국평천하'라는 행동과 결부되는 것임에 대하여 남조 사대부들에게 유학은 사대부의 귀족성과 우월성을 지탱해주기 위한 교양에 불과하다고 본 것이다. 森三樹三郎, 『梁の武帝-佛敎王朝の悲劇』(京都：平樂寺書店, 1956), p.104.

98) "元嘉十五年, 徵(雷)次宗至京師, 開館於鷄籠山, 聚徒教授, 置生百餘人. 會稽朱膺之·潁川庾蔚之並以儒學, 監總諸生. 時國子學未立, 上留心藝術, 使丹陽尹何尚之立玄學, 太子率更令何承天立史學, 司徒參軍謝元立文學, 凡四學並建"(『宋書』 卷93, 「隱逸 雷次宗傳」, pp.2293~2294).

가!"하고 한탄한 것과 같이 남조에서 학문은 도를 구현하는 것과는 거리가 있었다.[99] 그러나 사대부들은 점차 유학을 수학한 후에도 후학에 대한 교화가 이루어지지 않는 것에 대해 위기의식을 갖게 되었다.[100]

『양서』「유림전儒林傳」에서는 그 위기의식이 아래와 같이 표현되고 있다.

> 한말 상란이 일어나 도가 마침내 쇠퇴하였다. 위 정시正始 이후, 변함없이 현허지학玄虛之學을 숭상하니 유자가 대체로 적어졌다. 이때 순의荀顗·지우摯虞의 무리가 비록 신례新禮를 산정刪定하고 관직을 고쳤으나 능히 풍속을 변화시키지 못하였다.[101]

정시 연간 이래 현학이 시대를 풍미하고 있었을 때 유가적 학풍을 만들려고 순의·지우와 같은 무리들이 노력했으나 그들의 그러한 노력이 전체 사회의 분위기를 바꾸지는 못했다는 내용의 글이다. 분명하게 정시 이전 상황을 도가 쇠잔하기 이전으로 이해하고 있으며, 정시 이후의 풍기에 대해서는 변화시켜야 하는 것으로 이해하고 있다. 위진 이전 경술을 위주로 하는 시대로의 복귀가 이야기되고 있으며, 경술을 통해 사회의 풍기를 만드는 것을 분명한 어조로 '역속이풍易俗移風', 즉 풍속 교정이라고 규정하고 있다. 그리고 그 변화가 나타나기 시작했다.

> 이 해에 태종太宗이 빈번히 현포玄圃에서 노·장의 책을 강연하셨는

99) "夫學者所以求道；天下無二道, 安有四學哉"(『資治通鑑』 卷123, 「宋紀五」 宋文帝元嘉十五年條, p.3869).

100) "鄕里莫或開館, 公卿罕通經術, 朝廷大儒, 獨學而弗肯養衆, 後生孤陋, 擁經而無所講習, 三德六藝, 其廢久矣"(『梁書』 卷48, 「儒林傳」, p.661).

101) "漢末喪亂, 其道遂衰. 魏正始以後, 仍尙玄虛之學, 爲儒者蓋寡. 時荀顗·摯虞之徒, 雖刪定新禮, 改官職, 未能易俗移風"(『梁書』 卷48, 「儒林傳」, p.661).

데, 학사 오자吳孜가 이때 기첨사부寄詹事府여서 매일 들어와 들었다. 하경용何敬容이 오자에게 일러 말하였다. "옛날 진대의 상란은 자못 현허玄虛를 숭상함으로 인한 것으로, 오랑캐의 무리들이 중하中夏를 모조리 뒤엎었다. 지금 동궁께서 다시 이 일을 답습하시니, 아마도 정도는 아니니 장차 난리가 일어나려 하는가?"[102)]

양조의 변화를 가장 극적으로 보여 주는 사례는 아무래도 갑족이면서 정치적 책임감을 인식하였던 하경용이라고 할 수 있을 것이다. 그는 현학이 진 패망의 원인이라는 것을 인식하고 현학에 심취해 있던 태종과 학사들에게 경계하고 있다. 또한 세태가 여전히 세무에 힘쓰는 것을 조롱함에도 불구하고 홀로 세무에 힘쓰는 등 갑족의 변화를 보여주고 있다.[103)] 물론 이것을 예외라고 치부할 수도 있을 것이다. 그러나 다음의 사례들은 역시 변화가 시대적 흐름임을 보여 준다.

⑳ 이때 위예韋叡가 비록 늙었으나 쉬는 날이면 여전히 모든 아이들을 시험함으로써 학습시켰다. 셋째 아들인 능稜이 특히 경사經史에 밝아서, 세상이 그 박식다문博識多聞함을 칭찬하였다.[104)]

㉑ 당시 귀족들은 모두 문학을 서로 숭상하였고 적은 수만이 경술로 업을 삼았다. 오직 왕승王承만이 홀로 그것을 좋아하니 발언토론함에 그 뜻이 유자를 기준으로 삼았다.[105)]

---

102) "是年, 太宗頻於玄圃自講老・莊二書, 學士吳孜時寄詹事府, 每日入聽. (何)敬容謂孜曰:「昔晉代喪亂, 頗由祖尚玄虛, 胡賊殄覆中夏. 今東宮復襲此, 殆非人事, 其將爲戎乎?」"(『梁書』 卷37, 「何敬容傳」, p.533).

103) "自晉・宋以來, 宰相皆文義自逸, 敬容獨勤庶務, 爲世所嗤鄙"(『梁書』 卷37, 「何敬容傳」, p.532).

104) "時雖老, 暇日猶課諸兒以學. 第三子稜, 尤明經史, 世稱其洽聞"(『梁書』 卷12, 「韋叡傳」, p.225).

105) "時膏腴貴遊, 咸以文學相尚, 罕以經術爲業, 惟承獨好之, 發言吐論, 造次儒者"(『梁書』 卷41, 「王承傳」, p.585).

기사 ⑳은 갑족이었던 위예가 자신의 자식들을 어떻게 교육시켰는가를 보여 주는 글인데 이러한 변화가 개인적인 취향으로만 해석될 수는 없을 것이다. 이것은 사회가 학문을 요구했기 때문에 가능했을 것이다. 갑족은 아니지만 양무제 중기 권력을 장악했던 서면徐勉 역시 학문의 필요성을 그 자제들에게 강조한다. '자식들에게 황금이 가득 찬 바구니를 남기는 것은 경전經典 하나를 남기느니만 못하다는 말이 헛된 말이 아니'라고 한[106] 그의 계자서는 이미 사회적으로 그러한 말이 설득력을 지니고 있었음을 알려 준다. 갑족이었던 왕승에 대한 기사 ㉑은 그 학습 내용의 변화를 보여 준다. 그러나 여전히 유학은 사대부를 사대부로서 존재시키는 유학의 모습은 아니고 호불호好不好의 대상, 즉 교양 중의 하나로 선택 가능한 것에 불과하다. 하지만 곧 이러한 교양으로서의 유학이 다르게 받아들여지는 모습이 등장한다.

남조의 유명한 갑족 중 하나인 낭야琅邪 왕씨王氏 왕규王規의 아들 포褒는 「유훈幼訓」을 기술하여 아들을 훈계하였는데 그 내용이 한층 더 주목할 만하다. 그는 무사는 말을 타고 활을 쏘는 것이, 문사의 경우는 책을 암송하는 것이 마땅히 맡은 바 임무라고 하면서,[107] 다음과 같이 말했다.

> 군주가 남면南面하고 신하가 북면北面하는 것은 천지의 이치며, 정조鼎俎가 한 쌍을 이루고 변두籩豆가 짝을 이루는 것은 음양의 이치다. 도가는 지체支體를 타락시키고, 총명함을 없애며 의義를 버리고 인仁을 끊어지게 하며, 형形을 분산시키고 지智를 없앤다.[108]

---

106) "又云 :「遺子黃金滿籯, 不如一經.」詳求此言, 信非徒語"(『梁書』 卷25, 「徐勉傳」, pp.383~384).

107) "文士何不誦書, 武士何不馬射"(『梁書』 卷41, 「王規傳」, p.583).

108) "君南面而臣北面, 天地之義也. 鼎俎奇而籩豆偶, 陰陽之義也. 道家則墮支體, 黜聰明, 棄義絶仁, 離形去智"(『梁書』 卷41, 「王規傳」, pp.583~584).

노장학의 경우 몸을 타락시키고 총명함을 없애며 의를 버려지게 하고 인이 단절되게 하며 형을 분산시키고 지를 없앤다고 하고 있다. 노장학이 인간에게 미칠 수 있는 모든 해악을 가지고 있다고 서술한 것도 놀랍거니와 더욱 놀라운 것은 "군주는 남면하고, 신하는 북면한다"는 유학의 정치적 이념을 천지의 이치로 표현한 것이다. 이것은 단순히 유학을 사학의 하나로서 사고하기보다는 유학의 정치적 이상에 동의하고 그 필요를 자식들에게 일깨우고 있는 것이라고 할 수 있다.

이러한 변화는 사회적인 필요와 요구에 의해 발생한 것이다. 요찰姚察의 논찬論贊과 같이 "경經에 밝음으로 해서 벼슬할 수 있고, 여염閭閻에서도 경상卿相이 나올 수 있다"는 것은[109] 이미 사회 자체가 현재주의를 시대의 풍조로 받아들이고 있다는 것을 의미한다. 대표적으로 장찬張纘의 경우는 갑족이었음에도 불구하고 선거를 담당할 때 후문後門, 한문寒門 가리지 않고 능력 있는 자를 발탁해서 기용했다.[110] 이것은 사회적으로 양무제의 현재주의가 받아들여진 것이다. 흥미로운 기사 한 가지를 더 보자.

> 도개到溉의 성품이 또 교유를 좋아하지 않아, 단지 주이朱异·유지린劉之遴·장관張綰과만 뜻을 나누며 벗하였다.[111]

갑족의 교류를 나타내는 위의 기사는 종래와는 다른 교류의 모습을 보여 주고 있다. 한말 이래 활발해진 사대부 간의 교류는 단순히 사교를 의미하는 표현만은 아니었다. 교류라는 것은 사대부 사회의 자율성

---

109) "故能明經術以綰靑紫, 出閭閻而取卿相"(『梁書』 卷25, 「徐勉傳」, p.388).

110) "(張)纘居選, 其後門寒素, 有一介皆見引拔, 不爲貴要屈意, 人士翕然稱之"(『梁書』 卷34, 「張緬傳」, pp.493～494).

111) "(到溉)性又不好交游, 惟與朱异·劉之遴·張綰同志友密"(『梁書』 卷40, 「到溉傳」, p.569).

을 의미하는 것이었고, 초왕조적인 성격도 더불어 표현하는 개념이었다. 또한 그것은 철저한 폐쇄성에 의해서 행해졌다. 강력한 황권을 가지고 있던 송 무제의 총신도 들어갈 수 없는 공간이었다.[112] 그러나 위의 갑족 도개는 갑족뿐 아니라 한문인 주이·유지린·장관과 절친하게 교류하였다.

위의 기사에서 한 가지 더 흥미로운 것은 바로 "교유를 좋아하지 않았다(不好交游)"는 표현이다. 남조 사대부가 교류를 좋아하지 않는다는 것은 매우 이례적인 것이기 때문이다.[113] 또한 『양서』에는 "교유를 좋아하지 않았다"와 그 정도는 아니지만 "망령되게 교유하지 않았다(不妄交遊)"는 표현들이 빈번히 등장하고 있다. 그 중에는 갑족도 포함되어 있다.

王茂 : 性沈隱, 不妄交遊(9-175)[114]
韋愛 : 性淸介, 不妄交遊, 而篤志好學(12-226)－甲族
江淹 : 少孤貧好學, 沉靖少交遊(14-247)
徐勉 : 少而厲志忘食, 發憤修身, 愼言行, 擇交遊(25-388)
殷均 : 及長, 恬靜簡交遊, 好學有思理(27-407)－甲族
到漑 : 性又不好交游, 惟與朱异·劉之遴·張綰同志友密(40-569)－甲族
殷芸 : 性倜儻, 不拘細行, 然不妄交遊, 門無雜客(41-596)－甲族

---

112) 武帝의 寵臣 紀僧眞이 武帝에게 사대부 사회의 편입을 요구하자 무제가 그것은 江斅에게 달려있는 것이라고 하며 사대부는 천자가 만들어 줄 수 있는 것이 아니라고 한 일화는 유명하다. 『南史』 卷36, 「江斅傳」, p.943.

113) 위진 사상의 가장 큰 특징이 사상과 談論의 결합이라고 할 수 있기에 그 구현은 사대부들의 교류를 통해서만 가능하였다. 何啓民, 『魏晉思想與談風』(臺北 : 學生書局, 1990), p.46. 그래서 森三樹三郎 같은 이는 청담의 유행을 사대부의 사교 생활이 융성해졌음을 반증하는 지표라고까지 하였다. 森三樹三郎, 앞의 책(1986), p.15.

114) 이하의 기사는 모두 각 本傳에서 발췌한 것으로 출전은 생략하고 권수-쪽수의 형태로 표기하였다.

앞의 사례들은 모두 종래와는 달라진 모습을 보여 주고 있다. 비록 교유 그 자체가 완전히 근절된 것은 아니라 해도 교유에 대한 모종의 기준들이 세워지고 있었다는 것을 알 수 있다. 바로 '불망교유不妄交遊'다.

2) 갑족의 변화 2 - 구은에서 국은으로

송왕조를 위해 목숨을 바쳤던 원찬에 대한 평가는 저연에 대한 평가가 대신하고 있다. "은혜를 입은 자가 그 혼자뿐이 아닌데 그에게만 책임 지워 죽게 함은 옛 군주의 잘못이며 세간의 인정과 너무 차이가 난다"는[115] 논찬에서 알 수 있는 것과 같이 당시 국가에 대한 충성은 별 의미가 없는 행동으로 여겨졌다. 『남제서』「왕검전」의 논찬도 이와 크게 다르지 않은 관점을 보여 주는데, "높은 벼슬과 본래부터 소유한 재물은 모두 가문으로부터 유래한 경사이니, 평민으로 관직에 나아가서 벼슬이 공경公卿에 이르면 국가를 위하여 희생한다는 감정은 쓸데없는 것임을 알게 되고 오직 집안을 보호하려는 생각만이 간절해진다"고 전하고 있다.[116] 이런 현상의 원인으로 왕조의 단명성이 지적되기도 하지만,[117] 그보다는 왕조의 명멸과는 관계없이 사대부들이 기득권을 유지할 수 있었던 사회구조가 먼저 고려되어야 할 것이다. 더불어 그러한 사회구조에 의해 유지되던 사상적인 내용도 가문 우선의 풍조를 만드는 데 일조했을 것이다.[118]

---

115) "恩非己獨, 責人以死, 斯故人主之所同謬, 世情之過差也"(『南齊書』 卷23, 論贊, p.439).

116) "貴仕素資, 皆由門慶, 平流進取, 坐至公卿, 則知殉國之感無因, 保家之念宜切"(『南齊書』 卷23, 「王儉傳」 論贊, p.438).

117) 朴漢濟, 앞의 글(1979), p.124.

118) 趙翼은 송대 사대부의 節義는 유학의 昌明에 말미암은 것이라고 하여 六朝 사회의 사상적 토대가 육조 사대부들로 하여금 국가에 대해 절의를 다하지

그러나 양조에 이르면 이러한 풍조에 변화가 생기기 시작한다.

㉒ 장홍책張弘策이 충성을 다하여 주상을 모심에, 진심으로 최선을 다하였다.[119]

㉓ 정소숙鄭紹叔이 주상을 모심에 충성을 다하였는데, 밖에서 들어서 알게 된 바를 추호라도 감춤이 없었다.[120]

우리는 위의 기사들에서 "충성을 다하여 주상을 모셨다"는 표현을 볼 수 있다. '국가에 대해 충성하는 마음은 없고 오직 집안을 보호하는 생각만으로 가득'했다는 남조의 사대부들에게서 충성이라는 덕목을 찾아보게 된 것이다. 그러나 위의 경우는 한문 출신이었다는 점에서 황제의 권력 장악에 첨병 역할을 했던 한문층의 특수한 상황으로 이해할 수 있겠다. 특히 위의 두 사람은 국가 창업기라는 특수한 시기에 무제와 특별한 인간관계로 연결되어 있어 그 결과 충성을 다할 수 있었는지도 모른다.[121] 요찰은 이들에 대해 "대개 신하된 자의 절개를 알 수 있다(蓋識爲臣之節矣)"고 논평하여 이들의 행위가 단순한 구은舊恩에 대한 보은이기보다는 군주에 대한 신하의 절의節義임을 말하였지만, 서면의 경우 구은舊恩에 의해 '승진하여 높은 지위(越升重位)'를 가질 수 있었고, 그 때문에 '진심으로 주상을 모셔 최선을 다(盡心奉上, 知無不爲)'하였던 것으로 서술되어 있으며,[122] 진경지陳慶之도 구은이라는 무제와의 특수

못하게 했음을 암시하였다. 趙翼, 「六朝忠臣無殉節者」, 『陔餘叢考』(臺北 : 世界書局, 1965), p.卷17-12上.

119) "(張)弘策盡忠奉上, 知無不爲"(『梁書』 卷11, 「張弘策傳」, p.207).

120) "(鄭)紹叔忠於事上, 外所聞知, 纖毫無隱"(『梁書』 卷11, 「鄭紹叔傳」, p.209).

121) 실제로 이들과 같이 창업 공신이었던 范雲의 경우 그의 특별한 충성을 "(范)雲以舊恩見拔"(『梁書』 卷13, 「范雲傳」, p.231)이라고 하여 결국에는 '舊恩'이라는 특별한 인간관계가 이들 '盡忠'의 근본 요인임을 알려주고 있다. 朴漢濟, 앞의 글(1979), p.121 ; 金羨珉, 앞의 글, p.93을 참조.

한 관계가 그의 행위의 동력으로 설명되고 있다.[123]

물론 국가와 군주에 대한 충성심을 가지고 있는 사례가 전혀 없는 것은 아니다. 무제가 건강성建康城을 평정하기 직전 당시 오흥태수吳興太守였던 원앙袁昂은 남제에 대한 충절 때문에 모든 군수들이 무제에게 항복했음에도 불구하고 혼자서만 저항하였다. 이후 무제의 간곡한 권유에 의해[124] 투항한 후에도 그 충절이 변치 않았다고 한다.[125] 그러나 이 사례도 엄밀한 의미에서 사대부 본연의 모습에서 우러나온 것인지 의문스럽다. 왜냐하면 『양서』 「부영전傅映傳」에 나와 있는 기사대로라면 원앙은 스스로 충절과 성절誠節이 있다고 말하였다는데,[126] 그로 인해 마치 충절과 성절도 당시 사대부의 교양의 하나인 것처럼 취급되고 있었던 것이 아닌가 하는 생각이 들기 때문이다. 즉, 정치적 각성과 책임의식을 통해 나오는 진정한 순국殉國의 충절이 아닌 스스로의 인물됨을 표현하는 덕목의 하나로 인식되고 있는 듯하다.

이러한 일련의 상황 속에서 주목할 만한 변화는 바로 사대부들이 행하는 충절의 원인이 더 이상 구은에 머무르지 않게 된 것이다. 아래의 기사를 보자.

> 강혁江革이 마침내 위인魏人에게 잡히게 되었다……이때 조훤祖暅도 함께 사로잡혔는데 (북위의 서주자사徐州刺史) 원연명元延明이 조훤으로 하여금 의기欹器·누각명漏刻銘을 짓게 하였다. 강혁이 훤에게 꾸짖으며 말하였다. "경卿은 나라의 두터운 은혜를 입고 있으면서, 보답하지는

122) 『梁書』 卷25, 「徐勉傳」, p.379.

123) "(陳)慶之警悟, 早侍高祖, 旣預舊恩, 加之謹肅, 蟬冕組珮, 亦一世之榮矣"(『梁書』 卷32, 「陳慶之傳」, p.467).

124) "今竭力昏主, 未足爲忠, 家門屠滅, 非所謂孝"(『梁書』 卷31, 「袁昂傳」, p.453).

125) "雖獨夫喪德, 臣志不移 ; 及抗疏高祖, 無虧忠節"(『梁書』 卷31, 「袁昂傳」, p.456).

126) "吳興太守袁昂自謂門世忠貞, 固守誠節"(『梁書』 卷26, 「傅映傳」, p.395).

> 못하고 지금 오히려 오랑캐를 위해 명銘을 세우는 것은 조정의 은혜를 저버리는 것이다." 원연명이 이것을 듣고, 이에 혁에게 장팔사비丈八寺碑와 팽조彭祖의 제문祭文을 짓게 하였다. 강혁이 거절함으로 인해 오래 잡혀 있었지만 다시 생각하지 않았다. 원연명이 그를 핍박함이 더욱 심해졌고, 장차 매질을 하려고 하였다. 강혁이 노기를 띠며 말하였다. "강혁의 나이 육십으로 살신殺身하여 보주報主하지 못했거늘 지금 죽게 되니 바라는 바다. 맹세코 다른 사람을 위해 붓을 잡지 않겠다." 원연명이 굴복하지 않을 것을 알고 이에 그쳤다.[127]

위의 기사는 예장왕豫章王 종綜이 북위의 장수 원법승元法僧의 항복을 접수하러 팽성彭城에 주둔한 보통普通 6년(525)의 일을 적고 있다. 당시 강혁은 예장왕의 장사長史로 팽성에 주둔했다가 원법승 대신 서주자사로 부임해 온 원연명에게 잡혔다. 그는 함께 잡혀온 조훤이 원연명의 명령으로 의기·누각명을 작성하는 것을 보고 국은國恩을 입고 있는 자가 그 국은에 보답하지 못할망정 적을 위해 입명立銘하는 것은 조정의 은혜를 저버리는 것이라고 하고 있다. 또한 그는 '살신보주殺身報主'라는 표현을 쓰며 지금까지 남조 사대부들에게서는 볼 수 없었던 지극한 충절을 표현하고 있다. 그렇다면 어떠한 원인이 구은을 국은으로 변화시켰을까?

『양서』 권39에 입전된 양간羊侃과 양아인羊鴉仁에 대한 요사렴姚思廉의 논찬에 의하면 그들 두 사람이 후경侯景의 난 시기 "더불어 국가에 충성을 다했다(並竭忠國)"고 하는데 그 정도가 마치 뜻은 소나무와 대나

---

127) "(江革)遂爲魏人所執……時祖晅同被拘執, (魏徐州刺史)(元)延明使晅作欹器·漏刻銘, 革罵日恆曰:「卿荷國厚恩, 已無報答, 今乃爲虜立銘, 孤負朝廷.」延明聞之, 乃命革作丈八寺碑並祭彭祖文, 革辭以囚執既久, 無復心思. 延明逼之逾苦, 將加箠撲. 革厲色而言曰:「江革行年六十, 不能殺身報主, 今日得死爲幸, 誓不爲人執筆.」延明知不可屈, 乃止"(『梁書』 卷36, 「江革傳」, p.524).

무 같았으며 마음은 강철과 바위 같아 고대의 순절殉節이 그러할 것이라고 하였다.[128] 두 사람 모두 후경에게 투항을 권유받을 때 공통적으로 자신이 국가의 두터운 은혜를 받고 있기 때문에 신하라면 마땅히 목숨을 다해 보은해야 한다고 하고 있다.[129] 물론 이 두 사람이 모두 북인北人이라는 점에서 이 경우를 일반적인 경우로 확대하는 것이 적절치 못할 수도 있겠다. 그러나 양간은 본래 남조인이었는데 송 진안왕晉安王 자훈子勛의 반란 때, 설안도薛安都가 팽성을 들어 북위에 항복한 뒤 북쪽으로 끌려간 경우로, 그의 조부는 송무제가 서주자사로 있을 당시 대중정大中正을 지냈다. 그렇기 때문에 그를 북인으로 이해하여 그가 출신의 한계 때문에 지나친 충성을 보여 준 것이라고 해석할 필요는 없을 듯하다.

국은과 관련하여 가장 좋은 근거를 제공하는 이는 양아인인데, 그의 본전에는 단지 태산太山 거평鉅平 사람으로만 나와 있어 그 출신에 대해 알려진 바가 없다. 귀화에 대해서도 단지 보통 연간에 그 형제와 함께 내려온 것으로만 알려져 있다. 그러므로 양아인이 스스로를 '범류凡類'라고 표현한 것이 그저 단순한 겸손의 언사만은 아닐 듯하다. 이것은 양아인의 충성을 단지 북인이라는 특수한 신분상의 불리한 조건에서 나오게 된 예외적인 상황으로 이해하는 것이 일면적인 것을 말해주는 것이다. 일개 군주부郡主簿였던 양아인이 도독예·사·회·기·은·응·서예등칠주제군사都督豫·司·淮·冀·殷·應·西豫等七州諸軍事·사·예이주자사司·豫二州刺史가 된 상황이 그로 하여금 조정과 군주에 대한 충성을 가능하게 하였던 것은 아닐까 한다.

---

128) "而羊侃·鴉仁值太清之難, 並竭忠奉國. 侃則臨危不撓, 鴉仁守義殞命, 可謂志等松筠, 心均鐵石, 古之殉節, 斯其謂乎"(『梁書』 卷39, 「羊侃·羊鴉仁傳」, p.564).

129) 『梁書』 卷39, 「羊侃傳」, pp.560~561 ; 『梁書』 卷39, 「羊鴉仁傳」, p.563.

이것은 하침賀琛의 예를 통해서도 알 수 있다. 하침은 자신이 입은 중은重恩의 성격을 '발탁의 은혜(拔擢之恩)'라고 설명하고 있다. 그러므로 이 경우 중은에 보답하는 길은 '직분에 충실하는 것(能效一職)'뿐이다.[130] 이것은 국가나 군주에 대한 충성이 반드시 누대에 걸친 입사를 통해서만 만들어지는 것은 아니고 자신의 정치적 지향과 능력을 국가와 군주가 인정해 줄 때 형성된다는 것을 보여 주는 일화라고 할 수 있다. 군주가 사대부의 능력을 최대로 인정해 줄 때, 사대부는 군주에게 보은한다는 의식을 가질 수 있게 되는 것이다. 이러한 상황은 양무제의 천감개혁의 실시와 국가에 의한 백가보百家譜 편찬 등과 같이 국가권력에 의해 사서 구별의 기준이 제시되고, 관료를 중심으로 하는 지배체제가 강화되면서 자연스럽게 발생한 것으로 보인다.[131] 즉 관직 여부에 따라 사인이 결정되는 시대적 변화가 사대부들로 하여금 군주의 '발탁의 은혜'에 대한 충성을 보이게 했던 것이다.

물론 이러한 상황은 갑족 사대부에게서보다는 한문 사대부에게서 주로 발견된다. 후경의 난 때 자신이 국은을 받고 있으나 늙어 목숨을 다 바치지 못함을 울면서 이야기했던 배지고裴之高 역시 한문 출신의 사대부였다.[132] 그러나 『양서』에는 한문 출신 사대부들의 충절만 등장하는 것은 아니다. 후경의 난 시기 '국가를 위해 목숨을 바침(以身殉國)'을 이야기한 위찬韋粲,[133] 후경의 난 때 지금이야말로 '신하가 목숨을 바칠 때'라고 한 장승張嵊,[134] 후경을 죽일 수 있다면 죽어도 한이 없다는 유경례柳敬禮[135] 등은 논찬에서 말하는 것과 같이 순절자들이며 양

130) 『梁書』 卷38, 「賀琛傳」, p.543.

131) 金裕哲, 앞의 글, p.152.

132) "(裴)之高垂泣曰 : 「吾荷國恩榮, 自應帥先士卒, 顧恨衰老, 不能効命, 企望柳使君共平凶逆, 謂衆議已從, 無俟老夫耳……」"(『梁書』 卷43, 「韋粲傳」, p.607).

133) 『梁書』 卷43,.「韋粲傳」, p.607.

134) "賊臣憑陵, 社稷危恥, 正是人臣効命之秋"(『梁書』 卷43, 「張嵊傳」, p.610).

왕조의 충신이라고 할 수 있다.[136] 그리고 이들은 모두 갑족 출신의 사대부들이다.

남조 사회에서 갑족 사대부들은 왕조로부터 독자적인 자신들만의 세계를 구축하고 있는 것으로 알려져 있었는데 이제 그들이 왕조와 군주를 위해 목숨을 바친다는 말을 하고 있다. 이것이 충절을 중시하는 한무제 이후의 유학 기풍이 남조 사회에서 완전히 부활했기 때문인지, 혹은 양무제의 신귀족주의에 사회적인 동의가 구해져서인지는 명확하게 단정할 수 없다. 아마도 두 이유 모두가 이러한 변화를 가능하게 했을 것인데, 어쨌든 양조 사대부들에 대한 요시카와 다다오(吉川忠夫)의 '사대부에 의한 정치의 복권復權'이란 표현은 이러한 변화를 정확하게 표현한 것으로 보인다.[137] 그리고 이러한 양조의 변화가 소업을 세상을 구하고 사람을 이롭게 한다는 경술로 규정하게 하였을 것이다.

맺음말

후한말 명교의 위기 이후 등장한 새로운 시대사조인 현학은 예교禮教로부터 사대부들을 해방시켜 자유로운 교양인으로 변모시키는 한편, 정치적 책임감으로부터도 벗어나게 했다. 사대부들은 현학을 새로운 시대사조로 받아들이는 한편, 현학이 가져온 정치적 긴장감의 이완에 대해 비판하였다. 사대부들이 현학을 비판한 이유는 현학이 사대부들로 하여금 정치적 책임의식을 상실하게 한다고 생각했기 때문이다. 현

135) "景今來會, 敬禮抱之, 兄拔佩刀, 便可斫殺, 敬禮死亦無所恨"(『梁書』 卷43, 「柳敬禮傳」, p.611).

136) "捐軀殉節, 赴死如歸, 英風勁氣, 籠罩今古, 君子知梁代之有忠臣焉"(『梁書』 卷43, 「張嵊傳」, p.612).

137) 吉川忠夫, 앞의 책, p.213.

학은 유학과는 달리 세무에 전력하지 않고 보신에 힘쓰게 하기 때문에 정치적으로 실속이 없는 학문이라고 여겨졌다. 이들 사대부들은 명교의 압박으로부터 이탈하고 싶기도 했지만 한대 사대부와 같이 정치적 참여의식을 버릴 수 없었던 것이다.

정치 참여를 사대부들의 본질로 규정한 것과 관련하여 소업의 개념 변화는 주목할 만하다. 본질적인 것을 의미하는 소업은 최초에는 단순히 검소한 생활을 나타내는 도가적 생활 방식에 국한되어 사용되었다. 그러나 송대에 이르면 도가적 생활 방식이라는 의미가 여전히 남아 있기는 했지만 점차 학문적이고 정치적인 성격으로 변모하여 사대부라면 당연히 가져야 하는 정치·문화·학문 등의 소양으로 해석된다. 이후 양조에서 소업은 오직 유학만을 가리키게 되는데, 이때의 유학은 사대부의 교양이 아니라 경세제민을 목표로 하는 정치 이념이다. 이렇게 소업이 도가적 생활 방식을 가리키는 것으로부터 정치 이념으로 변화했다는 것은 남조 사회의 변화를 말해 주는 것이다. 왜냐하면 유학의 체득이 사대부들의 근본적인 행위로 표현되었다는 것은 이미 그 사회가 사대부들의 정치적인 자각과 참여를 사대부들의 존재의 근거로 받아들였다는 것을 의미하기 때문이다.

실제로 남제시기부터 우리는 사대부들의 의식이 변화하고 있다는 많은 사례들을 수집할 수 있었다. 학문의 필요를 역설하는 계자서 작성의 추세도 그 사례 중의 하나가 될 것이며, 세족에 대한 특혜를 비판하는 견해 역시 좋은 사례가 될 것이다. 또한 지금까지 명성을 얻는 방법의 하나였던 부귀와 권세에 연연하지 않고 은둔하는 처사적 생활 태도가 비난받기도 하였다. 비록 의식상 이중성이 존재하고 행동에도 모순이 있지만 이 시기 사대부들에게는 정치 지향의 의지가 뚜렷이 감지된다.

이러한 변화는 양조에 들어서면 보다 확연히 나타나는데, 양무제의 일련의 개혁이 무제의 일방적인 정책에 불과했다는 기존의 연구에도 불구하고, 『양서』 안에는 현재주의가 시대의 흐름이었음을 보여 주는 기사들이 존재한다. 사대부들은 학문을 더 이상 호불호의 대상으로 인식하지 않고 사대부를 사대부로 존재하게 하는 유일한 방안으로 인식하였다. 유학을 통한 사대부들의 정치적 각성은 몇 가지 새로운 변화를 동반하였는데, 보신 이외에는 관심도 없던 갑족들에게서 국가에 대한 보은과 순국의 태도가 나타나게 된다. 또한 철저히 배타적으로 행해지던 교유도 사회적으로 자제되었다. 남조시기 사대부들의 본질 회복이 정치적 책임의식의 회복이라면 확실히 양조는 그 회복이 이루어진 시기라고 할 수 있을 것이다. 그리고 결국은 이러한 사대부들의 각성이 새로운 시대를 준비했던 것으로 보인다.

제2장 송무제와 양무제의 개혁과 그 의의

머리말

앞 장에서 우리는 사대부 사회에 완만하지만 한편으로 분명한 변화를 확인할 수 있었다. 이러한 변화의 원인으로는 우선 그들이 삶의 원칙으로 신봉하고 있던 유학의 내발적內發的 전개를 들 수 있을 것이다. 일찍이 학문을 닦는 것을 도를 닦는 것으로 이해했고(土志於道),[1] 관료가 되어 천하에 의를 실현함으로써(君子之仕也, 行其義也)[2] 세상을 이롭게 할 수 있다고(行道以利世)[3] 규정한 사대부들의 문화 전통(곧 유학)은 사대부들을 언제까지나 세속을 초월한 존재로 놓아두지 않았다. 실제로 남조南朝의 귀족들이 일반적인 견해처럼 단순히 부패하고 무능력하였다면, 몇 대 동안 고위 관직을 계속 유지하면서 관위官位와 가격家格을 일치시킬 수 있었겠는가 하는 의문이 든다.[4] 단언할 수는 없어도 관료 기구의 최상위를 세습적으로 장악하고 있었다면 그들을 무능함만으로

---

1) 『論語』, 「里仁」, p.50.
2) 『論語』, 「微子」, p.251.
3) 『顔氏家訓』, 「勉學」, p.171.
4) 谷川道雄는 남북조시기 특정한 가문이 家格을 향상시켜 일류 귀족이 되려면 지금까지 획득한 고위 관직을 몇 대 동안 계속 유지해야 한다고 보았으며, 바로 이 점이 중국의 귀족과 유럽 귀족의 차이라고 보았다. 谷川道雄, 「北朝貴族の生活倫理」, 『中國中世史硏究』(東京 : 東海大, 1970), p.279.

설명할 수는 없을 것이다. 그리고 무엇보다도 위진남북조시기魏晉南北朝時期 사대부들을 정치적으로 무능력하고 무책임한 존재로만 본다면, 지금까지 많은 연구자들이 말하는 위진남북조시기 사대부들이 가진 자율성은 어떻게 설명될 수 있을까?

물론 이 시기 사대부들이 황제권력에 대응하여 자신들만의 독자적인 세계를 수립했었던 것을 노장사상老莊思想을 가지고 설명할 수 있을 것이다. 대표적으로 무라카미 요시미(村上嘉實)는 장자莊子의 자적주의自適主義가 호족豪族 사회의 자율성과 결합하여 위진남조 귀족들의 폐쇄적인 세계가 구축되었다고 보았다.[5] 그러나 다른 한편의 연구들은 현학玄學이 사회적으로 영향력을 떨치고 있을 때도 여전히 위정자들은 유학의 도덕 기준이나 제세이념濟世理念을 정치적 기준으로 선양宣揚했다는 것을 증명하고 있다. 예를 들어 전목錢穆은 남조 사대부들이 중시했던 학업은 경학을 중심으로 한 유학이었다고 주장하였고,[6] 소소흥蘇紹興 역시 남조 최고의 집안인 낭야瑯琊 왕씨王氏 집안의 유학으로의 경도傾倒를 분석하여 당시 일류 사대부 역시 유학을 방기한 것이 아님을 보여 주었다.[7] 이러한 견해는 최근까지도 지속되어 임등순林登順 역시 동일한 견해를 발표하였다.[8] 심지어 후지카와 마사카즈(藤川正數)는 당시 '예교禮敎를 무시하는 자들은 임관任官의 의지가 없고, 사회·정치적으로 통치 계급에 반항하는 자'였다고까지 주장하였다.[9] 후지카와 마사카즈에 의하면 유가의 정치 이념은 황제에게도, 사대부에게도 절대 포기되지 않았다. 이것은 유학이 가진 정치 이념으로서의 효능이 전 사

5) 村上嘉實, 『六朝思想史硏究』(京都 : 平樂寺書店, 1974), p.231.

6) 錢穆, 「略論魏晉南北朝學術文化與當時門第之關係」, 『新亞學報』 5-2(1963), p.27.

7) 蘇紹興, 「魏晉南朝瑯琊王氏之經學」, 『魏晉南朝的士族』(臺北 : 聯經, 1987).

8) 林登順, 『魏晉南北朝 儒學流變之省察』(臺北 : 文津, 1996).

9) 藤川正數, 『魏晉時期における喪服禮の硏究』(東京 : 敬文社, 1960), p.37.

회적으로 인정받고 있었음을 의미한다. 이러한 견해는 『세설신어世說新語』를 분석한 우쓰노미야 기요요시(宇都宮淸吉)의 연구에서도 발견되는데, 그는 『세설신어』 안에는 예교를 중시하고 가족 윤리를 유지하려는 건강한 생활이 있었다고 주장하였다.[10)]

사실 위진남북조시기를 현학의 시기만으로 이해하고, 정치적 무능력의 시기로만 이해한다면 지금까지 살펴본 전통적인 사대부들의 존재의 근거를 설명할 수 없을뿐더러 수당시기隋唐時期의 정치적 변화를 설명하기도 힘들 것이다. 현재 당대唐代 정치사政治史를 파악하는 일반적인 경향은 '황제일통皇帝一統'으로 보인다. 많은 글들이 당전기唐前期에 황제일통皇帝一統을 구현하기 위한 사상적思想的·법제적法制的·예제적禮制的 제도가 구축되었다는 점에 중지를 모으고 있다.[11)] 그러나 어떤 과정을 통해 갑자기 육조六朝 귀족의 시기에서 당전기 황제의 무소불위無所不爲의 시기가 되었는지는 잘 알려져 있지 않다. 황제의 권위보다 가문의 권위만을 생각하고, 국가에 대한 충성보다는 개인의 보신保身만을 생각했던 위진남북조 사대부들이 어떻게 강력한 황제권력을 보위하는 사대부로 변화할 수 있었을까? 이것을 과거제科擧制의 실시와 연결하여 설명할 수도 있겠으나, 수당의 과거가 송대宋代의 그것과는 달리 바로 관료계로의 진입이 보장되어 있는 완비된 선발 제도가 아니었기에 과거의 실시와 사대부의 변화를 연결시키기는 다소 힘들다. 그래서 북조北朝 사대부와 마찬가지로 남조 사대부들도 적극적으로 현재주의賢才主義를 제창했고,[12)] 남조 사대부들의 현재주의가 수당隋唐이라는

---

10) 宇都宮淸吉, 「世說新語の時代」, 『漢代社會經濟史硏究』(東京 : 弘文堂, 1955), pp.487~489.

11) 일반적으로 사상적 측면으로서는 五經의 撰定을 근거로, 법제적 측면으로는 『唐六典』을 가지고, 예제적 측면은 『大唐開元禮』로 종합되는 일련의 예제 제정을 통해 唐前期에 皇帝一統의 구조가 완비되었다고 보고 있다.

12) 野田俊昭, 「東晉南朝における天子と支配權力と尙書省」, 『九州大學 東洋史論

새 시대를 준비하는 원동력이 되었다고 보는 견해가 주목된다.13)

그렇다면 우리는 지금까지와는 달리 위진남북조 사대부들도 경학으로부터 존재의 근거를 확보하며, 그것을 통해 정치적으로 각성되어 있었고, 자신들의 정치적 행위의 정당성을 보장받았다고 가정할 수 있을 것이다. 아니, 한말漢末 삼국초三國初 명사名士로 불리는 일군의 사대부들이 황제권력으로부터 자율적이고 독자적인 세계를 만들고 황제권력과 대치적인 명성을 획득했다는 사실로부터14) 우리는 위진남북조 사대부들이 황제의 권위를 넘어 경전經典에 근거한 권력구조를 수립하고, 경전에 근거한 사회적인 질서를 확립하고자 했다고 가정할 수 있을 것이다.15)

이런 가정이 전혀 근거 없는 것만은 아닐 것이다. 후한시기後漢時期 들어 발달한 경전해석학經典解釋學이란 경학가經學家들이 권력의 진실을 경전으로부터 생산해 낸 것으로, 그들은 경전 해석을 통해 당대 모든 제도의 근거를 확보했다.16) 이것을 혹자는 경전주의經典主義라고까지 표현하고 있다. 이 견해에 따르면 경전이 국가의 국법으로 혹은 율법律法으로 사용된다.17) 이러한 경전해석학이나 경전주의의 출현은 전 사

集』 9(1977) ; 野田俊昭, 「梁の武帝による官位改變策をめぐって」, 『九州大學 東洋史論集』 13(1984) ; 野田俊昭, 「梁時代, 士人の家格意識をめぐって」, 『東洋史研究』 57-1(1998).

13) 榎本あゆち, 「梁の中書舍人と南朝賢才主義」, 『名古屋大學 東洋史研究報告』 10(1985).

14) 渡邊義浩, 「漢魏交替期の社會」, 『歷史學研究』 626(1991), pp.53~54.

15) 洪承賢, 「後漢末 '舊君' 개념의 재등장과 魏晉時期 喪服禮」, 『東洋史學研究』 94(2006)를 참조.

16) 김근, 『한자는 중국을 어떻게 지배했는가-漢代 經學의 해부』(서울 : 민음사, 1999), p.16. 김근은 이것을 전한초의 經世之學과는 다른 經典解釋學으로 표현하고 있다.

17) 甘懷眞, 「「制禮」」概念的探析」, 『皇權, 禮儀與經典詮釋 : 中國古代政治史研究』(臺北 : 喜瑪拉雅研究發展基金會, 2003), p.91.

회적으로 황제권력이 아닌 유가의 이데올로기가 유일한 가치의 원천으로 등장하게 되었음을 보여 준다.

물론 피석서皮錫瑞가 위진시기를 경학의 '중쇠시기中衰時期'로 규정한 이래[18] 많은 학자들은 위진남북조시기를 경학의 쇠퇴기로 이해하고, 이에 따라 경학의 사회적 역할이 축소되었다고 보았다. 그러나 이 시기 저술된 유가 계열의 저술들을 살펴보면 결코 이 시기가 유학의 쇠퇴시기가 아님을 알 수 있다.[19] 그래서 가가 에이지(加賀榮治)와 같은 이는 심지어 위진시기를 한당漢唐 경학사經學史의 전개에서 가장 중요한 시기로 보기도 하였다.[20] 또한 하치야 구니오(蜂屋邦夫)와 요시카와 다다오(吉川忠夫)는 현학이 사회와 학술계를 풍미했다고 하는 진대晉代를 대상으로, 사대부 안에서 노장 반대가 어떻게 행해졌는가를 분석하여 이 시기 비록 현학이 풍미하고 있었다 해도 유학의 정치적 효용성과 가치는 부정되지 않았다는 데 의견을 같이 했다.[21] 이러한 현상은 위진남북조시기가 경학의 쇠퇴기보다는 변화의 시기라는 생각을 갖게 한다.

사대부 사회의 변화를 추동한 또 다른 원인으로는 남조 황제들의 개혁을 들 수 있을 것이다. 송宋·제齊 이래 많은 황제들은 황제권력을 강화하기 위해 유학을 진흥하려고 하였고, 관료 기구를 개혁하려고 하

18) 皮錫瑞, 『經學歷史』(臺北 : 臺灣商務, 1968 : 1972), p.30.

19) 『隋書』「經籍志」에 분류되어 있는 도서는 모두 6,520部 56,881卷으로 그 중 四部 經典은 모두 3,127部 36,708卷이다. 여기다 망실된 것까지 포함하면 총 3,823部 43,675卷에 달하는데, 그 중 80%에 해당하는 분량이 위진남북조시기의 저작이다. 이것을 종류별로 보면『論語』54部 319卷,『春秋』52部 532卷,『禮』53部 311卷,『易』31部 176卷이 편찬되었다. 이러한 수치는 위진남북조시기를 아무리 현학의 시대라 부른다 해도, 여전히 전통 예제와 도덕 등의 학문적 전통이 사회적으로 유지되고 있었음을 알려 준다.

20) 加賀榮治, 『中國古典解釋史-魏晉篇』(東京 : 勁草書房, 1964)의 서문 참조.

21) 蜂屋邦夫, 「王坦之の思想-東晉中期の莊子批判」, 『東洋文化研究所紀要』 75 (1978) ; 吉川忠夫, 「范寧の學文」, 『六朝精神史研究』(京都 : 同朋舍, 1985).

였다. 이 과정 속에서 한문寒門 출신들이 관계에 대거 진출했던 것은 이미 잘 알려진 사실이다. 한문 출신들의 관계 진출은 기존 문벌 사대부들에게는 정치에서의 소외를 의미한다. 물론 문벌 귀족들이 정치 이외의 사회·문화 방면에서 여전히 질서의 창조자이자 영위자, 책임자로서 존재하고 있기는 했지만, 그렇다고 그것이 관료 사회로부터의 결별 속에서 지속될 수 있었을지는 의문이다. 앞서 언급한 것처럼 일류 귀족의 전제 조건 중에는 고위 관직을 몇 대 동안 계속 유지해야 하는 것이 포함되어 있었기 때문이다. 그렇다면 이들은 계속해서 고위 관직을 보유해야 했고, 고위 관직을 보유하기 위해 이들은 최소한의 정치적 능력을 보유할 수밖에 없었을 것이다. 더구나 사서구별士庶區別을 인정하면서도, 한편으로는 노골적으로 현재주의賢才主義를 제창提唱했던 황제의 태도 역시 문벌 사대부들에게 변화를 강요하였을 것이다.[22)]

남조 황제의 사회 질서를 통제하고 장악하려는 노력도 사대부 사회의 변화를 촉진하였다. 김유철金裕哲은 남조 사회의 특징을 '국가권력이 사회 질서를 통제·장악하지 못하고 오히려 사회 질서에 국가권력이 제약되고 있는 상황'으로 보았다.[23)] 이것은 황제로 대표되는 공권력이 사대부 사회의 자율성을 인정하며, 황제권력 밖에 존재하는 사대부 사회가 사회적 기준을 수립하고 있음을 의미하는 것이다. 그러나 황제들은 호시탐탐 자율적으로 존재하는 지역 질서에 간섭함으로써 황제의 지배력을 사대부의 자율적 질서 상위에 위치시키고자 하였다. 이것은 때로는 사대부들의 질서를 인정하는 방식을 취하기도 하였으며, 때로는 사대부들의 자율 질서를 공법公法과 일체화시키는 방법을

---

22) 대표적으로 齊武帝의 경우 사서를 구별하고 사인층을 중시하였지만 다른 한편 능력 있는 서민을 관료로 발탁한 것을 들 수 있을 것이다. 越智重明, 『魏晉南朝の人と社會』(東京 : 硏文, 1985), p.234.

23) 金裕哲, 「梁 天監初 改革政策에 나타난 官僚體制의 新傾向」, 『魏晉南北朝史硏究 第1輯』(서울 : 사상사, 1994), p.147.

취하기도 하였다.

전자의 예를 하나 들어 보자. 조위曹魏의 황제들은 전통적인 사대부 출신은 아니었다. 그들이 전통적인 사대부 사회의 일원이 아니었다는 점은 건국시에 사대부들의 지지를 얻기 위해 많은 노력을 기울여야 했음을 의미한다. 그러나 한편 전통적인 사대부의 사고방식을 갖고 있지 않았기에 이들은 오히려 강력한 황제 지배체제 건설이라는 목표를 가질 수 있었다. 그러나 이미 사회적으로 사대부들이 그들만의 정치적 세계를 만들었기에 진·한초와 같은 강력한 황제 지배체제를 구축하는 것은 불가능한 상태였다. 결국 조위의 초대 황제인 문제文帝는 구품중정제九品中正制라는 타협안을 통해 자신을 지지했던 사대부들에게 인사권을 보장해 주며, 사대부들을 국가체제 안으로 포섭하였다.[24] 그 결과 사대부들은 점차 사족士族이란 이름으로 변화되어 갔으며, 곧 정부의 고위 관료가 되어 정치 주도권을 장악하여 상당한 영향력을 행사하였다. 그렇다고 구품중정제의 실시가 전적으로 황제권력의 패퇴라고 볼 수만은 없는 것이, 사대부들은 구품중정제에 의해 정치적 지위를 획득하고 권력을 보장받는 대신 국가 공권력에 의해 서열화됨을 감내해야 했기 때문이다. 이것은 황제 측에서 본다면 사대부가 사회적 기준을 수립하였던 기존의 흐름을 역전시키며 오직 국가만이 사회적 기준의 제정자가 되었음을 의미한다.

후자의 방식은 서진西晉 황제에게서 나타난다. 서진은 청의淸議에 근거하여 관료의 선발과 더불어 관료의 승급昇級 및 강등降等·관계 추방을 처리하였다.[25] 다시 말해 청의의 집행이 향촌 사회에서 행해지는

24) 渡邊義浩는 曹魏時期 九品中正制의 성격을 당시 명사들의 자율적 질서를 승인하고 제도적으로 국가 안으로 포함시킨 일종의 타협물이라고 규정하였다. 渡邊義浩, 「九品中正制度における「孝」」, 『大東文化大學漢學會誌』 41(2002), p.33.

25) 周一良, 「兩晉南朝的淸議」, 『魏晉南北朝史論集』(北京 : 北京大, 1997), p.436 (原載 : 『魏晉隋唐史論集』 2輯, 1983).

것이 아니라, 정부에 의해 관원官員의 면관免官이란 방식으로 행해졌다. 청의가 향촌 사회가 아닌 국가에 의해 집행되게 된 것이다. 이것은 이제 더 이상 청의가 향촌 사회 사대부만의 자율적 질서가 아닌 공법의 성격을 띠게 된 것을 의미한다. 즉 국가는 사대부들의 자율 질서를 공법화함으로써, 황제권력을 사대부 질서 상위에 위치시켰던 것이다.

이러한 황제 측의 노력은 사회 운영권을 장악함으로써 유일한 사회 기준의 수립자로서의 황제의 위상을 강화하는 것을 목적으로 한다. 그러나 결과는 이것에 그치지 않고 정치적 책임의식이 결여된 사대부 사회의 체질을 변화시키게 된다. 왜냐하면 황제들이 목적한 것은 사회적 신분이 아닌, 정부 관료로서 사대부를 인정하는 사회 질서를 구축하는 것이었기 때문이다. 따라서 이 장에서는 송무제宋武帝와 양무제梁武帝의 사회 질서의 장악 시도를 분석하여 사대부 사회 변화의 또 다른 원인을 확인해 보고자 한다.

1. 송무제의 토단

송무제 유유劉裕의 구석문九錫文은 당시 유유가 행했던 개혁의 본질을 우리에게 알려 준다. 구석문이라면 흔히 선양禪讓 때에 등장하는 것으로 알려져 있지만, 반드시 선양과 관련 있는 것은 아니고 특정 신하의 공적이 뛰어날 경우 내려진다. 그러나 『한서漢書』「무제기武帝紀」 신찬臣瓚의 주注에서 지적하는 것과 같이 그것이 패자霸者를 나타내는 역할을 했음은 부인할 수 없다.[26] 그렇기 때문에 선양시기에는 반드시 구석문이 등장하였다.[27]

26) "臣瓚曰 :「九錫備物, 伯者之盛禮, 齊桓·晉文猶不能備, 今三進賢便受之, 似不然也……」"(『漢書』 卷6, 「武帝紀」. p.168).

구석의 물품은 ㉠ 거마車馬, ㉡ 의복衣服, ㉢ 악무樂舞, ㉣ 주호朱戶, ㉤ 납폐納陛, ㉥ 호분虎賁, ㉦ 부월斧鉞, ㉧ 궁시弓矢, ㉨ 거창秬鬯 등인데, 구석문은 각각의 물품과 그 물품을 받게 되는 공적을 함께 서술하고 있다. 물론 그 공적이라는 것이 사실에 근거한 구체적인 공적이기보다는 추상적인 패자의 덕목을 그리고 있어 유유의 구석문뿐 아니라 남조 역대 수선자受禪者의 구석문이 구조부터 그 내용까지 대동소이하다. 그렇다고 해서 모든 수선자의 구석문이 동일한 것은 아니다. 모든 구석문이 동일한 것처럼 보이고 있으나 실제로 차이가 조금씩 발견되는 것은 아무리 추상적인 패자의 덕목이 나열되고 있다고는 해도 선양이 진행되던 시기의 시기적 특성과 왕조적 특성이 반영되어 있기 때문일 것이다.

일단 구조의 경우 다음과 같은 공통점을 가진다. 거마가 내려지는 첫 번째 공적은 법식法式 혹은 예제禮制와 관련 있는 행위로 기강紀綱·법도를 세운 것이다. 둘째는 중농重農과 관련한 부국富國의 업적이고, 셋째는 용균서품鎔鈞庶品이라 하여 사회적 신분 질서의 확립을, 넷째는 만이蠻夷 정벌 및 교화에 대한 업적, 다섯째는 올바른 선거 실행에 대한 업적, 여섯째는 모든 행동의 모범이 되어 불의와 사특함을 막는 것에 대해 서술하고 있다. 일곱째는 올바른 형벌 집행에 대한 업적을, 여덟째는 거리의 멀고 가까움을 막론하고 사해四海에 위엄을 고루 비추는 것에 대해 서술하고 있다. 마지막으로는 충효 정신의 고양高揚이라는 업적을 내세우고 있다. 남조의 구석문은 다소의 차이는 있다 해도 위의 차례에서 크게 벗어나지 않는다.

그런데 흥미로운 것은 송宋·제齊·양梁·진陳 창업주의 구석문 중 송무제 유유의 구석문과 양무제 소연蕭衍의 구석문 중에 각각 "풍속을

---

27) 趙翼,『廿二史箚記』,「九錫文條」(臺北 : 世界書局, 2001), p.91.

변화시켰다(移風改俗)"란 표현과[28] "풍을 고아高雅하게 변화시켰고, 속을 바꿔 백성의 자질을 도야하였다(變風以雅, 易俗陶民)"는 표현이 등장한다는 점이다.[29] 그런데 그것이 모두 세 번째 용균서품, 즉 사회 신분 질서 확립과 관련하여 서술되어 있다. 이것은 송무제와 양무제가 당시 사회적으로 신분 질서와 관련한 모종의 정치적 업적을 수립했다는 것을 의미할 것이다.

> 앞서 조정이 진조晉朝의 난정亂政을 이어받아, 백사百司의 기강이 방종하고 해이해졌다. 환현桓玄이 비록 다스려 가지런히 하고자 했으나 무리 중 따르는 자가 없었다. 고조가 손수 모범이 되어 먼저 위엄으로써 내외에 금지하니, 백관이 모두 숙연해져 관직을 받들게 되어, 2~3일 사이에 풍속이 가지런히 바뀌었다.[30]

위의 글은 환현이 동진東晉의 최고 권력자였을 때 일을 전하고 있다. 그러나 위의 글에는 유유가 구체적으로 무엇을 했는지는 나와 있지 않고, 다만 그가 몸소 솔선수범하여 위엄으로 내외를 정돈하여 백관이 모두 숙연하게 자신의 직무를 다해 풍속이 크게 바뀌었다고 나와 있다. 그렇다면 여기서 풍속이 바뀌었다고 한 것은 단지 백관이 나태함을 극복하고 숙연하게 자신의 직무를 다하게 된 것을 말하는 것일까? 또한 진대의 난정이라는 것은 무엇인가?

① 진의 중흥中興 이래 다스림의 기강이 크게 해이해져 권문權門이 겸

28) 『宋書』 卷2, 「武帝紀中」, p.40.

29) 『梁書』 卷1, 「武帝紀上」, p.20.

30) "先是朝廷承晉氏亂政, 百司縱弛, 桓玄雖欲釐整, 而衆莫從之. 高祖以身範物, 先以威禁內外, 百官皆肅然奉職, 二三日間, 風俗頓改"(『宋書』 卷1, 「武帝紀上」, p.9).

병하고 강약强弱이 서로 침범하니, 백성이 유리流離하게 되어 그 산업을 보존할 수 없었다. 환현이 자못 다스려 고치고자 하였으나 끝내 행하지 못하였다. 공公이 보정輔政이 되시어 크게 법도를 보이니 호강豪强이 숙연해져서 원근遠近이 모두 금하는 바를 알게 되었다.[31)]

② 진의 중흥 이래 조정의 기강이 해이해지고 문란해져, 권문이 겸병하니 백성이 유리하게 되어 그 산업을 보존할 수 없었다. 환현이 자못 다스려 고치고자 하였으나 끝내 행하지 못하였다. 고제가 보정이 되시어 크게 법도를 보이시니 호강이 숙연해져 원근이 모두 금하는 바를 알게 되었다. 이때, 회계會稽 여요餘姚의 우량虞亮이 다시 망명자 천여 인을 은닉하였다. 고조가 우량을 주살하고, 회계내사會稽內史 사마휴지司馬休之를 면직시켰다.[32)]

유유가 행한 풍속 교정의 내용을 확인하기 위해 사료 안에서 그의 업적이 될 만한 일들을 전하는 기사들을 찾아보았다. 우선 기사 ①은 진왕조에 대해 서술하고 있는데, 당시 진의 가장 큰 문제는 권문 즉 호강의 발호와 이들의 겸병으로 인해 백성들이 산업을 보존하지 못하고 유랑하는 것이었다. 즉, 진대 난정의 주범은 다름 아닌 황제의 권력을 분할하여 지역 사회에서 독자적인 정치 세력으로 존재하고 있는 호족들이었던 것이다. 그런데 기사에 따르면 그런 동진의 문제를 유유에 앞서 해결하고자 했던 사람이 환현이었지만, 그는 결국 성공하지 못하고 유유가 비로소 해결하였다고 한다. 그러나 우리는 기사 ①만으로는

31) “晉自中興以來, 治綱大弛, 權門并兼, 强弱相凌, 百姓流離, 不得保其産業. 桓玄頗欲釐改, 竟不能行. 公旣作輔, 大示軌則, 豪强肅然, 遠近知禁”(『宋書』 卷2, 「武帝紀中」, p.27).

32) “自晉中興以來, 朝綱弛紊, 權門兼并, 百姓流離, 不得保其産業. 桓玄頗欲釐改, 竟不能行. 帝旣作輔, 大示軌則, 豪强肅然, 遠近禁止. 至是, 會稽餘姚虞亮復藏匿亡命千餘人. 帝誅亮, 免會稽內史司馬休之”(『南史』 卷1, 「宋本紀上」, p.12).

환현이 이루지 못한 것, 즉 유유가 이루어 풍속을 교정한 것이 정확하게 무엇인지 알 수 없다.

이것과 관련하여 ②의 『남사南史』 기사가 우리에게 실마리를 준다. ①의 『송서宋書』 기사와 동일한 기사 ②는 유유가 단행한 일이 유랑자 천여 명을 숨긴 회계 여요의 우량을 주멸한 것과 관련 있음을 알려 준다. 바로 호강들이 무관무적無貫無籍의 유랑민을 사적으로 숨긴 것에 대해 검괄檢括한 것인데, 우리는 이러한 대대적인 검괄을 유유 전시기에 볼 수 있다. 그것은 아래 등장하는 애제시哀帝時 환온桓溫에 의해 행해졌던 경술토단庚戌土斷에서다.

③ 이전에 산호천택山湖川澤은 모두 호강이 독점하고 있어 백성이 땔감을 채취하거나 고기를 잡으면 모두 세금을 물려 값을 받거나 사용하지 못하게 하였다. 이때 백성이 하나의 산업에 안거安居하지 못하였으니 공이 표表를 올려 말하였다. "신이 듣기에 선왕이 다스림을 제정함에 구토九土에 차례를 매기는 바, 경계를 나누고 강역疆域을 구분하여 각기 그 거주지에 안주安住하게 하셨습니다. 지난 성세盛世에는 사람들이 산업을 옮기지 않았음으로 정전제井田制를 채용하여 삼대三代가 융성하였습니다. 진秦이 이러한 정전제를 바꾸고 한漢이 (진의 정책을) 따라 고치지 않으니 부강富强이 겸병하여 이에 폐단이 되었습니다.……대사마大司馬 환온 때에 이르러 백성이 본업에 종사하지 못하게 되니 다스림이 상하게 된 것이 심각하여, 경술년에 토단을 실시하여 그 업을 가지런하게 하였습니다. 이때부터 재화가 많아지고 국가가 풍요로워졌으니 실로 이것으로부터 연유한 것입니다. 이로부터 지금에 이르러 오랜 시간이 지나니 한결 같던 제도가 점차 사용함에 무너지고 이완되었습니다.……청컨대 경술토단의 조목을 본받으십시오.……" 이에 경계境界에 근거하여 토단을 시행하였다.[33)]

④ 경술 초하루에 대대적으로 호구戶口를 조사하였다. 살고 있는 곳으

로써 문서에 기록하고 결정하게 하니 그 법제가 엄격하였다. 이를 일러 경술토단이라 한다.[34)]

⑤ 사마현司馬玄이 왕위를 계승하여 즉위하였다. 이때는 경술토단으로 인해 호구를 숨길 수 없었다. 사마현이 5호를 은닉하였다. 환온이 표를 올려 사마현이 금한 것을 범했다 보고 하니, 그를 잡아 정위廷尉에 보냈다.[35)]

위의 글들은 경술토단에 대해 서술하고 있는 것으로 토단의 목적이 사가私家에 있는 무적자들을 엄격하게 검괄하는 것이었음을 알려 준다. 특히 기사 ⑤에서 단지 5호만을 은닉한 사마현이 정위에 끌려갔다는 것은 당시 검괄이 상당히 엄격하게 행해졌다는 것을 알 수 있다.

진의 토단은 북중국이 이적夷狄에게 점령당한 후 강북의 많은 사람들이 강남으로 이주하게 되어, 본래의 거주지를 잃게 된 교거자僑居者들을 정착시키기 위한 정책이다. 당시 북쪽으로부터 이주해 온 이들 중에는 대호족들도 있었지만 다수의 일반인들도 있었다. 이들 중에는 대성大姓에 의탁하여 객客으로 존재하며 국가의 호구로 편입되지 않은 자도 있었다.[36)] 또한 호족의 겸병으로 인하여 거주지를 떠나게 된 자

---

33) "先是山湖川澤, 爲豪强所專, 小民薪採漁釣, 皆責稅直, 至是禁斷之. 時民居未一, 公表曰：臣聞先王制治, 九土攸序, 分境畫疆, 各安其居. 在昔盛世, 人無遷業, 故井田之制, 三代以隆. 秦革斯政, 漢遂不改, 富强兼幷, 於是爲弊……及至大司馬桓溫, 以民無定本, 傷治爲深, 庚戌土斷, 以一其業. 于時財阜國豐, 實由於此. 自玆迄今, 彌歷年載, 畫一之制, 漸用頹弛. 雜居流寓, 閭伍弗修, 王化所以未純, 民瘼所以猶在……請準庚戌土斷之科, 庶子本所弘, 稍與事著……於是依界土斷"(『宋書』卷2, 「武帝紀中」, pp.29～30).

34) "庚戌朔. 大閱戶口, 令所在土斷, 嚴其法制, 謂之庚戌制"(『資治通鑑』卷101, 「晉紀二十三」哀帝興寧二年條, p.3194).

35) "(司馬)玄嗣立. 會庚戌制不得藏戶, 玄匿五戶, 桓溫表玄犯禁, 收付廷尉"(『晉書』卷37, 「彭城王傳」, p.1093).

36) "時百姓遭難, 流移此境, 流民多庇大姓以爲客"(『南齊書』卷14, 「州郡志上」,

도 있었다.[37] 동진 정부는 이렇게 무관무적의 부랑인浮浪人,[38] 혹은 그것에 준하는 사람들이 많아짐에 따라 이들을 정확하게 파악하는 방법으로써 본적을 정하고 토착시키기 위해 토단을 단행하였다.[39]

국가가 백성을 정확하게 파악하고 그들에 대한 장악력을 높인다는 것은 국가 이외에는 누구도 백성을 사사롭게 장악할 수 없다는 것을 전제한다. 즉 동진 정부가 행했던 토단은 무적자를 파악하여, 국가에 귀속시키기 위한 수단이었다. 그리고 그것은 호족 세력의 약화로 귀결되었다. 필자는 앞의 기사 ①에서 환현이 행하려다 행하지 못한 그 정책이 바로 이러한 토단을 말하는 것이라고 생각한다. 앞에서도 언급한 것과 같이 기사 ② 말미에 나오는 은닉자에 대한 적발, 즉 검괄이 그것에 대한 증명이라고 하겠다. 동일 사안에 대한 『남사』의 기록인 기사 ②는 호강이 숙연해지는 것과 관련하여 구체적인 예를 보여 주고 있다. 기사 ③은 이러한 추측에 더욱 신빙성을 더해 준다. 기사 ③은 의희토단義熙土斷에 대한 유유의 상소문 중의 일부다. 유유는 경술토단의 조목을 기준으로 삼아 토단을 행할 것을 말하고 있다. 토단만이 호족의 겸병으로 생긴 폐해를 막을 수 있기 때문이다.

의희토단이 궁극적으로 제2차 중원中原 출병을 위한 유유의 군사력 확보를 위해 실행된 것인지,[40] 토단을 통해 향촌 사회 안정을 추진하

---

p.255).

37) "續晉陽秋曰 :「自中原喪亂, 民離本域, 江左造創, 豪族幷兼, 或客寓流離, 名籍不立」"(『世說新語』, 「政事三」, p.185).

38) 『隋書』 卷24, 「食貨志」에서는 無貫人으로 州縣에 編戶가 되고자 하지 않는 이들을 浮浪人이라 한다 했다. "其無貫之人, 不樂州縣編戶者, 謂之浮浪人"(p.674).

39) 矢野主稅, 「土斷と白籍-南朝の成立」, 『史學雜誌』 79-8(1971), p.52.

40) 越智重明는 유유 토단의 직접적 목적은 중원 출병을 위한 병력 확보라고 하였다. 즉, 호족이 無籍者를 藏戶하는 것을 금지한 것, 호족의 山澤占奪을 금지한 것, 白籍을 黃籍化한 것은 徭役量을 증대시키는 한편, 黃籍의 사서를

여 향촌 사회의 리더인 남인南人 토호土豪의 지지를 받아 새 국가를 창건하기 위한 것인지를[41] 논하는 것은 이 글의 주제와는 다소 거리가 있기에 언급하지는 않겠다. 다만 토단의 궁극적인 목적이 이 둘 중에 무엇이든 유유가 행한 토단이 황제에 대립하는 세족世族들의 세력을 약화시킨 것은 사실이다.[42] 바로 이것이 유유가 행한 풍속 교정의 내용이었던 것이다.

이러한 필자의 주장을 뒷받침해 줄 수 있는 『송서』의 기사 몇 가지를 더 살펴보자.

⑥ 이때 진의 기강이 이완되어 위금威禁이 행해지지 않았고, 성족盛族과 호우豪右는 권세를 업고 방종하였다. 백성은 빈곤하여 자립할 수 없었다. 더욱 사마원현司馬元顯의 정령政令은 어그러졌으며, 환현의 과조科條는 번잡하고 조밀하였다. 유목지劉穆之가 시의時宜를 요량하여 바른 방도를 따라 교정하니, 열흘이 되지 않아 풍속이 가지런히 바뀌었다.[43]

⑦ 건무建武・영평永平의 풍기風氣로 태원太元・융안隆安의 풍속을 변화시키니, 이것은 대개 문선공文宣公이 한 일이다.[44]

기사 ⑥은 앞의 기사들과 마찬가지로 진말 기강이 해이해져 엄금하

대상으로 하는 伍制를 성립시키기 위한 것이라 했다. 越智重明, 앞의 책, p.135.

41) 葭森健介, 「晋宋革命と江南社會」, 『史林』 63-2(1980), pp.50~54.

42) 石田德行, 「劉裕集團の性格について」, 『木村正雄先生退官記念 東洋史論集』(東京 : 汲古書院, 1976), p.42.

43) "時晉綱寬弛, 威禁不行, 盛族豪右, 負勢陵縱, 小民窮蹙, 自立無所. 重以司馬元顯政令違舛, 桓玄科條繁密. (劉)穆之斟酌時宜, 隨方矯正, 不盈旬日, 風俗頓改"(『宋書』 卷42, 「劉穆之傳」, p.1304).

44) "以建武・永平之風, 變太元・隆安之俗, 此蓋文宣公之爲也"(『宋書』 卷42, 「劉穆之傳」, p.1324).

고 있는 것들도 행해지지 않으며, 호우가 발호하여 제멋대로 방종하였으나 이를 변화시키려는 환현의 과조는 번잡스럽기만 해서 효과가 없었다는 것이다. 여기서는 종전의 기사와는 달리 유유가 아니라 유목지가 주체로 표현되고 있기는 하나, 결국 그가 변화시킨 풍속 역시 앞에서 확인한 유유의 풍속과 다르지 않으며, 그 결과도 호족 세력의 약화로 동일하다. 특히 기사 ⑦의 "건무・영평의 풍기로 태원・융안의 풍속을 변화시켰다"는 사평史評은 풍속 교정의 내용을 함축적으로 설명하고 있다.

건무・영평이라면 후한後漢 광무제光武帝와 명제明帝의 연호年號로 후한시기 전성기에 해당한다. 그러나 여기서 말하는 건무・영평의 풍기라는 것은 물질적・정치적인 전성기를 말하는 것은 아니다. 심약沈約이 말한 건무・영평의 풍기라는 것은 아마도 아래 『동관한기東觀漢記』의 기사를 염두에 둔 것 같다.

> 황제가 즉위하시어 건무의 정치를 좇아 받듦에 더한 것은 있어도 덜어 낸 것은 없었다. 처음에 세조世祖께서 전세前世 권신權臣이 대성大盛하고 외척이 정치에 관여하여, 위로는 명주明主를 혼탁하게 하고 아래로는 신하를 위태롭게 한 것을 가슴 아프게 여기고 걱정하셔 한가漢家의 중흥中興을 이루기 위해서 오직 선제宣帝를 모범으로 삼으셨다. 건무연간에 이르러 조정에는 권신이 없었고, 외족인 음陰・곽郭의 가家의 사람들 중에는 구경九卿을 넘는 이가 없었으며, 친속 중에 권세의 지위를 가진 이도 허許・사史・왕씨王氏의 반에도 미치지 못하였다. 영평 연간에 이르면 후비后妃 외가의 귀자貴者 중 집마다 1인을 분별하여 열장교위列將校尉에 배치시키고, 병마관兵馬官에 있어 숙위宿衛를 담당하여 받들게 하니, 나머지 사람들은 집안에 들어앉아 있을 뿐 봉후封侯가 되어 조정朝政에 관여하는 자는 없었다.[45]

45) "自帝卽位, 遵奉建武之政, 有加而無損. 初, 世祖閔傷前世權臣太盛, 外戚預

광무제는 공신들에게 후한 봉작을 내리기는 했으나 그들을 현실 정치 일선에서 철저히 제외시킨 정책을 취했다.[46] 삼공三公을 설치하기는 했지만 정치의 실권은 황제에게 있었고, 황제 스스로가 삼공을 총괄했다. 왕망王莽의 찬탈이라는 역사적인 교훈을 경험한 광무제가 권신의 발호를 막고 모든 권력을 황제에게 집중시킨 것은 지극히 당연한 결과였을 것이다. 이 때문에 우리는 건무의 풍기라는 것이 '군주를 높이고 신하를 낮추는(尊主卑臣)' 내용을 가지고 있음을 알 수 있다.[47] 영평시기 역시 마찬가지다. "형명법리학刑名法理學에 정통하여, 법령을 분명히 하였다"는[48] 명제는 광무제의 황권 강화책을 계승하였다. 『후한서後漢書』에서는 명제의 계승 정책에 대해 "황제께서 건무시기의 제도를 준봉함에, 감히 위배된 것이 없었다"고[49] 서술하고 있는데, 히가시 신지(東晉次)는 더 나아가 '명제야 말로 왕王 · 패覇를 섞는다는 한가漢家의 전통적 통치 방침 중에서 보다 법치주의적 성격을 가진 황제'라고 평가하였다.[50] 이와 같이 건무 · 영평의 풍기라는 것은 모든 권력을 황제에게 집중시키는 것을 내용으로 한다. 따라서 건무 · 영평의 풍기로 태원太元 · 융안隆安의 풍속을 변화시켰다는 것은 호강의 세력을 억압하고 황제권을 강화시킨 것이라 할 수 있다. 황제가 정치적 권력의 핵심에 서

政, 上濁明主, 下危臣子, 漢家中興, 唯宣帝取法. 至於建武, 朝無權臣, 外族陰 · 郭之家, 不過九卿, 親屬勢位, 不能及許 · 史 · 王氏之半. 至永平, 后妃外家貴者, 裁家一人備列將校尉, 在兵馬官, 充奉宿衛, 闔門而已無封侯豫朝政者"(『東觀漢記』, 「顯宗孝明帝紀」, p.58).

46) "帝以天下旣定, 思念欲完功臣爵土, 不令以吏職爲過, 故皆以列侯就第, 恩遇甚厚, 遠方貢甘珍, 必先徧賜列侯, 而大官無餘"(『東觀漢記』, 「世祖光武皇帝紀」, p.13).

47) "高祖一朝創義, 事屬橫流, 改亂章, 布平道, 尊主卑臣之義, 定於馬棰之間"(『宋書』 卷42, 「劉穆之傳」, p.1324).

48) "善刑理, 法令分明"(『後漢書』 卷2, 「明帝紀」, p.124).

49) "帝遵奉建武制度, 無敢違者"(『後漢書』 卷2, 「明帝紀」, p.124).

50) 東晉次, 『後漢時代の政治と社會』(名古屋 : 名古屋大, 1995), p.45.

지 못했던 동진의 기풍이 변화한 것이다.[51]

이러한 유유의 노력은 문제시기文帝時期 사인층을 동오범同伍犯의 대상으로 삼는 정책의 시행으로 결실을 맺게 되고, 송왕조는 남북 사인 모두를 황제의 지배력 하에 놓을 수 있게 되었다.[52] '사인과 서인의 차이는 실제로는 하늘과 땅의 차이',[53] '사서를 구별하는 것은 도리를 아름답게 하는 일'[54]과 같은 생각이 일반적이었던 시기에 추상적이기는 하지만 결국에는 "율령은 사서를 구별하기 않는다(律令旣不分別士庶)"는[55] 원칙이 천명되었다는 것은 분명 진대에 비해 황제의 지배가 제도적으로 강화되었음을 보여 주는 것이다.[56]

2. 양무제의 천감개혁

문학文學을 홍기시키고 교사郊祀를 정비하며, 오례五禮를 다스리고 육률六律을 정비하니, 사방의 총명한 인재가 이미 도달하여 만기萬機가 다스려지는 바, 다스림은 안정되고 공은 이루어져 먼 곳은 안정되고 가까운 곳은 숙연해졌다. 하늘과 땅에서 상서로운 징조가 나타남이 해마다 끊이지 않았다.……3・40년 동안 이런 성세가 이어졌으니, 위・진 이래 없었던 일이다.[57]

---

51) 森三樹三郎는 위진의 황제들이 귀족들의 환심을 사기 위해 관용 정책을 펼친 것과는 달리 송의 무제는 군인 출신으로 武斷的 專制 정치를 강행하였고 이것이 남조의 기풍이 되었다고 하였다. 森三樹三郎, 『梁の武帝-佛教王朝の悲劇』(京都 : 平樂寺書店, 1956), p.48.

52) 越智重明, 『魏晉南朝の貴族制』(東京 : 硏文, 1982), p.282.

53) "至於士庶之際, 實自天隔"(『宋書』 卷42, 「王弘傳」, p.1318).

54) "區別士庶, 於義爲美"(『宋書』 卷42, 「王弘傳」, p.1319).

55) "律令旣不分別士庶"(『宋書』 卷42, 「王弘傳」, p.1320).

56) 越智重明, 앞의 책, pp.282～283.

57) "興文學, 脩郊祀, 治五禮, 定六律, 四聰旣達, 萬機斯理, 治定功成, 遠安邇肅.

『양서梁書』의 편찬자는 양무제의 업적을 나열하면서 위진 이래 없었던 일이라는 표현을 사용했다. 실로 양무제시기는 남조南朝에서도 송문제宋文帝의 원가元嘉 연간과 더불어 유래 없는 번영기였다. 그런데 위의 기사에 의하면 그 성세는 다름 아닌 문학을 흥기시기고 제사를 정비하며, 오례를 다스리고 육률을 정비함으로써 가능해진 것이다. 이것은 현학玄學 위주의 학문적 기풍이 유학으로 변화되어 전대와는 다른 사회적 기풍이 성세를 만들었다는 것을 의미한다.

그런데 이러한 양무제의 개혁은 지금까지 살펴본 황제들의 개혁과 다소 다른 성격을 가지고 있다. 지금까지 강력한 황제권력을 행사하였다고 알려진 전한前漢의 무제武帝・선제宣帝를 비롯하여 조위曹魏의 무제武帝와 명제明帝는 모두 법술을 숭상하였다. 그런데 양무제의 경우는 유학 부흥이 개혁의 주된 내용이 된 것이다. 그것에 대해서는 아래와 같은 견해가 존재한다.

나카무라 게이지(中村圭爾)는 남조의 관료제에 대해 "정연한 관위官位 질서와 한조의 삼공・구경제로부터 탈피해 상서를 중심으로 조직된 정치 기구는 표면상 고도로 완성된 중앙 집권적인 관료제의 외모를 보이고 있다"고 하였다.[58] 그러나 귀족이 독점한 관료제 상층부는 정치 조직으로서 기능하지 못하고, 하층 하급 관료가 황제 지배 기구로서 기능하고 있었다. 이러한 파행적인 정치구조는 사대부에게도 문제가 되었지만 무엇보다 남조 황제의 한계로 작용하였다.[59]

황제의 권력이라는 것이 관료 기구를 통해서만 행사될 수 있기에, 관료 기구가 파행적으로 운영된다는 것은 곧 황제권력 자체의 문제로

加以天祥地瑞, 無絶歲時……三四十年, 斯爲盛矣. 自魏・晉以降, 未或有焉" (『梁書』 卷3, 「武帝紀下」, p.97).

58) 中村圭爾, 「南朝國家論」, 『岩波講座 世界歷史 9-中華の分列と再生』(東京 : 岩波書店, 1999), p.218.

59) 中村圭爾, 위의 글, pp.219~220.

직결된다. 특히 송대 이후 고급 관리들의 위기 대처 능력의 상실은 중앙 정부의 무능으로 이어졌으며, 그들의 퇴폐적 생활 태도는 역시 국가의 퇴폐로 이어질 수밖에 없었다. 이 때문에 양무제는 이러한 파행적인 정치구조를 개혁함으로써 황제의 한계를 극복하려고 했던 것이다. 그 방법은 다름 아닌 유학의 부흥이었는데, 이는 유학의 강한 정치참여의식으로 사대부들을 재무장하고자 한 것이다.

양무제는 남조의 다른 황제들이 미천한 가문의 무인 출신으로 문학적 소양이 일천했던 것과는 달리 남제시기南齊時期 경릉왕竟陵王 서저西邸의 팔우八友 출신으로 유학과 현학 모두에 통달했었다. 이러한 이력으로 인해 양무제의 통치는 이전 시기 황제들의 무단 통치와는 다른 모습을 보인다. 양무제 통치의 특징은 흔히 '신귀족주의新貴族主義'[60] 또는 '현재주의賢才主義'로 표현된다. 특히 '현재주의'는 대다수의 연구자들에 의해 언급되었는데, 문지門地가 아닌 능력에 따라 인재를 발탁했던 것에서 기인한다. 이때 발탁의 기준은 유학의 습득 여부였다.

'신귀족주의'라는 입장에서 본다면 양무제의 관리 등용의 또 다른 특징은 지금까지 정치 일선에서 멀어져 있던 일류 귀족 사대부들을 요직에 등용하였다는 것이다. 물론 양무제 전 통치 기간을 통해서 본다면 한문寒門 출신의 능력 있는 인재들이 중용된다는 남조의 전통이 부정된 것은 아니다.[61] 그러나 전시기 일류 귀족들이 정치 일선에서 소외되었던 것에 비한다면 큰 변화가 아닐 수 없다. 물론 일류 귀족들이라고 해서 무조건 정치적 중추를 담당했던 것은 아니다. 여기서 '현재주의'적 입장을 다시 확인할 수 있다. 문벌 귀족이라 해도 단순히 문지에 의해서만이 아니라 정치적 능력을 가진 자에 한해서 정치 중추에

60) 安田二郎, 앞의 글 ; 安田二郎, 「「晉安王子勛の反亂」について-南朝門閥貴族體制と豪族土豪-」, 『東洋史硏究』 25-4(1967)를 참조.
61) 森三樹三郎, 앞의 책(1956), p.70.

채용될 수 있었다. 귀족이 문지에 의해서가 아닌 교양, 즉 정치적 능력에 의해서 인정받게 되었다는 점에서 이것을 '신귀족주의'라고 할 수 있을 것이다.

양무제의 개혁에 관한 연구 중 그 성과에 대해 비판적인 연구가 다수를 이루는 가운데 최근 노다 도시아키(野田俊昭)는 갑족 귀족들이 취임한 관직을 분석하여 양무제의 현재주의가 갑족 사대부들에게 적극적으로 수용되었음을 밝혔다.[62] 이러한 연구 방법을 채용한 것이 노다 도시아키만은 아니었다. 노다 도시아키 이전에 이미 에노모토 아유치(榎本あゆち)는 양조의 중서사인中書舍人을 분석하여 이 시기 관리 등용이 현재주의 이념에 입각해 있다는 것과 사대부들 역시 이러한 이념에 적응해 나갔음을 증명하였다.[63] 필자 역시 『양서』에 등장하는 기사들을 근거로 양조 갑족 사대부들에게 변화가 있었다고 생각한다.[64] 이 글의 목적이 양무제의 개혁이 갑족 사대부들에게 받아들여졌는가의 여부를 밝히는 것이 아니기에 이 문제에 대한 논의는 더 이상 진행하지 않겠으나, 양무제의 정책이 사대부의 의사와는 관계없이 관료 기구를 통해 행해진 것이기에 사대부 사회의 체질 개선에 도움을 주지 못했다는 견해에는 쉽게 동의할 수 없다.[65] 필자는 남조 사대부들이 비록 지배 계층으로 기득권을 가지고 폐쇄적인 자신들만의 세계를 영위했다고 해도 관료로서의 모습이 그들의 신분을 보장한다면 관료 기구의 개혁이 그들의 체질 개선과 무관할 수는 없을 것이라고 생각한다.

---

62) 野田俊昭, 「梁時代, 士人の家格意識をめぐって」, 『東洋史硏究』 57-1(1998).

63) 榎本あゆち, 「梁の中書舍人と南朝賢才主義」, 『名古屋大學東洋史硏究報告』 10(1985).

64) 자세한 내용은 본서 제3부 제1장에서 서술.

65) 越智重明는 梁武帝의 개혁이 사대부 사회의 체질 개선에 조금도 영향을 주지 못했다고 보았다. 越智重明, 「南朝の國家と社會」, 『岩波講座 世界歷史 5-東アジア世界の形成Ⅱ』(東京 : 岩波書店, 1970), p.173.

에노모토 아유치는 양무제의 일련의 개혁들의 저변에는 '정치 세계는 재학才學을 가진 사인들의 공유물'이라는 인식이 깔려 있다고 보았다.[66] 이것은 천하를 황제의 것으로 보는 전통적인 황제들의 관점과는 사뭇 다르다. 오히려 공천하公天下 사상에 입각한 전통적인 사대부들의 논리라고 할 수 있다. 즉 양무제는 이렇게 사대부들의 논리에 입각해서라도 사대부들이 가지고 있는 정치적 책임감을 회복시키려고 했던 것인데, 이유는 바로 관료 기구의 정상적인 기능 회복과 그를 통한 황제권의 강화라고 할 수 있다.

그렇다고 양무제의 개혁이 사대부들의 공천하 의식의 고취만을 내용으로 갖는 것은 아니다. 양무제의 개혁에 대한 한 연구에 의하면 현재주의의 천명과 그것에 따른 관료 기구의 개편은 관직을 기준으로 하는 사서구별士庶區別을 강조하여 관료를 중심으로 하는 또 다른 질서를 만들어 낸 것이라고 하였다. 이것은 사서의 구별이 아니라 관서官庶의 구별이라고 할 수 있을 것이다.[67] 이러한 시도는 관직을 통하여 종래 "사대부는 본래 천자가 명령해서 되는 것이 아니다(士大夫故非天子所命)"[68] 라고 하여 황제도 간섭할 수 없었던 사대부들의 자율적인 질서를 통제하려는 의도라고 할 수 있다. 즉 본질적으로 사회적 신분 질서인 사서를, 정치권력을 근원으로 하는 질서로 전화시키고자 한 것이다.[69] 물론 이것이 사서의 구별을 완전히 제거한 것은 아니다. 양무제가 『백가보百家譜』를 개정한 것에서 알 수 있듯이 그의 개혁은 근본적으로 사인 중심의 지배체제를 구축하려는 것으로,[70] 문벌 중심의 정치체제를 부정한 것은 아니다. 요컨대, 양무제는 사인이 국가의 실질적인 지배자임을

---

66) 榎本あゆち, 앞의 글, p.35.

67) 金裕哲, 앞의 글, p.152.

68)『南史』卷36,「江斅傳」, p.943.

69) 中村圭爾,『六朝貴族制硏究』(東京：風間書房, 1987), p.119.

70) 金裕哲, 위의 글, p.151.

인정함과 동시에 그들 역시 황제권력 하에 존재해야 함을 천명한 것이다. 모든 권위를 만들어 내는 근저는 자율적 질서를 가진 사대부 사회가 아닌 황제가 설치한 관官이었던 것이다.

이런 이유로 인하여 양무제의 정책은 한편으로는 현실적으로 당시 존재하고 있던 여타 세력의 존재를 인정했다는 수동적인 면을 갖고 있다고 볼 수 있을 것이다. 그러나 다른 한편으로 양무제의 정책은 당시 존재하고 있던 두 가지 질서, 즉 사회적 질서와 정치적 질서를 통합하여 모든 것을 황제권력이 실현되는 공식적인 통로인 관료제로 집중시켰다는 적극적인 면이 존재한다. 관료 기구의 상층을 일류 귀족들이 독점하고 있으면서도 중요한 정치적 결정이 한문 출신의 사대부들에 의해 결정되고 집행되어, 황제가 정상적으로 관료 기구를 운영할 수 없었던 상황이 종식된 것이다.

그러나 이러한 일련의 개혁이 성공적이었던 것만은 아니다. 양무제 통치 후기 주이朱异의 중용은 전통적으로 독재적인 남조 황제들이 사용했던 한문 출신의 능리能吏 기용이라는 방법을 그대로 답습한 것이다. 이것에 대해서 한인寒人 관료를 이용하여 절대 전제 정치를 행한 송·제의 통치 방법으로 복귀한 것이라고 평가하는 이도 있다.[71] 또한 양무제의 개혁으로 남조 사대부 사회에 변화가 있기는 했지만 양조 말기 드러난 관리들의 무능은 개혁의 효과에 대해 의심하게 한다.[72] 더하여 후경侯景의 난 이후 등장한 이들이 대체로 신분 상승을 꿈꾸는 임

---

71) 森三樹三郎, 앞의 책(1956), p.83.

72) 梁武帝 말년 賀琛은 당시 사회적 문제를 表를 올려 지적하였는데 그 내용은 대략 다음과 같다. 첫째는 刺史 이하 지방관의 가렴주구로 인하여 인민이 流亡하고 있는 점, 둘째 사회 도처에 넘쳐 나는 사치 풍조, 셋째 관리들이 위기 관리 능력을 상실한 채 사사로운 이익만을 추구하고 있는 점이다. 즉 한마디로 관리들이 정치적 능력을 상실한 것을 양조 사회의 가장 큰 문제로 지적하고 있다고 할 수 있다(『梁書』, 「賀琛傳」, pp.543~546).

협적任俠的 양식에 의해 결합한 지역 토호土豪들이라는 점으로 인해[73)]남조 귀족제 사회는 끝내 기력을 회복하지 못하고 붕괴한 것으로 이해되었다.[74)]

그렇다고 양무제의 일련의 정책이 전혀 무의미하다는 것은 아니다. 북위北魏 효문제孝文帝의 관제 개혁 중에 보이는 유내流內·유외관流外官의 구별은 서민층의 관계 진출이라는 현실을 인정하는 한편 종래의 사대부 지위를 확보하려는 방안이라는 점에서 양무제의 개혁의 영향을 받은 것으로 알려져 있다.[75)] 이러한 점은 북위-북제北齊(북주北周)-수隋로 연결되는 관료제도 안에[76)] 양무제의 관제 개혁이 포함되어 있음을 말해 주는 것이다. 다음에서는 이러한 관련에 주목하여 수의 지방 통치를 살펴보아 천감개혁이 가진 의미를 확인하고자 한다.

---

73) 陳朝의 지배 집단에 대해서는 川勝義雄, 「南朝貴族制の沒落に關する一考察」, 『東洋史硏究』 20-4(1962) ; 榎本あゆち, 「梁末陳初の諸集團について-陳霸先集團を中心として」, 『名古屋大學 東洋史硏究報告』 8(1982) ; 鈴木修, 「梁末陳初の地方豪族について」, 『立正史學』 55(1984)를 참조.

74) 川勝義雄은 陳代를 한인층이 완전한 승리를 거둔 시기로 이해하였다. 川勝義雄, 위의 글, p.142.

75) 谷川道雄, 『隋唐帝國形成史論』(東京 : 筑摩書房, 1971) p.139.

76) 陳寅恪은 수가 북주가 아닌 북위의 관제를 계승했다고 보고 있으나 宮崎市定은 수의 관제는 북제와 북주의 그것을 모두 계승하였다고 보았다. 특히 그는 "高祖又採後周之制"(『隋書』 卷28, 「百官之下」, p.781) 이하의 기사를 근거로 수의 散官制가 북주의 관제를 계승했다고 보았다. 한편 王仲犖는 『北周六典』에서 수의 관제가 북제가 아닌 西魏·북주의 관제를 계승한 것이라고 보았다. 그러나 세 국가의 관직을 살펴보았을 때 수가 북제·북주에게서 모두 영향 받았음을 부정할 수 없을 것 같다. 陳寅恪, 『隋唐制度淵源畧論稿』(上海 : 上海古籍, 1982), pp.82~99 ; 宮崎市定, 『九品官人法の硏究』(東京 : 同朋社, 1956 : 1977), pp.499~504 ; 王仲犖, 『北周六典』 前言(北京 : 中華書局, 1979), p.5.

3. 천감개혁의 영향과 수의 지방 통치

송무제 이후 남조의 황제들은 무단적武斷的 독재 정치를 추구했다. 특히 송문제시기는 "상께서 신하가 세력을 갖는 것을 원하지 않아, 친히 서무庶務를 관장하셨으니 전후에 선발된 자는 오직 문서를 봉행하는 일만을 하였다"고 하여[77] 마치 진시황秦始皇시기의 "천하의 일은 대소를 막론하고 모두 상이 결정하였다"는 상황을 연상케 한다.[78] 위진남북조를 귀족제 시기라고 하고는 있지만 진대 위축된 황제권은 남조시기를 거치면서 꾸준히 강화되었던 것이다. 그러나 한문을 이용한

<표> 수・북주・북제 관직명 비교

隋初	開皇3年以後 隋의 六部와 그 屬官	北周六官과 그 屬官	北齊六曹와 그 屬官
吏部	吏部・主爵・司勳・考工(吏部)	吏部・司士・司勳(夏官)	吏部・考功・主爵(吏部)
禮部	禮部・祠部・主客・膳部(禮部)	禮部・著部(春官), 賓部(秋官), 膳部(天官)	祠部・主客(祠部), 膳部(都官), 儀曹(殿中)
兵部	兵部・職方・駕部・庫部(兵部)	兵部・職方・駕部(夏官)	庫部(度支), 駕部(殿中)
都官	都官・刑部・比部・司門(刑部)	刑部(秋官), 司門(地官)	都官・比部(都官)
度支	度支・民部・金部・倉部(民部)	民部・司倉(地官), 司金(冬官)	度支・倉部・左戶・右戶・金部(度支)
工部	工部・屯田・水部・虞部(工部)	工部・司水(冬官), 虞部(地官)	殿中・屯田・起部(祠部) 五兵(五兵)

위의 표는 李光霽, 「隋唐職官制度淵源小議」, 『中國史研究』 1985-1, pp.86, 87의 <표 1, 2>를 결합하여 다시 만든 것임.

77) "上不欲威柄在人, 親監庶務, 前後領選者, 唯奉行文書"(『宋書』 卷77, 「顔師伯傳」, p.1994). 이외에도 『宋書』에는 문제의 독재 정치를 보여 주는 사료가 다수 등장한다. "上又壞諸郡士族, 以充將吏, 並不服役, 至悉逃亡, 加以嚴制不能禁"(卷82, 「沈懷文傳」, p.2104) ; "世祖不欲威權在下, 其後分吏部尙書置二人, 以輕其任"(卷84, 「孔覬傳」, p.2154) ; "上時親覽朝政, 常慮權移臣下, 以吏部尙書選擧所由, 欲輕其勢力"(卷85, 「謝莊傳」, p.2173).

78) "天下之事無小大皆決於上"(『史記』 卷6, 「秦始皇本紀」, p.258).

송·제 황제들의 관료 기구 운영은 관료 사회에서 사적 관계를 오히려 조장했다는 문제를 가지고 있다.[79] 그런 의미에서 양무제시기에 실시된 관료 기구의 개혁은 황제권의 정상적인 운영을 의미한다.

무엇보다도 양대 들어와 추구되던 현재주의는 사대부 사회에 신선한 공기를 불어넣어 쇠미해졌던 사대부들의 정치의식을 회복시키기도 하였지만, 황제 측으로 봐서도 능력 있는 관료를 선발한다는 의미에서 황제권력 행사에 반드시 필요한 덕목이었다. 현재주의는 후술하겠지만 남조보다는 특히 북조에서 성행하였다. 북위 왕조에서 어느 정도의 정치적 입지를 유지하려는 한인漢人 사대부는 탁발계拓跋系 사대부들의 문벌주의를 현재주의로 극복할 필요가 있었기 때문이다.[80] 그러나 이러한 현상들이 남조와 새롭게 건설되는 수조의 관련을 부정하는 것은 아니다. 위에서 언급한 것과 같이 양무제의 관제 개혁이 효문제의 관제 개혁에 영향을 미친 것이 분명하다면, 양무제의 개혁과 수와의 관련은 충분히 상정할 수 있기 때문이다.

양무제의 관제 개혁의 특징은 유내·유외의 구별에 따른 귀족주의적 관제가 발달하였다는 것 이외에도 지방에 존재하는 장군將軍들 즉 도독都督과 자사刺史 이하의 지방관이 겸대兼帶하고 있던 장군호將軍號의 세력 약화를 꾀한 것에 있다. 양무제는 지방에서 독자적인 군사권을 가지고 있었던 자사와 지절도독持節都督을 일반 관위 체계로부터 분리하는 한편,[81] 군수郡守와 현령縣令은 관료 체제에 포함시켰다. 일반적으로 군수와 현령이 행정 관료임에도 불구하고 자사의 부관府官이 겸직

79) 金裕哲, 앞의 글, p.179.

80) 金鐸敏 역시 한인 사대부들의 현재주의를 순수한 그것으로 이해하기보다는 北族의 문벌 우선의 인재 등용에 대한 반대로 이해하였다. 金鐸敏, 「北魏末 汎階 頻發의 배경과 그 實態」, 『金文經敎授 停年退任紀念 동아시아 연구논총』(서울 : 혜안, 1996), p.45.

81) 宮崎市定, 앞의 책, p.499.

했었던 과거의 관행에서 본다면[82] 이것은 자사부刺史府의 지역 지배권이 상당 부분 중앙으로 귀속된 것을 의미한다. 요컨대 황제가 자사와 지절도독 등 지방에서 독자성을 가지고 있는 방진장군方鎭將軍을 일괄 황제 지배체제 내에 포함시킬 수 없는 현실적인 한계를 인정하기는 했으나, 방진장군의 속료屬僚에 대한 지배권만은 분명히 한 것이라고 할 수 있다.

남북조의 지방 통치라는 것이 '지배 지역의 권한을 가진 도독부都督府가 대구획화大區劃化된 지역을 독립적으로 통치하고 있는 독특한 분권적 체제'였기 때문에[83] 황제의 입장에서는 이러한 분권적 체제를 제거하는 것이 가장 절실한 문제였을 것이다. 철저한 군현 지배의 실현이란 중앙의 권력을 지방으로 어떻게 침투시키는가 하는 문제이기 때문에 이러한 독립성의 제거는 반드시 필요한 사항이었다. 이렇게 양무제시기에 시작된 지방 세력에 대한 규제는 북위에 영향을 주고 이것은 북제·북주시기를 거쳐 수대에 이르러 완성된다.

우선 동위東魏 태평天平 초에 이르면 효창孝昌 이후 천하에 난리가 많아 자사·태수太守가 모두 당부當部의 도독이 되었는데, 전투가 없어도 모두 좌료佐僚를 세우는 관례가 남아 소재지가 자못 소란스러워지게 되었다. 이로 인하여 고륭지高隆之가 표表를 올려 폐지할 것을 요구하였다.[84] 그리고 이것은 북제시기에 들어와 장군호를 관리의 훈공勳功에 따른 포상 개념의 산관散官으로 변화시켜 장군호에 따른 부 개설 제도를 파괴하는 것으로 나타난다.[85] 이것은 북주에서도 동일하게 나타나

---

82) 濱口重國, 『秦漢隋唐史の研究 下卷』(東京：東京大, 1966：1980), p.777.

83) 中村圭爾, 앞의 글, p.218.

84) "魏自孝昌已後, 天下多難, 刺史太守皆爲當部都督, 雖無兵事, 皆立佐僚, 所在頗爲煩擾. (高)隆之表請自非實在邊要, 見有兵馬者, 悉皆斷之"(『北齊書』 卷18, 「高隆之傳」, p.236).

85) 濱口重國, 위의 글, p.781.

는데 『주서周書』 「노변전盧辯傳」에 의하면 외호장군外號將軍이 모두 산관임을 알 수 있다.86) 장군호가 산직散職이 되는 경위는 다음과 같다.

『위서魏書』 「관씨지官氏志」를 보면 각 부의 부관들은 자사가 겸대하고 있는 장군호의 고하에 따라 차등 있게 설치되고 있다. 장사長史나 사마司馬가 종제일품장군개부장사從第一品將軍開府長史 혹은 종제일품장군개부사마從第一品將軍開府司馬 등으로 표현되는 것이 그 예라고 할 수 있다.87) 그러나 『수서隋書』 「백관지百官志」에 서술된 북제北齊의 부관府官들은 주州의 등급에 따라 차등을 갖고 있다.

> 상상주부上上州府의 주속관좌사州屬官佐史는 합이 393인이고, 상중주上中州는 상상주上上州에서 10인을 감減한다. 상하주上下州는 상중주에서 10인을 감하고, 중상주中上州는 상하주에서 51인을 감한다.88)

위의 기사에서 볼 수 있는 것처럼 장군호에 따라 부의 속료가 규정되는 것이 아니라 주의 등급에 따라 규정되고 있다. 이 조치는 개황開皇 초기에 아래와 같은 조치로 완결성을 갖게 된다.

> 상상주上上州에는 자사刺史, 장사長史, 사마司馬, 녹사참군사錄事參軍事, 공조功曹, 호·병등조참군사戶·兵等曹參軍事, 법·사조등행참군法·士曹等行參軍, 행참군行參軍, 전첨典籤, 주도광초주부州都光初主簿, 군정郡正, 주부主簿, 서조서좌西曹書佐, 제주종사祭酒從事, 창독倉督, 시령市令·승丞 등을 설치한다. 좌사佐史와 함께 합이 323인이다.89)

---

86) 『周書』 卷24, 「盧辯傳」, pp.404~407.

87) 『魏書』 卷113, 「官氏志」, p.2996.

88) "上上州府, 州屬官佐史, 合三百九十三人. 上中州減上上州十人. 上下州減上中州十人. 中上州減上下州五十一人"(『隋書』 卷27, 「百官志中」, p.762).

89) "上上州, 置刺史, 長史, 司馬, 錄事參軍事, 功曹, 戶·兵等曹參軍事, 法·士曹等行參軍, 行參軍, 典籤, 州都光初主簿, 郡正, 主簿, 西曹書佐, 祭酒從事,

수대 주에 설치된 관원이 서술되어 있는 위의 기사에 따르면 행참군까지의 부관과 주관이 혼재되어 있다. 이것은 군부의 속료들이 행정계통의 주관으로 전화되었음을 보여 주는 것이라고 할 수 있는데, 이러한 조치는 현실적으로 지금까지 강화되어 온 부관을 철폐할 수 없었기 때문에 취해진 것이다. 그러나 이 조치로 인하여 부관들은 주관으로 전화되어 중앙의 통제 하에 편입되게 되었고, 자사는 군권을 상실하게 된다. 또한 수문제시기隋文帝時期에는 주군에 있었던 관리 임용권이 중앙으로 완전히 귀속되게 된다.[90] 이것과 더불어 개황 3년(583) 행해진 이급제二級制의 지방 제도는 자사를 군수급으로 조정한 것이었고[91] 양제煬帝가 주를 폐지하고 군을 설치하면서 자사는 태수가 되어 이름과 실제가 부합되기에 이른다. 또 도위都尉를 따로 설치해 군에서는 군사에 대해 알지 못하게 했으며,[92] 장사·사마와 같은 부관의 잔재를 없애는 한편 찬무贊務를 설치하여 후에 설치하는 통수通守와 함께 태수를 보좌하게 하였다.[93] 그러나 그 본 목적이 태수의 권한을 분할하고 견제하기 위함임은 자명하다.[94]

개황 15년 주현·향관鄕官의 폐지로[95] 1차 완성된 수의 일련의 지방제도의 개혁은 미야자키 이치사다(宮崎市定)의 평가와 같이 단순한 지방

部郡從事, 倉督, 市令·丞等員. 并佐史, 合三百二十三人"(『隋書』卷28, 「百官志下」, p.783).

90) "開皇十八年……自是, 海內一命以上之官, 州郡無復辟署矣"(『通典』卷14, 「選舉二」, p.342).

91) "至開皇三年, 罷郡, 以州統縣. 自是刺史之名存而職廢.<後雖有刺史, 皆太守之互名, 理一郡而已, 非舊刺史之職.>"(『通典』卷32, 「職官十四」, p.888).

92) "別置都尉領兵, 與郡不相知"(『通典』卷33, 「職官十五」, pp.916~917).

93) "罷長史·司馬, 置贊務一人以貳之……其後諸郡各加置通守一人, 位次太守……又改郡贊務爲丞, 位在通守下"(『隋書』卷28, 「百官志下」, p.802).

94) 陸慶夫, 「關於隋朝改革地方機構問題的幾点辨析」, 『蘭州大學學報』17(1989), p.13.

95) 『隋書』卷28, 「百官志下」, p.793.

제도의 개혁 이상의 의미를 지닌다.96) 이전 시기 지방의 자율성이라는 것이 지방 장관의 인재 선발 자율권에 근거하고 있었다는 점에서, 이러한 일련의 조치들은 지방에 존재하는 정치 세력을 제거하고 황제의 권력을 지방 말단 조직까지 미치게 한 것이다. 양무제시기 행할 수 없었던 지방 세력의 완전한 체내 흡수가 수대에 이르러 비로소 이루어진 것이다.

지방으로의 중앙 권력 침투라는 것과 관련하여 수대 초 주목할 만한 또 다른 상황은 사자使者들의 잦은 지방 파견이다. 문제시기에만 개황 연간에 8차례, 인수仁壽 연간에 1차례, 총 9차례에 걸쳐 파견된다.97) 9차례의 사자 파견을 지역별로 보면 전국 네 차례, 산동山東 한 차례, 하남河南·하북河北 한 차례, 진陳 지역이었던 영남嶺南의 강남江南 지구 세 차례로 분류할 수 있는데, 대략 순성巡省 지역이 하남·하북·산동의 옛 북제의 땅과 강남·영남의 옛 진의 땅에 분포되어 있음을 알 수 있다. 이 지역들은 넓게 말한다면 수의 정치적·군사적 근거지라고 하는

96) 宮崎市定, 앞의 책, p.510.

97) 開皇과 仁壽 연간에 있었던 遣使는 다음과 같다.

① "(開皇元年)遣八使巡省風俗"(『隋書』 卷1, 「高祖紀上」, p.13)

② "(開皇三年)十一月己酉, 發使巡省風俗"(『隋書』 卷1, 「高祖紀上」, p.20)

③ "(開皇四年)八月甲午, 遣十使巡省天下"(『隋書』 卷1, 「高祖紀上」, p.22)

④ "(開皇六年春正月)壬申, 遣民部尙書蘇威巡省山東"(『隋書』 卷1, 「高祖紀上」, p.23)

⑤ "(開皇九年)陳國平, 合州三十, 郡一百, 縣四百. 癸巳, 遣使持節巡撫之"(『隋書』 卷2, 「高祖紀下」, p.32)

⑥ "(開皇十年)八月壬申, 遣柱國·襄陽郡公韋洸, 上開府·東萊郡公王景, 並持節巡撫嶺南, 百越皆服"(『隋書』 卷2, 「高祖紀下」, p.35)

⑦ "(開皇十五年秋七月)甲戌, 遣邳國公蘇威巡省江南"(『隋書』 卷2, 「高祖紀下」, p.40)

⑧ "(開皇十七年三月)庚午, 遣治書侍御史柳彧·皇甫誕巡省河南·河北"(『隋書』 卷2, 「高祖紀下」, p.41)

⑨ "(仁壽元年六月)乙卯, 遣十六使巡省風俗"(『隋書』 卷2, 「高祖紀下」, p.46)

관롱關隴 지역을 제외한 전 지역이라고 해도 과언이 아니다. 이것은 사자의 파견이 갖는 정치적인 의미가 무엇인가를 우리에게 추측하게 해준다. 역시 정치적·군사적 정복만으로는 수세기 동안의 분열을 완전히 봉합할 수 없을 뿐 아니라 새로 복속된 지방에 중앙의 권력을 쉽게 침투시킬 수 없었다는 것을 알 수 있다.

이때 사자의 임무는 '순성풍속巡省風俗', '순성천하巡省天下', '성省', '순무巡撫', '순성巡省' 등으로 나타나 있는데 모두 같은 내용으로 짐작해도 큰 무리는 없을 것이다. 이들은 주로 지역의 풍속을 관찰하는 일을 했는데 황제가 지역의 구체적인 상태를 파악하는 한편, 관료 기구를 통하지 않고 직접적으로 지방에 황제의 권력을 침투시킬 필요에 따라 이들 사자들이 파견되었던 것이다. 사자들에게는 '문무 재용才用이 있음에도 알려져 있지 않은 이들을 마땅히 예禮로써 선발하여 보내면 짐이 장차 추량推量하여 발탁할 것'이라는 내용의 조서가 내려져 인재 발탁이 그 중요한 임무였음을 알 수 있다.[98] 또한 대업大業 원년(605)의 기사에는 풍속을 살펴 풍화風化를 선양宣揚하는데, 인재는 발탁하고 억울하게 숨어있는 자는 현달顯達하게 하라고 하였다. 더하여 효제孝悌·역전자力田者를 면제해 주며, 환과고독鰥寡孤獨을 비롯하여 스스로 생계를 책임지지 못하는 자들은 진휼賑恤하고, 의부義父와 절부節婦는 표창하며, 고령자에게는 판수版授하며, 질병이 있는 자에게는 시정侍丁을 내려주겠다고 하고 있다.[99] 이러한 사자의 파견은 황제가 직접 지방의

98) "如有文武才用, 未爲時知, 宜以禮發遣, 朕將銓擢"(『隋書』 卷1, 「高祖紀上」, p.20).

99) "可分遣使人, 巡省方俗, 宣揚風化, 薦拔淹滯, 申達幽枉. 孝悌力田, 給以優復. 鰥寡孤獨不能自存者, 量加振濟. 義夫節婦, 旌表門閭. 高年之老, 加其版授, 並依別條, 賜以粟帛. 篤疾之徒, 給侍丁者, 雖有侍養之名, 曾無賙贍之實, 明加檢校, 使得存養. 若有名行顯著, 操履修潔, 及學業才能, 一藝可取, 咸宜訪採, 將身入朝. 所在州縣, 以禮發遣. 其有蠹政害人, 不便於時者, 使還之日,

상황을 살피고 백성 한 사람 한 사람의 문제를 파악해서 적절한 조처를 해 주겠다는 의지의 구체적 표현이라고 할 수 있다. 즉 수대의 황제들은 기존의 지방 행정조직뿐 아니라 5개의 행대行臺 설치와[100] 사직使職의 운영을 통해 지방에 대한 지배권을 확대하였던 것이다.[101]

이상에서 수대 황제들의 관제 개혁과 그에 따른 지방 지배 강화에 대해 살펴보았는데 앞에서 언급한 것과 같이 이것은 이전 시기 지속적으로 강화되어 왔던 황제권과 관련 있는 것이었다. 특히 수대 지방 행정제도의 개혁은 양무제의 천감개혁으로부터 북위 효문제의 관제 개혁을 거쳐, 북위·북주의 관제, 그리고 수의 완결이라는 연속성을 가지고 있음을 알 수 있었다.

맺음말

흔히 남조의 황제 통치를 변화시킨 이로 송의 무제 유유를 꼽는다. 그는 구석문을 비롯해 여러 기사에서 이풍역속을 실행한 황제로 평가받고 있다. 그가 행한 이풍역속이란 의희토단을 말하는 것인데, 토단을 통해 지방에서의 호족 세력을 억압하는 한편 인민에 대한 중앙 정부의 장악력을 강화하였다. 진말 점차 호족 세력이 증대하면서 인민에 대한 중앙 정부의 구속력이 상실되어 가는 상황 속에서 중앙의 권력을 말단

具錄奏聞"(『隋書』 卷3, 「煬帝紀上」, pp.62~63).

100) 河北道와 河南道·西南道는 개황 2년에, 山西道는 개황 6년에, 淮南道는 개황 7년에 각각 설치되어 親王들이 尙書令이 되어 나가게 된다.

101) 寧志新과 張留見은 隋代의 使職을 巡省使, 按撫使, 慰撫使, 簡黜大使, 受降使職, 黜陟大使, 討捕大使, 給使, 宮使, 朝集使, 考使로 분류하였는데 隋代 이렇게 使職이 발달하게 된 것은 지방에 대한 황제의 직접 지배 의지의 표현이라고 할 수 있다고 하였다. 寧志新·張留見, 「隋朝使職硏究」, 『河北師範大學學報』 22-3(1999), pp.79~83.

까지 미치게 하는 방법으로 토단을 행했던 것이다. 이로 인해 '군주를 높이고 신하를 낮추는(尊主卑臣)' 풍기를 만들어 냈다.

양무제의 개혁은 여타 남조 황제들의 개혁과는 다소 다른 성격을 갖는 것으로 평가받는다. 개혁의 핵심은 국가적으로 유학을 부홍시킨 것인데, 유학 부흥은 현재주의와 연관되어 있다. 위진 이래 사대부들은 현학을 숭상하여 사회적으로 정치적인 무관심과 무능력을 초래하였다. 특히 상층의 문벌 사대부들에게서 이런 경향이 강해 관료 기구는 한문 출신의 사대부들에 의해 운영되었다. 이러한 파행적인 관료 기구의 운영은 점차 문제를 발생시켰다. 황제의 권력이라는 것이 기본적으로 관료 기구를 통해서만 행사될 수 있기에 정상적인 관료 기구의 운영은 황제권력의 행사와도 깊은 관련을 맺는다. 이 때문에 양무제는 정상적인 관료 기구의 운영을 위해 사대부들을 정치적으로 각성시키고 그들 스스로가 정치 세계의 주체임을 자각시키고자 했다.

이것은 사대부와 황제의 공존의 필요성을 황제 스스로가 인식한 것이라고 평가할 수 있을 것이다. 그렇다고 양무제가 황제권력의 실현을 염두에 두지 않았다는 것은 아니다. 통치 후반부의 그의 통치는 결국 한문 출신의 능리를 이용한 것으로, 남조 황제들의 일반적인 통치 방법과 동일하였다. 그러나 우리는 양무제의 개혁에 황제와 사대부의 공존이라는 측면이 존재함을 주목해야 할 것이다.

수의 경우 일반적으로 북주를 근간으로 건국되었다고 하여 남조와의 관련 가능성이 부정되고 있지만, 양무제의 천감개혁은 북위 효문제의 관제 개혁에 영향을 미쳤고 이것은 북제·북주를 거쳐 수의 관제 개혁에 영향을 주었다. 특히 양무제시기 지방의 방진장군을 관위 체계로부터 분리하고, 다른 한편 방진장군의 속관들을 지방 행정 단위로 포함시킨 것은 북제시기 외호장군호를 산관화하는 것의 시작이라고 볼 수 있다. 이후 수대에 들어와 이름뿐이던 지방 행정 관속들을 폐지하고 부관을 주의 관속으로 재편하여 지방의 분권적 체제를 일원화한다. 즉, 지방의 분권적인 권력을 황제의 관료 기구 안으로 편입시켜 황제의 일원적 지배 안에 존재시킨 것이다. 이러한 황제들의 노력이 사대부 사회를 변화시킨 또 다른 요소였다.

제3장 최호와 북조 사대부의 현재주의

머리말

위진魏晉 이래 현학玄學의 흥기는 남조南朝 사대부들에게 자유로운 교양인으로서의 개인을 발견하게 하였지만, 다른 한편 관료가 되어 천하의 도道를 실현하려고 하였던 전통적인 사대부로서의 권리를 포기하게 하였다. 철저히 개인적이며, 비현실적이었지만 다른 한편 논리적인 특성을 가지고 있었던 현학은 개인을 유교주의적인 속박에서 벗어나게 했을 뿐 아니라 현실의 책임감에서 벗어나게 해 국가에 대한 봉사로부터도 자유롭게 하였다. 그 결과 오히려 임관에 초탈한 모습이 사회적으로 명망을 얻기도 하였다.[1)]

한편 구품중정제九品中正制는 본래 조위시기曹魏時期에 후한말後漢末의 전란으로 향촌 사회가 붕괴하여 더 이상 정상적인 향론鄕論 활동이 불가능해지고 지난 시기 선거의 부패로 인해 전문 인력을 선발할 길이 막히자, 현재주의賢才主義에 입각하여 실시한 새로운 인재 선발 방법이었다. 그러나 곧 중정中正은 귀족들 사이에서 행해지는 인물평을 향품鄕品에 반영하였고, 마침내 문자門資를 따져 향품을 결정하였다. 구품중

---

1) 陳啓雲, 「魏晉南北朝知識分子的特色」, 『漢晉六朝文化・社會・制度-中華中古前期史研究』(臺北 : 新文豐, 1997), p.184.

정제는 본래의 취지와는 달리 오직 가격家格에 의해 인물의 품격을 정하게 되었다. 이러한 가격의 고정화는 사대부들을 정치 일선에서 후퇴시켰으며, 정치 참여에 뜻을 두고 있는 재능 있는 이들을 오히려 무능하게 만들기까지 하였다.[2] 이렇듯 현학과 구품중정제는 남조 사대부들을 무력하게 하는 동시에 그들만의 독자적인 세계를 만들게 하였다.

이에 비해 북조北朝의 사대부들은 잦은 전란과 호족胡族 왕조에서의 입사入仕라는 현실로 인해 남조의 사대부와는 다른 지형에 놓이게 되었다. 물론 이것이 북조에 남조와는 전혀 다른 사회가 만들어졌다는 것을 의미하는 것은 아니다. 비록 전란이나 호족 왕조라는 현실이 사대부들에게 독자적인 사대부 사회를 만드는 데 어려운 여건으로 작용한 것은 사실이지만, 그렇다고 남조와 전혀 다른 성격의 사회가 만들어지지는 않았기 때문이다.[3] 북조의 경우 호족 황제들의 적극적인 황제권 강화라는 점이 두드러진 특색이지만, 그러한 황제권 강화에 맞선 북조 사대부들의 자율성과 독자성에 대한 갈망과 그 실현의 형식은 남조 사대부들의 그것과 비교했을 때 질적으로 다르지 않았다고 생각된다.

하지만 새로운 제국의 형성이 북조 사대부들의 현재주의로부터 가능했다는 평가가 있는 것처럼, 북조 사대부들의 정치 참여와 욕구는 남조 사대부와는 분명 달랐던 것으로 보인다. 아무래도 북조 사회의

---

2) "(王僧虔)第九子寂, 字子玄, 性迅動, 好文章……建武初, 欲獻中興頌, 兄志謂之曰 : 「汝膏粱年少, 何患不達, 不鎭之以靜, 將恐貽譏.」寂乃止"(『南齊書』 卷33, 「王僧虔傳」, p.598). 이 기사에 따르면 당시 재능을 드러내는 것이 출세에 급급한 것처럼 이해되었음을 알 수 있다.

3) 谷川道雄는 北魏 孝文帝의 官制 개혁에서 보이는 淸·濁의 구별은 위진 이래 남조에서 나타난 귀족제 발달에 수반한 현상이라고 하며, 북위에서 이 제도가 채용되었다는 것은 북위 사회가 국가체제 중에 귀족제를 의식적으로 포함하였다는 것을 보여 주는 것이라고 하였다. 谷川道雄, 『隋唐帝國形成史論』(東京 : 筑摩書房, 1971), p.139.

특수성이라는 것이 남조 사회보다 북조 사대부로 하여금 한층 더 정치적인 욕구를 가지게 했을 것이다. 특히 북조 한인漢人 사대부들의 현재주의는 상층 다수의 현직顯職을 독점하고 있던 탁발계拓跋系 귀족들의 문벌주의門閥主義와 대극을 이루고 있는데,[4] "명군明君이라 하여도 홀로 천하를 다스릴 수 없고, 반드시 신하의 보좌를 받아야 한다"[5]는 이들의 주장은 황제권에 대응하여 치자治者로 존재하고자 하는 전통적인 사대부들의 자기실현 논리라고 할 수 있다. 이러한 사대부들의 노력은 수대隋代로 이어져 왕통王通 같은 이는 남조의 문인들에게 거침없이 '소인小人', '광자狂者', '천인賤人', '과인夸人', '궤인詭人'이라고 말하며 그들의 학문이 실질을 가지지 않은 것에 대해 비판하였다.[6] 수대 사대부들에게 있어서 가장 중요한 능력은 '직위에 부합함(稱職)'으로 표현되는 정치적 책임감과 실무 능력이었다.[7]

이렇듯 현재주의야말로 북위北魏의 중원 통치와 그 장기 존속의 원인이며, 북조로부터 중국의 재통일이 가능할 수 있었던 가장 중요한 요인일 것이다.[8] 그런데 그 현재주의적 전통이 선비족鮮卑族의 필요에 의해서만 만들어진 것은 아니다. 오히려 호족 지배 하에서 한인 사대

---

4) 谷川道雄, 앞의 책, pp.150～157.

5) "明君不能獨理, 必須臣以作輔"(『魏書』 卷54, 「高閭傳」, p.1198).

6) "子謂文士之行可見. 謝靈運小人哉, 其文傲, 君子則謹；沈休文小人哉, 其文冶, 君子則典；鮑昭·江淹, 古之狷者也, 其文急以怨；吳筠·孔珪, 古之狂者也, 其文怪以怒；謝庄·王融, 古之纖人也, 其文碎；徐陵·庾信, 古之夸人也, 其文誕. 或問孝綽兄弟, 子曰：「鄙人也, 其文淫.」 或問湘東王兄弟, 子曰：「貪人也, 其文繁.」 謝朓, 淺人也, 其文捷；江總, 詭人也, 其文虛. 皆古之不利人也. 子謂顏延之·王儉·任昉有君子之心焉, 其文約以則"(『中說』, 「事君」, p.12).

7) 대표적으로 何妥는 당시 5개의 職을 겸직하고 있던 隋文帝의 寵臣 蘇威를 "능력은 없으면서 그저 總領함이 많지 않을까를 두려워한다"며 그의 不稱職에 대해 비판하였다. 『隋書』 卷75, 「儒林 何妥傳」, p.1710.

8) 尙志邁, 「略論北魏前期的用人路線」, 『內蒙古大學學報』 1984-1, p.24.

부가 정치적 지위를 획득하고 보존하는 방법으로 현재주의보다 더 유력한 방법은 없었을 것이다. 그래서 지금까지 많은 연구가 북위 한인 사대부의 현재주의를 주목하였고, 이러한 북위 사대부들의 정신이 북제北齊 고씨高氏 정권에까지 연결되어 북조의 전통이 되었다고 본 연구도 있다.[9] 특히 그 중에서도 효문제시기孝文帝時期 이충李沖이나 한현종韓顯宗, 이표李彪들에게서 보이는 현재주의가 주목되었다.

그러나 필자는 이러한 북위 한인 사대부들의 현재주의의 전통이 효문제시기에 비로소 등장한 것이라고는 생각하지 않는다. 효문제시기 이전 이미 한인 사대부들은 호족 왕조에서 자신들에 대한 필요를 지속적으로 창출하지 않으면 안 되었기 때문이다. 당시 한인 사대부들은 도무제道武帝의 부족部族 국가에서 중국적中國的 왕조王朝 국가로의 이행을 '변풍역속變風易俗'의 완성, 즉 자신들이 이상적으로 생각하고 있던 사회적 풍기를 이룬 것으로 이해하였다.[10] 이것은 한인 사대부들이 무엇보다도 사대부의 정치적 참여를 보장해 주는 안정적인 중국적 왕조 국가를 갈망하고 있었음을 말해 준다. 즉, 현재주의의 제창은 효문제 이전 이미 시대적 필요를 가지고 있었던 것이다. 그러므로 새 시대를 가능하게 한 북조 사대부들의 정치적 자각과 적극적인 정치 참여라는 현재주의를 이해하기 위해서는 효문제 이전 시기를 살펴봐야 할 것이다. 필자는 이러한 필요에 의해 북조 사대부의 현재주의적 전통의 근원을 찾아보고자 하였는데, 바로 최호崔浩에 대한 고찰은 이러한 목적에서 출발한다.

---

9) 谷川道雄, 앞의 책, 2篇 2章「北魏官界における門閥主義と賢才主義」와 3篇 2章「北齊政治史と漢人貴族」을 참조.

10)『魏書』卷35,「崔浩傳」, p.811.

1. 최호의 죽음과 북위 사회

북위 태무제시기太武帝時期 국사 편찬 과정에서 탁발부 선조에 대한 참람한 서술이 문제가 되어 처형된 최호는 도무제道武帝 탁발규拓跋珪 시대부터 시작하여 명원제明元帝 시대를 거쳐 태무제시기까지 북위의 중요 정책을 입안·결정·집행한 최고의 권신權臣이었다. 특히 태무제의 화북 통일 사업은 최호가 없었다면 불가능했을지도 모른다.[11] 태무제마저도 승리의 공훈을 모두 최호에게 돌릴 정도로 북위 정부에 있어 최호의 역할이나 영향력은 상당하였던 것으로 보인다.[12] 그런 최호가 태평진군太平眞君 11년(450) 북위 선조인 탁발 부족의 초기 역사를 사실 그대로 저술한 것이 문제가 되어 처형되는 사건이 발생한다. 흔히 말하는 국사옥國史獄, 또는 국사 사건이다.

최호의 정치적 행적이나 그의 죽음에 대해서는 이미 많은 연구 성과가 축적되어 있지만, 굳이 최호의 죽음에 대해 다시 이야기하고자 하는 것은 지금까지의 연구 성과들이 근본적인 의문을 해결해 주지 못한다고 생각했기 때문이다. 최호의 죽음에 대한 그간의 연구 성과는 다양하지만 하나의 공통점을 가지고 있다. 지금까지의 연구는 최호의 국사옥 그 자체가 중요하기는 하지만 국사옥 자체는 단지 하나의 도화선에 불과하다고 보고 있다.[13] 즉 그 사건 속에는 당시 북위 사회가 가지

11) 川勝義雄, 『中國の歷史-魏晉南北朝』(東京 : 講談社, 1974 : 1981), p.312.

12) "世祖指浩以示之, 曰 :「……朕始時雖有征討之意, 而慮不自決, 前後克捷, 皆此人導吾令至此也.」乃敕諸尙書曰 :「凡軍國大計, 卿等所不能決, 皆先諮浩, 然後施行.」"(『魏書』 卷35, 「崔浩傳」, p.818).

13) 가장 대표적인 것이 宮崎市定와 陳寅恪의 견해인데 두 사람 모두 최호의 국사옥은 하나의 계기에 불과하다고 보고 있다. 단 宮崎市定의 경우는 근본적인 원인을 최호와 鮮卑系 관료와의 암투로 보고 있으며, 陳寅恪은 최호의 정치적 이상에 대한 반발을 가지고 있던 이들이 단순히 선비계 귀족들만이 아니고 한족 중에서 선비족의 신뢰를 받던 한인 한문들도 최호에 대해 좋지 않

고 있었던 다양한 문제가 포함되어 있다는 것이다.[14] 그 중에서도 가장 설득력 있게 받아들여지고 있는 입장은 통치 계급 내의 갈등이 국사옥을 기화로 폭발한 것이라는 견해로, 문벌 세족 정치의 부활을 정치적 이상으로 했던 최호가 탁발계 귀족들의 공격을 받았다는 것이다.[15] 이러한 입장은 약간의 차이는 있지만 북위 사회에 존재하고 있는 야만성의 증거로, 한족과 호족의 민족 대립의 증거로 최호의 죽음을 이해한다.

은 감정을 가지고 있었다고 보아 최호의 옥사가 당시 지배층 전반의 모순을 반영한 것이라고 하였다. 宮崎市定, 『九品官人法の硏究』(京都：同朋舍, 1956：1977), pp.386～387；陳寅恪, 「崔浩與寇謙之」, 『金明館叢稿初編』(上海：上海古籍, 1980), p.136.

14) 대표적인 연구로는 牟潤孫, 「崔浩與其政敵」, 『輔仁學誌』 10-1・2(1941)；王伊同, 「崔浩國史獄釋疑」, 『淸華學報』新1-2(1957)；周一良, 「北朝的民族問題與民族政策」, 『魏晉南北朝史論集』(北京：北京大, 1997)(原載：『燕京學報』 39)이 있다. 이 중 牟潤孫은 道・佛의 갈등이 폭발한 것으로 보고 있고, 王伊同은 최호의 국사 사건 내면의 문제를 胡漢間의 종족적 대립의 갈등이 폭발한 것으로 보고 있다. 한편 周一良은 통치 계급 내부의 권력 투쟁이 문제라고 보고 있는데, 시각의 차이는 있지만 이후의 연구들은 대체로 통치 계급 내부의 권력 투쟁으로 최호의 국사 사건을 해석하는 것으로 보인다. 예를 들어 逯曜東의 경우는 최호가 이상으로 삼았던 문벌 정치가 필연적으로 탁발 귀족들을 정치적으로 소외시키기 때문에 이들의 공격을 받아 결국 주멸된 것으로 보고 있다(逯曜東, 「崔浩世族政治的理想」, 『從平城到洛陽』(臺北：聯經, 1978)). 이상의 연구들은 표현의 차이에도 불구하고 결국 최호 국사 사건을 통치 계급 내에 존재하고 있던 모순이 드러난 것으로 보고 있다. 최호 국사 사건에 대한 연구사는 逯曜東, 위의 글, p77의 註1)에 자세히 정리되어 있다.

15) 이러한 관점의 대표적인 논자가 谷川道雄로 그는 최호가 북위 왕조를 漢族的 귀족 국가로 만들려고 기도하다가 북인 세력의 반감을 초래하여 주살되었다고 보았다. 谷川道雄, 앞의 책, p.135. 최호 사건에 대한 한국 측의 연구 성과는 모두 이 견해와 같은 관점을 가지고 있다. 李成珪, 「北朝前期門閥貴族의 性格-淸河의 崔浩와 그 一門을 中心으로」, 『東洋史學硏究』 11(1977), pp.38～44；李啓命, 「北朝의 貴族」, 전북대 박사학위논문(1987), pp.27～30；朴漢濟, 『中國中世胡漢體制硏究』(서울：一潮閣, 1988), p.125 참조.

필자 역시 최호 사건의 앞뒤 정황이 국사옥 자체에 국한되어 있다고는 보지 않는다. 그러나 과연 최호 사건의 전말이라는 것이 그가 가지고 있던 문벌 체제라는 이상에 대한 북위 군주 및 북위 사대부들의 응징이었는가 하는 의문이 든다. 북위의 역사가 가장 자세하게 서술되어 있는 역사서인 『위서魏書』를 보면 최호가 문벌 정치를 부활시키고자 했다는 명확한 근거를 찾을 수 없을뿐더러, 만에 하나 최호가 문벌 정치를 부활하고자 했다고 해도 북위 사회가 그것을 용인하지 못할 상태였는가 하는 의문이 생기기 때문이다. 그래서 이 장에서는 최호의 이상이 무엇이었는가와 당시 북위 사회의 상황을 분석하고자 하는데, 우선은 북위 사회가 과연 문벌주의에 대해 어떤 태도를 가지고 있었는가를 살펴보고자 한다.

알려진 바와 같이 효문제의 한화漢化 정책은 개인적인 취향이나 개인적인 교육의 결과로 만들어진 것은 아니다. 그것은 북위 사회 내에 존재하는 한인 관료들의 성장과 더불어 탁발계 관료들의 한화 정도에서 그 원인을 찾아야 할 것이다.[16] 실제로 비교적 이른 시기에 북위 내에는 상당한 수준으로 중국적 질서가 뿌리내리고 있었던 것으로 보인다.

신가神䴥 3년 가을 7월 기해己亥에 조詔를 내려 말씀하셨다. "지난날

16) 朴漢濟, 위의 글, pp.135～136. 그리고 근래 중국에서 발표된 거의 모든 글이 이러한 관점에 입각해 있다. 다음은 필자가 구할 수 있었던 글들이다. 馬德眞,「論北魏孝文帝」,『四川大學學報』1963-1 ; 薛登,「"北魏改革"再探討」,『中國史硏究』 1984-2 ; 簡修煒 · 張耕華, 「北魏孝文帝法制改革述論」, 『河北學刊』 1984-4 ; 鄒德彭, 「北魏孝文帝改革的性質及其歷史作用」, 『漢中師原學報』1987-2 ; 孟聚, 「北魏孝文帝門閥制度論略」, 『許昌師專學報』1990-2 ; 李凭, 「北魏平城政權的建立與封建化」, 『文獻』 1990-3 ; 王霄燕, 「拓跋珪與北魏封建化」, 『晉陽學刊』 1995-1 ; 張金龍, 「論北魏孝文帝的改革思想」, 『許昌師專學報』 1995-2.

태조太祖께서 난을 다스리고 제도를 막 창제하시니, 태종太宗께서 이것을 따르셨는데 개작할 겨를이 없어 군국軍國의 모든 관속들이 모자라 완전치 못한 상태에까지 이르렀다. 지금 모든 정진장군征鎭將軍・왕공王公 중 절節을 가지고 변경에 나가 있는 자들은 막부幕府를 열어 (인재를) 벽소辟召할 수 있게 허락한다. 그 다음에는 이원吏員을 증치增置하도록 하라."[17]

위의 기사만 봐도 북위 사회가 부족적 질서에서 중국적 질서로 전화하고 있음을 알 수 있다. 북위는 태무제太武帝 이후 중국식 장군호將軍號를 사용하여 막부를 개설하고 자율적으로 속관屬官을 설치하였다. 즉, 중국적 질서 중에서도 분산되어 있는 힘을 누층적으로 조직화하는 막부 질서를 채용하고 있다.[18] 어쩌면 이것은 충분히 예견할 수 있는 것인데 부족 연합 국가가 중국적 왕조 국가로 전화되면서 자연히 군사체제 속에 그 잔재를 보존하게 된 것이다.[19]

북조 호족 국가의 구조적 특징과 관련하여 다니가와 미치오(谷川道雄)는 호족 국가들의 경우 국가권력이 황제 일인의 권력이 아닌 황실 전체의 것이라고 하며, 이것은 부족 국가 사회의 잔재가 남아 있기 때문이라고 하였다.[20] 이렇듯 황실 전체가 병력을 분점하고 있다면 이것이 군사적 봉건제로 나타나는 것은 당연할 것이다. 이와 같이 북위는 그 구조적 특성상 봉건화할 수 있는 조건이 태생적으로 존재하고 있었다.

---

17) "(神䴥三年)秋七月己亥, 詔曰 :「昔太祖撥亂, 制度草創, 太宗因循, 未遑改作, 軍國官屬, 至乃闕然. 今諸征鎭將軍・王公仗節邊遠者, 聽開府辟召 ; 其次, 增置吏員"(『魏書』 卷4上, 「世祖紀上」, p.76).

18) 幕府의 운영 원리에 대해서는 金翰奎, 『古代東亞細亞幕府體制硏究』(서울 : 一潮閣, 1997)를 참조.

19) 谷川道雄, 앞의 책, p.132.

20) 谷川道雄, 위의 책과 姜文晧, 「五胡時期 胡族王朝의 帝權-胡人天子의 出現 및 宗室의 君權掌握과 관련하여-」, 동국대 박사학위논문(1996)을 참조.

더하여 남북 간의 빈번한 교류는 북위에도 귀족주의적인 색채가 농후한 관료제의 발달을 가져왔다. 그렇다면 문벌 귀족제 사회가 최호의 정치적 이상이라고 했을 때, 과연 북위 사회가 최호의 그러한 정치적 이상을 주멸이라는 극단적인 방법으로 막을 만큼 문벌 귀족제에 대한 사회적인 분위기가 조성되어 있지 않았을까?

이 문제와 관련하여 미야자키 이치사다(宮崎市定)의 지적은 많은 시사를 준다. 그는 씨족제氏族制 국가가 해체될 때 세 가지의 특징적인 모습이 나타나는데 그 하나는 관료제이고, 다른 하나는 봉건제, 마지막 한 가지는 귀족제라 하였다. 물론 그는 봉건제는 선비계 유력자들의 희망이고, 귀족제는 한인 귀족들의 희망이라 하여 구분하였지만,[21] 봉건이라는 것이 결국은 귀족을 만드는 토양이라고 했을 때 봉건제와 귀족제를 분리하여 생각할 수는 없다. 사회·정치적 관점에서 볼 때 선비계 유력자들과 한인 귀족들의 정치적 이상이 달랐다고 할 수 없을 것이다.[22]

최호의 죽음과 관련한 또 다른 견해는 최호와 탁발 귀족 사이의 심각한 마찰이 최호를 죽음으로 몰아갔다는 것이다. 여기서 잠시 최호와 탁발 귀족들과의 관계에 대해 살펴보자. 태무제 감국監國 시기부터 최호는 북위 조정에서 한인으로서는 유일하게 실권을 가진 이였다. 그러나 이 시기 최고 실력자는 목관穆觀이었고, 최호는 아직 권력의 전면에 등장하기 전으로 탁발 귀족들과 마찰은 없었다. 최호가 명실상부한 실권자가 된 것은 태무제 즉위 이후라고 봐야 하는데, 이때 최호와 대립했던 대표 인물로 거론되는 이는 장손숭長孫嵩이다. 그러나 흔히 탁발

21) 宮崎市定, 앞의 책, pp.376~378.

22) 陳漢平과 陳漢玉의 경우도 선비 귀족들이 최호의 五等爵制를 반대하지 않았다고 보았다. 陳漢平·陳漢玉, 「崔浩之誅與民族矛盾何干」, 『民族研究』 1982-5, p.37.

족 귀족의 영수로 알려져 있는 장손숭과의 마찰은 사료 상에 오직 한 번 등장하는데, 유연柔然과 혁련赫連 토벌의 선후를 둘러싼 마찰이 그것이다. 비록 그 사건으로 장손숭이 모욕을 당한 것은 사실이나[23] 그 이외의 다른 마찰이나 그것으로 인한 문제는 등장하지 않는다. 더군다나 태연太延 3년(437)에 장손숭이 사망하기 때문에 최호와 직접적으로 대립하는 시간도 의외로 짧았다.[24] 또한 유연 토벌로 인해 최호와 마찰한 후 죽임을 당하는 유결劉潔도 탁발족 출신이 아닌 한족 출신이어서 최호의 국사 사건을 탁발 귀족들과 최호와의 대결로 보는 견해는 구체적인 사례로 설명하기가 힘들다. 오히려 사료에서는 "모든 사람들이 최호를 존경하였는데 오직 목수穆壽만이 그를 업신여겼다"하여[25] 최호와 탁발계 귀족들의 사이가 그렇게 나쁘지 않았음을 알 수 있다.

흔히 시광始光(425~427) 초기 최호가 여러 신료들의 압력에 의해 잠시 관직에서 쫓겨난 일을 가지고[26] 최호와 탁발계 귀족들의 대립을 설명하고 있는데, 과연 이것으로 20년도 지난 후의 옥사를 설명할 수 있을까? 또한 당시 최호와 탁발 귀족 간의 갈등을 민족적 감정으로 해석하고자 하는 견해도 있으나, 이 역시 구체적인 근거를 가지고 있다고 볼 수는 없는 상태다.[27] 따라서 최호 사건을 한족과 탁발족의 대립으

23) "嵩等固諫不可, 帝大怒, 責嵩在官貪汚, 使武士頓辱"(『魏書』 卷25, 「長孫嵩傳」, p.644).

24) 또한 始光 3년부터는 長孫嵩이 오직 刑獄 판결만 담당하기 때문에 최호와는 마찰을 일으킬 수도 없었다. 또한 장손숭이 실권자로 司徒가 된 始光 원년의 경우 최호는 관직에서 물러나 있어 역시 둘의 대립은 없었던 것으로 보인다. 그러므로 장손숭이 최호와 대립한 것은 사실이나 그가 최호의 정적이라고 할 수는 없다는 牟潤孫의 지적은 정확하다고 할 것이다. 牟潤孫, 앞의 글, p.172.

25) "恭宗監國, 壽與崔浩等輔政, 人皆敬浩, 壽獨凌之"(『魏書』 卷27, 「穆壽傳」, p.665).

26) "世祖卽位, 左右忌浩正直, 共排毁之. 世祖雖知其能, 不免羣議, 故出浩, 以公歸第"(『魏書』 卷35, 「崔浩傳」, p.815).

27) 孫同勛은 북위로 귀순한 남조의 王慧龍에 대해 탁발계 귀족들이 "咸謂南人

로 볼 수는 없으며, 문벌 정치에 대한 두 집단의 이해가 달랐다고 볼 수 있는 근거도 찾기 힘들다. 무엇보다도 모윤손牟潤孫이 주장하는 것과 같이 최호에게 정적이 많았다 해도 과연 당시 태무제의 최고 총신寵臣이었던 최호를 죽음으로 몰아넣을 수 있을 정도의 실력을 가지고 있던 이가 얼마나 있었겠는가 하는 점이 의문이다.[28] 그러므로 최호와 선비족 사대부 전체가 대립했다는 입장 역시 재검토되어야 할 것이다.

2. 최호와 공종의 대립

그렇다면 최호를 죽음으로 몰아넣을 수 있는 정도의 실력을 가지고 있던 이로는 누가 있었을까? 최호의 죽음과 관련하여 다음의 기사를 살펴보자.

> 처음에 최호가 기冀·정定·상相·유幽·병幷 다섯 주州의 사인 수십 인을 천거하였는데, 각기 모두 군수郡守로 기가起家시키려 하였다. 공종恭宗이 최호에게 말하였다. "먼저 벽소辟召된 자들은 역시 주군州郡이 선발하여, 그 직책에 이미 오래 있었음에도 그들의 근면한 노고에 보답하지 못했다. 지금 전에 벽소된 자들은 먼저 군현郡縣에 외임外任으로 보충하고 새롭게 벽소된 자는 그들을 대신하여 낭리郎吏로 삼는 것이

不宜委以師旅之任"(『魏書』 卷38, 「王慧龍傳」, p.875)이라고 한 사례를 최호의 실각 사례와 동일하게 보며 최호의 실각이 민족적 반감으로부터 나온 것이라고 해석하였다. 필자의 경우 최호에 대한 탁발계 인사들의 반응에 민족적 요소가 전혀 없다고는 생각하지 않지만, 위의 기사에 등장하는 북위 귀순자와 최호의 문제를 동일하게 이해하는 孫同勛의 견해에는 동의하지 않는다. 孫同勛, 「北魏初期胡漢關係與崔浩之獄」, 『幼獅學誌』 3-1(1964) p.6.

28) 그는 최호를 죽음으로 몰아갈 수 있는 유일한 실력자는 공종 한 사람뿐이라고 이해하고 있다. 필자 역시 그 정도의 권력을 가질 수 있는 자는 공종 이외에는 없다고 생각한다. 牟潤孫, 앞의 글, p.173.

좋을 것이다. 또 수령守令이 백성을 다스림에 마땅히 일을 바꾸어 담당하게 해야 한다." 최호가 뜻을 굽히지 않고 다퉈 그들을 파견하였다. 고윤高允이 그것을 듣고 동궁박사東宮博士 관념管恬에게 말하였다. "최공崔公이 죄를 면하지 못하겠구나! 만일 하지 말아야 할 것을 마음대로 하여 주상에게 저항하여 이기려 든다면 어떻게 감당하겠는가."[29)]

고윤이 최호의 위험을 이야기하고 있는 기사에서 우리는 최호의 문제가 공종과의 관계에서 발생할 것이라는 것을 알 수 있다. 위의 기사를 통해서 최호가 문벌주의 입장에 있지 않았다는 것을 증명하는 것은 다음 절로 넘기고 우선 여기서는 최호와 공종 사이에 심상치 않은 갈등이 존재하고 있었음을 지적하고자 한다.

송宋 원가元嘉 연간에, 위魏 태자 황晃과 대신 최호·구겸지寇謙之의 사이가 좋지 않아 최와 구가 태자를 참소讒訴하였다. 현고도인玄高道人이 도술道術이 있어, 태자 황이 그에게 7일 밤낮으로 기복祈福하게 하니, 불리佛狸[태무제]의 꿈에 그 조부가 나타나 더불어 화를 내며 단도를 그에게 향하며 말하였다. "어찌하여 참소를 믿고 태자를 해하고자 하는가!" 불리가 놀라 깬 후 조를 내려 말하였다. "왕자王者의 대업 중 제위를 잇는 것이 중요하니 태자를 후계자로 삼는 것은 백왕百王의 구례舊例다. 지금 이후로 일의 크고 작음을 막론하고 (모두) 반드시 태자를 거친 연후에 나에게 보고하라."[30)]

---

29) "初, 崔浩薦冀·定·相·幽·并五州之士數十人, 各起家郡守. 恭宗謂浩曰 : 「先召之人, 亦州郡選也, 在職已久, 勤勞未答. 今可先補前召外任郡縣, 以新召者代爲郎吏. 又守令宰民, 宜使更事者.」浩固爭而遣之. (高)允聞之, 謂東宮博士管恬曰 : 「崔公其不免乎! 苟逞其非, 而校勝於上, 何以勝濟.」"(『魏書』卷48, 「高允傳」, p.1069).

30) "宋元嘉中, 僞太子晃與大臣崔氏·寇氏不睦, 崔·寇譖之. 玄高道人有道術, 晃使祈福七日七夜, 佛狸夢其祖父竝怒, 手刃向之曰 : 「汝何故信讒欲害太子!」佛狸驚覺, 下僞詔曰 : 「王者大業, 纂承爲重, 儲宮嗣紹, 百王舊例. 自今

위의 글은 남조의 입장에서 북위의 권력투쟁을 묘사한 것인데, 최호와 구겸지 모두가 공종을 음해하고 있음을 밝히고 있다. 물론 기사 중에 등장하는 기복과 같은 미신적인 행위를 모두 인정할 수는 없다 해도 당시 정치권 내에서 최호와 공종이 심각한 상태로 반목하고 있었음은 충분히 알 수 있다. 그렇다면 이러한 반목은 왜 생겼던 것일까?

필자는 그것이 '일의 크고 작음을 막론하고 모두 반드시 태자를 거쳐야' 하는 상황과 '모든 것을 최호에게 물은 연후에 시행하는',[31] 즉 권력의 주체가 두 사람 존재하는 상황 속에서 초래되었다고 생각한다. 공종은 태무제의 장자로 연화延和 원년(432) 5살의 나이로 황태자가 됨과 동시에 녹상서사錄尙書事가 되었다. 그 후 12살 되던 해인 태연太延 5년(439)에는 감국監國이 되어 태자감국太子監國을 행하게 된다. 그러나 12살이라는 나이에서 알 수 있는 것과 같이 이때의 감국은 실질적인 정무를 담당하는 것이기보다는 후계 구도를 분명히 하는 효과와[32] 태자에 대한 제왕학帝王學의 학습이라는 측면으로 이해하는 것이 타당할 것이다. 공종이 실질적인 권력의 중심으로 등장하는 것은 5년 후인 태평진군 5년(444)으로, 그의 나이 17살 때 '백규를 총괄하기 시작(始總百揆)'하였다.[33]

그러나 태무제는 공종으로 하여금 '백규를 총괄하기 시작'하게 함과 동시에 시중侍中·중서감中書監·의도왕宜都王 목수, 사도司徒·동군공東郡公 최호, 시중侍中·광평공廣平公 장여張黎, 시중侍中·건흥공建興公 고필

已往, 事無巨細, 必經太子, 然後上聞.」"(『南齊書』 卷57, 「魏虜傳」, pp.983~984).

31) "皆先諮浩, 然後施行"(『魏書』 卷35, 「崔浩傳」, p.819).

32) 李凭은 탁발부 세력의 부족적 경향으로부터 부자 상속제를 강화하기 위해 태자감국이라는 제도가 실행되었다고 보고 있다. 李凭, 『北魏平城時代』(北京 : 社會科學, 2000), p.130.

33) 『魏書』 卷4下, 「世祖紀下」, p.96.

古弼로 하여 태자를 도와 '서정을 결정(決庶政)'하게 하였다.[34] 이것은 비록 '일의 크고 작음을 막론하고 반드시 태자를 먼저 거치도록' 했다고는 해도 결국 태자에게 절대적인 권력이 보장된 것은 아니라는 점을 의미한다. 오히려 "어찌하여 참소를 믿고 태자를 해하려 하는가?"라는 위의 기사는 태무제가 여전히 최호를 절대적으로 신임하고 있었다는 것을 보여 준다. 최호에 대한 태무제의 신임이 어떠했는가는 굳이 길게 언급하지 않아도 충분히 잘 알려져 있는 사실이다. 최호에 대한 신임은 "모든 군국軍國의 대계大計는 경卿들이 능히 결정할 사항이 아니니 모두 최호에게 먼저 자문을 구한 뒤에 시행하라"고 할 정도로 절대적이었다.[35] 당연히 최호는 태평진군 4년부터 본격적으로 군국 대사에 권력을 행사하기 시작하였고[36] 태평진군 5년에 '백규를 총괄하기 시작'하던 공종과 대립하게 되었을 것이다.

양자의 대립이 민족적인 모순도 아니고, 정치적 이상의 차이도 아니며, 흔히 말하는 불佛·도道의 차이도 아니라 철저히 정권의 최고 책임자로서 권력을 독점하려고 한 문제라는 것을 잘 보여 주는 사료는 흥미롭게도 『고승전高僧傳』이다. 같은 책 「현고전玄高傳」에는 위에서 인용한 『남제서南齊書』의 내용과 흡사한 다음과 같은 기사가 전해진다.

> 현고玄高가 (태자로 하여금) 금광명재金光明齋를 짓게 하고 7일 동안 정성으로 참회하게 하였다. 탁발도拓跋燾[태무제]가 이에 꿈에서 조부와 부친을 보았는데, 모두 검을 들고 위엄에 차서 물었다. "너는 어찌하여 참언을 믿어 헛되이 태자를 의심하는가?" 탁발도가 놀라 깨어 여러 신

34) 『魏書』 卷4下, 「世祖紀下」, pp.96~97.

35) "凡軍國大計, 卿等所不能決, 皆先諮浩, 然後施行"(『魏書』 卷35, 「崔浩傳」, p.819).

36) "自是恭宗所言軍國大事, 多見納用, 遂知萬機"(『魏書』 卷4下, 「世祖紀下」, p.108).

> 료들을 소집하여 꿈꾼 것을 말하였다. 신료들이 모두 태자가 잘못이 없어 확실히 황령皇靈이 내려와 힐문한 것 같다고 하니 탁발도가 태자에 대하여 다시는 의심하지 않았다.……탁발도가 이로 인하여 조를 내려 말하였다. "……황태자로 하여 만기萬機를 다스림을 돕게 하며, 백규를 총통總統하게 하고, 또한 양현良賢를 추거推擧하여, 열직列職을 구비하게 하라.……" 이에 조사朝士·서민庶民이 모두 태자의 신하를 칭稱하게 되었다. 상서上書는 표表와 같이 하였는데 백지白紙로써 구분하였다. 이때 최호와 구천사寇天師[구겸지]가 먼저 탁발도에게서 총애를 받았는데, 태자 황이 제위를 잇는 날 그 위병威柄을 빼앗길 것을 두려워 해서 이에 참소하여 말하였다. "태자가 전에 실제로 모심謀心이 있었습니다. ……"[37]

위의 기사에 의하면 공종은 이미 '백규를 총괄하기 시작'하기 전에 '모심'이 있다고 의심받고 있었다. 이 역시 최호에 의한 모함에 불과한 것인지는 정확하지 않지만 공종의 경우 개인적으로 자신의 측근 세력을 형성해 놓은 것으로 인해[38] 황제로부터 의심을 받았던 것으로 보인다. 그러한 모함의 중심에 최호가 있었을 것이라는 점은 쉽게 상상할 수 있다. 결국 두 사람은 권력을 둘러싸고 반목하고 있었던 것이다.

그러면 이제 최호의 죽음에 대해 살펴보자. 최호가 결국 정치적으로 대립하고 있었던 실체는 탁발계 귀족이나 북위 귀족 전체가 아닌 공종

---

37) "高令作金光明齋, 七日懇懺. 燾乃夢見其祖及父, 皆執劍烈威, 問 : 「汝何故信讒言, 枉疑太子?」燾驚覺, 大集羣臣, 告以所夢. 諸臣咸言, 太子無過, 實如皇靈降詰. 燾於太子無復疑焉……燾因下書曰 : 「……其令皇太子副理萬機, 總統百揆, 更擧良賢, 以備列職……」於是朝士庶民皆稱臣於太子. 上書如表, 以白紙爲別. 時崔皓·寇天師先得寵於燾, 恐晃纂承之日奪其威柄, 乃譖云 : 「太子前事, 實有謀心……」"(『高僧傳』, 「習禪」, 宋僞魏平城釋玄高條, pp.411~412).

38) "今東宮誠曰乏人, 儁乂不少. 頃來侍御左右者, 恐非在朝之選"(『魏書』 卷48, 「高允傳」, p.1072).

임은 충분히 설명이 되었을 것이라고 생각한다. 최호가 설령 남조 사대부와 같이 "사대부는 본래 천자가 명령해서 되는 것이 아니다(士大夫故非天子所命)",[39] 혹은 '사서의 구별은 국가의 법칙(士庶區別, 國之章也)'[40]이라는 생각을 가지고, 세족世族 정치의 부활을 목적했다 해도 북위의 귀족들이 그의 이상에 반대하지도 않았을 것이고, 반대한다고 해도 그를 제거할 수 있는 힘을 가지지는 못했을 것이다. 만약 그가 문벌 정치를 꿈꾸었다고 했을 때 그것에 반대할 수 있는 이들은 공종과 태무제가 될 것이다. 과연 누가 최호를 주살한 실질적인 인물이었을까? 공종도 황제의 권한을 이월 받아 실질적으로 당시 황제의 역할을 하고 있었다는 점에서 혐의를 지울 수 없지만, 결국 최호 주살의 총 책임은 태무제에게 있었을 것이다. 최호의 옥사를 황제권 확립이라는 문제와 연결시켜 해석한 가와모토 요시아키(川本芳昭)의 지적과 같이 최호의 죽음과 공종의 죽음이 두 해에 걸쳐 연달아 일어났다는 것은 이 사건이 충분히 연관되어 있다고 추측할 만하다.[41]

최호의 죄목에 대한 『위서』의 내용은 두 가지로 압축할 수 있는데 하나는 국사 편찬과 관련한 것으로 "편술이 완비되었으나 전아典雅하지 않았다(備而不典)"[42]라고 나와 있다. 그러나 함께 국사를 편술編述한 고윤의 고백에서 알 수 있는 것과 같이 국사 편술 그 자체만 놓고 보면 최호보다 고윤이 쓴 곳이 더 많고,[43] 설사 최호가 쓴 것이 문제가 된다고 해도 그것이 죽음에 이를 정도의 잘못은 아니었다는 것이다.[44]

---

39) 『南史』 卷36, 「江夷傳」, p.943.

40) 『南史』 卷23, 「王球傳」, p.630.

41) 川本芳昭, 『魏晉南北朝時代の民族問題』(東京 : 汲古書院, 1998), p.117.

42) 『魏書』 卷35, 「崔浩傳」, p.826.

43) "先帝記及今記, 臣與浩同作. 然浩綜務處多, 總裁而已. 至於注疏, 臣多於浩"(『魏書』 卷48, 「高允傳」, p.1070).

44) "直以犯觸, 罪不至死"(『魏書』 卷48, 「高允傳」, p.1071).

다음으로는 최호 본전本傳에 나와 있는 '뇌물 수뢰(受賕)'와 관련된 것이다.[45] 그러나 북위 관료들에게 정식의 녹봉이 없었다는 사실은[46] 이 사건으로 극형을 받고 더 나아가 한족 귀족의 유력 가문이 연좌되었다는 것에 개연성이 없음을 말해 준다.[47]

사료 어디에도 최호의 죽음에 대한 정확한 사실은 나와 있지 않은데, 만일 이유가 있다면 그것은 최호와 특별한 관계에 있던 태무제로 하여금 극단의 조치를 취하게 할 만큼 태무제에게 매우 위협적이어야만 할 것이다. 바로 그것은 황제권을 위협할 만큼 위력적인 최호의 권력 행사였다는 것이 필자의 생각이다. 이것은 우선 실질적인 통치자였던 공종에 의해 위험이 감지되었을 것이다. 그래서 최호는 공종과 태무제에 의해 그의 일군의 집단이라고 할 수 있는 범양范陽 노씨盧氏·태원太原 곽씨郭氏·하동河東 유씨柳氏 등과 함께 주멸당하였다.[48] 물론 이들이 관료 기구 내에서 당파黨派를 이뤘을 가능성은 매우 높다. 그러나 이러한 사실로 이 사건을 문벌 정치와 연결할 필요는 없을 것이다. 이들은 관료 기구 내에서 세력을 갖게 된 일군의 사대부 집단일 뿐이다. 물론 이들이 전통적인 귀족 집단의 결합 양식인 혼인에 의해 결합되었기 때문에 이것을 황제권에 대항하는 최호의 세력으로 볼 수도 있을 것이다. 하지만 오히려 최호의 집단이라면 민담閔湛, 치표郗標 등을 들 수 있을 것 같다. 한인 관료들과 결당結黨하지 않았던[49] 고윤高允이

---

45) "浩伏受賕"(『魏書』 卷35, 「崔浩傳」, p.826).

46) 趙翼, 『廿二史箚記』, 「後魏百官無祿條」(臺北 : 世界書局, 2001), p.188. 또한 "時官無祿力, 唯取給於民"이라는 『魏書』의 기사는 관리들이 일반민으로부터 재화를 충당하는 것이 일반적이라는 것을 알려주고 있다(『魏書』 卷24, 「崔玄伯傳」, p.625).

47) 川本芳昭, 앞의 책, p.118.

48) 『魏書』 卷35, 「崔浩傳」, p.826.

49) 朴漢濟, 앞의 책, p.138.

그들에 대해 '아마도 최씨 가문 만대의 화가 될 것(恐爲崔門萬世之禍)'이라고 표현한 것으로 봐서[50] 이들을 최호의 당여黨與로 구분할 수 있을 것이다.

최호가 한인 사대부들과 친밀한 관계를 유지했을 것이라는 것은 쉽게 추측할 수 있다. 그러나 이것이 즉각적으로 최고 권력자에게 정치적 위협이 되지는 않았을 것이다. 문제는 최호가 어떠한 정치적 입장을 가지고 누구와 대립하였는가가 확인되어야 하는데, 공종과의 대립 이외에는 특별한 정치적 대립을 확인할 수 없다. 필자는 그래서 최호의 주멸 원인으로 공종을 주목한 것이다. 공종은 측근 집단을 형성하고 조정 안에서 세력을 확장하면서 자신을 압박하던 최호를 제거할 필요를 느꼈을 것이다. 결국 황제권을 대행하던 공종이 최호를 황제권력 행사의 걸림돌로 여겨 살해한 것이다.

일반적으로 태자감국이라고 했을 때 그 기원이 춘추시기春秋時期로 거슬러 올라가지만 실제로 그 쓰임이 빈번하게 보이는 시기는 이른바 오호십육국五胡十六國의 호족 정권에서다. 각 정권별로 여러 이유가 있겠으나, 가장 유력한 이유는 유목적 군사 행동의 특징에서 찾아야 할 것이다.[51] 수차례 확인되는 왕들의 친정親征으로 인해 일시적인 조정의 공백 상태를 태자에게 맡게 한 것이다. 그러나 북위의 태자감국은 황제의 친정 기간 동안 일시적으로 행해진 것이 아니라, 황제의 모든 권한이 그대로 이전된 것으로 보인다. 즉 그 상태로 충분히 황제권을 구현하는 것으로 봐도 좋을 것이다. 결국 공종은 황제권을 대행하는 상태였고, 최호 역시 보정輔政으로 황제권을 대행하는 역할을 부여받았던 것이다. 따라서 공종이 인식한 최호의 문제는 태자감국의 형태로 행사

---

50)『資治通鑑』卷125,「宋紀七」文帝元嘉二十七年條, p.3942.

51) 朴漢濟의 경우 '遊牧的 軍事行動'이라는 표현을 쓰면서 親征→掠奪→班賜의 행위가 그 공식화된 행위라고 하였다. 朴漢濟, 앞의 책, p.150.

되던 황제권력을 분할하려고 하던 사대부의 적극적인 권력 행사였을 것이다.

최호의 죽음이 황제권력과 관련 있다는 것을 보여 주는 또 하나의 증거는 공종의 죽음이다. 최호와 동일하게 자신의 측근 집단을 구성하여 권력을 강화하던 공종마저도 태무제에 의해 최호 주멸 그 다음 해인 정평正平 1년(451)에 죽임을 당한다. 『위서』 「세조기世祖紀」에 기재된 공종의 죽음은 단순히 '무진戊辰, 황태자홍皇太子薨'이라고만 기록되어[52] 죽음을 둘러싼 상황들은 전혀 알 수 없다. 다만 「엄관閹官 종애전宗愛傳」에 공종의 측근인 구니도성仇尼道盛과 임평성任平城이 당시 태무제의 총애를 받고 있던 종애와 반목하다 공종이 태무제의 노여움을 사 마침내 '우환으로 사망(憂薨)'했다고 나와 있어[53] 공종의 죽음이 동궁 집단과 무관하지 않다는 것을 알 수 있다. 즉 공종은 공종 나름대로 자신의 측근 집단을 형성하여 권력을 강화하며 행사하고 있었던 것이다.

공종이 갑자기 태무제에 의해 죽임을 당한 정확한 원인을 밝힐 수는 없으나, 황제와 태자 사이에 권력 다툼이 생긴 것만은 분명하다. 즉 황제권을 공종에게 위임했던 태무제가 어떠한 이유에서인지는 모르지만 공종으로부터 황제권에 대한 위협을 느꼈던 것은 아닐까 한다. 그 위협 중 컸던 것은 공종의 사적 집단의 존재였을 것이다. 그 집단의 행위에 대해서는 「고윤전」에 나오는 것이 전부인데 사사로이 전원田園을 경영하여 이익을 취했던 것으로 서술되어 있다.[54] 공교롭게도 최호가 최종적으로 수뢰 혐의에 의해 처형되었던 것과 비슷한 점이 발견된다.

---

52) 『魏書』 卷4下, 「世祖紀下」, pp.105~106.

53) "(宗)愛天性險暴, 行多非法, 恭宗每銜之. 給事仇尼道盛·侍郎任平城等任事東宮, 微爲權勢, 世祖頗聞之. 二人與愛並不睦. 爲懼道盛等案其事, 遂構告其罪. 詔斬道盛等於都街. 時世祖震怒, 恭宗遂以憂薨"(『魏書』 卷94, 「閹官 宗愛傳」, p.2012).

54) "恭宗季年, 頗親近左右, 營立田園, 以取其利"(『魏書』 卷48, 「高允傳」, p.1071).

당시 사적으로 집단을 구성하는 것은 사회적으로 상당히 위험한 행위로 인식되었던 것 같다. 『위서』 「우속제전于粟磾傳」에 재기載記되어 있는 「우락발전于洛拔傳」에 다음과 같은 기사가 등장한다.

> 공종이 동궁에 있을 때 우락발을 후하게 예우하였다. 우락발이 공종이 비록 태자이나 사전에 결탁하는 것은 마땅하지 않다고 여겨 항상 두려워하며 피하며 멀리하니 영후궁조사領候宮曹事로 좌천당하였다.55)

비록 태자라 해도 사사로이 집단을 구성하는 것이 얼마나 위험한 일인가를 잘 보여 주고 있다. 태자의 호의를 받아들이는 것마저도 피해야 했다는 사실은 당시 공종의 세력 확대가 필연적으로 태무제와의 마찰로 이어질 것이라는 것을 우락발이 알고 있었다는 것을 의미한다. 결국 이런 분위기 속에서도 공종은 자신의 집단을 형성하였고, 이것이 태무제에게는 위협이 되어 둘 사이의 갈등은 증폭되었던 것이다. 그렇다고 공종이 일방적으로 모함에 의해 주살되었다고 보기도 힘들다. 아래의 『송서宋書』 기사를 보자.

> 탁발도가 여남汝南 과보瓜步에 이르렀는데, 태자 황이 사사로이 사람들을 보내 모든 경영한 것을 취하게 하니, 소금을 얻은 것이 매우 많았다. 탁발도가 돌아와 소식을 듣고 알게 되어, 대대적으로 색출하여 단속을 가하였다. 황이 두려워 탁발도를 살해하려고 모의하니, 도가 이에 거짓으로 죽었다하고 그 측근을 시켜 황을 불러 상喪을 맞이하라고 하여 길에서 그를 잡았다. 국國에 이르니, 철롱鐵籠 속에 넣어 싼 후, 얼마 안 있어 살해했다.56)

55) "恭宗之在東宮, 厚加禮遇, 洛拔以恭宗雖則儲君, 不宜逆自結納, 恒畏避屏退, 左轉領候宮曹事"(『魏書』 卷31, 「于粟磾傳」, p.737).

56) "燾至汝南瓜步, 晃私遣取諸營, 鹵獲甚衆. 燾歸聞知, 大加搜檢. 晃懼, 謀殺

『위서』「고윤전」의 기사와 위의 기사, 그리고 『남제서』의 기사도 "북위 태자가 별도의 창고를 가지고 있었다(僞太子別有倉庫)"고 하여[57] 공종이 사적으로 자신의 세력을 증가시키기 위해 산업을 경영했다는 사실을 전하고 있다. 그렇다면 위의 『송서』의 기사가 전혀 터무니없는 사실을 서술하고 있는 것은 아닌 듯하다. 기사에 의하면 태무제가 공종의 세력 확산을 위한 행위에 대해 조사를 하니, 공종이 먼저 태무제를 도모하려고 하였다고 한다. 이쯤 되면 공종과 태무제 사이의 권력 쟁탈이 있었다는 것을 인정해야 할 것이다.

결국 최호의 국사옥과 공종의 죽음은 전혀 별개의 문제가 아니라 황제권의 독점적인 권력 행사와 관련이 있는 것이다. 그러므로 최호의 문제는 사대부와 황제권과의 대립이라고 이해해야 할 것이다. 최호 사건에만 국한해서 본다면, 최호는 한족이나 탁발족 귀족들의 세족 정치에 대한 반대 때문에 주멸된 것이 아니라 황제권과의 대결에서 패한 것이다. 최호가 과연 어느 정도의 세족 정치를 꿈꾸었는지는 분명하지 않지만 그가 진시황秦始皇과 한무제漢武帝의 잘못을 고구考究하였다는 것은 그의 꿈이 최대로 확장된 황제권과는 정반대에 자리 잡고 있다는 것을 설명하는 것이다.[58] 그가 오등작제五等爵制와 군현郡縣의 시비是非를 논했다면 그의 꿈이 봉건, 즉 황제권을 분할하는 것에 있었다는 것 또한 분명하다.[59] 그러므로 최호 사건을 통해 북위 사회의 이적성夷狄性을 발견하기보다는 여느 왕조와 같이 황제와 사대부의 치열한 대립을 발견할 수 있다.

燾, 燾乃詐死, 使其近習召晃迎喪, 於道執之, 及國, 罩以鐵籠, 尋殺之"(『宋書』 卷95, 「索虜傳」, p.2353).

57) 『南齊書』 卷57, 「魏虜傳」, p.984.

58) "考秦始皇·漢武帝之違失"(『魏書』 卷35, 「崔浩傳」, p.814).

59) 李成珪, 앞의 글, p.40.

3. 최호의 정치적 이상과 북위 현재주의의 전통

최호의 이상과 관련하여 일반적인 설명은 '문벌 사회의 실현'이라는 것이다. 그를 둘러싼 몇 개의 일화로부터 이러한 결론이 내려진 것 같은데, 그 중에서도 "인륜을 가지런히 정리하고, 성족을 분명히 한다(齊整人倫, 分明姓族)"[60]는 표현이 최호의 정치적 이상을 문벌주의의 회복으로 설명하게 하였던 것으로 보인다. 그러나 그의 이상이 문벌 사회의 실현이라는 것은 쉽게 받아들일 수 없는데, 그가 비록 어쩔 수 없는 남조 문화 숭배자라고 해도[61] 그가 만들려고 했던 사회가 남조와 같은 사회는 아니었기 때문이다. 그것은 아래의 기사가 잘 설명해 주고 있다.

> 성정이 노장老莊의 서書를 좋아하지 않아, 매번 읽어도 수십 행을 넘지 못하고 번번이 그만두며 말하였다. "이 교무지설矯誣之說은 사람의 성정에 가깝지 않으니 분명 노자가 지은 것이 아니다. 노담老聃은 예禮를 익혔고, 중니仲尼의 스승이었는데, 어찌 패법문서敗法文書를 만들어 선왕의 교敎를 어지럽혔겠는가?……"[62]

여기서 말하는 노장이란 결국 현학의 또 다른 이름으로, 최호는 본래 성정 상 좋아하지 않을 뿐 아니라 그것이 선왕의 교를 어지럽히기 때문에 익히지 않았다고 한다. 이것이 최호 개인적인 문제인지, 아니면 사회 전체의 문제인지는 알 수 없으나, 성정 상 좋아하지 않았다는 것

---

60) 『魏書』 卷47, 「盧玄傳」, p.1045.

61) 宮崎市定, 앞의 책, p.40.

62) "性不好老莊之書, 每讀不過數十行, 輒棄之, 曰 : 「此矯誣之說, 不近人情, 必非老子所作. 老聃習禮, 仲尼所師, 豈設敗法文書, 以亂先王之教……」"(『魏書』 卷35, 「崔浩傳」, p.812).

은 사회적 분위기와는 별개로 그의 정치적 지향과 노장의 내용이 맞지 않았을 가능성을 보여 준다. 제3부 제1장에서도 언급한 것과 같이 현학의 가장 큰 문제는 현실 정치에 대한 외면으로 남조 사대부 사회를 정치적으로 무능력하게 만들었다. 최호가 노장의 서책을 읽지 않았다는 것은 그의 정치적 지향과 배치되었기 때문이다.

사회적인 분위기 역시 노장을 배우고 익히는 데 용이한 분위기는 아니었을 것이다. 북조 황제들이 한인 사대부를 기용한 것은 한족의 우수한 문화를 섭취하고, 중국적 왕조로의 전화 과정에서 정치를 담당시키고자 했기 때문이다.[63] 이렇듯 정치 기술자가 필요한 시기에 "천하의 일은 내가 담당할 일이 아니다"라고 하는[64] 노장사상이 사회적으로 신봉될 수는 없었을 것이다. 이것은 전진前秦 부견시기苻堅時期에 유학이 적극 제창提唱되고 노장이 금지되었던 것과 같은 이치라고 할 수 있겠다.[65] 따라서 북조 사대부의 경향은 남조와는 다소 다르게 나타날 수밖에 없다. 흥미롭게도 남북조의 가훈家訓을 살펴보았을 때 양자 모두 가정에 대한 관심이 높아졌다는 공통점이 있음에도 불구하고, 남조의 가훈이 국가와 가정을 분리시키는 것에 대해 북조의 가훈 다수가 국가에의 봉사를 말하고 있다.[66] 당시 "죽음으로써 국가에 보답한다(以死報國)"는[67] 북조 사대부의 충절을 남조 사대부에게 기대하는 것은 거의 불가능하였다. 이것이 북조 사대부들이 결국에는 남조와 같이 귀족제의 길을 걸었다고 해도 남조를 병합할 수 있게 한 근본적인 원인이었다.

---

63) "太祖常引問古今舊事, 王者制度, 治世之則"(『魏書』 卷24, 「崔玄伯傳」, p.621).

64) "(古成)詵風韻秀擧, 確然不羣, 每以天下是非爲己任"(『晉書』 卷117, 「姚興載記上」, p.2979).

65) 『晉書』 卷113, 「苻堅載記」, p.2895.

66) 守屋美都雄, 『中國古代の家族と國家』(京都：東洋史研究會, 1968), p.487.

67) 『魏書』 卷67, 「崔光傳」, p.1498.

최호의 정치적 이상이 오등작에 근거한 봉건제라는 것에는 어떠한 반대 의견도 없을 것이라고 생각한다. 그러나 그 이상이 '인륜을 가지런히 정리하고, 성족을 분명히 하는 것'을 골간으로 하는 문벌 귀족제의 재건이라고 한다면, 『위서』「최호전」에 보이는 최호의 아래와 같은 발언을 해석하기 힘들어진다.

> 국가에서 군주가 지위가 높고 신하의 지위가 낮아, 상하에 질서가 있으면 백성에게는 모반의 의도가 없게 된다. 오직 진晉이 쇠약해짐은 군주가 약하고 신하가 강해서인데, 누세에 걸쳐 쇠망해진 때문에 환현桓玄이 군권을 위협하여 탈취하였으며, 유유劉裕가 권력을 장악하게 되었다.[68)]

위의 기사에 의하면 최호가 실현하려고 하는 정치적 이상이라는 것이 한족을 중심으로 하는 문벌 귀족제라기보다는 한대漢代 이래 사대부들이 가지고 있던 정치적인 책임감을 회복하여 유학의 통치 기준을 세우고 그것을 현실 정치에서 실현하고자 한 것임을 알 수 있다. 『송서』를 편찬한 심약沈約의 경우 유유의 공적에 대한 논찬論贊에서 그의 업적을 '군주를 높이고 신하를 낮춘 존주비신尊主卑臣'의 원칙을 세운 것이라고 하였다.[69)] 심약은 국전國典과 조강朝綱이 전일專一해지기 위해서는 '존주비신'의 원칙이 필요하다고 보았던 것인데 국가와 사회의 통일과 안정이라는 과제가 왕조 국가에서 이루어지려면 존군비신이라는 질서의 확립은 불가결한 개념이기 때문이다.[70)] 그렇다면 최호의

---

68) "國家主尊臣卑, 上下有序, 民無異望. 唯僭晉卑削, 主弱臣强, 累世陵遲, 故桓玄逼奪, 劉裕秉權"(『魏書』卷35,「崔浩傳」, pp.811～812).

69) "高祖一朝創義, 事屬橫流, 改亂章, 布平道, 尊主卑臣之義, 定於馬棰之間"(『宋書』卷42,「劉穆之王弘傳」, p.1324).

70) 安田二郎,「南朝貴族社會の變革と道德・倫理-袁撰・褚淵評を中心に-」,『東

'존군비신'의 원칙도 강력한 왕조 국가의 원칙을 세우기 위한 것으로 이해되어야 할 것이다. 그가 말한 '성족을 분명히 하는 것'을 기존과 같이 '성족을 판명하는 행위', 즉 사서류품士庶流品의 구별이라고 해석하지 않고, '사인들 중 족망族望을 가지고 있는 자를 판명하는 행위', 즉 사대부 안에서 유능한 인재를 발탁·발굴한다는 의미로 해석한다면[71] 최호의 '분명성족分明姓族'을 통해 문벌 체제의 구현을 말할 수는 없을 것이다.

이것은 오등작제를 찬성한 최호의 주장에 대한 구겸지의 반응을 통해 살펴보면 더욱 분명해진다.

> 내가 도道를 행하려 은거隱居하여 세무를 경영하지 않았는데 갑자기 신의 비방秘方을 받아 장차 유교를 닦아 태평진군泰平眞君을 보좌하여, 천재절통千載絶統을 이으려고 했습니다. 그러나 학문이 옛 것을 상고詳考하지 못하고 일에 임해서는 사리에 어둡고 미련합니다. 경卿께서 나를 위해 열왕列王의 치전治典을 지어 주시고, 그 대요大要도 논해 주십시오.[72]

유학을 닦아 태평진군을 보좌하여 천세 동안 끊어진 법통을 다시 이으려 하니, 무지한 자신을 위해 열왕의 사적을 지어 달라는 구겸지의 요청이다. 이것은 구겸지가 최호의 정치적 이상과 태평진군을 보좌하여 천세 동안 끊어진 법통을 다시 이으려는 자신의 정치적 이상을 동일하게 이해하고 있다는 것을 의미한다. 이런 구겸지를 위해 최호는

北大文學部硏究年報』 34(1985), p.30.

71) 陳明, 「北魏前期的漢化與崔浩晩年的政治理想」, 『世界宗敎理解』 1993-3, p.47.

72) "吾行道隱居, 不營世務, 忽受神中之訣, 當兼修儒教, 輔助泰平眞君, 繼千載之絶統. 而學不稽古, 臨事闇昧. 卿爲吾撰列王者治典, 幷論其大要"(『魏書』 卷35, 「崔浩傳」, p.814).

20여 편의 글을 썼다.

최호의 정치적인 기준을 가름할 수 있는 또 하나의 근거는 제갈량諸葛亮에 대한 그의 평가다. 최호는 제갈량이 지나치게 미화되어 평가받고 있다고 생각했는데, 그 이유는 군주 유비로 하여금 조씨曹氏와 천하 쟁패爭覇를 하게 하지 못하고, 오히려 형주荊州 땅을 버리고 파촉巴蜀에 들어가게 했기 때문이다. 또한 파촉에 들어가서도 정당한 방법이 아니라 거짓으로 유장劉璋을 유혹하고 손씨孫氏와 거짓으로 연합한 것도 문제라 여겼다.[73] 최호는 가장 이상적인 신하의 덕목을 군주를 도와 그 군주로 하여금 천하를 장악하게 하는 것이라고 여겼다.

문벌 귀족제의 실현이라는 것과 관련하여 최호가 중앙 정계에서 당파적인 경향을 보이며 한인 관료를 모았다는 것은 이미 여러 연구자에 의해 지적되었다.[74] 그러나 북위 정권이 한인 사대부들을 기용한다 해도 극소수의 망족望族에 국한될 수밖에 없었던 상황이었음을 고려하면, 최호의 인재 추천을 당파의 구성이라는 문벌 정치의 전제로 이해하는 것은 다소 앞서간 해석이 아닐까 한다. 이것은 최호의 인재 발탁 기준에서도 알 수 있다. 앞서 우리는 지방관의 선발을 둘러싼 최호와 공종의 대립을 살펴보았다. 5주의 사인 수십 인을 천거하여 모두 군수로 기가시키려는 최호에 대해 공종은 먼저 벽소된 이들을 승급시키고 이들을 낭리로 보임補任해야 한다는 입장이었다. 그런데 북위의 낭리 선발의 원칙은 기본적으로 호문豪門 강족强族 중 주州와 여閭에서 추천을 받은 자 안에서 선발하는 것이었다.[75] 즉 공종이 승급시키려는 자들은

73) "浩乃與論曰 :「承祚之評亮, 乃有故義過美之譽, 案其迹也, 不爲負之, 非挾恨之矣. 何以云然? 夫亮之相劉備, 當九州鼎沸之會, 英雄奮發之時, 君臣相得, 魚水爲喩, 而不能與曹氏爭天下, 委棄荊州, 退入巴蜀, 誘奪劉璋, 僞連孫氏, 守窮踦足區之地, 僭號邊夷之間. 此策之下者"(『魏書』 卷43, 「毛脩之傳」, pp.960~961).

74) 逯耀東, 앞의 글, p.92 ; 朴漢濟, 앞의 책, p.137.

대체로 호문 강족 중에서 벽소된 자들일 가능성이 높은 것이다. 그렇다면 공종의 선거 방식은 공차功次에 의한 승급일 가능성도 있지만 기존 선거 질서, 즉 지역의 문벌주의를 용인하는 형태의 선거 방식일 가능성도 매우 농후한 것이다. 오히려 최호의 인재 선발이 이러한 지역의 문벌주의가 아닌 철저한 현재주의에 입각해 있을 가능성이 있다.[76)]

최호가 모수지毛脩之를 발탁한 것과 관련하여 단지 그가 중국中國의 구문舊門이란 이유만으로 중용한 것으로 파악하여 최호가 문벌주의를 계획했다고 보는 견해도 있다.[77)] 그러나 최호에 대한 효문제의 평가를 비롯하여 '비천한 가문의 인사나 멀리 외국의 명사를 발탁하고 기용'했다는 기사는[78)] 그의 인재 선발이 문벌이나 지역을 관계치 않는 현재賢才 위주의 선발이었음을 말해 준다. 이 때문에 필자는 최호가 문벌정치의 회복을 꿈꾸기보다는 중원 문화를 회복하려고 했다고 여기는데, 그 중원 문화의 정치적 표현은 사대부 책임 정치였을 것이다.

최호가 실현하고자 했던 정치적 이상은 결코 남조의 퇴폐적이고 탈정치적인 사회는 아니다. 불운하게도 그가 죽은 시기의 연호가 태평진군인 것은 결코 우연의 일치는 아닐 것이다. 그것은 희극적이지만 그가 실현하려고 했던 이상과 관련 있는 연호가 아닐 수 없다. 혹 최호가 실현하고자 했던 정치적 이상이 태무제를 진군으로 만들고자 했던 것

75) "詔分遣使者巡求儁逸, 其豪門强族爲州閭所推者, 及有文武才幹·臨疑能決, 或有先賢世胄·德行淸美·學優義博·可爲人師者, 各令詣京師, 當隨才敍用, 以贊庶政"(『魏書』 卷3, 「太宗紀」, p.52).

76) 陳啓雲은 州郡에서 관리를 임용한 후 郡守·令長으로 승진시키는 것이 마땅하다고 한 공종의 정치가 후한의 경험으로 미루어 문벌적일 수 있다고 주장하였다. 陳啓雲, 앞의 글, pp.187~188.

77) 朴漢濟, 앞의 책, p.127.

78) "高祖曰:「……世祖時, 崔浩爲冀州中正, 長孫崇爲司州中正, 可謂得人……」" (『魏書』 卷27, 「穆崇傳」, p.668); "明元·太武之世, 徵海內賢才, 起自仄陋, 及所得外國遠方名士, 拔而用之, 皆浩之由也"(『北史』 卷21, 「崔宏傳」, p.787).

은 아닐까? 그는 아마도 그것이 사대부가 정치적 지향을 갖고 중앙 정치에서 주도적인 역할을 하는 가운데 실현될 수 있다고 여겼던 것 같다. 그 과정 속에서 최호는 공종을 대표로 하였던 당시 황제권과 마찰하였던 것이다. 대체로 유학의 정신은 등급 사회, 군권신수君權神授, 군신 상호 관계의 원칙을 인정하는 것이라고 할 수 있다.[79] 이것이 당시 북위 사회에는 아직 뿌리내리지 못했던 것이고 최호는 그런 북위 안에서 사대부들의 책임 정치를 실현하려고 했던 것이다.

남북조 사회가 황제 국가의 모습을 하고 있는 한 거시적으로나 이념적으로나 제도적으로 황제가 유일한 최고의 지배자로서 군림한다는 사실을 부정할 수 없지만,[80] 다른 한편 중앙 관계를 비롯해 지방 사회에서 호족豪族을 중심으로 확고한 자율적 질서가 확립되어 있었다는 것은 남북조시대를 어느 하나의 성격으로 규정짓기 어렵게 한다. 그러나 남조 사회가 귀족제 사회임을 부정할 수 없는 것은 분명 특정 집단이 사회·정치적 지위를 폐쇄적으로 독점하고 있었기 때문이다. 이러한 독점화 현상이 결국에는 특정 계층을 재생산했다. 이러한 재생산 과정에서 빼 놓을 수 없는 것은 이들 집단의 변질이다. 그 변질의 내용은 안지추顔之推도 지적하는 것과 같이 탈정치·탈학문이라고 할 수 있다.[81] 남조 귀족의 원류가 누구인지 확실하지는 않으나, 이들 모두 한대 사대부와 완전히 분리하여 생각할 수 없다는 점은 분명하다. 즉 남조의 귀족들은 모두 도의 실현 방법을 관료가 되는 것으로 이해하고 있었던 정치 지향적인 속성을 가지고 있던 이들로부터 나온 것이다. 그러나 남조 귀족들의 경우 곧 독점적이고 폐쇄적인 자신들만의 세계

79) 張慶捷, 「儒學與北魏政治」, 『山西大學學報』 1988-1, p.35.

80) 安田二郎, 앞의 글(1970), p.203.

81) “漢時賢俊, 皆以一經弘聖人之道, 上明天時, 下該人事, 用此致卿相者多矣. 末俗已來不復爾, 空守章句, 但誦師言, 施之世務, 殆無一可. 故士大夫子弟, 皆以博涉爲貴, 不肯專儒”(『顔氏家訓』, 「勉學」, pp.176～177).

를 만들고 탈정치화되었으며, 본질적으로 정치사상의 특징을 갖는 지금까지의 유학과도 결별한 채 탈학문적인 존재가 되어 버렸다.

이와 달리 북조의 사대부는 자신들의 존재를 실현시킬 수 있는 조건의 창출이 무엇보다도 시급한 문제였다. 즉 중국적 왕조 국가로의 전화만이 자신들의 존재를 실현할 수 있는 사회적 조건이 되기에 적극적으로 북위 왕조를 전화시키는 데 노력해야만 했다. 이것이 바로 효문제시기 호족 사대부들의 문벌주의에 대항하여 현재주의를 주창하게 되는 한인 사대부들의 전통이 만들어진 전사前史라고 할 수 있을 것이다. 여전히 한인 사대부들은 자신들의 존재 실현을 위해 현재주의를 주장할 수밖에 없었던 것이다.

수대 강력한 황제 지배체제가 회복될 수 있었던 것은 이러한 현재주의가 새로운 시대를 만들어 냈기 때문이다. 황제는 강력한 권력의 회복을 위해 능력 있는 사대부가 필요했고, 정치적으로 자각된 사대부는 관계官界 진출을 위해 특권이 보장되는 문벌주의를 부정하였다. 오등작이 폐지될 수 있었던 것도 이 때문이다. 수대에 들어서면 일흔이 넘는 늙은 신하서부터 어린 아이에 이르기까지 국은國恩에 보답하지 못할까를 염려하는 풍조가 만들어지고,[82] 양예梁睿와 같은 이는 진陳에 대한 군사 작전과 더불어 돌궐突厥에 대한 직할 지배를 수문제隋文帝에게 요청하기도 한다.[83] 강력한 황제권을 옹호하는 이와 같은 관점들이 어떻게 제출된 것인지 정확하게 논단할 수는 없다. 그러나 이러한 모습이 결코 사대부들이 정치적 권리를 포기하여 발생한 것은 아닐 것이다.

---

82) 『隋書』 卷37, 「李穆傳」, pp.1118, 1122.
83) 『隋書』 卷37, 「梁睿傳」, pp.1126~1128.

맺음말

북조 사대부들의 경우 호족 왕조에서 입사했다는 점에서 남조 사대부에 비해 좀 더 강한 정치의식을 갖는다. 이러한 정치의식은 종족적 잔재가 농후한 부족 국가에서 중국적 왕조 국가를 건설하려는 호족 황제들의 권력 강화과정 속에서 때로는 우대 받았고 때로는 억압당하였다. 그러나 북조로부터 장기 분열을 종식시키는 힘이 나온 것은 다니가와 미치오의 지적처럼 문벌주의를 배격하고 현재주의를 표방한 한인 사대부들 때문이었을 것이다. 북조 사대부들의 정치적 이상을 정확하게 규정할 수는 없으나, 한인 사대부들이 북위가 부족 국가에서 중국적 왕조 국가로 전화해 나가는 것을 이상적인 기풍 변화로 이해한 것은 중국적 왕조 국가로의 전화가 자신들의 존재를 실현할 수 있는 사회적 조건이 된다고 생각했기 때문일 것이다. 그렇다면 북조 사대부의 현재주의 역시 자신의 존재를 실현시킬 수 있는 조건의 창출을 의미하는데, 이것과 관련하여 효문제시기 한인 사대부의 현재주의에 대한 문제는 기왕의 연구에서 다루어져서 필자는 그 전사로서 최호의 문제를 다뤄 보고자 했다.

최호 문제는 북위 정치사에서 효문제의 개혁과 더불어 가장 많이 다뤄졌던 주제일 것이다. 지금까지의 연구는 국사옥 자체를 도화선으로 보고는 있지만 그것을 최호 죽음의 궁극적인 원인으로 보지는 않는다. 대체로 기존의 연구들은 최호의 죽음을 문벌주의에 대한 탁발계 귀족들의 공격 때문으로 보거나 최호의 문벌주의 부활 기도를 우려한 태무제의 숙청의 결과로 이해했다. 그러나 북위 역시 부족 국가에서 왕조 국가로 전화되어 나갔다고 했을 때, 그것이 종족을 근간으로 하더라도 외형상 봉건적인 분권주의分權主義의 성격을 띨 수밖에 없다. 따라서 북위 사회 자체가 문벌주의에 대한 이해가 전혀 없었다고 보기도 힘들고, 설사 문벌주의에 대한 구체적인 이해가 없었다 해도 호족 왕조에 입사한 한인 사대부들이 문벌주의를 주장한다는 것은 스스로의 처지와 맞지 않는 면이 존재한다. 혹자는 한인 사대부들이 한인 위주의 문벌주의를 제창하여 탁발계 사대부들과 마찰한 것이라고 하지만, 그 시기 관계의 한인 사대부의 숫자가 아직 그렇게 많지 않았다는 점에서 역시 불가능하다고 생각한다. 또한 이것이 설사 가능하다 해도 과연 그 당시 최호를 죽음으로 몰아넣을 수 있을 정도의 실력을 가지고 있던 이가 얼마나 있었겠는가 하는 문제도 남아 있다. 이러한 이유로 최호의 문제를 당시 최고의 실력자인 공종과의 관계를 중심으로 다시 생각해 보고자 했다.

공종이 실질적인 권력자로 등장하는 것은 그의 나이 17살 때다. 그러나 공종의 권력이 절대적인 것만은 아니었던 것으로 보이는데, 태무제는 공종으로 하여금 '백규를 총괄'하게 함과 동시에 목수·최호·장여·고필 등으로 태자를 도와 '서정을 결정'하게 하였다. 특히 최호의 경우 태무제가 모든 신료들에게 군국의 대계는 우선 최호에게 자문을 구한 후 시행하게 했다는 것을 통해서도 당시 막강한 권한을 가지고 있었음을 알 수 있다. 결국 이 사실은 공종과 최호가 정치적으로 대립하게 된다는 것을 의미한다. 양자의 대립은 종교적인 문제도, 민족적인 문제도 아닌, 정치권력의 행사와 관련하여 발생하였다. 당시 공종은 태자감국에 의해 황제권력을 대행하고 있었고, 최호 역시 보정으로 황제권력을 대행하고 있었다. 두 사람의 권력 투쟁이 어떠했을까는 충분히 짐작할 수 있겠다. 우선 최호의 세력에 위험을 느낀 공종이 태무제를 통해 최호를 주살하였다. 그리고 최호의 죽음 1년 후에 평소 자신의 측근 집단을 형성하여 권력을 강화해 온 공종도 태무제에 의해 죽임을 당한다. 정확한 죽음의 원인이 사료 안에서 발견되지는 않지만 두 인물 모두 강력한 황제권력에 대응하고자 했다는 것이 죽음의 이유가 되었던 것 같다.

최호의 정치적 이상을 흔히 문벌 사회의 실현이라고 하나, 그는 남조의 사대부들과는 다른 정치적 성향을 보인다. 노장의 책을 읽지 않았던 그는 국가의 대강이 '군주를 높이고 신하를 낮추는' 것이어야 함을 주장했던 인물이었다. 국가와 사회의 통일과 안정이라는 과제를 수행하기 위해서는 강력한 왕조 국가를 건설해야 한다고 믿었기 때문에 나올 수 있는 주장이다. 그는 가장 이상적인 신하의 덕목을 군주를 도와 그 군주로 하여금 천하를 장악하게 하는 것이라고 여겼다. 이것은 유학의 정신인 '군신 상호 관계' 원칙의 실현이라 할 수 있을 것이다. 최호는 사대부 책임 정치를 이상으로 삼았던 것이고 독점적인 황제권력을 행사하려고 했던 태무제에게 숙청당하게 된 것이다.

위진남북조의 경우 분명 특정 집단이 특정한 사회적·정치적 지위를 독점하고 있었다는 점에서 귀족제 사회의 면모를 부정하기는 힘들다. 그러나 그 사회 안에서 사대부들의 지속적인 정치 참여의 욕구와 지향이 발견되며 정치 참여를 자신들의 존재 근거로 인식하는 모습을 볼 수 있었다. 이러한 사대부의 정치적 자각을 근간으로 해서 만들어진 수의 사대부는 실질적인 정치적 능력을 최대의 인물 평가의 기준으로 삼았다. 문벌주의에 반대하여 사회적으로 재능주의가 더욱 강화되었고 이것은 과거제科擧制의 실행과 오등작제의 폐지라는 제도적인 변화를 모색하게 하였다. 결국 이러한 사대부들의 정치적 이상의 실현이라는 일련의 상황은 황제 지배체제의 강화로 귀결되게 되었는데, 위진남북조시기 이후 수당제국隋唐帝國의 출현은 이와 같은 사대부들의 정치적 각성과 맞물려 있었던 것이다.

총 결

중국 고대사의 절대적인 지배자인 황제와 실질적인 지배층인 사대부는 황제 지배체제가 성립된 이래 지속적인 대립과 공존을 모색하였다. 그것은 황제의 경우 황제의 권력이 관료 기구를 통해서만 집행된다는 한계를 지니고 있으며, 사대부의 경우 관료로서의 공적公的 지위와 권위를 갖지 않고서는 실질적인 사회의 지배 계층으로 존재할 수 없었기 때문이다. 이렇게 본다면 양자 모두 상대적인 권력만을 가지고 있었던 것이며, 이로 인해 양자는 서로의 권력 행사에 있어 불가분의 관계를 갖는다. 그러나 이들 두 주체가 과연 어떻게 자신을 규정하고 자신들의 정치적 이상을 설정했는지, 그리고 어떻게 그 이상을 실현해 갔는지에 대해서 종합적으로, 또는 통시대적으로 접근한 연구는 드물다고 할 수 있다. 다시 말해 이들의 존재 규정과 대립, 그리고 공존이 근본적으로 어디서부터 시작되었는가를 밝히고자 했던 연구는 많지 않다.

본서는 이러한 문제의식으로부터 시작하여 고대에 있었던 정치적 통합과 분열, 그리고 재통합의 국면이 어떻게 가능하였는가를 사대부의 정체성 확립과 권력 행사라는 측면을 통해 살펴보고자 하는 목적에서 준비되었다. 필자는 중국 고대 사회는 황제와 사대부간의 대립과 공존이라는 기본 틀을 유지하면서 존속해 왔다고 생각한다. 그러므로 사대부의 정치적 활동을 살펴본다면 중국 고대 사회의 정치적 원동력을 확인할 수 있을 것이라 생각하였다.

이를 위해 우선 필자는 사대부들이 어떻게 자신들을 황제와 대등한 치자治者로 인식하게 되었는가를 추적해 보고자 했다. 이것은 한대漢代 사대부들이 스스로를 사회적 풍기과 문화적 전통의 창조자로 인식하는 과정을 통해 확인할 수 있었다. 한대 사대부들은 풍속에 대해 지대한 관심을 가지고 있었는데, 이는 한대 사회에 아직 중심적인 사회적 기풍, 문화적 전통이 수립되어 있지 않다는 것을 말해 주는 동시에, 사대부들 스스로가 자신을 사회적 풍기와 문화적 전통을 창조하는 주체로 규정하고 있음을 보여 주는 것이다. 전한前漢 사대부들이 수립하려고 했던 사회적 기풍, 문화적 전통이 무엇인가는 당시 그들이 비판했던, 그래서 변화시키고자 했던 풍속의 내용이 무엇이었는가를 통해서 알 수 있었다. 그들이 변화시키고자 하는 풍속은 대부분 사치奢侈로 표현되었는데, 시기적으로 그것을 살펴보면 건국초建國初 육가陸賈의 진시황秦始皇의 사치에 대한 비판, 문제시기文帝時期 가의賈誼의 공신功臣들의 사치에 대한 비판, 염철회의시기鹽鐵會議時期 문학文學이 행한 무제武帝의 사치에 대한 비판, 선제시기宣帝時期 대표적인 유가儒家였던 왕길王吉을 비롯한 사대부 관료들에 의해 행해진 선제의 사치에 대한 비판을 들 수 있다. 그러나 조금만 자세히 들여다보면 이들이 비판한 대상이 물질적 사치가 아니었음을 알 수 있다.

육가가 비판한 사치는 그의 책 『신서新書』「무위無爲」편에 등장한다. 황노술黃老術을 신봉하던 육가로서는 지나친 유위有爲를 사치로 여겼는데, 그는 진秦의 법가주의에 입각한 강력한 황제권력의 실현을 지나친 것, 곧 사치로 여겼다. 당시를 '사치로써 서로 다투는(以侈靡相競)' 시대로 규정한 가의가 비판한 사치는 공신 집단의 참람僭濫이었다. 그는 천하가 굶주리고 간사함이 범람해도 정치를 담당하는 이들이 그저 '무동

無動'·'무위無爲'만을 외치며 제도와 예의를 방기하여 시속時俗이 유실流失되고 세풍世風이 파괴된다고 하였다. 이것은 황노술을 신봉하는 공신 집단의 권력 분할 의도와 무능력을 비판하며 새롭게 등장한 문학지사文學之士들의 정치적 목소리에 다름 아니다. 무제시기의 사치는 무제의 흉노匈奴 정벌로, 염철회의에 참석한 문학들은 황제권의 극단적인 확대를 사치로 이해했다. 황제 측에서 본다면 흉노 정벌이야말로 황제권력의 외적인 확대로써 제국의 이상을 실현하는 위대한 행위일 수 있지만, 문학들은 오히려 이것을 사치의 극단으로 이해한 것이다. 이것은 전제 황권을 보장하는 법술에 대한 반대이기도 했다. 결국 이 시기 문학이 주장한 사치는 자신들의 정치적 진출을 막고, 황제권력의 팽창을 옹호하는 법술주의였던 것이다. 선제시기에 관료들의 경우 표면적으로는 선제의 물질적 사치, 즉 궁궐과 수레·의복의 화려함을 비판하였지만 그들이 궁극적으로 비판하고자 했던 것은 선제의 법가주의적 통치 방법과 그의 친정親政이었다. 왕길이 선제에 대해 "만방萬方을 총괄하고 제왕帝王의 도적圖籍을 날마다 앞에 펼쳐 놓고 오직 세무世務만을 생각하는 것을 제왕의 본무本務라고 할 수 없다"고 한 것은 당시 사대부들이 선제의 어떤 면을 비판한 것인지를 잘 보여 준다. 즉 선제시기의 사치는 유생儒生을 임용하지 않는, 법가 노선에 입각한 황제의 독점적인 권력 행사였던 것이다. 이와 같이 전한 사대부들이 본 사치라는 것은 자신들의 존재를 부정하거나 자신들의 정치적인 진출을 막는 일련의 상황이었던 것이다. 이것은 황제권력에 대한 부정이기보다는 자신들이 황제와 더불어 천하의 일을 담당하는 주체라는 인식으로부터 기인한 것이다.

전한 사대부들이 비판한 사치가 정치적이고 시대에 따라 대상이 달랐기 때문에 그들이 수립하고자 했던 이상적인 사회적 기풍 역시 정치적이고 시대적인 변화를 보였다. 전한시기 처음으로 풍속이 교정되어 교화가 이루어졌다고[이풍역속移風易俗] 서술되어 있는 시기는 문・경시기文・景帝時期다. 그런데 흥미롭게도 이때 이풍역속이 행해졌다고 하는 근거는 모두 도가적道家的 기준에 입각한 '절검節儉'과 '여민휴식與民休息'이었다. 그러나 이것은 표면적인 것이고 본질적으로는 당시 채택한 황노술이 진의 엄혹嚴酷한 법술주의의 문제를 해결했다는 것을 의미하는 것이다. 육가가 『신어』에서 진시황의 절대 황권을 사치로 규정한 것을 기억한다면, 이 시기의 이풍역속은 당시 공신들의 정치적 입장에 부응하여 황제권력의 절대성이 포기된 것을 의미할 것이다. 이것은 아무래도 한초 불안한 정국과 공신 집단의 이해와 관련되어 설정된 내용일 것이다. 두 번째 무제시기에 행해진 이풍역속은 사회의 주도권이 공신으로부터 유생으로 이전되었음을 보여 준다. 무제시기에 이풍역속의 내용은 선거選擧와 관련되어 있다. 무제가 유가적 기준에 입각한 인재 선발을 시행함에 따라 사회의 풍기가 경술經術을 좇게 되어 풍속이 교정되고 새로운 기풍이 수립되었다는 것이다. 이것은 유학이 문화적 전통이 될 수 있는 사회적 풍조가 마련되었다는 것을 의미한다. 그러나 한편으로 염철논쟁시 문학이 무제의 흉노 정벌을 사치로 이해하고 있었다는 것은 무제시기 역시 사대부들이 바라는 사회적 풍기가 완전히 실현된 시기로 인식되지는 않았다는 것을 반증한다. 실제로 무제시기는 법치가 행해졌던 황제권력 강화의 시기였다. 이전 시기에 비해 유학이 중요하게 여겨지기는 했으나, 그것은 여전히 법술을 분식粉飾하는 용도로 사용되었다. 그러므로 염철논쟁에 참여한 문학들에 의해 제기된 이풍역속은 유가의 정치적 진출이라고 할 수 있다. 유가의 정치적 진출과 관련하여 생각해 볼 시대가 바로 선제시기다. 이 시기는 수치 상으로도 유가의 성장을 충분히 감지할 수 있다. 박사제자博士弟子의 수만 200명이었으며, 구현求賢은 8회에 걸쳐 시행되었고, 유가적 기준의 정치 득실을 보여 주는 지표인 사면 10회, 민작民爵 수여 13회,

부서符瑞의 발현이 14회 등장한다. 이로 인해 선제시기를 또 다른 이풍역속의 시기로 볼 수 있지 않을까 하는 생각도 든다. 그러나 무엇보다도 이 시기를 이풍역속이 이루어진 시기로 이해할 수 있게 하는 것은 지방 통치의 변화다. 선제시기 지방에서는 단순히 유가적인 덕목인 예양禮讓에 의해서 지역 사회를 통치하는 것만이 아니라, 지방 사회에 존재하는 자체적인 권력구조를 인정하는 방식의 통치가 행해졌다. 선제 말기에는 다수의 유생들이 지방 관계에 등장하게 되는데, 이것은 이 시기 법률 중심의 정치 폐해에 대한 반성이 사회적으로 행해지고 있음을 보여 주는 것이다. 원제시기元帝時期 군국묘郡國廟 폐지와 성제시기成帝時期 자사刺史 폐지 논의는 황제의 절대성을 넘어서는 새로운 절대적 기준을 사회적으로 수립하고자 했던 사대부들의 노력이 집약적으로 표출된 것으로 이해할 수 있겠다. 비록 두 논의 모두 만족할 만한 결과를 내지는 못했으나 사대부들의 자기 각성이 분명해졌음을 상징적으로 보여 준다. 이렇듯 전한 사대부들에 의해 제기된 이풍역속의 내용은 엄형주의를 기반으로 존재했던 황제권력의 축소－유가의 정치적 참여 기회의 확보－지방 통치의 자율성 확보－유학의 절대성 확보 등으로 사대부의 정치적 각성과 세력화와 연관되어 있다.

전한 사대부의 이상이 사대부를 정치적 책임자로 인식하고 사대부의 사회적·정치적 진출을 가능하게 하는 사회적 동의와 문화적 전통을 만드는 것이었다면, 후한後漢 사대부의 정치적 이상은 여기서 한 발 더 나아가 사대부의 정치적 활동을 보장받고 자신들의 권력을 안정적으로 재생산하는 구조를 만드는 것이었다. 그래서 후한 사대부들의 최대 관심은 선거와 관련되어 있었다. 외척外戚·보정輔政·태후太后·환관宦官에 대한 후한 사대부들의 정치적 비판은 대부분 이들이 선거를 농단하고 비정상적인 방법에 의해 관료를 선출한 이른바 선거 부실에 집중되었다. 즉 후한 사대부들이 가장 심각한 사회 문제로 인식했던 것은 자신들의 정상적인 입사入仕 통로가 일부 권세가에 의해 차단되게 된 시대 상황이었던 것이다.

이러한 사실은 『후한서後漢書』 「오행지五行志」의 분석을 통해 분명해진다. 「오행지」 분석을 통해 확인할 수 있는 흥미로운 사실은 태후의 경우 적처권嫡妻權이 보장되었다는 주장에도 불구하고 당시 사대부들이 태후의 집권을 비정상적인 권력 행사로 보았다는 점이다. 재이災異의 원인이 특정한 정치적 과실이 아닌 태후의 섭정攝政으로 분석된 것이 그 증거라고 할 수 있다. 외척 또한 태후와 마찬가지로 정치적 권력을 장악하면 안 된다고 인식하였다. 그 이유는 이들의 권력 행사가 제도적이며 항상적인 것이 아니기 때문이었으며, 그 결과 그들의 권력 행사는 주로 정상적인 방법에서 벗어나 친소親疏에 의해 인물을 발탁하는 선거 부실로 나타났기 때문이었다. 이와는 달리 보정輔政의 경우는 반드시 정치적 과실이 원인으로 기술되어 있어 당시 태후의 섭정과는 달리 보정의 권력 행사를 제도적인 권력 행사로 이해하고 있었음을 알 수 있었다.

사대부들에게 비판받은 보정의 과실은 정치권력의 독단적인 사용, 즉 정치권력의 사권화私權化라는 것이었다. 이것은 사서 안에서 대부분 선거 부실을 의미하였다. 대표적으로 양기梁冀가 사대부들에게 비판받았던 대부분의 문제는 선거 청탁과 선거 부실, 관직 독점에 관한 것이었다. 이러한 행위는 사대부들의 입신立身의 기회를 박탈하는 행위였다. 당시 사대부들이 제왕과 권세자의 정치적 역할을 현자賢者의 등용이라고 보았던 것은 사대부들의 자기 구현의 논리와 연관된 것이다. 사대부들은 자신들이 학습한 도道를 구현하는 유일한 방법을 임관任官에 두었는데 이것은 사대부들이 관직에 나가는 것을 자기 구현으로 설정했음을 보여 주는 것이다. 그런데 그들의 자기 구현을 불가능하게 하는 것이 바로 선거 부실이었던 것이다. 그렇기 때문에 그들에게는 선거의 부실이 가장 심각한 정치·사회적 문제였다.

후한 사대부들이 가장 심각한 정치·사회적 문제를 선거로 인식하고 있었다는 것은 후한말의 저작들을 살펴보면 분명해진다. 후한말 사대부들은 너나 할 것 없이 자신들이 살고 있던 시기를 '패속상풍敗俗傷風', '풍속조폐風俗彫敝', '속미혼俗迷昏'의 상태로 규정하며 사회적 기풍의 변화를 주장하였다. 그리고 중장통仲長統, 서간徐幹, 최식崔寔, 왕부王符 등의 후한말 사상가들은 공통적으로 선거 부실을 패속敗俗의 원인으로 인식하였다. 그들은 모든 사회적인 혼란이 부적절한 선거로 인해 만들어진 것이라고 이해하였다. 그렇다면 그들이 주장한 선거의 명실일치名實一致란 무엇인가? 이것은 결국 사대부들에 의해 행해진 선거를 통해 인재가 발탁되고, 그 인재들이 천하의 일을 책임지는 것이다. 즉 후한 사대부들의 정치적 이상은 사대부들의 정치적 활동을 보장하는 공정한 선거와 이를 통한 지속적인 인재의 발탁이라고 할 수 있다.

기왕의 연구 중에는 사대부들이 이렇게 관직에 나가려고 하는 것을 지역 사회에서의 지배권을 확보하기 위한 수단으로 이해한 것도 있다. 특히 당고黨錮를 환관에 의한 선거 부실과 이에 따른 부적절한 인사의 지방관 부임, 그리고 그들에 의한 농촌의 수탈이라는 일련의 사태에 맞선 저항 운동으로 본 관점은 사대부들이 정치적 목적과 이해를 공동체에 두고 있다고 이해했다. 그러나 사대부들이 가장 심각한 환관의 피해를 탁류濁流 호족豪族의 지방 사회 침범이 아닌 선거의 독점과 부실로 인식했다는 점을 기억할 필요가 있다. 이것은 당인黨人 중 대부분이 가격家格이 낮은 집안의 사대부였다는 연구를 통해 확인할 수 있다. 즉 와타나베 요시히로(渡邊義浩)의 연구에 의하면 중앙과 지방의 관직에 환관 일파의 점유 비율이 높아짐에 따라 가격이 낮은 사대부들이 관계로 진출하는 것이 곤란해졌고, 결국 이들에 의해 반환관의 여론이 급속하게 생성되고 전파된 것이다.

후한의 사대부들은 이미 수적으로 하나의 단일한 정치적 세력으로 성장했던 것으로 보인다. "국가를 위하는 데 가장 중요한 것이 인재를 얻는 것이며, 보은報恩의 의義 중 사대부를 천거하는 것보다 더 큰 것이 없다"는 표현은 이미 사대부들이 하나의 정치적 세력으로 존재하고 있으며, 그 세력 유지를 위해 단결하고 있었음을 보여 준다. 이들은 황제와는 분리되어 자신들이 하나의 정치적 실체임을 인식하고 있었다. 그래서 이들은 하나된 목소리로 자신들을 안정적으로 재생산하는 창구인 선거의 부실에 대해 비판하였던 것이다. 이들이 생각한 이상적인 정치란 사대부의 정치적 진출과 그들의 활동이 보장되는 것이었다. 후한말 사대부들이 삼공三公의 정치적 복권復權을 주장한 것도 황제권력의 사적인 운영을 구조적으로 불가능하게 하겠다는 의도에서 나온 것이다. 후한 사대부의 근본적인 정치적 지향은 황제권력의 무한대적인 확장을 막고 자신들의 정치적 활동을 보장받는 안정적인 구조의 확립이었던 것이다.

사대부와 사대부 사회의 성장은 곧 황제권과의 마찰을 불러일으켰다. 제2부에서는 사대부 사회가 가진 독자성과 자율성이 황제의 독점적 권력 행사와 어떻게 대치하였는가를 확인해 보고자 하였다. 이것은 조위시기曹魏時期 부화浮華 사건을 분석하는 것과 황제권력이 미치는 세계에 대한 황제와 사대부의 서로 다른 관념을 비교하는 두 가지 작업을 통해 수행되었다. 우선 제1장에는 황제권 강화를 위해 특정 사대부 집단의 수장을 제거하는 극단적인 방법이 동원되었던 조위 초기의 정치적 상황을 고찰해 보았다. 당시 사대부들은 자율적이고 독립적인 자신들의 질서를 보호받을 수 있는 유교국가儒敎國家를 건설하고자 하였으나, 이것은 황제의 중앙 집권과 배치될 수밖에 없었다. 이 대립 속에서 황제는 대표적인 사대부 집단의 수장을 제거하는 극단적인 방법을 사용하였고, 그것은 흔히 부화 사건으로 칭해졌다. 조조曹操가 풍속을 파괴한다고 여겼던 부화는 사전적 의미로는 명목에 치우쳐 실질이 없는 것, 화려한 것을 말한다. 이 부화라는 표현은 후한말 사대부들이 학문의 실질을 잃고 서로 파당派黨을 이루어 교유交游하는 과정 속에서 처음 등장하였다. 진대晉代에 들어서면 이 부화는 노장老莊, 즉 현학玄學 그 자체를 의미하여 시기에 따라 그 의미가 조금씩 변한다는 것을 알 수 있는데, 공통적으로는 유학의 실질이 없는 것을 의미하였다. 그러나 조조시기의 부화 사건은 물론이고 명제시기明帝時期의 부화 사건도 유학의 실질이 없음으로 해서 일어난 일은 아니었다.

조조에 의해 부화라는 죄명으로 주멸당한 공융孔融은 당대 최고의 명사名士로 북해北海 집단의 영수로 알려져 있다. 당시 공융을 비롯하여 많은 사대부들이 조조의 정권 강화의 일환으로 초치招致되어 있었다. 그런데 이들은 당시 후한말 당인黨人들의 자율적 질서 속에서 성장·형성된 집단에 속해 있던 자들로 명성과 지조에 의해 교류하고 있었다. 이들은 유교를 근간으로 하는 유교 사회, 즉 자신들의 정치적 참여에 의해 유지되는 왕조의 부흥, 혹은 건설을 꿈꾸고 있었는데 이러한 유교국가만이 황제권력으로부터 자율적이고 독립적인 자신들만의 질서를 유지시킬 수 있다고 믿었다. 이러한 사대부들의 입장은 결국 황제권력과 대립할 수밖에 없었기에, 그 대표자였던 공융은 조조에 의해 숙청당한다. 두 번째 부화 사건의 주인공인 위풍魏諷 역시 "무리를 이루는 데 힘썼다(務合黨衆)"고 하는 그의 교우 관계 및 사대부 사이의 교류가 문제가 되었다. 이처럼 조조시기 부화의 내용은 사대부들이 당을 구성하는 것이었는데, 정부와 별개로 존재하는 사대부들의 자율적 질서를 뿌리 뽑지 않는다면 진정한 황제권력을 수립할 수 없기 때문에 조조는 사대부들의 독립적인 움직임을 거세해 나갔던 것이다.

명제시기의 부화는 사대부들의 모임이 황제권력에 대해 직접적인 위협으로 작용하지 않고, 오히려 황제권력에 조응하는 성격을 갖는다

할지라도 용인될 수 없음을 보여 주는 좋은 예다. 명제시기의 부화 사건은 태화太和 연간에 당시 초일류의 사대부인 하안何晏을 비롯한 등양鄧颺·제갈탄諸葛誕 등이 부화하다는 이유로 면직된 사건이다. 이들의 죄목 역시 동소董昭의 상소에 의하면 '교유를 업으로 삼고 권세를 추종하고 이익을 추구하는 것을 우선으로 삼은' 것이다. 그러나 이들이 조조시기의 사대부들과 동일하게 한왕조의 부흥이나 새로운 유교국가의 건설을 목적으로 하였던 것은 아니다. 부화파의 면모를 보면 이들은 당시 초일류 가문의 자제들로 중앙 관계에서 출사가 막힌 것도, 특별한 정치적 박해를 받았던 것도 아니었다. 오히려 이들은 수도를 중심으로 명성을 얻고 있던 부류들로, 정치적 성향도 체제 영합적이라 할 수 있는 이들이었다. 그렇기 때문에 이들에 대해 평가가 엇갈리지만, 당시 그들이 당을 구성하여 스스로 인재 선발의 기준을 제시하려 했다는 점은 공통적으로 지적되고 있다. 이들이 지방을 중심으로 하는 사마씨司馬氏 집단의 공격을 무마하기 위한 명제의 선택에 의해 면직되었는지, 혹은 명제의 정치적 견해와 마찰하여 면직되었는지 간에 궁극적으로는 정치적 목적을 가지고 있었다는 점이 문제가 되었다. 즉 사대부의 독자적인 움직임 그 자체는 결국 정치적 의도를 가지게 되고, 정치적 의도라는 것이 종국에는 황제권력으로부터 독립된 사대부들의 자기 구현 논리를 근간으로 하기에 황제와의 마찰은 필연적이라 할 수 있다.

황제와 사대부의 이러한 갈등은 제국의 상을 놓고서도 표출되었다. 이것은 황제와 사대부의 중요한 갈등이 근본적으로 황제권력이 미치는 범위에 대한 인식의 차이로부터 발생했기 때문이다. 처음 단순히 분리의 대상이었던 이적은 팽창하는 군주권의 등장에 맞춰 중국의 유일 지배자에 의해 교화되어야 하는 복종의 대상으로 변화하였다. 황제는 화이華夷를 모두 포함한 극대로 팽창된 제국을 이상으로 하였으나,

사대부들은 황제에 의해 세계가 단일화되는 것을 원하지 않았다. 사대부들은 균질화되고 단일화된 지배를 가능하게 하는, 모든 권력이 일인에게 집중되는 국가 구조를 원하지 않았다. 일인에게 모든 권력이 집중되는 것을 사대부들은 권력의 사권화로 이해했고, 대신 무한대로 팽창하는 속성을 지닌 황제권력을 제약하는 것을 공公의 세계인 천하를 보호하는 행위로 인식하였다. 그리고 황제와 사대부의 각기 다른 세계관은 대외 정책에 반영되어, 동아시아 세계 질서에 대한 극명한 차이점을 노정하게 되었다.

사대부들은 전통적인 분리주의에 입각하여 이적에 대한 통치 방침을 채택하였다. 그리고 이러한 분리주의적 입장은 위진시기를 거쳐 남북조시기까지 확대 재생산되었다. 그 결과 당연히 이념적으로는 황제의 일원적 지배를 원칙으로 하였지만 현실 속에서는 제 집단의 독자성이 보장되는 장치들이 고안되었다. 예컨대 진대에 들어서면, 내속한 이적의 수장에게 봉작封爵과 더불어 중국 왕조의 지방 관직이 제수된다. 이것은 외형적으로는 이적을 황제의 일원적 지배 장치인 군현제 안에서 통치하는 것처럼 보이나, 실제로는 이적의 수장에 의해 이적을 다스리게 하여 이적에 대한 지배를 포기한 것이다.

그러나 황제와 사대부가 적대적으로 대립한 것만은 아니다. 그런 의미에서 진대晉代 이후 사대부 안에서 발견되는 정치적인 재각성의 모습은 사대부와 황제가 어떻게 공존하였는가를 잘 보여 준다. 후한말 유학의 위기 속에서 새롭게 등장한 현학은 예교禮敎의 엄격함으로부터 사대부를 해방시켜 자유로운 교양인으로 변모시켰다. 그러나 곧 현학은 풍속을 어지럽히는 주범으로, 정시正始 연간의 새로운 기풍은 말속末俗으로 이해되어 교화의 대상으로 인식되었다. 현학이 풍속을 어지럽히는 주범으로 인식된 원인은 현학이 유학의 실질을 가지지 못했다는 데서 기인한다. 여기서 유학의 실질이란 사대부로 하여금 정치적 자각과 책임의식을 갖게 하는 것이다. 결국 현학이라는 것은 자유로운 교양인으로서의 인간의 발견에는 어떨지 몰라도 정치인으로서의 사대부에게는 치명적인 문제를 제공한 것이다. 따라서 사대부들이 현학을 교화의 대상으로 삼았다는 것은 정치적 책임감의 회복과 정치적 참정을 가장 중요한 정치적 과제로 설정했다는 것을 의미한다.

그러나 사대부의 정치적 책임감은 쉽사리 회복되지 못하였다. 구품중정제로九品中正制로 인한 가격家格의 고정은 이전 시기보다 더 심각하게 사대부들을 정치 일선에서 후퇴시켰고, 남조南朝의 시대적 조류는 재능 있는 이들을 오히려 무능력하게 만들었으며, 송宋·제齊의 불안한 정국도 사대부들이 정치 참여를 꺼리는 요소로 작용하였다. 이에 상대적으로 가격이 낮은 한문寒門 출신의 사대부들이 정치 일선에서 활약하기는 했으나 이들 역시 한대 사대부가 가졌던 정치적 자각과 책임감을 체현하고 있지는 못했다. 하지만 진대 이래 사대부들의 의식 변화는 꾸준히 계속되었는데, 이는 '소업素業'의 의미 변화를 추적하는 과정 속에서 확인할 수 있었다. 최초의 소업은 단순히 검소한 생활을 나타내는 도가적道家的 생활 방식에 국한되어 사용되었다. 그러나 송대宋代에 이르면 도가적 생활 방식을 나타내는 의미가 여전히 남아 있기도 하지만 점차 학문적이고 정치적인 성격으로 변모하여 사대부라면 반드시 가져야 하는 정치·문화·학문 등의 제 분야를 망라한 근본적인 덕목으로 해석된다. 이후 양조梁朝에서 소업은 오직 유학만을 가리키게 된다. 이때의 유학은 교양으로서의 유학이 아니라 '경세제민經世濟民'을 목표로 하는 정치 이념이다. 소업이 도가적 생활 방식을 가리키는 것으로부터 정치 이념인 유학을 가리키는 것으로 변화한 것은 사대부들의 의식이 변화한 것을 의미한다. 왜냐하면, 유학의 체득을 사대부의 근본적인 행위로 표현했다는 것은 사대부들이 정치적으로 재각성하고 정치적 책임감을 갖게 되었음을 의미하기 때문이다.

실제로 남제시기南齊時期부터 우리는 사대부들의 의식이 변화하고 있다는 많은 사례들을 수집할 수 있었다. 학문의 필요를 역설하는 계자서誡子書가 작성되었으며, 세족世族에 대한 특혜를 비판하는 견해가 등장하였다. 또한 지금까지 명성을 얻는 방법의 하나였던 부귀와 권세에 연연하지 않고 은둔하는 처사적處士的 생활 태도가 비난받기도 하였다. 비록 의식상 이중성이 존재하고 행동에도 모순이 있지만 이 시기 사대부들에게는 정치 지향의 의지가 뚜렷이 감지된다. 이러한 변화는 양대梁代에 들어서면 보다 확연히 나타난다. 그때까지 유학은 사대부들에게 호불호好不好의 대상, 즉 교양으로 인식되었는데, 이 시기에 들어서면 유학이 정치적 이념으로 받아들여진다. 또한 왕조에 대한 사대부들의 인식이 변모한다. 양대 사대부들에게서는 국가에 대한 충성이라는 의식이 발견된다. 이러한 제 변화는 몇 가지 복합적인 요소에 의해 만들어졌다. 첫째, 문벌門閥 사대부들이 정치적으로 무능력해지는 동안 등장한 한문 사대부들의 약진은 분명 문벌 사대부들에게 위기감을 조성했다. 둘째, 황제들의 현재주의賢才主義를 들 수 있다. 셋째, 스스로의 무능력에 대한 자기반성의 필요다. 이렇듯 남조 사대부들의 변화는 정치적 자각과 책임의식의 회복을 내용으로 하는데, 사대부 사회의 건강성 회복은 국가 기구의 건강성 회복이라는 효과를 낳으며 새로운 중앙집권적 시대를 준비하게 된다.

사대부들의 변화가 유학의 내발적 전개와 사대부 사회 내부로부터 시작된 것임은 분명하지만, 이것이 순수하게 사대부 내부로부터만 추동된 것은 아니다. 이것은 황제 측의 운동과도 밀접하게 연관되어 있다. 남조 황제 중 중앙 정부의 권위를 회복한 황제로는 송의 유유劉裕를 들 수 있을 것이다. 필자는 그 이유를 유유가 행한 토단土斷에서 찾고자 했다. 진말晉末 가장 큰 문제는 권문權門·호강豪强의 발호와 이들의 겸병에 의해 인민들이 산업을 보전하지 못하고 유랑하는 것이었다.

즉 진대 난정亂政의 원인은 황제의 권력을 분할하여 지역 사회에서 독자적인 정치 세력으로 존재하고 있었던 호족豪族에게 있었던 것이다. 그래서 이들의 세력을 약화시키기 위해 유유는 토단을 감행하였다. 이것은 국가가 인민을 정확하게 파악하고 그들에 대한 장악력을 높인다는 것을 의미하는 것으로 국가 이외에는 누구도 인민을 사사롭게 장악할 수 없음을 표방한 것이다. 이러한 유유의 노력은 문제시기文帝時期에 와서 사인층士人層을 동오범同伍犯의 대상으로 삼는 정책의 시행으로 결실을 맺게 되는데, 이것은 황제가 황제권력 밖에 존재하는 사대부들의 질서를 용인하지 않겠다는 선언적인 의미를 갖는다.

양무제梁武帝의 천감天監개혁은 다른 남조 황제들의 개혁과 다소 차이를 갖는 것으로 알려져 있다. 일반적으로 황제들의 개혁이 사대부들의 세력을 억압하는 것을 주 내용으로 삼았던 것과는 달리 양무제의 천감개혁은 사대부와의 공존을 위한 것이었다. 양무제의 통치의 특징은 '현재주의賢才主義', '신귀족주의新貴族主義', 또는 '귀족제도貴族制度와 관료주의官僚主義의 조화調和'로 일컬어진다. 이것은 현재주의를 중심축으로 해서 재학才學 있는 문벌 귀족·한문 모두가 정치 지배자로서의 역할을 담당한다는 것으로, 귀족주의의 원형을 부정하지는 않지만 문지門地에 의한 귀족주의가 아닌, 재능에 의한 귀족주의를 표방한 것이다. 천감개혁에 대해 야스다 지로(安田二郎)는 황제가 귀족들에게 귀족 본연의 존재 방식으로 돌아갈 것을 요구한 것이라고 하였는데, 필자는 이것이 결국은 천하에 대해 정치적 책임감을 갖는 사대부 본연의 자세를 회복할 것을 황제가 사대부에게 촉구한 것이라고 여긴다. 에노모토 아유치(榎本あゆち)는 개혁 추진을 '정치 세계는 재학 있는 사인의 공유물이라는 것이 인정된 것'이라 보았다. 즉 양무제시기에 이르러 황제 역시 정치의 무능력과 부패에 대한 해결점을 관료 기구의 정상화로 본 것이고, 그것을 위해서는 사대부들의 정치 참여의식이 회복되어야 된다고 여겼던 것이다. 황제는 사대부들의 정치적 세력화가 황제권력을 잠식하고 분할한다는 근본적인 위협이 있음에도 불구하고, 자신의 권력 행사를 위해서 사대부들의 정치적 각성을 요구했던 것이다. 그러므로 양무제의 개혁은 사대부와 황제의 공존을 위한 양 주체의 정치적 책임감의 회복을 내용으로 갖는다.

그렇다고 해서 수隋의 재통일과 강력한 황제권력의 부활이 황제 측의 일방적인 노력에 의해서만 이루어진 것은 아니다. 황제의 현재주의가 사회적인 기풍을 바꿀 수 있기 위해서는 사회적으로 그 현재주의가 수용될 수 있는 토양이 존재하고 있어야 했기 때문이다. 이 사례는 북조北朝 사회에서 찾아 보았다. 북조 사대부들의 경우 호족胡族 왕조에서 입사했다는 점에서 남조 사대부들에 비해 좀 더 강한 정치의식을 갖는다. 이러한 정치의식은 종족적 잔재가 농후한 부족 국가에서 중국적 왕조 국가를 건설하려는 호족 황제들의 권력 강화 과정 속에서 때로는 우대 받았고 때로는 억압당하기도 하였다. 그러나 북조로부터 장기 분열을 종식시키는 힘이 나온 것은 다니가와 미치오(谷川道雄)의 지적처럼 문벌주의를 배격하고 현재주의를 표방한 한인漢人 사대부들 때문이었을 것이다. 북조 사대부들의 정치적 이상을 정확하게 규정할 수는 없으나 한인 사대부들이 북위北魏가 부족 국가에서 중국적 왕조 국가로 전화해 나가는 것을 이상적인 풍속의 수립으로 이해한 것은 중국적 왕조 국가로의 전화가 자신들의 존재를 실현할 수 있는 사회적 조건이 된다고 생각했기 때문일 것이다. 그렇다면 북조 사대부의 정치적 지향 역시 자신의 존재를 실현시킬 수 있는 조건의 창출을 의미하는데, 이것과 관련하여 북조 사대부의 현재주의에 대한 문제는 기왕의 연구에서 많이 다루어졌기에 본서에서는 그 전사로서 최호崔浩의 문제를 다뤄 보고자 했다.

기존의 연구들은 최호의 죽음을 문벌주의에 대한 탁발계拓跋系 귀족들의 공격 때문으로 보거나, 최호의 문벌주의 부활 기도를 우려한 태무제太武帝의 숙청의 결과로 이해했다. 그러나 당시 북위 역시 봉건적인 분권주의의 색채가 농후했고, 호족 왕조에 입사한 한인 사대부가 문벌주의를 주장했다는 것도 이치에 맞지 않아 그대로 받아들이기 힘들다. 혹자는 한인 사대부들이 한인 위주의 문벌주의를 제창하여 탁발계 사대부들과 마찰한 것이라고 하지만 그 시기 한인 사대부의 숫자가 아직 그렇게 많지 않았다는 점에서 역시 불가능하다. 또한 무엇보다 그 당시 최호를 죽음으로 몰아넣을 수 있을 정도의 실력을 가지고 있던 이가 얼마나 있었겠는가 하는 문제도 있다. 이러한 이유로 최호의 죽음을 당시 최고 실력자였던 공종恭宗과의 관계 속에서 고찰해 보았다.

공종이 실질적인 권력자로 등장하는 것은 그의 나이 17살 때로, 태무제의 명에 의해 '백규를 총괄(總百揆)'하게 된다. 그러나 한편 태무제는 목수穆壽·최호崔浩·장여張黎·고필古弼 등으로 하여금 태자를 도와 '서정을 결정(決庶政)'하게 하였다. 특히 최호의 경우 태무제의 절대적 후원 하에 막강한 권한을 행사하였다. 이 사실은 공종과 최호가 정치적으로 대립하게 된다는 것을 의미한다. 당시 공종은 태자감국太子監國에 의해 황제권력을 대행하고 있었고, 최호 역시 보정으로 황제권력을 대행하고 있었다. 따라서 두 사람이 권력을 두고 대립하였을 것임을 충분히 짐작할 수 있다. 우선 최호의 세력에 위험을 느낀 공종이 태무제를 통해 최호를 주살하였다. 그리고 최호의 죽음 1년 후에 자신의 권력을 강화해 온 공종도 태무제에 의해 죽임을 당한다.

최호의 정치적 이상을 흔히 문벌 사회의 실현이라고 하지만 그는 남조의 사대부들과는 다른 정치적 성향을 보인다. 노장의 책을 읽지 않았던 그는 국가의 대강이 '군주를 높이고 신하를 낮추는 것(尊主卑臣)'이어야 함을 주장했다. 그는 국가와 사회의 통일과 안정이라는 과제를 수행하기 위해서는 강력한 왕조 국가를 건설해야 한다고 믿었다. 그에게 이상적인 신하의 덕목이란 군주를 도와 그 군주로 하여금 천하를 장악하게 하는 것이었다. 최호는 이른바 사대부 책임 정치를 이상으로 삼았던 것이고 독점적인 황제권력을 행사하려고 했던 태무제에게 숙청된 것이다.

이상으로 사대부의 등장과 정치적 각성, 정치 세력화 등을 통해 중국 고대 사회를 들여다보았다. 장기간의 위진남북조시기, 즉 분할의 시기를 통과하여 수당제국이라는 새로운 시대가 등장할 수 있었던 것을 사대부의 정치적 지향 및 황제와의 대립과 공존이라는 측면에서 보고자 했다. 긴 시기를 고찰하다 보니 구체적인 문제에 대해 소략한 탐구가 되었던 면이 많았다. 다만 결론으로 아래와 같은 내용을 확인할 수 있었다. 황제는 독점적인 권력을 행사하려고 하였고, 사대부는 사대부의 정치적 독립성을 보장받고자 했다. 이러한 상이한 정치적 태도는 세계관의 차이도 만들어 내어 대외관對外觀에 있어서도 황제와 사대부는 서로 다른 입장을 견지하게 된다. 시대적 상황에 따라 다소 차이가 있다고 해도 황제는 황제권력의 확장을 본질적인 존재의 근거로 설정하고 있었고, 사대부는 사대부의 정치 참여를 유일한 존재의 실현 방법으로 인식하였다. 이 때문에 지나친 황제권력의 확장은 사대부들에게 위험 요소로 인식되었던 것이다. 그러나 이 두 운동은 서로 연관되어 한쪽의 힘이 일방적으로 붕괴할 때 사회의 부패와 무능력이 드러나게 되었다. 이런 이유로 양자는 대립과 동시에 공존을 위해 노력하기도 하였다. 양무제의 개혁과 그 개혁을 받아들였던 사대부들의 반응은 이를 잘 보여 주는 사례다. 필자는 이러한 건강성의 회복이 수당제국을 만들어 낸 원동력이라고 여기는데, 수당에서의 두 주체의 운동에 대한 고찰이 앞으로의 과제가 될 것이다.

참고문헌

1. 사료

(春秋)左丘明 撰,『國語』(上海：上海古籍, 1998).
(春秋)左丘明 撰·(晉)杜預 集解,『左傳』(上海：上海古籍, 1998).
(戰國)韓非子 撰,『韓非子集解』(『諸子百家經典集粹』 收錄) (合肥：黃山書社, 1997).
(漢)陸賈 撰·王利器 校注,『新語校注』(北京：中華書局, 1996).
(漢)賈誼 撰·王洲明等 校注,『新書』(『賈誼集校注』 收錄) (北京：人民大, 1996).
(漢)董仲舒 撰·于首奎 外 校釋,『春秋繁露校釋』(濟南：山東友誼, 1994).
(漢)司馬遷 撰,『史記』(北京：中華書局, 1997).
(漢)毛享 傳·(漢)鄭玄 箋·(唐)孔穎達 疏,『毛詩正義』(北京：北京大, 1999).
(漢)劉向 撰,『說苑』(臺北：世界書局, 1988).
(漢)班固 撰,『漢書』(北京：中華書局, 1997).
(漢)徐幹 撰,『中論』(『漢魏叢書』 收錄) (長春：吉林大, 1992).
(漢)王符 撰·(淸)汪繼培 箋·彭鐸 校正,『潛夫論箋校正』(北京：中華書局, 1997).
(漢)劉珍等 撰·吳樹平 校注,『東觀漢記校注』(鄭州：中州古籍, 1987).
(漢)應劭 撰·吳樹平 校釋,『風俗通義校釋』(天津：天津人民, 1980).
(漢)應劭 撰·陳立 疏證,『白虎通疏證』(北京：中華書局, 1994).
(漢)鄭玄 注·(唐)賈公彦 疏,『周禮注疏』(北京：北京大, 1999).
(漢)趙歧 注·(宋)孫奭 疏,『孟子注疏』(北京：北京大, 1999).
(漢)仲長統 撰,『昌言』(『漢魏叢書』 收錄) (長春：吉林大, 1992).
(漢)崔寔 撰,『政論』(『漢魏叢書』 收錄) (長春：吉林大, 1992).

(漢)桓寬 撰・王利器 校注,『鹽鐵論校注』(北京：中華書局, 1996).
(曹魏)何晏 注・(宋)邢昺 疏,『論語』(北京：北京大, 1999).
(晉)葛洪 撰・楊明照 校箋,『抱朴子外篇校箋』(北京：中華書局, 1991：2004).
(晉)范曄 撰,『後漢書』(北京：中華書局, 1997).
(晉)常璩 撰・任乃强 校注,『華陽國志校補圖注』(上海：上海古籍, 1994).
(晉)陳壽 撰,『三國志』(北京：中華書局, 1997).
(劉宋)劉義慶 撰・余嘉錫 箋疏,『世說新語箋疏』(上海：上海古籍, 1995).
(梁)釋慧皎 撰・湯用彤 校注,『高僧傳』(北京：中華書局, 1996).
(梁)蕭子顯 撰,『南齊書』(北京：中華書局, 1997).
(梁)蕭統 編・(唐)李善 注,『文選』(上海：上海古籍, 1997).
(梁)沈約 撰,『宋書』(北京：中華書局, 1997).
(北齊)顏之推 撰・王利器 集解,『顏氏家訓集解』(北京：中華書局, 1993).
(北齊)魏收 撰,『魏書』(北京：中華書局, 1997).
(隋)王通 撰・王雪玲 校点,『中說』(沈陽：遼寧教育, 2001).
(唐)孔穎達等 撰,『尙書正義』(北京：北京大, 1999).
(唐)杜佑 撰,『通典』(北京：中華書局, 1996).
(唐)令狐德棻等 撰,『周書』(北京：中華書局, 1997).
(唐)房玄齡等 撰,『晉書』(北京：中華書局, 1997).
(唐)姚思廉 撰,『梁書』(北京：中華書局, 1997).
(唐)魏徵等 撰,『隋書』(北京：中華書局, 1997).
(唐)李百藥 撰,『北齊書』(北京：中華書局, 1997).
(唐)李延壽 撰,『南史』(北京：中華書局, 1997).
(唐)李延壽 撰,『北史』(北京：中華書局, 1997).
(唐)劉知幾 撰・(淸)浦起龍 釋,『史通通釋』(上海：上海古籍, 1978：1982).
(宋)馬端臨 撰,『文獻通考』(北京：中華書局, 1999).
(宋)司馬光 撰・(元)胡三省 注,『資治通鑑』(北京：中華書局, 1997).
(宋)徐天麟 撰,『東漢會要』(上海：上海古籍, 1978).
(宋)王欽若等 編,『冊府元龜』(北京：中華書局, 1994).
(宋)朱熹 撰,『大學章句』(서울：大同文化研究所, 1988).
(淸)孫楷 撰・徐復 訂補,『西漢會要』(北京：中華書局, 1998).
(淸)王先謙 撰,『荀子集解』(北京：中華書局, 1988).
(淸)趙翼 撰,『陔餘叢考』(臺北：世界書局, 1965).
(淸)趙翼 撰,『廿二史箚記』(臺北：世界書局, 2001).

(淸)洪飴孫 撰, 『三國職官表』(『二十五史補編』 所收) (北京 : 中華書局, 1991).

盧弼 撰, 『三國志集解』(臺北 : 藝文印書館, 1973).
張雙棣 撰, 『淮南子校釋』(北京 : 北京大, 1997).
鄭文, 『論衡析詁』(成都 : 巴蜀書社, 1999).

2. 연구서

국문

김근, 『한자는 중국을 어떻게 지배했는가-漢代 經學의 해부』(서울 : 민음사, 1999).
金秉駿, 『中國古代地域文化와 郡縣支配』(서울 : 一潮閣, 1997).
金翰奎, 『古代中國的世界秩序研究』(서울 : 一潮閣, 1982 : 1992).
金翰奎, 『中國東亞細亞幕府體制研究』(서울 : 一潮閣, 1997).
김한규 · 이철호 역, 『염철론』(서울 : 소명, 2002).
朴漢濟, 『中國中世胡漢體制研究』(서울 : 一潮閣, 1988).
梁鍾國, 『宋代士大夫社會研究』(서울 : 三知院, 1996).
李成九, 『中國古代의 呪術的 思惟와 帝王統治』(서울 : 一潮閣, 1997).
全海宗, 『東夷傳의 文獻的 研究-魏略 三國志 後漢書 東夷關係 記事의 檢討』(서울 : 一潮閣, 1980).
谷川道雄 編著/鄭台燮 · 朴鍾玄 外譯, 『日本의 中國史論爭』(서울 : 신서원, 1996).
Arthur E Wright/梁必承 譯, 『中國史와 佛敎』(서울 : 新書苑, 1994).

중문

甘懷眞, 『皇權, 禮儀與經典詮釋 : 中國古代政治史研究』(臺北 : 喜瑪拉雅研究發展基金會, 2003).
羅宗强, 『玄學與魏晉士人心態』(臺北 : 文史哲, 1992).
唐長孺, 『魏晉南北朝史論叢續編』(北京 : 三聯, 1959).
逯曜東, 『從平城到洛陽』(臺北 : 聯經, 1978).
馬植杰, 『三國史』(北京 : 人民, 1994).
萬繩楠, 『魏晉南北朝史論稿』(合肥 : 安徽教育, 1983).
蕭公權, 『中國政治思想史 上』(臺北 : 聯經, 1982).

蘇紹興,『魏晉南朝的士族』(臺北：聯經, 1987).
余英時,『中國知識階層史論』(臺北：聯經, 1980).
余英時,『士與中國文化』(上海：上海人民, 1989).
閻步克,『士大夫政治演生史稿』(北京：北京大, 1996).
閻步克,『閻步克自選集』(桂林：廣西師大, 1997).
王仲犖,『北周六典』(北京：中華書局, 1979).
劉文起,『王符《潛夫論》所反映之後漢情勢』(臺北：文史哲, 1995).
李文獻,『徐幹思想研究』(臺北：文津, 1992).
李凭,『北魏平城時代』(北京：社會科學, 2000).
林登順,『魏晉南北朝 儒學流變之省察』(臺北：文津, 1996).
鄭欣,『魏晉南北朝史探索』(濟南：山東大, 1989).
周谷城,『周谷城學術論著自選集』(北京：北京師範學院, 1992).
周一良,『魏晉南北朝史論集』(北京：北京大, 1997).
陳啓雲,『漢晉六朝文化・社會・制度-中華中古前期史研究』(臺北：新文豊, 1996).
陳寅恪,『金明館叢稿初編』(上海：上海古籍, 1980).
陳寅恪,『隋唐制度淵源畧論稿』(上海：上海古籍, 1982).
陳千鈞・黃寶權・楊皚,『中國史學名著評介』(濟南：山東教育, 1990).
祝總斌,『兩漢魏晉南北朝宰相制度研究』(北京：中國社會科學, 1990).
馮友蘭,『中國哲學史新編 4』(北京：人民, 1986).
皮錫瑞,『經學歷史』(臺北：臺灣商務, 1968：1972).
何啓民,『魏晉思想與談風』(臺北：學生書局, 1990).
胡適,『中國中古思想小史』(上海：華東師範, 1996).
黃中業,『戰國盛世』(鄭州：河南人民, 1998).
侯外廬,『中國思想通史』(北京：人民, 1957).

일문

加賀榮治,『中國古典解釋史-魏晉篇』(東京：勁草書房, 1964).
鎌田重雄,『秦漢政治史の研究』(東京：日本學術振興會, 1962).
谷川道雄,『隋唐帝國形成史論』(東京：築摩書房, 1971).
宮崎市定,『九品官人法の研究』(京都：同朋舍, 1956：1977).
宮崎市定,『中國古代史論』(東京：平凡社, 1988).
宮川尙志,『六朝史研究 政治・社會篇』(東京：日本學術振興會, 1956).
金谷治,『秦漢思想史研究』(東京：平樂寺書店, 1960).

金谷治, 『金谷治中國思想史論集 上卷-中國古代の自然觀と人間觀』(東京 : 平河, 1997).
吉川忠夫, 『六朝精神史研究』(京都 : 同朋舍, 1984).
渡邊義浩, 『後漢國家の支配と儒敎』(東京 : 雄山閣, 1995).
東晉次, 『後漢時代の政治と社會』(名古屋 : 名古屋大, 1995).
藤川正數, 『魏晉時期における喪服禮の研究』(東京 : 敬文社, 1960).
福井重雅, 『漢代官吏登用制度の研究』(東京 : 創文社, 1988).
濱口重國, 『秦漢隋唐史の研究 下卷』(東京 : 東京大, 1966 : 1980).
三森樹三郎, 『梁の武帝-佛敎王朝の悲劇』(京都 : 平樂寺書店, 1956).
三森樹三郎, 『六朝士大夫の精神』(京都 : 同朋舍, 1986).
西嶋定生, 『中國古代帝國の形成と構造-二十等爵制の研究-』(東京 : 東京大, 1961).
西嶋定生, 『中國の歷史-秦漢帝國』(東京 : 講談社, 1974).
小林昇, 『中國と日本における歷史觀と隱逸思想』(東京 : 早稻田大, 1983).
守屋美都雄, 『中國古代の家族と國家』(京都 : 東洋史研究會, 1968).
宇都宮淸吉, 『漢代社會經濟史研究』(東京 : 弘文堂, 1955).
原富男, 『中國思想源流の考察』(東京 : 朝日, 1979).
越智重明, 『魏晉南北朝の貴族制』(東京 : 研文, 1982).
越智重明, 『魏晉南朝の人と社會』(東京 : 研文, 1985).
日原利國, 『春秋公羊學の研究』(東京 : 創文社, 1978).
日原利國, 『漢代思想の研究』(東京 : 研文, 1986).
田中麻紗巳, 『兩漢思想の研究』(東京 : 研文, 1986).
町田三郎, 『秦漢思想史の研究』(東京 : 創文社, 1985).
中嶋隆藏, 『六朝思想の研究』(京都 : 平樂寺書店, 1985).
中村圭爾, 『六朝貴族制研究』(東京 : 風間書房, 1987).
增淵龍夫, 『中國古代の社會と國家』(東京 : 弘文堂, 1960).
川本芳昭, 『魏晉南北朝時代の民族問題』(東京 : 汲古書院, 1998).
川勝義雄, 『中國の歷史-魏晉南北朝』(東京 : 講談社, 1974 : 1981).
川勝義雄, 『六朝貴族制社會の研究』(東京 : 岩波書店, 1982).
村上嘉實, 『六朝思想史研究』(京都 : 平樂寺書店, 1974).
板野長八, 『中國古代におけえる人間觀の展開』(東京 : 岩波書店, 1972).
板野長八, 『儒敎成立史の研究』(東京 : 岩波書店, 1995).
好並隆司, 『秦漢帝國史研究』(東京 : 未來社, 1984).

3. 논문

국문

姜文晧, 「五胡時期 胡族王朝의 帝權-胡人天子의 出現 및 宗室의 君權掌握과 관련하여-」, 동국대 박사학위논문(1996).

金慶浩, 「漢代 皇太后權의 性格에 대한 再論」, 『阜村 申延澈教授 停年退任紀念 史學論叢』(서울 : 일월서각, 1995).

金羡珉, 「沈約의 生涯와 思想」, 『學林』 7(1985).

金裕哲, 「梁 天監初 改革政策에 나타난 官僚體制의 新傾向」, 『魏晉隋唐史研究 1』(서울 : 사상사, 1994).

金鍾完, 「南北朝時代의 蠻·獠·俚人과 左郡縣의 분포」, 『吉玄益教授停年紀念史學論叢』(서울 : 吉玄益教授停年紀念史學論叢刊行委員會, 1996).

金鎭玉, 「『世說新語』에 대한 一考察-淸談과 관련하여」, 『歷史學報』 104(1984).

金鐸敏, 「北魏末 汎階 頻發의 배경과 그 實態」, 『金文經教授 停年退任紀念 동아시아 연구논총』(서울 : 혜안, 1996).

金翰奎, 「賈誼의 政治思想-漢帝國秩序確立의 思想史的 一科程-」, 『歷史學報』 63(1975).

金翰奎, 「西漢의 '求賢'과 '文學之士'」, 『歷史學報』 75·76合輯(1977).

金翰奎, 「漢代 中國的 世界秩序의 理論的基礎에 대한 一考察」, 『東亞研究』 1(1982).

南英珠, 「前漢初 皇帝權의 定立과 文帝의 역할」, 『大邱史學』 65(2001).

閔斗基, 「鹽鐵論研究-그 背景과 思想에 對한 若干의 考察(上·下)」, 『歷史學報』 10-11(1958-1959).

朴漢濟, 「南北朝末－隋初의 過渡期的 士大夫像-顔之推의 「顔氏家訓」을 中心으로-」, 『東亞文化』 16(1979).

朴漢濟, 「後漢末·魏晉時代 士大夫의 政治的 指向과 人物評論-'魏晉人'의 形成過程과 관련하여-」, 『歷史學報』 143(1994).

尹龍九, 「3세기 이전 中國史書에 나타난 韓國古代史像」, 『韓國古代史研究』 14(1998).

李啓命, 「北朝의 貴族」, 전북대 박사학위논문(1987).

李成九, 「戰國時代 官僚論의 展開」, 『東洋史學研究』 25(1987).

李成珪, 「戰國時代 統一論의 形成과 그 背景」, 『東洋史學研究』 8·9合集(1975).

李成珪, 「北朝前期門閥貴族의 性格-淸河의 崔浩와 그 一門을 中心으로」, 『東洋史學硏究』 11(1977).

李成珪, 「中國 古代 皇帝權의 性格」, 『東亞史上의 王權』(서울 : 한울아카데미, 1993).

李成珪, 「中國의 分列體制模式과 東아시아 諸國」, 『韓國古代史論叢』 8(1996).

李成珪, 「前漢末 郡屬吏의 宿所와 旅行」, 『慶北史學』 21(1998).

李成珪, 「秦末과 前漢末 郡屬吏의 休息과 節日-<秦始皇 34년 曆譜>와 <元延 2년 日記>의 비교·분석을 중심으로-」, 『古代中國의 理解 5』(서울 : 지식산업사, 2001).

李周鉉, 「後漢末 三國時代의 參軍」, 『魏晉隋唐史硏究』(서울 : 思想社, 1994).

李哲浩, 「漢代 豪族의 형성에 관한 연구」, 서강대 박사학위논문(1996).

任仲爀, 「前漢의 法治와 法家官僚」, 고려대 석사학위논문(1984).

任仲爀, 「漢帝國의 성격과 高祖 功臣集團」, 『淑大史論』 18(1996).

鄭仁在, 「중국의 天下思想」, 『東亞硏究』 35(1998).

鄭日童, 「漢初의 政治와 黃老思想 硏究」, 고려대 박사학위논문(1992).

鄭夏賢, 「秦始皇의 巡行에 대한 一檢討」, 『邊太燮博士華甲紀念史學論叢』(서울 : 혜인, 1985).

崔珍烈, 「三國時期 天下觀念과 그 현실적 변용-遙領·虛封·'四方'將軍의 수용을 중심으로」, 『서울대 동양사학과논집』 23(1999).

崔振默, 「漢魏交替期 經世論의 形成과 그 展開」, 『東洋史學硏究』 37(1991).

許富文, 「後漢의 涼州 放棄 論爭」, 『吉玄益敎授停年紀念史學論叢』(서울 : 吉玄益敎授停年紀念史學論叢發行委員會, 1996).

洪承賢, 「蠻夷政策을 통해 본 秦漢 皇帝의 移風易俗」, 『中國史硏究』 29(2004).

洪承賢, 「後漢末 '舊君' 개념의 재등장과 魏晉時期 喪服禮」, 『東洋史學硏究』 94(2006).

洪承賢, 「魏晉南北朝時期 中國의 世界 개념 변화와 이민족 정책」, 『북방사논총』 10(2006).

洪承賢, 「『漢書』「禮樂志」의 구성과 성격-「禮志」 부분의 분석을 중심으로-」, 『中國古中世史硏究』 17(2007).

중문

簡修煒・張耕華, 「北魏孝文帝法制改革述論」, 『河北學刊』 1984-4.
葛承雍, 「略論隋代地方風俗中的社會心理」, 『西北大學學報』 1986-4.
甘懷眞, 「秦漢的「天下」政體-以郊祀禮改革爲中心」, 『新史學』 16-4(2005).
景以恩, 「中國古代的民俗與政治」, 『民俗研究』 19(1991).
顧頡剛, 「九州之戎與戎禹」, 『古史辨』 7冊-下(1937 : 1985).
孔毅, 「論曹魏之黜抑 "浮華"」, 『許昌師專學報』 19-1(2000).
霍存福, 「論皇帝行使權力的類型與皇權・相權問題」, 『吉林大學學報』 1990-2・3・4.
邱久榮, 「魏晉南北朝時期的"大一統"思想」, 『中央民族學院學報』 1993-4.
裘錫圭, 「<神烏賦>初探」, 『文物』 1997-1.
盧雲, 「中國知識階層的地域性格與政治衝突」, 『復旦學報』 1990-3.
譚緒纘, 「試析曹操不敢代漢稱帝之因」, 『湖南師大社會科學學報』 1988-5.
仝晰綱, 「漢代的奢侈之風」, 『民俗研究』 18(1991).
滕昭宗, 「尹灣漢墓簡牘概述」, 『文物』 1996-8.
寧志新・張留見, 「隋朝使職研究」, 『河北師範大學學報』 22-3(1999).
馬德眞, 「論北魏孝文帝」, 『四川大學學報』 1963-1.
孟祥才, 「論孔融的悲劇」, 『山東大學學報』(哲社版) 2001-4.
孟聚, 「北魏孝文帝門閥制度論略」, 『許昌師專學報』 1990-2.
牟潤孫, 「崔浩與其政敵」, 『輔仁學誌』 10-1・2(1941).
范學輝, 「論儒學對秦漢地方行政的影響」, 『江海學刊』 1997-2.
尙志邁, 「略論北魏前期的用人路線」, 『內蒙古大學學報』 1984-1.
徐州博物館, 「徐州後樓山西漢墓發掘報告」, 『文物』 1993-4.
徐州博物館, 「徐州韓山西漢墓」, 『文物』 1997-2.
薛登, 「"北魏改革"再探討」, 『中國史研究』 1984-2.
孫同勛, 「北魏初期胡漢關係與崔浩之獄」, 『幼獅學誌』 3-1(1964).
楊靜婉, 「漢代的奢侈之風及其社會影響」, 『社會科學家』 1987-6.
吳永章, 「孫吳餘嶺南關係述略」, 『江海學刊』 1988-5.
吳慧蓮, 「曹魏的考課法與魏晉革命」, 『臺大歷史學報』 26(1986).
王霄燕, 「拓跋珪與北魏封建化」, 『晉陽學刊』 1995-1.
王永平, 「論東漢中後期的奢侈風氣」, 『南都學壇』 12-4(1992).
王伊同, 「崔浩國史獄釋疑」, 『淸華學報』新1-2(1957).
王曉毅, 「論曹魏太和"浮華案"」, 『史學月刊』 1996-2.
于振派, 「秦漢時期的'文法吏'」, 『中國社會科學院研究生院學報』 1999-2.

劉樂賢・王志平,「尹灣漢簡<神烏賦>與禽鳥奪巢故事」,『文物』1997-1.
劉紹春,「中國古代皇帝制度研究綜述」,『中國史研究動態』1992-1.
劉修明,「漢代統治思想選擇的重要環節」,『湖南師院學報』1984-2.
劉澤華,「秦始皇神聖至上的皇帝觀念」,『天津社會科學』1994-6.
陸慶夫,「關於隋朝改革地方機構問題的幾点辨析」,『蘭州大學學報』17(1989).
李光霽,「隋唐職官制度淵源小議」,『中國史研究』1985-1.
李樂民,「崔琰被殺原因考辨」,『史學月刊』1991-2.
李凭,「北魏平城政權的建立與封建化」,『文獻』1990-3.
李月虹,「皇帝稱謂的演變過程」,『學術論壇』1982-6.
李宜春,「略論曹魏政治中的"浮華"問題」,『聊城事犯學院學報』(哲社科版) 1999-1.
林文寶,「顏之推及其思想述要」,『臺東師傳學報』5(1977).
張慶捷,「儒學與北魏政治」,『山西大學學報』1988-1.
張金龍,「論北魏孝文帝的改革思想」,『許昌師專學報』1995-2.
張文立,「漢代人的始皇觀」,『秦文化論叢 2輯』(西安：西北大, 1993).
載建平, 「試論兩漢魏晉自然觀的轉變-以政治與天象爲中心」, 『中國文化月刊』266(2002).
錢穆,「略論魏晉南北朝學術文化與當時門第之關係」,『新亞學報』5-2(1963).
丁毅華,「'習俗薄惡'之憂 '化成俗定'之求-西漢有識之士對社會風氣問題的憂憤和對策」,『華中師範大學學報』1987-4.
朱曉海,「《神烏傳》及其相關問題」,『簡帛研究2001』(桂林：廣西師範, 2001).
中國科學院考古研究所滿城發掘隊,「滿城漢墓發掘紀要」,『考古』1972-1.
陳明,「北魏前期的漢化與崔浩晩年的政治理想」,『世界宗教理解』1993-3.
陳漢平・陳漢玉,「崔浩之誅與民族矛盾何干」,『民族研究』1982-5.
蔡鋒,「西漢奢侈風習滋盛原因及其影響平議」,『青海社會科學』1994-5.
鄒德彭,「北魏孝文帝改革的性質及其歷史作用」,『漢中師原學報』1987-2.
馮承基,「論魏晉名士之政治生涯」,『國立編譯館館刊』2-2(1973).
郝鐵川,「帝的觀念的演變與皇帝制度的産生」,『歷史教育』1986-5.
黃紹梅,「漢代奢靡風氣的根源問題-以『漢書・貢禹傳』爲中心的分析」,『國立僑生大學先修班學報』12(2004).
黃宛峰,「"雖置三公, 事歸臺閣"考辨」,『秦漢史論叢 第五輯』(北京：法律, 1992).
黃宛峰,「從東巡看秦始皇對統治思想的探索」,『南都學壇』15(1995).
黃中業,「移風易俗是戰國社會改革的重要內容」,『學術月刊』1991-1.
侯家駒, 「從經濟發展觀點看由封建制度到秦漢大統一的演變與特色」, 『大陸雜誌』 79-4(1989).

일문

榎本あゆち, 「梁末陳初の諸集團について-陳霸先集團を中心として」, 『名古屋大學東洋史研究報告』 8(1982).

榎本あゆち, 「梁の中書舍人と南朝賢才主義」, 『名古屋大學東洋史研究報告』 10(1985).

葭森健介, 「晉宋革命と江南社會」, 『史林』 63-2(1980).

葭森健介, 「魏晉革命前夜の政界-曹爽政權と州大中正設置問題」, 『史學雜誌』 95-1(1986).

葭森健介, 「六朝貴族制形成期の吏部官僚-漢魏革命から魏晉革命に至る政治動向と吏部人事」, 『中國中世史研究 續編』(京都 : 京都大, 1995).

角谷常子, 「『鹽鐵論』の史料的性格」, 『東洋史研究』 47-2(1988).

江幡眞一郎, 「後漢末の農村の崩壞と宦官の害民について」, 『集刊東洋學』 21(1969).

谷川道雄, 「六朝貴族制社會の史的性格と律令體制への展開」, 『社會經濟史學』 31-1～5(1966).

谷川道雄, 「北朝貴族の生活倫理」, 『中國中世史研究』(東京 : 東海大, 1970).

串田久治, 「徐幹の政論-賢人登用と賞罰」, 『愛媛大學法文學部論集 文學科編』 18(1985).

吉本道雅, 「中國古代における華夷思想の成立」, 『中國東アジア外交交流史の研究』(京都 : 京都大, 2007).

吉田篤志, 「穀梁傳の君主觀-君權强化の倫理と背景」, 『日本中國學會報』 39(1987).

吉川忠夫, 「六朝士大夫の精神生活」, 『岩波講座 世界歷史 5-東アジア世界の形成Ⅱ』(東京 : 岩波書店, 1970).

內藤あゆち, 「南朝の寒門・寒人問題について-その研究史的研究-」, 『名古屋大學東洋史研究報告』 4(1976).

內山俊彦, 「仲長統-後漢末一知識人の思想と行動-」, 『日本中國學會報』 36(1984).

多田狷介, 「『後漢ないし魏晉期以降中國中世』說をめぐって」, 『歷史學研究』 422(1975).

丹羽兌子, 「荀彧の生涯-淸流士大夫の生き方をめぐって-」, 『名古屋大學文學部20周年記念論文集』(1968).

渡邊義浩, 「魏漢交替期の社會」, 『歷史學研究』 626(1991).

渡邊義浩, 「三國時代における「文學」の政治的宣揚」, 『東洋史研究』 54-3(1995).

渡邊義浩,「'寬'治から'猛'政へ」,『東方學』102(2001).
渡邊義浩,「九品中正制度における「孝」」,『大東文化大學漢學會誌』41(2002).
渡部東一郎,「後漢における儒と法-王符と崔寔を手掛かりに」,『集刊東洋學』78(1997).
都築晶子,「'逸民的人士'小論」,『名古屋大學文學部30周年記念論文集』(1979).
都築晶子,「後漢後半期の處士に關する一考察」,『琉球大學法文學部紀要』26(1983).
東晉次,「後漢末の淸流について」,『東洋史硏究』23-1(1973).
東晉次,「漢代の貴戚に關する覺書」,『愛媛大學敎育部紀要』14(1982).
東晉次,「後漢時代の選擧と地方社會」,『東洋史硏究』46-2(1987).
鈴木修,「梁末陳初の地方豪族について」,『立正史學』55(1984).
保科季子,「前漢後半期における儒家禮制の受容-漢的傳統との對立と皇帝觀の變貌」,『歷史と方法-方法としての丸山眞男』(東京：靑木書店, 1998).
福原啓郞,「三國魏の明帝」,『古代文化』52-8(2000).
本田濟,「魏晉における封建論」,『東洋思想硏究』(東京：創文社, 1987).
蜂屋邦夫,「王坦之の思想-東晋中期の莊子批判-」,『東洋文化硏究所紀要』75(1978).
富谷至,「西漢後期の政治と春秋學-『左氏春秋』と『春秋公羊』の對立と展開-」,『東洋史學硏究』36-4(1978).
富田健之,「後漢時代の尙書・侍中・宦官について-支配勸力の質的變化と關聯して-」,『東方學』64(1982).
西嶋定生,「武帝の死」,『古代史講座 11』(東京：學生社, 1965).
西嶋定生,「皇帝支配の成立」,『岩波講座 世界歷史 4-東アジア世界の形成 I』(東京：岩波書店, 1970).
石田德行,「劉裕集團の性格について」,『木村正雄先生退官記念 東洋史論集』(東京：汲古書院, 1976).
狩野直禎,「王儉傳の一考察」,『中國貴族制社會の硏究』(京都：京都大, 1987).
矢野主稅,「土斷と白籍-南朝の成立」,『史學雜誌』79-8(1971).
神矢法子,「漢魏晉南朝における「王法」について」,『史淵』114(1977).
安田二郞,「「晉安王子勛の反亂」について-南朝門閥貴族體制と豪族土豪-」,『東洋史硏究』25-4(1967).
安田二郞,「南朝の皇帝と貴族と豪族・土豪層-梁武帝の革命を手がかりに-」,『中國中世史硏究』(東京：東海大, 1970).
安田二郞,「王僧虔「誡子書」考」,『日本文化硏究所硏究報告』17(1981).
安田二郞,「南朝貴族社會の變革と道德・倫理-袁撰・褚淵評を中心に-」,『東北大文學部研究年報』34(1985).
岩本憲司,「災異設の構造解析」,『東洋の思想と宗教』13(1996).
野田俊昭,「東晋南朝における天子の支配權力と尙書省」,『九州大學東洋史論集』9(1977).
野田俊昭,「梁の武帝による官位改變策をめぐって」,『九州大學 東洋史論集』13(1984).
野田俊昭,「梁時代, 士人の家格意識をめぐって」,『東洋史研究』57-1(1998).
野村茂夫,「'素'を通じて見た, 晉代の儒者」,『東方學』61(1981).
影山輝國,「漢代における災異と政治-宰相の災異責任を中心に-」,『史學雜誌』90-8(1981).
永田英正,「漢代の選擧と官僚階級」,『東方學報』41(1970).
越智重明,「魏西晉貴族制論」,『東洋學報』45-1(1962).
越智重明,「梁の天監改革と次門層」,『史學研究』97(1966).
越智重明,「南朝の國家と社會」,『岩波講座 世界歷史 5-東アジア世界の形成 II』(東京：岩波書店, 1970).
伊藤敏雄,「中國古代における蠻夷支配の系譜-稅役を中心として」,『堀敏一先生古稀記念 中國古代の國家と民衆』(東京：汲古書院, 1995).
日原利國,「災異と讖緯」,『東方學』43(1972).
佐藤達郎,「曹魏文・明帝期の政界と名族層の動向-陳羣・司馬懿を中心に」,『東洋史研究』52-1(1993).
重近啓樹,「前漢の國家と地方政治-宣帝期を中心として」,『駿台史學』44(1978).
中村圭爾,「南朝國家論」,『岩波講座 世界歷史 9-中華の分列と再生』(東京：岩波書店, 1999).
增淵龍夫,「後漢黨錮事件の史評について」,『一橋論叢』44-6(1960).
川勝義雄,「南朝貴族制の沒落に關する一考察」,『東洋史研究』20-4(1962).
川勝義雄,「貴族制社會の成立」,『岩波講座 世界歷史 5-東アジア世界の形成 II』(東京：岩波書店, 1970).
淺野裕一,「秦の皇帝觀と漢の皇帝觀-「秦漢帝國論批判」-」,『島根大學教育部紀要(人文・社會科學)』18(1984).
淺野裕一,「黃老道の政治思想-法術思想との對比」,『日本中國學會報』36(1984).
川合安,「北魏孝文帝の官制改革と南朝の官制」,『文化における「北」』(弘前大人文特定研究報告書, 1989).
湯淺邦弘,「秦帝國の吏觀念」,『日本中國學會報』47(1995).

澤田多喜男,「前漢の災異説-その解釋の多様性の考察-」,『東海大學文學部紀要』15(1971).
板野長八,「孝經の成立 1・2」,『史學雜誌』64-3・4(1955).
板野長八,「大學篇の格物致知」,『史學雜誌』71-4(1962).
板野長八,「儒教の成立」,『岩波講座 世界歷史 4-東アジア世界の形成Ⅰ』(東京:岩波書店, 1970).
河原正博,「宋書州郡志に見える左郡・左縣の『左』の意味について」,『法政史學』14(1961).
下倉涉,「「三公」の政治的地位について」,『集刊東洋學』78(1997).
下倉涉,「後漢末における侍中・黃門侍郎の制度改革をめぐって」,『集刊東洋學』72(1994).
鶴間和幸,「秦帝國による道路網の統一と交通法」,『中國禮法と日本律令制』(東京:東方書店, 1992).
鶴間和幸,「漢代における秦王朝史觀の變遷-賈誼「過秦論」, 司馬遷「秦始皇本紀」を中心として」,『茨城大學教養部紀要』29(1995).
好並隆司,「曹操政權論」,『岩波講座 世界歷史 5-東アジア世界の形成Ⅱ』(東京:岩波書店, 1970).
好並隆司,「前漢共同體の二重構造と時代規定」,『歷史學研究』357(1971).

ABSTRACT

Shi-da-fu and the Ancient Chinese Society

-Study of Shi-da-fu's Appearance and Their Political Awakenings-

This book is for finding out how political unification, division, and reunification were achieved in ancient China by studying Shi-da-fu(士大夫) class and the way they established their identity and exerted their power. The emperor as an absolute monarch and Shi-da-fu as a virtual ruling class continuously sought ways of conflicting and coexisting with each other. While the emperor could exert his power only through the bureaucratic structure, Shi-da-fu found it impossible to be a ruling class unless they took a prominent place in the government. As both had incomplete power that needs each other's assistance, they inevitably had to admit each other. Also, in the course of establishing their identity, they had a different — actually opposite — view about each other's power. While the emperor regarded himself as the sole political fountain — all the political power starts from himself, — Shi-da-fu viewed the emperor as a complete being that controlled things, so that they could show their true colors and get along with one another. The emperor thought that what he should seek as his ideal was exclusive status and absolute power, but Shi-da-fu defined the emperor as the very embodiment of a sage. Their argument was based on their different view on imperial order, which produced quite different interpretations over every issue in politics, society, and culture. Thus, scenes out of the ancient Chinese history are not much different from those of their conflict or coexistence. Then, it will be possible to understand those scenes from a two-way race — two political groups, the emperor and Shi-da-fu class. Therefore, on this book, I will look over the ancient Chinese society through Shi-da-fu's — the other political force — appearance, awakening, and political activities.

For it, I traced how Shi-da-fu came to regard themselves as rulers who were equal to the emperor. It could be achieved by studying social spirits and cultural tradition that they tried to establish. Every period, they criticized Qin-Shi-Huang(秦始皇), liege groups, Wu-Di(武帝), and Xuan-Di(宣帝) since they lived in luxury. However, what they criticized was not the material luxury. The luxurious life Qin-Shi-Huang led was for showing off his absolute power. Liege groups, who advocated 'refraining from political action(無動),' 'staying out of political circles(無爲),' led a luxurious life to conceal their incompetence. The luxury of Wu Di was shown as a form of conquering the Huns(匈奴), which meant expanding the emperor's influence and that of Xuan-Di meant his ruling style based on Legalism. On the other hand, social spirits and cultural tradition Shi-da-fu tried to establish meant reducing the emperor's power based on severe punishment, securing Confucians' political participation, getting an autonomous right over the local government, and securing the absolute position of Confucianism. That is, Former Han(前漢)'s Shi-da-fu wanted to have people think of them as political main agents and build up the mood that made them enter the political circles.

While the ideals of Former Han's Shi-da-fu were making people think of them as political main agents and building up the social agreement and cultural tradition that made them enter the social and political circles, those of Later Han(後漢)'s Shi-da-fu — they wanted more than Former Han's Shi-da-fu — were getting a guarantee of their political status and building up the stable structure that could produce their power. Thus, the biggest concern of Later Han's Shi-da-fu was related to the election. Their criticism for maternal relatives of the emperor, Fu-Zheng(輔政 : the proxy of young emperor), the empress dowager, eunuches was focused on election frauds, by which they engrossed votes and elected officials. Later Han's Shi-da-fu thought that all the social disruption was derived from election fraud. Shi-da-fu insisted that they should control election, choose outstanding individuals, and train them to be future ruling class. They called it the correspondence of name with reality(名實一致). Their political intention was to block out the emperor's infinite power and to build up the stable structure that could secure their status.

Their political and social growth brought about friction with the emperor's power. I tried to clarify it through two kinds of researches ; detailed analysis of eliminating opposition forces(浮華事件) in the Cao-Wei Period(曹魏時期) and comparison between the emperor and Shi-da-fu's different views on the world under the reign of the emperor. First of all, in Chapter 1 of Part Ⅱ, I gave careful consideration to the political situation in the early Cao-Wei Period, when the emperor used an extreme method — he eliminated the head of Shi-da-fu group — to strengthen royal authority. Shi-da-fu aimed to build a Confucian state that could guarantee their voluntary and independent activities. However, they couldn't avoid friction with the system concentrated on the emperor. After all, the emperor used an extreme method of eliminating the head of Shi-da-fu group, which was called 'eliminating opposition forces.' In particular, eliminating opposition forces in the Ming-Di(明帝) Period showed that any Shi-da-fu groups couldn't be permitted even though they didn't threat the emperor's power and, by extension, they followed him. In short, Shi-da-fu's collective action was destined to conceive political intension, which caused inevitably friction with the emperor.

The emperor-Shi-da-fu conflict happened in the field of a foreign policy as well. That was because their conflict was originated from a different view on the world and the scope of the emperor's power. People had thought that barbaric outlanders had to segregated, but, as the emperor's influence grew up, their notion was changed. They began to think that barbaric outlanders should be educated and reformed by the sole ruler — that is, the emperor. The emperor aimed to build an extended state including barbaric outlanders, but Shi-da-fu didn't want the world to be unified by the emperor. They didn't want the social structure that could make it possible for the emperor to grasp power over the whole state. Shi-da-fu regarded the situation where power was concentrated in the hands of the emperor as the personalization of power. Instead, they considered restricting the emperor's power — power is destined to expand more and more — as a way of protecting the world under the reign of the emperor. Also, their different world view was applied to a foreign policy, which led them to a different way to eastern Asian order. Shi-da-fu adopted a segregation policy grounded on a traditional way of ruling barbaric outlanders. This segregation policy was expanded through Wei and Jin(魏晉) and Southern and Northern Dynasties(南北朝). As a result, the emperor's exclusive ruling was accepted as a ruling principle, but some institutional strategies, which could secure the other political group's interest, were made.

However, the emperor and Shi-da-fu were not always in confrontation with each other. We can see how the emperor and Shi-da-fu coexisted from Shi-da-fu's political re-awakening since Jin Period. Xuan Study(玄學) that showed up in the Late Later Han Period, when Confucianism was facing a crisis, freed Shi-da-fu from the solemn etiquette education and transformed them into free cultured people. However, in a short time, Xuan Study was recognized to disturb social customs because Xuan Study didn't have substance of Confucianism. Xuan Study didn't put much importance on so-call political responsibilities. Most importantly, Xuan Study had a fatal defect for Shi-da-fu as a statesman, not as a free cultured person. Also, Shi-da-fu showed their social and political incompetence more and more. Owing to the Nine Rank System(九品中正制), change of family rank became practically impossible, which made Shi-da-fu take a step backwards. In addition, unstable political situation of Song(宋) and Qi(齊) kept Shi-da-fu from engaging in politics. Even though Shi-da-fu from relatively low family class took an active part in the political circles, they were not fully aware of their responsibilities as Shi-da-fu of Han Period did. However, since the Jin Period, Shi-da-fu's consciousness had been changed constantly and they came to recognize that political awakening and participation were their basic roots. They published Discipline Book for Children(誡子書) that advocated the importance of learning and criticized special favors to eminent families. However, they were sometimes criticized for their hermitic lifestyle. They also accepted Confucianism as a kind of ideology, not as an educational program. Allegiance to their state, not to their family, was highly evaluated. These changes was brought about by several complex factors. First, while Shi-da-fu from high family class were losing their political influence, Han-men(寒門) Shi-da-fu class might have threaten their position. Second, the emperors started to assign personnel to positions according to their ability. Third, Shi-da-fu introspected on their political incompetence. Like this, the transformation of Shi-da-fu in Southern and Northern Dynasties was based on political awakening and regaining responsibilities like Shi-da-fu in Han Period. By restoring their sound view on society, they could lead a healthy government and prepare for the era of the centralized state.

It was certain that these changes started from development of Confucianism and Shi-da-fu society, but they were not sole factors of the change. It was also closely tied to the emperor. It was Liu-Yu(劉裕) who restored a healthy government among Southern Dynasty(南朝)'s emperors. By a new family register system(土斷), he tried to solve the problem that people abandoned their job and lived a nomadic life to get out of powerful clans. In other words, he aimed to weaken powerful clans because they had a great influence in local communities and they caused political turmoil. This meant that a state clearly grasped people's lives and started to dominate them. It also meant declaring that any political groups except for a state could not dominate people personally. Liang-Wu-Di(梁武帝)'s Tian-Jian(天監) Reform was definitely for coexistence with Shi-da-fu. Liang-Wu-Di's ruling characteristics are called 'assigning personnel to positions according to their ability,' 'neo-aristocratic system,' or 'balance between aristocratic system and bureaucratic system.' Liang-Wu-Di believed that both aristocracy and low family class should play a role as a ruler. He didn't deny the original form of aristocratic system, but claimed aristocratic system by ability, not by family name. It can be interpreted as demanding that aristocracy should go back to their true self. That is, the emperor demanded that Shi-da-fu should be faithful to their duty that they have to feel responsible for the world. Though the emperor knew the potential danger that

Shi-da-fu's force could encroach and divide his power, he asked Shi-da-fu's political awakenings to grow his power. That was because his power could be executed only by bureaucratic system. Therefore, Liang Wudi(梁武帝)'s reform was intended to recover political responsibilities of the emperor and Shi-da-fu for their coexistence.

Even so, reunification of Sui(隋) and revival of the emperor's power were not achieved by only emperor's one-sided exertion. Before the new official selection system that the emperor tried —that is, assigning personnel to positions according to their ability— changed social spirits, there should be fertile soil that could accept the system. We can see this example in Northern Dynasty(北朝). Shi-da-fu of Northern Dynasty had stronger political will than Shi-da-fu of Southern Dynasty because they were from powerful clans. Their political will was sometimes welcomed and sometimes oppressed while emperors tried to strengthen their power in order to build a Chinese royal state on a tribal state having a vestige of tribal society. However, what terminated long conflicts was Han-ren(漢人) Shi-da-fu, who tried to reject family names and advocate the system assigning personnel to positions according to their ability. Among them, Cui-Hao(崔浩) of Northern Wei(北魏), who had grasped absolute power but was purged, could be called a starting point of the system assigning personnel to positions according to their ability. A lot of researches regarded the death of Cui-Hao as Tuoba(拓跋) aristocracy and Tai-Wu-Di(太武帝)'s counterattack against Han-ren Shi-da-fu's attempt to revive big families. However, investigating the dynamics of Northern Wei and Cui-Hao's political orientation, we can see that Cui-Hao regarded ruling the world under Shi-da-fu, not under big families, as his ideal. That is, he was purged by Tai-Wu-Di who wanted to exert his absolute power. It's very important that all the Shi-da-fu groups in Southern and Northern Dynasties thought of their political awakenings and regaining responsibilities as their ideal. It's not possible to deny some aspects of aristocratic society of Southern and Northern Dynasties. However, we can find that Shi-da-fu had unceasing desire for political participation and they thought of their political participation as the main reason for their existence. Their notion was driving forces of the new era. The reconstruction of empires in Sui and Tang(唐) Period wasn't achieved by only emperor's power, but somewhat by Shi-da-fu's political awakenings.

찾아보기

홍 승 현
1968년 서울 출생
숙명여자대학교 석사과정 졸업
서강대학교 박사과정 졸업
현 서강대학교 · 한성대학교 강사

주요 논문
「중국 고대 禮制 연구의 경향과 과제」(2005)
「後漢末 '舊君' 개념의 재등장과 魏晉時期 喪服禮」(2006)
「『漢書』「禮樂志」의 구성과 성격」(2007)
「『史記』「樂書」와 『漢書』「禮樂志」를 통해 본 漢代 制樂의 실상」(2007)
「晉代 喪服書의 편찬과 성격」(2008)

사대부와 중국 고대 사회
사대부의 등장과 정치적 각성에 대한 연구
홍 승 현 지음

2008년 7월 12일 초판 1쇄 발행

펴낸이 · 오일주
펴낸곳 · 도서출판 혜안
등록번호 · 제22-471호
등록일자 · 1993년 7월 30일

㊌ 121-836 서울시 마포구 서교동 326-26번지 102호
전화 · 3141-3711~2 / 팩시밀리 · 3141-3710
E-Mail hyeanpub@hanmail.net

ISBN 978-89-8494-347-6 93910

값 28,000 원